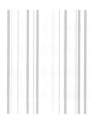

개발독재와
박정희시대

우 리 시 대 의 정 치 경 제 적 기 원

1_ 대통령 재임시절의 박정희.

2_ 1942년 만주군관학교 예과를 졸업할 당시의 박정희.

3_ 5·16 쿠데타 직후의 박종규 소령, 박정희 소장, 차지철 대위(좌로부터).

1
---
2 | 3

1_ 1962년 부평 새나라자동차 공장 준공식에 참석한 박정희.

2_ 1961년 전방시찰을 하는 박정희.

3_ 1970년 경부고속도로 준공식의 박정희 부처.

1_ 새마을운동.

2_ 수출을 독려하는 박정희의
친필 표어.

3_ 1979년 민방위훈련을 시찰
하는 박정희.

1	
2	
3	

1_ 1961년 미국 케네디 대통령과 면담하는
박정희 의장.

2_ 베트남전에서 공동작전을 펴는 미군과
한국군.

3_ 1965년 베트남으로 파병되는 맹호부대
환송식장.

1	
2	
3	

$\dfrac{1}{2}$

1_ 7·4 남북공동성명을 발표한 가운데 북측특사로 파견된 제2부수상 박성철을 접견하는 박정희.
2_ 방한중인 미국 대통령 카터와 여의도광장의 환영행사에서 사열하는 박정희.

1 | 2
3

1_ 1979년 박정희 저격사건 직후 영전에 분향하는 최규하 대통령권한대행.

2_ 박정희 흉상에 '친일과 청산'이란 어깨띠를 두르는 민족문제연구소 회원들.

3_ 박정희기념관 건립 반대시위를 하는 국민연대 소속회원들.

개발독재와
박정희시대

우리 시대의 정치경제적 기원

이병천 엮음

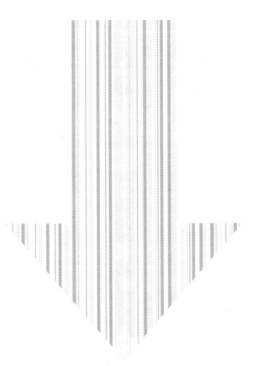

창비

책머리에

20세기 후반 40년 동안 한국은 흔히 근대로 가는 이중혁명으로 불리는 산업화와 민주화의 두 관문을 모두 통과하는 데 성공하였다. 이로써 한국은 지난날의 어두운 역사의 터널에서 빠져나와 역사의 양지로 진입하였다. 독특한 개성을 보여주고 있는 이 동아시아 탈식민지사회의 이중혁명은 수많은 고통과 희생의 댓가로 얻어진 한국사의 큰 결실일 뿐 아니라, 세계적인 주목대상이기도 하다. 그러나 역사의 모든 사태들이 그러하지만 한국형 이중혁명은 빛과 함께 짙은 그늘을 담고 있다. 21세기를 목전에 두고 일어났던 IMF위기는 우리에게 이 그늘을 반성적으로 되돌아보게 했다. 빛과 그늘, 기적과 위험을 모두 포함하여 산업화와 민주화는 한국의 모더니티와 오늘 우리가 서 있는 자리를 점검하고자 할 때 필수적으로 돌아보아야 할 두 가지의 국민적 기초 공통과목이다. 그중에서도 박정희시대는 한국 모더니티 형성의 역사적 전환점을 구성하고 그 기본틀이 짜여진 시대로서, 이 책은 박정희 개발독재시대의 기적과 위험을 반성적으로 살펴볼 목적으로 만들어졌다.

박정희시대에 대해서는 지금까지 적지 않은 전문적 연구성과가 나와 있다. 국내는 물론이고 국제적으로도 주목할 만한 학술연구들을 볼수 있다. 한국개발연구원(KDI)을 비롯하여 국책 연구기관에서 발간한무수한 연구물도 쌓여 있다. 그럼에도 불구하고 의외로 이 주제에 대해 대학 캠퍼스나 시민 공론장에서 적절한 안내서를 찾기 어려운 형편이다. 이 책은 우선 이런 갈증을 해소하려는 데 한가지 목적을 두고 있다. 말하자면 박정희시대에 손쉽게 접근할 수 있는 대중학술서가 되는셈이다. 이 책은 시민강좌의 성격을 가지고 있으며, 대학 교재로도 활용할 수 있다고 생각한다. 그렇다고 이 책이 박정희시대에 대해 단순히 알기 쉽게 풀어 쓴 책은 아니다. 그동안 많은 연구가 이루어진 것이사실이시만 유감스럽게도 연구의 현단계가 그런 책을 쓸 수 있을 정도는 아닌 것 같다. 여전히 실증적으로 밝혀지지 않은 부분도 많고, 해결되지 않은 이론적 쟁점 또한 많다. 이념적 쟁점은 두말할 것도 없다.

특히 박정희시대를 주로 '반독재 민주화운동'의 시각에서 바라보는연구와 주로 '동아시아 기적'의 시각에서 바라보는 연구 사이에 차이가큰 것은 이 시대에 대한 인식을 혼란스럽게 만드는 중요한 요인이 되고 있다. 최근 수년 동안 국내 학계에도 '동아시아 기적'의 시각이 상당히 수용되긴 했지만, 여전히 '반독재 민주화운동'의 시각과는 긴장과불협화음이 커 보인다. 우리는 박정희시대, 나아가 한국 근대성을 바라보는 대조적인 두 시각 간의 긴장과 갈등은 그 자체 건강한 측면을가지고 있기는 하지만, 상호대질과 생산적인 토론이 필요하다고 생각한다. 그렇지만 예컨대 박정희시대의 개발과 독재, 경제기적과 정치억압 사이에 과연 어떤 관련이 있는지, 나아가 한국 모더니티의 역사에서 개발독재와 민주화운동은 각기 어떻게 자리매김되어야 하는지 하는 기본문제에 대해서조차 본격적이고 충분한 학술적 토론이 있었던것 같지 않다. 박정희시대의 성취를 애써 외면하는 '근본주의적 초비판'도 물론 문제지만 냉전 초국가주의·돌진주의의 위험성을 망각하는

'무반성적 승리주의', 미성숙한 한국 민주주의와 시민사회에 찬물을 끼얹는 박정희 우상화 담론이야말로 탈냉전 민주화시대 박정희 바로 보기의 최대의 장애물이다. 이 시대가 갖는 역사적 무게와 이념적·정치적 논란의 뜨거움에 비해서 냉정한 학술적 연구는 아직 미성숙 단계이며, 더욱이 결산을 할 수 있는 단계는 아니라는 생각이다. 지난날의 한국 사회구성체 논쟁의 궁핍을 딛고 면목을 일신하고 있는 한국 인문사회과학의 박정희시대 연구는 현재진행형이다. 이런 상황을 한걸음 더 진척시켜 박정희시대를 바로 보게 하고, 나아가 냉전우파만이 아니라 냉전좌파의 '극단의 시대'의 역사인식도 함께 넘어서는, 한국현대사에 대한 21세기 탈냉전·탈극단 시대의 역사상을 정립하는 데 조금이라도 기여하고자 하는 것이 이 책을 기획하게 된 또하나의 취지이다. 다만 오해가 없도록 미리 밝혀둘 것은 이 책에 수록된 논문들이 어떤 단일한 관점 아래서 집필된 것은 아니라는 점이다. 독자들은 논문들 사이에 관점의 유사성만이 아니라 상당한 차이를 발견할 수도 있을 것이다. 그렇지만 이러한 점을 이 책의 단점이 아니라 장점으로 보아주면 다행이겠다. 앞서도 말했듯이 박정희시대에 대한 연구는 현재진행형이기 때문이다.

*

이 책은 총론과 두 개의 부로 구성되어 있다. 제1부에서는 경제개발의 성공 요인과 개발체제의 특징을 다각도로 해명하고 있다. 이들 분석은 한국의 산업화 성공이 신기루가 아니라 뚜렷한 정책적·제도적 바탕을 가지고 있음을 보여줌과 동시에, 그것이 갖고 있는 파행성과 불균형성을 주목하고 있다. 제2부에서는 정치적·사회적 측면에서 개발독재의 어두운 측면을 살펴보고, 민주화시대의 박정희 신드롬과 박정희 담론에 대해 비판적으로 분석하고 있다.

총론에 해당하는 이병천의 글은 개발독재에 대한 이론화를 시도하면서 한국의 박정희체제를 근현대 개발독재 역사 속의 하나의 특수 형태로 파악하고 그 기적과 위험의 양면성을 전반적으로 드러내 보이고 있다. 개발독재는 독재권력 주도로 경제개발=산업화를 최우선 목표로 삼아 시민사회와 민주주의 발전을 억압·통제하는, 국가주의적 근대화 수동혁명체제로 파악된다. 한국의 개발독재 또한 이같은 이중성을 갖고 있지만 그것은 냉전-분단상황을 국민동원과 독재권력 축적에 뛰어나게 활용한 준전시 개발독재 모델이자, 고도의 집권집중형의 파행적 특성을 갖고 있다. 필자는 박정희 모델이 전전 일본 초국가주의의 냉전 한국판이면서 동시에 후발 추격산업화 성공을 위한 보편적 요소도 가지고 있다고 본다.

제1부 1장 서익진의 글은 조절이론에 입각하여 발전양식의 차원에서 한국 산업화체제의 전체적 구도를 그려낸다. 발전양식은 축적체제와 조절양식의 총체인데, 한국 산업화의 발전양식은 차입수출 경제에 기반을 둔 축적체제와 개발독재적 국가조절 양식의 결합으로 규정된다. 이 글에서는 한국경제가 이같은 발전양식의 여러 구성요소들의 상호연관을 통해서 어떻게 자율적인 국민적 생산체계를 구축하고 주변부에서 탈출할 수 있었는지를 분석하고 있다.

2장 이상철의 글은 한국 개발정책의 고유한 특징을 가장 잘 보여주는 산업정책을 다루고 있다. 박정희시대 전반의 산업정책 역사를 분석하면서 그는 주류 신고전파적 해석과는 달리 한국의 산업정책은 60년대와 70년대가 연속성을 가지고 있다는 사실, 60년대 중엽의 수출지향 정책으로의 전환 이후에도 국가통제에 기반한 수입대체 공업화가 계속 추진되었다는 사실을 보여준다.

한국의 산업화는 국가와 재벌의 발전지배연합이 주도했다. '한강의 기적'의 빛과 그림자는 압도적으로 이것에 의해 좌우되고 있다고 해도 과언이 아닐 것이다. 3장에서 조영철은 이 국가-재벌의 발전지배연합체제가 성장체제로 작동했음을 말하면서도 그것이 갖는 구조적 한계에 대해 비판의 메스를 대고 있다. 그는 국가자본이 부채=금융특혜의 형태로 재벌에 투자되어 투자성과가 재벌에 귀속되었으며, 나아가 재벌이 무소불위의 권력으로 공고화되면서 포스트 개발독재시대가 재벌전횡 시장경제의 시대로 되었다고 비판한다. 또한 그의 글은 97년 위기 이후 주주가치 중심의 재벌개혁론이 갖는 한계를 넘어서 민주적 재벌개혁론의 역사적 근거를 마련한다는 문제의식 아래 씌어졌다.

4장에서 유철규는 한국 발전지배연합 체제의 핵심 구성부분인 금융억압 문제를 다루고 있다. 70년대 중화학공업시기에서 전형적으로 찾아볼 수 있는 정부의 금융억압은 중화학 분야 전략산업의 우선육성을 위해 사기업의 투자를 유도하고 투자위험을 사회화하는 기제가 된다. 또한 금융씨스템 자체만으로 보면 이는 금융지주계급의 이해를 억압한다는 의미를 갖는다. 그렇지만 3장에서도 본 것처럼 한국형 개발체제에서 금융억압은 곧 재벌에 대한 금융특혜가 되고, 수익은 개인에게 손실은 사회로 귀속될 위험이 존재하는데, 그렇다면 이것은 어떻게 정당화될 수 있었을까. 사회구성원의 공통의지인 성장에 대한 국민적 동의가 이에 대한 한가지 설명이 될 수 있다는 것이 그의 견해다.

고도성장체제의 가장 어두운 그늘은 노동분야에서 찾을 수 있다. 5장에서 김삼수는 70년대 유신체제하의 노동정책과 노동체제를 분석한다. 그가 가장 중요하게 생각하는 것은 노동조합의 법적 승인, 무엇보다 파업권의 법인(法認) 문제다. 왜냐하면 이것이야말로 노동자를 시민으로 통합하는 단계의 국민국가체제 성립의 근거가 되기 때문이다. 이같은 관점에서 그는 유신체제하에서 노동자는 단결권을 총체적으로 부인당하는 존재였고, 국민국가의 구성원 자격에서 배제되었다고 주장한다. 이 상황은 역사적으로 보면 1953년 노동법 제정 이전으로 회귀한 것이 되며, 이후 전두환정권 내내 지속되어 87년 노동법 개정시까지 유지되었다.

국제적으로 한국의 개발모델은 고도성장 모델일 뿐 아니라 분배 또한 양호하다고 평가받고 있다. 그렇지만 6장 이정우의 글은 이 견해에 대해 비판적이다. 그는 먼저 성장과 발전의 구분에서 논의를 시작하면서 박정희 모델이 양적 성장에는 성공했으나 이는 질적 발전, 자유로서의 발전을 희생하면서 이루어진 것이라고 비판한다. 그런 다음 임금·소득분배·토지자산의 세 가지 측면에서 분배문제를 검토한다. 임금 측면에서는 실질임금의 증가폭이 줄곧 노동생산성 증가폭에 미달하고 있고 이는 낮은 노동분배율로 나타난다. 소득분배 측면에서는 자료의 빈곤이 큰 장벽이다. 이에 대해 그는 신뢰성이 약한 통계지표에 의지하기보다는 분배적 정의론 관점에서 접근하는 것이 더 유효하다고 보고, 특히 가구별 조사에서 재벌가구가 빠져 있는 문제점을 지적한다. 그렇지만 소득통계로는 파악되지 않는 사항으로 가장 주목해야 할 것은 토지자산의 분배 문제다. 지가폭등이야말로 가계자산 불평등, 빈익빈부익부의 최대 요인이라는 것이 그의 견해다.

제1부의 주제가 박정희시대 경제기적의 명암에 초점을 맞추고 있다면, 제2부는 정치적·사회문화적 측면에서 박정희시대 인식에서 우리가 직시하고 비판적으로 반성, 극복해야 할 야만과 위험에 대한 연구이다. 당대의 야만에 대해 정치사회학적으로 분석한 글이 세 편(이종석, 한홍구, 홍성태)이고 민주화시대의 박정희 신드롬을 비판적으로 분석한 글이 두 편이다(진중권, 홍윤기).

7장 이종석의 글은 분단구조가 유신체제의 형성에 어떻게 활용되었는지를 밝히고 있다. 그는 적대적 의존관계와 거울영상효과라는 두 핵심 개념을 도입하여, 70년대 초반 탈냉전의 국제정세에서 박정희가 남북대화를 어떻게 유신 종신집권체제 구축을 위해 정략적·기만적으로 활용하였는지, 그리고 어떻게 유신체제에 북한적 요소가 스며들게 되었는지를 파헤치고 있다. 그의 비판적 시선은 박정희만이 아니라 김일성에게도 향하고 있다. 그에 따르면 유신체제와 유일체제는 분단상황과 남북대화를 장기집권과 억압적 국민동원을 위해 활용한 적대적 쌍생아 같은 존재다.

박정희시대에 대한 인식과 평가에서 베트남 파병문제가 주목을 끌게 된 것은 아주 최근의 일이며, 이에 대한 학술연구는 중요한 공백지대로 남아 있었다. 8장 한홍구의 글은 베트남 파병이 개발독재의 전개와 우리 국민의 삶에서 어떤 역사적 의미를 갖는지를 분석한다. 그는 베트남 파병이 미국의 압력보다는 박정권의 필요에 의해 적극적으로 추진된 사실을 강조한다. 파병 영향에 대한 분석에서는 경제적 측면에서 우리가 얻은 이익은 희생에 비한다면 적은 것이었다고 본다. 이는 베트남 특수를 강조하는 통상적 견해와는 다른 것이다. 그보다 그가 주목하는 것은 베트남 파병을 통해 박정권이 미국과 군부의 확고한 지지를 바탕으로 사회를 병영국가화하고 남북긴장을 고조시키며 유신체제의 길을 닦았다는 것이다.

박정희시대의 개발을 빈곤과 성장의 이분법으로 고찰하는 것은 외눈으로만 보는 단순시각이 될 것이다. 이는 성수대교와 삼풍백화점의 붕괴, 대구 지하철 화재사건을 상기하는 것으로 충분하다. 9장에서 홍성태는 개발과 파괴, 고성장과 고위험이 동시에 일어난 한국의 모순적 근대화 현상을 주제화한다. 그는 울리히 벡의 '위험사회론'의 관점을 수용하면서도 한국적 특수성을 중시하는데, 한국은 파괴적 개발이 진행된 '폭압적 근대화'의 결과 서구사회보다 더 위험한, 복합 위험사회가 되었다고 본다. 파괴적 개발의 위험에 대한 분석은 자연과 사회 양면에 걸쳐 이루어진다.

민주화시대의 박정희 신드롬을 비판적으로 해명하는 첫번째 글인

10장에서 진중권은 박정희 신드롬의 이데올로기가 담론·세론·습속의 세 가지 차원을 갖고 있다고 보고 이 가운데서 습속의 차원에 초점을 맞춘다. 그는 박정희체제를 한국인의 몸과 정신세계에 깊이 새겨져 있고 그 인성구조를 바꾸어놓은, 광의의 파시스트적 생체권력이라고 파악한다. 바로 이 생체권력적 성격 때문에 독재자는 죽었지만 그의 혼은 오늘의 한국사회에서 여전히 살아있으며 그 기반 위에 박정희의 적자와 수구세력들이 기생하고 박정희 신드롬도 생겨난다는 것이다. 따라서 그는 우리의 인성을 왜곡한 생체권력으로서의 박정희 유산을 치유하고 미시파시즘을 극복하는 일이야말로 오늘날 무엇보다 긴급한 과제라고 주장한다.

11장에서 홍윤기는 박정희 담론을 권력담론과 비판담론으로 나누어 분석하고 있다. 그는 민주화시대에 박정희 신드롬을 주도한 권력담론으로서의 박정희 우상화 담론이 과거의 정당화 담론과는 성격이 매우 다른 것임에 주목한다. 그에 따르면 우상화 담론은 현실역사와는 거리가 먼 신화적 박정희를 가공해낸 이데올로기적 성격과 한국의 취약한 민주주의에 대한 공격적 성격을 가지고 있으며, 반민주적·반시민사회적·반인륜적 '패륜'을 가지고 있다. 그는 우상화 담론과 대척에서 비판담론의 성격을 갖고 있는 '우리 안의 파시즘론'에 대해서도 문제를 제기한다. 그는 이 담론이 우상화 담론과는 달리 권력비판 담론으로서 적극적·합리적 논점을 가지고 있음을 인정하고 있다. 문제는 이 담론이 박정희체제의 대중적 기반과 국민적 합의기반을 비현실적으로 과장하고 있다는 것이다.

*

이 책이 나오기까지는 매우 오랜 시간이 걸렸다. 대부분의 집필자들이 진작 바쁜 시간을 내어 귀중한 원고를 주셨는데, 이에 부응하지 못하여 송구스럽기 짝이 없다. 감사와 함께 심심한 사과의 말씀을 드린다. 처음 이 책의 기획을 구상할 때 도움을 주신 일본 오오사까 쇼오교오(大阪商業)대학의 타끼자와 히데끼(瀧澤秀樹) 교수와 편자의 제안을 호의를 갖고 받아주신 백영서 교수께 감사드린다. 그리고 오랫동안 인내심을 갖고 원고를 기다려주고 좋은 책을 만들어주신 창비에 감사의 말씀을 드린다.

2003년 10월 15일
이병천

개발독재의 정치경제학과 한국의 경험

극단의 시대를 넘어서

개발독재의 정치경제학과 한국의 경험

극단의 시대를 넘어서

1. 머리말

20세기 후반 반세기 동안 대한민국이 성취한 가장 중요한 것을 손꼽는다면 식민지 노예상태에서 벗어나 나라를 되찾고 분단된 형태로나마 국민국가를 건설한 것, 그리고 산업화와 민주화라는 근대화 이중혁명을 달성한 것이다. 여기서 산업화가 우리에게 갖는 의미는 한국인이 근대 산업문명의 혜택을 누리게 되었다는 사실에만 그치는 것이 아니다. 그것은 물질적 만족을 넘는 가치를 갖는다. 산업화를 통해 국민국가의 자주·자립을 위한 물질적 기반이라 할 국민경제가 형성되었으며, 이 기반 위에서 한국인은 세계체제 속에서 국민적 단위로 존립하고 발언권을 행사하면서 민족적 자긍심도 가질 수 있게 되었다. 산업화와 국민경제 형성을 통해 국민국가라는 정치적 틀도 내실을 갖추게 되는 것이다.

나라 밖으로 눈을 돌리면, 한국의 산업화와 국민경제 수립의 길은 서방세계 다른 지역에서 자본주의 산업화 길의 실패 또는 정체와 비교

되며, 나아가서는 자본주의적 길을 뛰어넘고자 했던 70년에 걸친 국가사회주의 실험의 실패와 역체제전환의 경험과도 대조된다. 무엇보다 남한의 경제적 성공 대 북한의 경제적 실패는 ― 남한의 민주화 대 북한의 세습독재의 대조와 함께 ― 남북한 체제경쟁에 결말을 지음으로써 두 분단국가간의 정통성에 대한 종전의 관념을 송두리째 흔들어놓았다고 할 수 있다.

이처럼 한국이 산업화와 국민경제 수립에 성공했다는 사실은 대단히 중요한 역사적 의미를 갖지만, 어떠한 방식으로 성공했는가 하는 것 또한 못지않게 중요한 문제다. 비교시각으로 볼 때, 한국이 지불한 비용과 고통이 상대적으로 적었다고 하더라도 그 비용과 고통을 결코 과소평가해서는 안되며, 더욱이 동시대의 그늘과 위험을 모두 불가피했던 것으로 정당화해서는 결코 안될 일이다. 산업화는 성공하였지만 독재정권은 이를 냉전반공주의, 정치적 독재와 대결적 분단체제를 공고화하는 수단으로 삼았다. '한강의 기적'은 정치적 억압과 반동, 냉전-분단체제의 격화 위에 꽃을 피웠고, 과거청산 과제를 실종시키고 '더러운 전쟁'에 가담함으로써 이룩되었다. 또한 경제개발은 독재정권과 특권재벌 간의 보수적 공생과 고도로 집중되고 불균형한, 돌진적이고 파행적 방식으로 이루어졌다. 이 극단의 시대의 그늘은 당대의 문제로만 그친 것이 아니었다. 그것은 이후의 역사 전개에 깊은 상처를 남겼고, 민주화시대의 기본틀도 규정했다.

개발독재는 한국의 극단적 근대화시대를 집약하는 핵심어이며 박정희시대 18년을 꿰뚫는 키워드라고 해도 과언이 아니다. 우리는 이 개발독재라는 키워드를 붙잡고 한국 모더니티의 기본틀을 주조한 박정희시대의 빛과 그늘, 그 기적과 위험을 함께 살펴보고자 한다.

2. 개발독재의 정치경제학

1) 국가주의적 근대화 수동혁명체제로서의 개발독재

개발독재라는 개념은 박정희시대, 더 나아가 일반적으로 산업화와 국민경제 형성이라는 근대화 체제이행기를 분석하고자 할 때 얼마나 유효한 개념이 될 수 있는가. 우리의 연구는 개발독재를 키워드로 함에도 불구하고, 이 말은 학술적 개념으로 엄밀히 구성되어 있다고 보기 어렵다. 대중적으로는 널리 사용되고 호응이 많지만, 개념으로서는 빈곤하며 불안한 상태에 머물러 있으며, 학계에서는 개발독재라는 말을 사용하는 데 소극적이다. 개발독재라는 말은 아직 학계에서 분명한 시민권을 얻지 못한 상태에 있는 것이다. 개발독재에 대한 통상적인 정의로는, "경제성장을 위해서는 정치적 안정이 불가결하다는 이유로 정치 참여를 크게 제한하는 독재를 정당화하는 체제"라는 것이 있다 (高橋進 1980; 恒川惠市 1983). 그런데 이와 같은 단순한 정의는 '정치권력의 정당성 원리'를 지칭하고 있을 뿐, 정치체제에 대한 과학적 분석 개념이 되기에는 큰 결함이 있다고 비판받는다(藤原歸一 1992, 328면). 첫째, 이 체제가 왜 성립하는지, 독재의 성립과정에 대한 인과관계 분석이 결여되어 있다. 둘째, 이 체제가 개발을 위해 필요한, 민주제도에서는 공급하지 못하는 어떤 조건과 제도를 제공하는지를 알려주고 있지 않다. 개발독재의 기초가 되는 사회구성과 사회변동에 대한 분석도 없다. 그럼에도 불구하고 우리는 개발독재라는 말을 소극적으로 방치하거나 기각하지 말고 좀더 적극적으로 하나의 학술적 담론으로 구성해서 시민권을 얻게 하는 것이 필요하다고 생각한다. 특히 동아시아사회의 국가주의 근대화 경험을 파악하기 위해서는 필수적이라고 본다. 개발독재라는 말이 그럴 만한 충분한 가치와 의미를 가지고 있다고 생각하는 것은 다음과 같은 이유 때문이다(劉進慶 1987; 藤原歸一 1992, 329~30

면; 末廣昭 1994, 213면; 朴― 2001).

첫째, 개발독재론은 동아시아사회의 근대화 역사의 경제적 양상과 정치적 양상, 경제체제와 정치체제의 변동을 고립·분절적으로 나누어 보지 않고 상호유기적으로 연관된 총체로서 통합적으로 파악하는 '정치경제학'적 시각과 접근방법을 제공해줄 수 있다. 그것은 정치체제와의 연관성을 제거한 순수경제적 산업화론의 결함, 반대로 경제성장 과정과 분리된 정치분석의 결함을 벗어나게 해준다. 뿐만 아니라 개발독재론은 동아시아사회의 정치경제적 변동을 세계체제론 같은 외인론이나, 종속이론처럼 세계경제와 단절을 지향하는 비관적인 종속적 발전론 또는 새생산론이 아니라, 국민국가 수준을 중심에 놓으면서 여기에 기회와 압박의 양면성을 갖는 세계체제적 요인을 결합하는 접근방식을 취할 수 있게 해준다.

둘째, 개발독재론은 개발, 민주주의, 민족주의의 삼각관계라는 발전론 및 이행론의 역사와 함께 오랜 문제를 포괄하고 있다. 즉 그것은 경제발전과 정치발전 사이, 성장과 분배 사이, 그리고 민주주의와 민족주의 사이의 딜레마의 문제를 시야에 끌어안고 있다. 산업화의 체제이행기는 개발과 국민경제 형성을 우선목표로 하는 국민통합, 장기적 전망의 수립, 사회집단간의 이해 조정의 필요 때문에 정책결정의 중앙집권화와 정치안정을 요청하는 경향이 있다. 이에 반해 민주주의는 정치의 분권화와 절차적 정당성을 불가결한 요건으로 한다. 이 때문에 민주화는 산업화가 요구하는 정치체제와 충돌하는 측면이 있는 것이 사실이다.

셋째, 개발독재론은 경제개발 과정에서 더욱 심화되는 억압적 정치체제에 대한 비판과 이를 정당화하는 통속적 근대화론 즉 개발의 결과로서의 독재용해론에 대한 비판적 문제의식을 갖고 있다(朴― 2001). 개발독재체제에서 독재는 이행기 시초(始初)축적의 역사적 요구에 부응하는 성격을 가질 수도 있지만, 독재권력 자신의 사적 '권력축적'을 위한 지배전략이 되면서 국가가 지속적으로 시민사회와 시민적 삶을 관리·동원하고 국가로 회수(回收)해 들이는 국가물신 독재의 성격을 가질 수 있다. 이 성격은 냉전반공 개발독재에서 두드러지게 나타난다(劉進慶 1987). 이런 의미에서 개발독재체제는 시초축적체제로서의 역사성과 반동적 억압성이라는 근본적인 내적 모순을 가진 체제이며, 개발독재론은 이 내적 모순에 대한 비판담론의 성격을 갖고 있다.

이처럼 개발독재론은 경제와 정치에 대한 통합된 접근방법을 제공하고, 경제개발과 민주화의 딜레마 문제를 시야에 넣고 있으며, 시초축적체제와 반동적 억압체제의 야누스적 성격을 비판적으로 분석할 수 있는 시점을 제공한다. 그렇지만 개발독재론의 이론적 내실을 확보하기 위해서는 개발과 독재의 의미, 개발과 독재의 상호 연관에 대해 더 진전된 설명이 필요하다. 먼저 개발이라는 말에 대해서 살펴보자. 이 말은 일반적으로는 문화개발·인간개발 등 여러 복합적 의미도 가질 수 있지만, 개발독재에서 개발의 기본적 의미는 농업사회에서 공업사회·산업사회로의 이행과정으로서의 경제개발, 즉 산업화이다. 그렇지만 동아시아사회에서 개발은 단순한 경제적 산업화의 의미 이상의 것임에 주목해야 한다. 그것은 동아시아 특유의 민족주의와 불가분하게 결합되어 있다.[1] 이 사회에서 개발의 이념 또는 개발주의에는 국가와 민족의 이해를 최우선시하면서 경제개발을 통해 국력을 신장하고 위로부터의 국민통합을 달성한다는 강력한 국가민족주의의 의미가 담겨 있다. 개발은 곧 '국가의 개발', 국가발전의 최우선적 목표 가치로서의 개발이며, 이는 성장이데올로기의 국민적 공유 및 성장을 위

---

1 이와 관련하여 중남미를 대상으로 한 오도넬의 관료권위주의(BA) 이론에 개발이라는 말이 키워드로 등장하지 않는다는 사실은 매우 흥미롭다(末廣昭 1994, 221면).

한 국민동원과 위로부터의 국민통합의 형태를 취한다. 뿐만 아니라 동아시아 개발주의는 단지 국가민족주의적 산업주의일 뿐 아니라, 냉전체제 아래 공산주의에 대항하는 체제경쟁적인 냉전반공 개발주의, 적의 존재에 의존하는 '생존의 정치'로서의 반공개발주의라는 의미를 갖고 있다(Johnson 1995, 38~50면; Castells 1998, 267, 272~76면; 末廣昭 1998, 15, 18면; 藤原歸一 1998, 84~87면).

다음으로 독재라는 말에 대해서 보기로 하자. 오늘날 정치학은 린츠(Linz 1970)가 권위주의론을 제기한 이래 일반적으로 독재를 권위주의 독재와 전체주의 독재로 구분하고 있다. 린츠는 민주주의와 전체주의의 이분법으로 포착되지 않는 회색지대를 분석하기 위한 어떤 이념형으로 권위주의 개념을 제시하였다. 그는 다원주의, 이데올로기, 리더십, 그리고 동원의 네 가지 차원에서 전체주의와 다른 권위주의의 속성을 다음과 같이 제시하였다. 제한된, 그러나 책임한계가 모호한 정치적 다원주의가 존재한다. 고유한 멘탈리티(mentalities)는 있지만 지도적 역할을 하는 이데올로기는 없다. 일인 또는 소수 지배집단이 명확하지 않게 규정된 권력을 행사하지만 그 정치 형태는 예측가능하다. 집중적이거나 광범한 정치동원력을 갖고 있지 않다. 이런 린츠의 권위주의론은 개발독재론을 구성하는 데 매우 유용한 이론적 요소를 제공해줄 수 있다. 무엇보다 린츠의 이론은 정치적 다원주의가 있는 권위주의적 개발독재와 일원적·전체주의적 개발독재의 구분을 가능케 한다. 예컨대 한국은 전자, 타이완은 후자로 구분된다. 이 차이는 매우 중요한 의미를 갖는다. 왜냐하면 한국의 사례에서 잘 볼 수 있는 바와 같이, 정치적 다원주의와 공적 경합의 존재는 그 정치체제에 고유한 내적 모순과 불안정을 삽입시키고, 지배연합과 저항연합 간의 대치와 그에 따른 민주주의 이행의 특수한 동학을 작동시키기 때문이다. 또한 이러한 관점에서 우리는 적어도 권위주의적 개발독재에 관한 한

이 체제의 정당성 원리는 오로지 개발실적이라는 결과적 목표 정당성만으로 규정할 수는 없다고 생각한다. 그것이 아니라 권위주의 개발독재란 실적 목표 정당성에 다양한 스펙트럼의 절차적 정당성이 중첩되어 있는 체제, 정당성 원리 자체에 모순과 긴장이 내재되어 있는 체제로 파악해야 한다. 그러나 권위주의체제는 ― 경제학에서 불완전 경쟁시장이 그러하듯이 ― 여전히 스펙트럼이 너무 광범하다. 이와 관련해서는 일차적으로 제도화 수준이 낮은 불안정한 권위주의 ― 그중의 하나가 집정관체제다 ― 와 제도화 수준이 높은, 비교적 안정된 권위주의의 구분이 필요하다(한배호 1993).[2] 둘째, 린츠는 권위주의에는 멘탈리티만 있을 뿐 지도적 이데올로기가 없고, 정치적 동원능력이 낮다고 보고 있다. 여기서 적극적인(positive) 정치적 동원과 소극적인(negative) 억압적 통제를 구분하는 것은 중요한 의미가 있다. 이 구분에 의한다면 정치적 동원을 위협으로 느끼고 탈동원을 지향하는 개발독재를 적극적인 정치적 동원을 도모하는 파시즘으로 규정하기는 어렵게 될 것이기 때문이다. 그러나 개발독재는 린츠적 의미에서 멘탈리티만 있을 뿐 지도적 이데올로기가 없는 권위주의체제는 아니다. 동아시아 개발독재체제는 전체주의만큼 견고한 것은 결코 아니지만 강력한 반공국가주의 근대화 이데올로기에 입각해 있다. 그리고 이를 정당성 원리로 삼아 위로부터 국민통합을 추구하고 국민 에너지를 ― 정치적 동원이 아니라 ― 경제개발에 동원하는 체제인 것이다.[3]

이제 앞의 논의를 기반으로 개발독재체제 개념을 중간 정리해보자.

---

2 우리는 다이아먼드 외(Diamond et al. 1989)에서 비민주주의에 대한 더 섬세한 구분 시도를 볼 수 있다. 반(半)민주주의체제, 패권정당체제, 좁은 의미의 권위주의체제와 그 하위 유형으로서의 이완된 독재체제(dictablandas)와 강성 독재체제(dictaduras), 강한 민주적 압력이 있는 권위주의 상황과 약한 민주적 압력이 있는 권위주의 상황.

3 린츠도 '동원권위주의'에 대해 언급하긴 하지만 매우 미흡하다(Linz 1970, 260~61면; 1975, 321~26면).

사회적 헤게모니의 부재(nonhegemonic society) 시기, 다시 말해 아직 기성의 부르주아 헤게모니가 형성되지 않은 체제이행기에 높은 자율성을 가진 독재권력이 정치적 자유와 대중참여를 억압하면서 국익과 개발의 이름으로 위로부터 국민 동원과 통합을 도모하는 체제, 세계질서의 패권구조에 적응하면서 동시에 이를 적극적으로 활용하는 국가주의적 근대화체제, 이것이 개발독재체제다. 우리는 개발독재가 국가민족주의 이념에 입각하여 국가 주도로 정치적 권위와 질서를 제공하고 국민 동원과 통합을 추구하는 근대화 이행기체제 또는 시초축적체제로서 일종의 '개발 캐자리즘(caesarism)'(Cox 1987, 218, 237~38면)의 성격을 가짐과 동시에, 국민대중의 삶을 관리 감시하면서 끊임없이 국익의 논리 안으로 동원 회수(回收)[4]해 들이는 국가물신적 정치적 반동체제, 권력의 자기축적 전략=기술로서의 국가주의 마키아벨리즘의 성격을 가진다고 파악한다.

그렇지만 정치체제는 개발독재의 하나의 수준이다. 우리는 한걸음 더 나아가 개발독재를 성장체제까지를 포함하는 하나의 사회발전체제로서 파악하고자 한다. 이를 위해서는 그람시의 헤게모니론을 더욱 진전시킨 제숍(Jessop 1990, 제7장)의 논의가 유용하다. 그는 사회발전에서 특수이익과 일반이익의 갈등을 해결하는 헤게모니 프로젝트의 성공적 실현은 세 가지 핵심적 요인, 즉 구조적 결정, 전략적 지향, 그리고 축적과의 연관성에 의존한다고 말한다. 첫째, 헤게모니의 구조적 결정. 이것은 특정한 세력과 계급의 이익을 보장하고 여타 세력의 이익을 희생하는 국가 형태에 각인된 구조적 특권 또는 국가의 구조적·전략적 선택성을 말한다. 둘째, 전략적 지향. 이것은 헤게모니 세력의

---

4 국가로의 '회수'라는 말은 니시까와 나가오(西川長夫 1998, 302면)에서 빌려왔다. 그렇지만 우리는 그의 극단적 국민국가비판론에는 동의하지 않는다.

장기적 이익을 보장하는 국민적·대중적 프로그램의 추진과 피지배세력의 특수한 이익의 실현을 성공적으로 연계시킬 수 있는 프로젝트의 개발을 말한다. 헤게모니를 얻기 위해서는 정치적·지적·도덕적 지도력의 세 가지 영역에 개입해야 한다. 셋째, 축적과의 관계. 이는 헤게모니 프로젝트의 성공적 추진이 적절한 성장모델 또는 축적전략의 뒷받침을 받아야 함을, 그리하여 피지배세력들에 대한 물질적 양보의 제공에 의존함을 말한다. 물론 제솝의 헤게모니 프로젝트론은 근대화 이행기를 직접적인 대상으로 삼고 있지는 않다. 그는 근대화 이행기 국가가 가지고 있는 고도의 자율성과 국가의 특수한 역할을 연구하지도 주제화하지도 않았다.[5] 그렇지만 그의 헤게모니 프로젝트론은 개발독재체제가 근대화 수동혁명체제가 될 수 있기 위해 충족시켜야 할 세 가지 구성요건을 잘 말해주고 있다. 그의 논의를 발전적으로 수용할 때, 국가주의 근대화 수동혁명체제로서의 개발독재체제는 다음과 같이 정의할 수 있다. ① 정치적 자유를 제한하고 대중참여를 배제하는 억압적 정치권력과 사회 지배세력 간의 개발지배블록, ② 절차적 정당성보다는 경제개발 성과를 주요한 정당성 원리로 삼는, 국가민족주의적인 국민 통합과 동원의 이념,[6] ③ 국민경제 자립을 목표로 하는 국가의 효과적인 시장유도와 국가-시장-제도의 성장지향적 협력, 선별적인 대외개방을 특성으로 하는 경제개발체제.

이러한 정의는 이미 우리가 개발독재를 단지 개발이라는 정당성의

---

5 뿐만 아니라 그의 국가론은 국가에 합당한 자율성을 부여하지 않는다고 베버에서 영감을 얻은 국가중심론자들로부터 비판을 받았다(Skocpol 1985). 제솝은 이에 대해 반비판한다(1990, 제10장; 1999; 2003). 필자는 양자의 비판이 각기 상대방의 약점을 적절히 집어내고 있다고 생각한다(이병천 1997, 8~9면).
6 개발국가를 정당성의 원리=역사적 프로젝트의 관점에서 정의한 견해로는 카스텔(Castells 1998) 참조. 그는 혁명국가의 사회적 프로젝트는 사회질서의 근본적 전환을 추구함에 반해서 개발국가는 경제질서의 근본적 전환을 추구한다고 본다.

원리나 개발지향성만으로 정의하지 않는다는 것을 말해주고 있다. 만약 정치적 독재체제가 성공적인 개발체제, 지속적 경제성장과 국민경제 수립의 성과와 결합되지 않는다면 그것은 지속불가능하게 될 것이다. 우리는 단지 정당성이나 지향성만이 아니라 실제로 작동하는 체제, 동아시아 근대화체제로서 역사적으로 작동가능했던 체제를 개발독재체제로 파악한다. 따라서 개발독재론은 어떻게, 어떠한 방식으로 개발이 가능했는지 개발체제 또는 발전모델의 성공적 작동에 대한 내용을 담고 있어야 한다. 뿐만 아니라 앞의 정의는 개발독재체제가 정당성의 계기와 지배권력의 전략의 계기, 또는 권력축적의 전략의 계기 양자 모두를 포함하고 있음을 말해주고 있다. 개발독재는 성공적 개발과 정치적 독재가 서로 공생하면서 병행 발전하는, 강제의 갑옷으로 무장한 특수한 '반동적 근대화'의 수동혁명체제인 것이다. 그러므로 개발독재체제에 대한 연구는 개발의 성공과 동시에 그것에 내재된 구조적 특권, 정치경제적 지배권력체간의 전략적이고 선별적인 연계를 분석해야 한다. 나아가 개발독재론은 정태적 구조의 정치경제학에 머물 것이 아니라 위기와 동태적 변동의 정치경제학으로 확장되어야 할 것이다. 개발독재체제는 영속적 재생산체제가 아니라 고유한 모순구조와 위기경향을 내포하고 있다. 개발독재론은 이 모순구조와 위기경향

〈표1〉 경제발전과 정치체제: 네 가지 유형

	독재	민주주의
성장	개발독재	사회민주적 복지자본주의
정체	극빈 약탈독재	연성 시장 민주주의

〈표2〉 개발독재의 정치경제: 한국과 타이완의 비교

	한국	타이완
정치	권위주의, 제도적 불안정	전체주의, 제도적 안정
경제	재벌 지배체제	국영기업과 민간 중소기업 병행 발전

을 파악하고, 위기를 통해 어떻게 전환·변모되고 해체되기에 이르는
지에 대한 분석까지를 포함해야 한다.

2) 개발국가론 딛고 넘어서기

개발독재체제는 어떻게 개발에 성공할 수 있었는가. 이 논점에 대
해 가장 크게 기여한 것이 개발국가론이다. 그러므로 개발독재론은 개
발국가론의 성과를 자기의 것으로 수용하면서 이를 딛고 넘어서야 한
다. 통상적으로 개발국가론은 동아시아 성장에 대한 해석에서 한편으
로 신고전파적인 시장중심론, 다른 한편으로 세계체제론의 대항관계
속에서 제기된, 국가 주도에 의한 민족주의적 후발 캐치업 산업화의
정치경제학(이념, 제도적 씨스템, 정책)으로 파악된다. 이는 일본의 발
전경험을 이론화한 데서 비롯되어 동아시아 성장론으로 확장되었다.
존슨, 웨이드, 앰스던, 에번스 등의 대표적인 연구를 통해서 발전된 개
발국가론의 요체는 국가의 자율성과 국가능력, 대내적으로 국가가 사
회 및 시장과 맺는 연계방식, 대외적으로 세계체제에 편입되는 방식
등에서 찾을 수 있는데, 그 구성요소를 요약하면 대체로 다음과 같다
(Johnson 1982, 1995; Evans 1995; Wade 1990; Amsden 1989; Leftwich 1995; Castells
1998; Woo-Cumings 1999; 이병천 2003a).

① 국가권력의 개발지향. 경제개발의 실질적 성과를 주된 정당성 원리
로 삼는 국민동원 및 위로부터의 국민통합.

② 선산업화 후민주화의 권위주의 정치: 정치적 안정과 질서를 위한
사회내 이해 갈등의 조절과 통제, 대중 참여와 발언의 배제.

③ 국가체제 내부의 제도적 일관성, 사적 이익집단에 포획되지 않는
국가의 자율성, 유능한 관료집단의 존재와 장기 시계를 보장하는 상대
적 자율성.

④ 국가와 민간부문 간의 공사 협력관계 또는 발전 파트너십의 형성:

이른바 '연계된 자율성.'

⑤ 경제적 민족주의에 입각한 국가의 시장 유도 및 국가와 시장의 협력: 전략산업의 선별적 육성과 동태적 비교우위 지향, 수입대체 정책과 수출지향 정책이 결합된 복선형 산업정책.

⑥ 국가에 의한 자본규율 : 지원과 성과의 상호성의 원칙.

⑦ 금융억압, 사회적 자금의 동원과 전략산업에 대한 지원.

⑧ 보호와 개방의 이항대립을 넘어서는 세계경제로의 선별적 통합, 후발성 이익의 흡수와 불이익의 적절한 관리.

개발국가론은 이와 같은 정치사회학적(①~④), 경제학적(④~⑧)인 이론적 요소를 제시함으로써 동아시아 개발의 성공을 설명하는 매우 유력한 성장의 성공학의 지위를 얻었으며 기여한 바 크다. 나아가 동아시아뿐만 아니라 유럽의 산업화 역사에 대해서도 상당한 설명력을 지니고 있으며, 추후 산업화를 지향하는 나라들에도 발전을 위한 큰 학습자산을 제공했다고 생각한다. 그러나 다른 한편 개발과 독재가 공생하면서 병행 발전하는, 강제와 동의가 결합된 특수한 '반동적 근대화' 수동혁명체제로서 개발독재론을 구성하고자 하는 우리의 관점에서 볼 때, 개발국가론은 큰 문제점도 가지고 있다. 이 문제점은 개발국가론이 문제의식과 이론 구조에서 성장의 성공과 기적을 밝히는 데 집중한, 그것도 성장 성공의 공통 요인을 추출하는 데 주력한 부조적(浮彫的) 성공학이며, 국가물신숭배적 경향이 강한 이론이라는 데 주로 기인한다.

첫째, 개발국가론은 사회는 사적 이익으로 분열되어 있고 국가만이 공익을 대변할 수 있다는 국가물신적 공사이분론과 엘리뜨주의적 반정치론에 사로잡혀 있다. 또한 경제개발이라는 실질적 목표는 준혁명적인 정당성을 가지고 있다고 보고 절차적 정당성이 가지는 중요성을 가볍게 무시한다. 이 두 가지 치명적 편견은 국가행위의 정당성의 근원이 시민적·수평적 의사소통과 인준에 있다는 것을 원천봉쇄하게 만든다.[7] 이러한 이론적 빈곤 때문에 국가권력이 정당성과 폭력 간의 불안정하고 모순적인 혼합물이라는 사실에 대해 둔감하게 되는 것은 당연하다. 독재권력은 정치적 안정과 질서의 보증자 역할도 하지만 동시에 지배권력의 전략이며 폭력적 장치다. 개발국가론은 고삐풀린 독재권력의 과잉 자율성과 자의적인 무책임 권력의 행사가 초래하는 정치적 반동의 위험을 보지 못하고 있다. 또한 개발국가론은 권위주의와 전체주의, 제도화 수준이 높은 권위주의와 낮은 권위주의의 차이를 무시한다. 이에 따라 권위주의적 개발독재체제에서 정치적 다원주의의 존재와 수준, 민주적 압력의 강약이 갖는 의미를 거의 무시하거나 배제한다. 이는 개발독재체제의 내적 모순, 나아가 민주주의 이행의 동학에 대한 이 이론의 파악능력을 지극히 빈곤하게 만들었다(이병천 2003a).

둘째, 개발국가론은 자본주의 대 사회주의의 이분법에 빠져 있으며, 자본주의 대 자본주의의 경쟁이라는 비교자본주의론의 문제설정이 미약하다. 그런데 역사적으로나 국민적으로나 자본주의는 소유관계, 기업경영-금융-노동 체제, 국가와 민간부문 간의 연계방식 등에 걸쳐 제도형태가 다양하며 그에 따라 효율성과 공평성의 성과도 크게

---

7 이 측면에서 존슨에 대한 비판은 이병천(2003, 107면) 참조. 존슨은 시장물신주의를 비판하지만 국가물신주의·국익지상주의의 위험에 대해서는 불감증을 보인다. 독재권력의 순기능만을 보는 존슨과 웨이드의 견해는 60년대 헌팅턴(Huntington 1968)의 견해와 별반 다르지 않다는 생각이 든다. 실제 웨이드(Wade 1990, 373면)는 헌팅턴의 논지를 수용하고 있다. 스카치폴(Skocpol 1985, 31면 주7)도 헌팅턴에 대해 우호적으로 언급한다. 그러나 자유보다 질서의 문제가 먼저 해결되어야 하고, 전체주의와 자유민주주의의 차이보다 효율적 정치체제로서의 공통성이 더 중요하다는 헌팅턴의 주장은 독재에서 효율적인 권위의 존재만 볼 뿐 그 가공할 폭력은 간과하는 위험한 견해라 하지 않을 수 없다. 존슨, 헌팅턴의 강한 국가론과 슈미트(C. Schmitt)의 파시즘의 국가철학 사이에 얼마나 거리가 있을지 모르겠다.

다르다. 심지어 중국의 개혁과 발전경험에서 보듯이 사회주의적 개발주의조차 가능한 것이 오늘의 현실이다.[8] 따라서 선진자본주의만이 아니라 개발자본주의, 중진자본주의 연구에서도 자본주의 대 자본주의와 제도형태의 국민적 다양성이라는 문제설정이 도입되어야 한다. 경제적 성공의 공통 요인을 추출하는 데 주력하는 부조(浮彫)적 성공학을 넘어서, 국가의 개입양식을 포함한 서로 상이한 소유형태와 제도형태에 기반하여 어떻게 각기 다른 방식으로 산업화와 국민경제 형성에 성공했는지, 그 장단점은 무엇인지 하는 제도주의 정치경제학의 시각을 정립할 필요가 있다. 이때 동아시아 개발독재에서 한국 유형과 타이완 유형의 구분 및 그 성과에 대한 비교 평가는 매우 중요하다.

셋째, 통상 개발국가론은 자본주의 사적 소유제를 전제로 하면서 그 위에서 국가에 의한 시장 유도 및 국가와 시장의 협력 효과에 초점을 맞춘다. 이 때문에 국가가 자본을 유도하려고 할 때 부딪히는 자본관계와 축적의 논리, 계급으로서의 자본가의 힘과 저항의 문제에 대한 인식이 미약하다. 모든 국가는 사회 속의 국가이며, 그것은 동질적 국민을 대변하는 일괴암(monolith)적 통일체가 아니라 역사적 힘관계의 응축이라는 사실, 동의에는 투쟁의 계기가 내포되어 있다는 사실, 국가 강도와 능력만큼이나 시민사회와 민주주의의 강도 및 능력이 중요하다는 사실을 인식해야 한다. 이는 국가의 사회경제적 세력기반 또는 개발지배블록의 다양성과 유형적 특질에 대한 시각을 요구한다 (Poulantzas 1978; Jessop 1990, 1999, 2003; Koo Hagen 1993; Migdal 1994; 조희연 1998; Pempel 1999; 박은홍 1999; 이병천 2003a).

공사 협력 또는 연계적 자율성은 단순히 협력과 연계로만 그치는 것이 아니다. 그것이 발전적 연계가 될 수 있으려면 국가에 의한 자본

---

8 Castells(1998, 287~93면) 참조.

의 규율을 동반해야 하며, 여기에는 자본의 저항과 스트라이크, 양자 간의 충돌과 경쟁, 협상과 타협의 문제가 반드시 따라붙게 된다. 따라서 시민사회의 감시력과 운동력에 열려 있지 않은 강한 국가권력과 자본권력의 관계는 지원-규율의 균형관계가 아니라, 필경 강한 특혜적 지원-약한 규율관계가 되거나 나아가 사익 추구에 공모하는 정치·경제 두 권력체 간의 보수적 유착과 결탁, 퇴행적이고 약탈적인 연계성을 가질 수밖에 없다.

넷째, 개발국가론은 보호와 개방의 이항대립을 넘어서 세계경제로의 선별적·전략적 편입이 낳는 후발성 이익의 흡수와 불이익의 적절한 관리의 중요성을 잘 포착한 것이 사실이다. 그러나 이 이론은 성장 성공의 국제적 조건에 대한 이해가 부족하다. 추상적인 세계경제 일반이 아니라, 전후의 특수 역사적 성격을 갖는 세계시장적 조건이 후발 산업화의 성공을 위해 제공한 기회, 패권체제 속에서 반주권국이 갖게 되는 기회구조와 압박구조의 이중성, 개발독재체제를 작동가능케 하는 냉전적 맥락 및 정치군사적 요인과 경제적 요인의 유기적 연관성 등에 대해 인식결핍증을 보였다.

그런데 우리는 개발국가론을, 후발 따라잡기 산업화론으로 한정하지 않고 선발산업국의 경험을 포함한 민족주의적 산업화와 국민경제 형성의 일반론으로 제시하는 논의(村上泰亮 1992; Weiss & Hobson 1995)를 보게 된다. 무라까미는 개발주의를 "민족주의적 입장에 선 산업화의 이론 내지 정책" 또는 "자본주의를 기본틀로 하지만 산업화의 달성을 목표로 하고 그것에 기여하는 한 장기적 관점에서 정부가 시장에 대해 개입하는 것을 용인하는 경제씨스템"(村上泰亮 1992 下, 6~7면)이라고 정의한다. 그에 따르면 산업화라는 역사의 분수령은 선후진국을 막론하고 고전적 자유주의가 아니라 개발주의라는 역사적 정치·경제형태를 요구했으며, 자본주의, 민족주의=국민국가, 개발주의의 결합은 근대화의 보편적인 현상이다. 자본주의의 발전은 산업화를 위한 적절한 환경을 준비했으나 산업화는 자본주의의 필연적인 귀결은 아니다. 사적 활동의 해방을 낳는 자본주의는 사회를 분해시킬 수 있는 강력한 작용력을 가지고 있으며, 그 때문에 그 분해작용을 피하기 위해서는 강고한 정치적 통합과 경제적 통합을 필요로 한다는 것이다.

무라까미에서 개발독재의 원형은 절대주의다. 16세기에서 18세기에 걸쳐 유럽 제국에는 산업혁명 이전의 산업화 내지 프로토산업화로 불리는 현상이 절대주의하 중상주의와 손잡고 진행되었는데, 절대주의란 "국민국가와 공업자본주의를 매개·결합·육성하려는 시도로서 최초의 개발독재"(村上泰亮 1992 上, 234면)이며, 영국은 절대왕정이라는 이름의 개발주의가 성공을 거둔 최초의 사례라는 것이다. 개발주의를 근대로 진입하는 보편적인 민족주의적 산업화의 정치경제체제로 봄으로써 무라까미는 널리 통용되는 근대화 유형론, 즉 '민주화→산업화'의 선진형과 '산업화→민주화'의 후진형으로 구분하는 논의도 거부하게 된다. 그가 보기에 '산업화→민주화'의 개발주의 형태는 유럽에서도 널리 나타날 뿐만 아니라, 영국 또한 예외가 아니다.

한편 위스와 홉슨(Weiss & Hobson 1995, 127면)도 거센크론적 견해를 비판하면서 무라까미와 유사하게 개발국가론을 선발산업국으로까지 확장한다. 그들은 후발국일수록 경제적 성공을 위해 국가의 역할이 한층 더 중요해짐을 인정한다. 그러면서도 강한 국가는 후발산업국만이 아니라 선발산업국에서도 필요하다면서 영국이 산업화의 선두주자가 된 이유를 중상주의 시기의 국가의 강력한 개발주의 조절능력에서 찾고 있다. 그러나 그들의 논의는 무라까미와 적지 않은 차이를 보인다. 우선 그들은 국가의 조절능력은 일방적 유도가 아니라 자본가계급과의 경쟁적 협력이 요체라고 보고 있다. 둘째, 국가에 의한 사적 소유권 보호의 중요성을 강조하고 있다(72~73면). 셋째, 선발개발주의와 후발

개발주의를 구분하면서 선발 영미식 자본주의의 퇴조와 후발 동아시아 자본주의의 발흥을 대비시키고 있다.

이상과 같은 무라까미, 위스와 홉슨의 견해를 따른다면, 개발국가체제와 개발주의는 산업화와 국민경제 형성의 세계사에서 보편적인 현상이 된다. 이들의 견해에는 상당한 타당성이 있다고 여겨진다. 민족주의와 국민국가는 좌우파를 막론하고 근대담론에서 주변화되는 경향이 있었던 것이 사실이다. 민족주의와 산업화의 결합 또한 마찬가지다. 우리는 무라까미, 위스와 홉슨의 견해에 따라 개발주의를 한 나라가 근대산업사회로 진입하고 국민경제의 기본 단위를 구축하고자 할 때 필수적으로 통과해야 할 관문으로서 국가주도하의 민족주의적 산업화체제, 또는 민족주의에 의해 추동된 산업주의로 파악할 수 있을 것이다. 그렇다고 해도, 개발주의의 일반성만큼이나 특수성, 그 다양한 유형적 특질에 대해 파악할 필요가 있다. 일찍이 맑스도 — 그의 주된 관심은 국민국가의 역사라기보다는 자본주의 생산양식의 보편적 역사였음에도 불구하고 — 시초축적의 역사는 "나라가 다름에 따라 상이한 색채를 띠며, 순서를 달리하고 역사적 시대를 달리하는 상이한 제단계를 통과한다"고 언급한 바 있다.

무라까미, 위스와 홉슨의 연구는 동아시아 개발주의가 근현대 세계사상 전혀 별종의 기이한 현상이 아니며, 서구근대 성립기에도 '구중상주의' 원형이 존재함을 보임으로써 개발주의의 이해에 중요한 기여를 하였다고 생각된다. 이는 앞서 논의한 후발산업화론으로서의 개발국가론에 대한 이론적 보완이 될 수 있다. 그러나 이들에게는 개발주의의 선발, 후발, 전후의 후후발 유형 간의 서로 다른 특성에 대한 문제의식이 미약하다. 그리고 국가주의의 위험에 대한 문제의식과 경각심이 결여되어 있다. 시민혁명을 전후로 한 전기 절대왕정 중상주의와 후기 의회 중상주의의 차이, 선발개발주의와 후발개발주의의 차이, 19

세기 후발개발주의와 2차대전 이후 니즈(NIES)형 개발주의의 차이, 제
국주의적 중상주의와 종속적 중상주의의 차이, 시민혁명을 거친 근대
화 유형과 그렇지 않은 유형의 차이, 시민혁명 동반형 중에서도 영국
의 패권적 중상주의 대 프랑스의 '사회적 중상주의'의 차이, 나아가 시
민사회적 전통의 뿌리를 가진 개인주의적 유럽 자본주의와 그렇지 못
한 공동체주의적 아시아 자본주의의 차이 등에 대한 문제의식이 미약
하거나 이를 경시한다.[9]

3. 한국의 개발독재: 기원과 조건, 역사와 유형

1) 한국 개발독재 모델의 역사적 기원과 조건

어떤 체제든 역사적 현상인 한 어디서 어떤 과정과 조건에서 출
현하게 되었는지, 어떻게 발전과 해체의 길을 걷게 되는지 묻게 마
련이다. 한국의 개발독재도 마찬가지다. 이와 관련하여 일부 학자들
(Cummings 1984a, 1984b; Woo-Cumings 1991; Eckert et al. 1990, 403~404면;
Eckert 1991, 255~59면; Kohli 1999)에 의해서 이른바 '개발국가의 식민지적

---

9 허슈먼(Hirschman 1968)과 앰스던(Amsden 1989)은 선발, 19세기 후발, 2차대전 후
후후발 산업화 유형간의 차이를 보여준다. 히로따 히데끼(廣田秀樹 1996)는 구중상주
의의 유치산업 보호정책과 2차대전 이후 동아시아 개발주의의 전략산업 육성정책 간
의 차이를 밝히고 있다. 정치적 측면과 관련해서는 개발주의의 문제의식을 갖고 씌어
진 것은 아니라 해도 씨티즌십을 기준으로 한 맨(Mann 1987)의 연구가 유용하다. 그
는 지배계급의 전략, 그리고 전쟁과 지정학의 영향을 주요 변수로 삼아, 산업혁명 이전
의 두 유형 절대군주제와 입헌군주제가 그후 자유주의, 개혁주의, 권위주의적 군주제,
파시즘, 권위주의적 사회주의의 다섯 유형으로 변화되었다고 설명한다. 이에 대한 사
회운동적 관점의 도입에 의한 비판적 보완으로는 터너(Turner 1990)가 있다. 또한 뤼
시마이어 외(Rueschemeyer et al. 1992)는 민주주의 발전의 조건으로서 계급세력의
균형, 국가권력의 자율성과 시민사회의 상호관계, 그리고 초국가적 권력관계의 영향,
즉 지정학적 종속을 포함한 세계경제로의 편입과 국가체제에서의 위치 세 가지를 핵
심 변수로 든다.

기원'론이 제기된 바 있다. 식민지적 기원론은 개발독재 모델의 기원을 일제하 식민지국가의 개발주의, 그중에서도 특히 1930년대 전시공업화 모델에서 찾는다.[10] 이들이 보기에 박정희 모델은 식민지시기 1930년대 모델이 부활한 것이다. 그러나 이같은 '기원에 대한 집착'은 여러가지로 대단히 문제가 많은 주장이다. 행위자의 관점이 빠져 있다는 점, 정치적 독립 이후의 변화된 상황과 발전의 다른 길의 여지를 고려하지 않는다는 점, 개발독재 모델의 형성에는 식민지적 기원으로 소급할 수 없는 동시대의 복합적인 주체적·객관적 요인들이 작용했다는 점 등 때문에 그러하다.

첫째, 개발독재 모델의 식민지적 기원의 논의에서 일차적으로 주목해야 할 것은 식민지시대 조선땅에서 일어난 전시공업화의 유산, 그 하드웨어적 틀이 어떻게 승계되었는가 하는 것이 아니라, 핵심기획자 및 행위자(actor)로서 역할을 한 군부, 무엇보다 박정희의 사상과 정책 패러다임의 원천이다. 다시 말해 박정희의 이념과 체험, 그가 일제 식민지하에서 무엇을 보고 배웠는가 하는 부분, 그리고 이것이 5·16 쿠데타와 이후 박정희가 주도한 개발독재체제에서 가졌던 역할과 의미이다. 1차자료와 그간의 연구에 따르면 박정희 개발독재의 정신적 요람이 되었던 것은 만주 군관학교, 일본 육사, 일본 청년장교들의 우익 파시스트 쿠데타, 그리고 관동군의 만주국 등이었다. 박정희는 천황제 제국주의 파시즘사상을 숭상하였고, 메이지유신의 일본이나 만주국을 한국 근대국가 모델로 생각하고 있었다. 그리고 '히틀러도 국민을 위하여 일할 수 있는 인물'이라고 보고 있었다. 이같은 이념지향과 그 산

---

10 심지어 커밍스는 전후 동북아 정치경제의 기원을 식민지시기로까지 소급하면서, 전전의 중심(일본), 반주변(조선·타이완), 주변(만주)의 지역체제 구조가 2차대전 후 제품주기의 변화에 따라 부활한 것으로 파악하고 있다. 이는 외인(外因)만능론이라 해도 과언이 아닐 주장이다.

실로서의 식민지시대의 체험이 중요하다(진중권 1998 제1권; 조갑제 1998 제2권, 104~35면; 이준식 2002).

둘째, 개발독재 모델이 일제하 전시공업화 모델과 이런저런 측면에서 닮아 보인다 하더라도 그 실질이 과연 전시모델과 같은 것이라고 할 수 있을지 의문이다. 독립 후 오랜 기간이 지나 하필 60년대에 와서 식민지적 기원이 재생·부활되었다는 설명이 납득되지 않는다. 식민지적 기원이 아니라 오히려 '6·25적 기원'에 더 주목해야 한다는 것이 우리의 생각이다. 6·25전쟁의 결과 사회구성 전반에 걸쳐 심대한 변화가 일어났지만, 경제분야로 좁혀 보아도 주요 산업의 국공유 방침을 세시하고 있는 제헌헌법상의 경제조항 — 여기에는 굴절되긴 했지만 일정하게 임시정부의 대한민국 건국강령의 정신이 반영되어 있다 — 과 전후 귀속재산의 대대적 불하와 재벌의 형성을 포함한 그 변질과정에 주목할 필요가 있다. 식민지 기원설로는 남한과 북한의 차이를 설명하기도 어려울 것이다. 시야를 돌려 타이완과 비교적 시각에서 보아도 설득력이 없다. 한국과 마찬가지로 타이완 또한 일제하에 일본 독점자본 주도의 식민지공업화를 경험했지만, 전후 타이완은 한국과 전혀 다르게 귀속재산 불하와 민간재벌 형성의 길이 아니라 국영기업과 중소기업이 결합된 관민혼합 소유제의 길로 나아갔다. 식민지적 기원론으로는 독립 이후 한국과 타이완이 이처럼 상이한 길로 나아간 이유를 설명하지 못한다.

셋째, 개발독재 모델이 일제하 박정희가 세례받았던 교육과 체험에 지대한 영향을 받은 것이 사실이라 해도, 결코 그것에만 의존한 것은 아니다. 박정희 개발독재 모델에서 그 못지않게 중요한 비중과 의미를 가졌던 것은 동시대의 복합적 요인들이다. 그중에서도 4·19혁명의 영향과 당대의 제3세계를 풍미한 민족주의 물결, 미국의 개입과 영향력, 냉전-분단체제의 상황, 개발독재체제에 대한 사회운동의 도전과 박정권의 대응, 이에 따른 국가와 사회 관계의 변화, 전후 일본 경제발전 경험의 교훈과 수용, 박정권의 시행착오 과정과 이 경험을 통한 자기학습 등의 요인이 중요하다. 요컨대 박정희 개발독재 모델은 역사의 아들인 것 못지않게 동시대의 아들이었다고 보아야 할 것이다.

한편 개발독재 출현의 사회정치적 조건과 관련해서는 다음 두 가지가 중요한 논점이라 생각된다. 하나는 힘관계 또는 세력관계 측면에서 국가권력이 그렇게 강력해질 수 있었던 조건은 무엇인가 하는 문제이고, 다른 하나는 사회적 정당성의 측면에서 개발독재가 출현하고 그 기획이 수용될 수 있었던 조건은 무엇인가 하는 문제다. 전자와 관련해서는 먼저 두말할 것도 없이 개발독재의 권력주체가 6·25 이후 냉전-분단체제의 공고화와 군비확장 과정에서 전례없이 비대해진, 한국사회에서 최고도로 조직화된 군부집단이었다는 사실이다(최장집 1996, 81~82면). 둘째, 토지개혁으로 지주계급이 와해되어 전통적 지배계급의 저항을 받지 않았다는 점이 매우 중요하다. 또한 토지개혁은 농민들을 보수화시켰고 개발독재의 대중적 지지기반으로 만들었다. 셋째, 50년대 원조경제 아래 재벌이 성장하였고 사회적 영향력을 발휘할 정도로 되었지만 부정축재자의 처지에 몰려 자본의 자기 논리를 개화시키지 못하고 부득이 군부에 순응·협력해야 했다. 금융(은행)과 외자, 외환의 흐름도 국가가 통제했다. 넷째, 대한민국은 해방-분단-전쟁을 거치면서 좌파세력이 된서리를 맞은 극우적 성향의 냉전반공사회로 재편되었다. 물론 좌파의 복원 움직임이 있었다. 그러나 개발독재정권은 좌파가 지리멸렬해 있고 그나마 분열된 상황에서 출현하였다.

다음으로 사회적 정당성의 측면에 대해서 살펴보자. 식민과 전쟁과 가난의 역사를 뼈저리게 겪은 국민들에게는 민주주의의 가치도 물론 중요했지만, 가난으로부터의 해방과 민족주의적 요구가 매우 절실했다. '조국근대화'는 국민의 이같은 열망을 잘 담고 있는 국정지표였던 셈이다. 그런데 4·19혁명 이후 민주화의 막간을 책임진 제2공화국 장면 자유주의 정권은 4월혁명의 과제 해결, 경제건설, 국가-사회 관계의 안정, 대미관계의 재정비, 그리고 남북 평화체제 수립, 이 모든 사안에서 무능력과 대내외적 자율성의 결핍을 노정한 허약한 민주정부임을 면치 못했다. 5·16 개발독재정권은 이같은 약체 자유주의 정부의 무능력과 무기력 속에서 출현했다(서중석 1994; 정윤재 2001).

6·25 이후 공고화된 냉전반공주의가 개발독재정권 출현의 비옥한 이념적 토양이 된 것은 두말할 나위도 없다. 그렇지만 이와 더불어 정전 이후 불과 3년 만에 조봉암이 이끄는 진보당이 출현하여 국민의 높은 지지를 받았고,[11] 이어 이승만 독재에 항거하는 4·19혁명이 일어났다는 사실을 주목하지 않으면 안된다. 이는 6·25 이후 50년대에 극우 냉전반공주의가 물샐틈없이 대중을 규율했던 것은 결코 아니었음을 말해준다. 따라서 박정권이 쿠데타의 정당성을 확보하기 위해서 반공주의를 강조했지만, 4월혁명의 여진(餘塵)과 민주적 항체가 여전히 짙게 남아 있었던 상황에서 초기 5·16의 반공주의가 가진 현실적 호소력은 5·16정권 스스로 내세운 것보다는 훨씬 미약했다고 생각한다.

박정권의 냉전반공주의는 분명히 6·25와 50년대에 닦인 역사적 조건에 힘입고 있다. 그러나 그것의 직접적 연장은 아니다. 오히려 우리가 주목해야 할 것은 5·16 이후의 전개과정, 즉 한일국교 재개와 베트남 파병, 그리고 남북대결주의의 고취를 통해 냉전반공주의가 새롭게 재구축되는 과정, 그리하여 지난날의 전쟁과 공포의 기억, 레드컴플렉스를 불러내어 재활성화시키는, 새로운 조건 속에서 작동되는 개발독재의 '기억의 정치'와 권력전략이다. 그렇지만 이는 동시에 박정희 개

---

11 진보당은 1956년 대통령선거에서 특히 일제시기와 해방공간에서 기층대중운동이 활발하였거나 우익이 열세였던 지역에서 득표율이 높았다(서중석 1999, 146~66면; 고성국 2000, 373~76면).

발독재체제의 정당성의 위기, 저항운동과의 쟁투, 정당성의 재구축의 기도, 재위기라는 일련의 과정을 내포하고 있다. 다시 말해 개발독재 정당성의 조건은 단지 성립시기만이 아니라 그 전체 역사에 따라붙고 있다. 그러므로 개발독재의 정당성을 일회적으로 주어진 확정된 정당성이 아니라 잠정적이고 불안정한 정당성, 역사적 과정 속에서 부단히 시험받는 '쟁투적 정당성'(contestable legitimacy)으로 파악하는 것이 결정적으로 중요하다. 고도성장의 성공 사실만 조명하고 결국 그것을 통째로 추인하는 부조적(浮彫的) 성공학과 승리주의의 관점을 넘어서, 당대의 특수한 문맥과 역사의 우발성, 구조적 모순과 위기사태, 무대에 등장하는 역사주체들간의 쟁투의 구체성을 살려내는 '역사의 복원'(Bring the History Back in)의 관점이 요구된다(이병천 2003a, 120~21면).

2) 개발독재의 역사와 두 가지 유형: 연속과 단절

5·16의 지향과 4·19의 지향

논자에 따라서는 5·16 쿠데타가 아니었더라면, 장면정부의 재구축 혹은 또다른 새 민주정부의 등장에 의해 한국에서 혹시 민주주의와 개발주의가 병행 발전하는 '민주적 개발주의'의 길이 가능했을 것이라고 말할지 모른다. 그러나 현실 역사는 우리에게 그러한 기회를 주지 않았다. 5·16 군부정권은 정치적 혼란과 경제적 정체를 극복할 수 있는 대응능력을 보여주지 못한 약체 자유주의 정부에 대한 보수적 대안으로서 등장했다. 국정이념, 국가-사회 관계, 국가-시장 관계, 대외관계, 남북관계 이 모든 면이 장면정권과 판이하게 달라졌을 뿐만 아니라 나아가 이승만정권과도 현격히 달라졌다.

그렇지만 뭉뚱그려 박정희 개발독재라고 하지만, 박정권 18년은 단일한 성격으로 일관되어 있지 않으며, 형성과 변동의 역사를 가지고 있다. 박정희시대는 대체로 ① '국가재건' 시기(1961~63) ② '조국근대화' 시기(1964~71) ③ '국민총화' 시기(1972~79)의 세 시기로 구분해볼 수 있다고 생각된다.[12] 여기서 ①의 시기는 과도기적 군정시기였고 헤게모니체제를 수립하는 데 실패하였다. 따라서 박정희시대는 민정 성립 이후 조국근대화 시기와 국민총화 시기에서 유사성이 있지만 큰 차이가 있는 두 유형의 개발독재 모델을 보여주었다고 할 수 있다.

중요한 것은 박정희시대의 역사적 전개를 보는 관점이다. 우리는 앞서 박정권의 정당성은 '쟁투적 정당성'이라고 말한 바 있지만, 박정희시대의 동학을 관통하는 기본선은 5·16의 지향과 4·19의 지향 사이의 격돌, 즉 냉전반공주의-남북대결주의-국가주의 개발독재 지향과 탈냉전반공주의-남북화해와 평화주의-민주민족적 지향 사이의 격돌이었다고 생각한다. 동아시아의 여타 개발독재체제와 비교시각에서 보아도 한국이 보여주는 주목해야 할 특징은 개발독재 국가권력 구조와 그 기반의 불안정성 및 정당성의 취약성(한배호 1993), 그리고 그 동전의 이면에 있는 민주적 저항운동과 연대의 활성화, 곧 사회의 '투쟁적' 성격(contentious society)이다(Koo Hagen 1993). 박정권은 처음부터 취약한 정당성의 기반 위에서 시작하였고, 그리하여 정당성의 위기와 이를 만회하기 위한 '성장의 정치'로의 경사, 냉전-분단체제의 재활용을 통한 정당성 확보의 기도, 이에 대한 저항연합의 항의와 새 민주-평화적 대안의 출현이라는 갈등구도가 개발독재시대의 동학을 이끌었다. 바로 이 역동적 과정 속에서 '동아시아 기적'의 일익을 담당한, 유례를 찾기 어려운 '한강의 기적'이 일어났다. 그러나 이는 동시에 자신을 4·19의 지향과는 대척적 위치로 밀고 간, 5·16정권의 보수적이고 반동적인 퇴행의 과정이기도 하였다(임현진·송호근 1994; 이광일 2001).

---

12 시기 구분에 대한 본격적인 논의로는 전재호(1998)가 유용하다.

'국가재건'기에 한편으로 4·19의 여진과 다른 한편으로 미국의 통제에 의해서 상당 정도로 고삐가 물려 있던, 박정권에 내재되어 있던 반공국가주의-군국주의적 경향은 시간이 지나면서 발전·강화되고 마침내 전면화되는 길을 걸었다. 그것이 고삐가 풀려 불이 확 지펴지게 된 것은 60년대에는 6·3항쟁을 진압하면서 한일관계를 타개하고 베트남전쟁에 가담하면서였으며, 이어 70년대에는 남북대결주의를 고취하고 냉전-분단체제를 격화시키는 과정을 통해서였다.

개발독재 모델 A: 1964~1971, '조국근대화' 시기

박정희의 사상구조는 일본 천황제 파시즘에 뿌리를 두고 있었다. 그렇지만, 집권 초기 5·16은 4·19의 민주주의와 민족주의의 요구에 크게 제약당하고 있었다(박현채 1987; 이광일 2001b). 그러한 압력 속에서 쿠데타의 정당성을 확보하는 데 급급한 실정이었다. 뿐만 아니라 박정희는 좌익전력도 가지고 있었다. 이 때문에 대미관계에서는 물론, 대통령선거에서 윤보선과 '사상논쟁'을 치러야 하는 등 어려움을 겪었던 것이다(이상우 1993, 120~53면; 조갑제 1999 제5권, 316~23면). 물론 초기 5·16의 이른바 '민족적 민주주의'는 흐트러진 냉전반공태세를 재정비하고 강화하고자 했다는 점에서 그 극복을 추구했던 4·19의 민족적 민주주의에 역행했으며, 박정희가 공공연히 일본의 천황제 국가주의를 칭송하고 '히틀러도 국민을 위하여 일할 수 있는 인물'이라고 강변했을 때 처음부터 커다란 위험성을 보였던 것도 사실이다. 그럼에도 5·16 쿠데타와 초기의 민족주의, 그리고 일정 정도 민중주의적인 지향이 상당한 지지와 호응을 받았던 것은 분명하다(이종오 1988, 49~51면). 이런 민족주의와 민중주의 경향은 정치이념만이 아니라, 경제정책에서 '지도받는 자본주의' 노선과 대미관계에서 거리두기 정책에서도 잘 나타났다.

최초의 박정희 개발독재 모델 A는 민정 성립 이후 1960년대 중엽에 출현하였다(이병천 1999). 굴욕적 한일회담에 반대하는 1964년 6·3항쟁에 대해 군부는 미국과 합동작전으로 비상계엄을 발동하여 항쟁을 진압한다. 이렇게 성립된 개발독재체제는 한편으로 당대의 역사적 과제였고 군부정권이 약속한 바 가난으로부터의 해방과 '한강의 기적'을 가능케 한 기틀을 마련하였으나, 다른 한편 최초 5·16정권이 내세웠고 일정하게 4·19혁명을 계승하는 의미도 지니고 있었던 '민족적 민주주의' 지향의 퇴색과 탈각을 가져왔다(김종철 1986; 이광일 2001b). 한국 개발경제의 최초의 도약에 힘입어 1967년 선거에서 박정권은 국민의 압도적인 지지를 얻었다.

그러면 어떻게 60년대 중엽에 개발독재 모델이 출현할 수 있었으며, 그 내용은 무엇인가. ① 대선 승리 후 박정권은 여전히 취약한 정당성의 안정적 확보와 정권유지를 위해 국정 최우선 목표를 조국근대화 ― 잘 살아보세 ― 로 조정하면서 이를 위해 대내외 정책 전반을 크게 전환·수정했다. ② 종전의 미국과의 거리두기 정책에서 벗어나 미국의 동북아 반공 지역통합전략에 부응하고 이를 활용하면서 자신을 그 하위파트너로 확고히 자리매김했다. 이 방향성 속에서 한일국교 재개를 타결하고 베트남전쟁에 가담하였다. 이것이 한국경제 도약의 대외적 조건인 두 개의 성장 트라이앵글(한-미-일, 한-미-월)을 작동시켰다. ③ 이 과정에서 냉전반공주의가 공세적으로 재편되었을 뿐만 아니라, 국가와 사회 관계 또한 의도만이 아니라 실질적으로 강한 국가-약한 사회로 재편·재구축되었다. ④ '지도받는 자본주의' 노선의 시행착오를 통한 자기학습과 수정, 전후 일본 경제정책의 수용 그리고 미국 정책권고의 선별적 수용의 결과, 수입대체 정책과 수출지향-대체 정책이 병행 발전하면서 결합되는 한국 특유의 '복선형 산업정책'이 발전하였다.[13] ⑤ 국가-재벌-은행의 발전 파트너십과 노동의 억압적 배제를 두 기둥으로 하는 한국형 집단적 또는 공동체주의적 자본주의의 제도형태-소유형태가 발전했다. 그러나 60년대의 개발모델은 70년대와는 크게 달랐다. 산업정책은 비교적 유연했고, 금융과 외환 분야에서 시장유도는 덜 경직적이었으며, 노동정책도 50년대의 연장선상에서 파업권을 보장하는 단결권 법인(法認)정책을 유지했다. 소유형태 면에서도 공기업의 비중이 상당히 높았다.[14]

개발독재 모델 B: 1972~1979, '국민총화' 시기

70년대의 개발독재 모델 B는 모델 A의 모순 속에 싹이 잉태되었고 이후 새로운 국내외 상황에 의해 초래된 모델의 위기에 대한 반동적 대응형태로서 나타났다. 박정희는 모든 독재자에 고유한 권력의지의 유혹과 함정, 즉 권력의 영구독점과 자기축적의 논리에 빠져들었고, '나=국가'라는 등식에 사로잡혔다. 이는 3선개헌(1969.10), 국가비상사태 선언(1971.12.6)과 국가보위에 관한 특별조치법(1971.12.27), 정략적인 남북대화와 7·4 공동선언(1972.7), 유신독재 선포(1972.10)를 거쳐 영구집권을 도모하는 '총력안보' 독재체제로 가는 길을 밟게 된다.

모델 A시기 64년 6·3사태가 그러하듯이, 1969년 삼선개헌은 개발독재 모델 변질의 전환점이 되었다. 모델 A가 빚어낸 갖가지 정치경제적 모순들이 표출되는 상황에서, 3선개헌을 반대하고 이 모순들의 시정을 요구하는 사회운동 대 이에 대한 정권의 억압적 대응 간에 공방전이 전개되었다. 60년대 말과 70년대 초에 걸쳐 정치적 독재와 파행적 특권경제에 대한 광범한 저항이 일어남으로써 이제 개발실적에 의해 권위주의체제 정당성을 확보하고자 한 박정권의 '조국근대화' 담론

---

13 자세한 것은 이병천(1999) 참조. 박정권의 개발정책 패러다임이 '식민지 개발주의'의 부활이 아니라, 경제관료들에 의한 전후 일본 경제정책의 학습의 소산임을 가장 생생하게 보여주는 것은 김정렴(1995)의 회고록이다.

14 비농림어업 GDP에서 차지하는 공기업 부가가치 비중은 1963년 12.4%, 1970년 13.0%였으며, 1971년부터 지속적으로 감소하여 1977년에는 10.6%로 떨어졌다.

은 한계에 봉착하고 더이상 국민통합담론으로서의 역할을 할 수 없게 되었다(한배호 1993, 242~43면; 조희연 2003, 63~65면; 이병천 2000c). 이런 상황에서 남북화해와 대중경제를 내건 진취적인 야당정치인 김대중이 위협적 경쟁자로 등장했다(김종철 1986; 김용호 1999).[15] 1971년 선거에서 국민들의 박정권에 대한 평가는 67년과 정반대로 나타났다(최장집 2002, 86면). 한편 대외적으로 미국이 베트남에서 철수하면서 공산주의를 공산주의로 봉쇄하려는 계산에서 내놓은 '닉슨독트린'과 미중수교가 냉전반공주의를 국정이념으로 삼고 활용해온 박정권에 일대 충격을 주었다. 이는 한반도의 긴장완화와 북한과의 관계개선이 실현될 수 있는 절호의 '기회의 장'이 될 수도 있었다. 그러나 박정권은 이 길을 저버리고 남북대화를 냉전반공체제와 정치적 반동독재 재구축의 기회로 정략적으로 활용하는 길을 선택했다. 이제 군사적 유신개발독재에서 안보와 건설은 혼연일체로 통합되었다.[16]

① 미국의 신아시아정책에 의해 종래 그 냉전헤게모니 한계선에 단단히 속박되어 있던 한반도와 동아시아 전후 냉전체제가 미국의 주도에 의해 붕괴되고 탈냉전 화해와 평화의 신질서를 향한 일대 지각변동이 일어난 바로 그 싯점에서 박정권은 이 시대 흐름에 역행하면서 '국민총화'와 '총력안보'를 강제하는 유신 반동독재체제를 구축했다. ② 국가와 사회 관계는 개인의 인권과 정치적 자유를 질식시키는 헤게모니 없는 강권적 독재로 타락했다. ③ 모델 B는 냉전-분단체제를 정치적 독재의 수단으로 공세적으로 활용하고 격화시키는, 분단활용형 개발독재다. 박정희시대 남북대결주의는 이 시기에 비로소 전면화되었

---

15 박현채의 민족경제론이 제기된 것도 이즈음이었다. 이병천(2000, 100~101면) 참조.

16 박정권이 유신헌법을 1972년 11월 21일 국민투표에 부쳐 다수표를 얻은 것은 사실이다. 그러나 비상계엄령 아래 정치적 활동과 자유가 금지되었고, 유신헌법에 대한 반대가 곧 남북화해와 평화통일에 대한 거부를 의미하도록 기만적 술책을 사용했다는 사실 때문에 이 투표는 결코 국민의 신임을 얻은 것으로 볼 수 없다.

다. 박정권의 사상적 뿌리였던 국가민족주의-군국주의 경향이 개화하면서 이것이 남북대결적 냉전반공주의와 결합되었다. ④ 이 시기 한미관계는 미국의 헤게모니 한계선의 구속보다는, 오히려 파시즘적 국가주의 독재에 본래적인 위험한 자폐증이 문제라 할 것이다. 그렇지만 미국 또한 명백히 모델 B의 출현에 공범 역할을 하였을 뿐 아니라 이에 침묵하고 방조하였다. ⑤ 70년대 중화학공업이 중심이 된 경제개발 모델은 한국경제의 최초의 도약을 가능케 한 60년대 모델 A의 복선형 산업정책과 집단적, 협력 자본주의 제도형태의 강점을 계승하는 측면도 가지고 있었지만, 특수 안보적 동기에 의해 유도됨으로써 그와 단절되거나 그 문제점을 증폭시킨 매우 파행적인 성격을 지녔다. 모델 B의 개발정책과 개발체제는 독재정권과 독점재벌의 지배블록 구축, 이들에 의한 돌진적 동원주의와 속도주의, 계급계층간·지역간·산업간, 나아가 국민경제 전반에 걸친 고도로 불균형적이고 집중-집권적이고 불안정한 파행구조로 특징지어진다.

4. 주변부에서의 탈출: 산업화와 국민경제의 형성

1) 개발독재의 국내 산업화체제

박정희 개발독재는 불안정하고 모순에 찬, 잦은 위기로 점철되었던 체제다. 박정권은 민주적 저항에 대해 기동전의 억압 방식으로 대처하지 않으면 안되었다. 그러면서도 우리는 이 체제가 산업화와 국민경제 형성을 가능케 했다는 의미에서 볼 때 근대화 수동혁명의 역할을 수행한 체제였다고 생각한다. 어떻게 그것이 가능했는가. 여기에는 국내외 요인이 함께 작용했는데, 먼저 국내 산업화체제부터 살펴보자. 우선 '조국근대화' '잘 살아보세'라는 발전목표가 당대 역사적 프로젝트로서 시대적실성을 가졌다는 사실, 국민대중의 호응을 얻었고 나아가 집단적 열정을 이끌어냈다는 사실을 들 수 있다. 앞선 장면 자유주의 정권도 경제제일주의를 표방하긴 했으나 박정권에게 고유한 것은 강력한 민족주의적 — 물론 국가주의적 형태이지만 — 지향이었다. 이 이념적 기치 아래 국민을 동원했다. 그렇지만 박정희시대의 발전에 대한 의지와 열정을 단지 위로부터의 동원의 관점에서만 바라보아서는 곤란할 것이다. 특이하게 높은 성취 열망을 가진 한국국민들 또한 자발적으로 이에 호응했다고 보아야 할 것이다.[17]

그러나 집단의지의 형성은 아직 일보에 지나지 않는다. 수동혁명체제를 주도하는 지배블록이 구성되어야 하니, 경제개발 모델이 하나의 국민적 씨스템으로서 작동하고 그것이 국민적 확산기제를 가지고 있어야 한다. 개발국가의 기본 구성요소 중의 하나는 경제운영에서 관료의 상대적 자율성이었다. 박정권은 관료제를 새롭게 근대적으로 재편하였으며, 큰 잠재력을 가지고 있었으나 억눌려왔던 새 조직체계와 지식을 갖춘 유능한 관료제와 결합되었다. 그런데 한국의 개발독재 지배블록은 근대적 관료제의 뒷받침을 받는 국가권력과 토착 재벌자본 간의 연합형태를 취하면서, 바로 이 지배연합이 약탈국가와 정치적 자본가가 서로 껴안고 주저앉는 지대추구연합이 아니라 대중을 끌어들이

---

17 이 문제는 좀더 검토를 요한다. 최장집(1996, 26~27면; 2002, 81면)은 특히 남북대결적 군사주의가 대중적 호응과 결합하여 경제개발에서 수행한 긍정적 기능을 강조한다. 그런데 남북대결적 개발주의는 70년대에 본격화되는데, 그렇다면 그는 유신독재 시기의 남북대결주의가 갖는 경제적 순기능을 말하고 있는 것인지 하는 의문이 생긴다. 또 그는 60년대와 70년대 간의 단절성만 보고 연속성을 보지 않고 있으며, 60년대에 유신독재로 갈 수 있는 사상적·정치적 동인이 내재되어 있는 점을 경시하는 것 같다. 70년대는 특이한 일탈(逸脫)의 시대로 비친다. 박정권이 권위주의를 제도화하는 데 실패하여 민주주의로의 길을 열었다는 견해도 이견이 있다. 신군부독재로 이어진 점을 생각해야 하며, 권위주의 제도화의 실패가 민주화운동의 투쟁력과는 어떤 관계에 있는지 밝혀져야 한다.

면서 나라경제를 빈곤의 악순환에 갇힌 주변부로부터 탈출 가능케 한 생산주의적 발전 파트너십이 되었다. 그 요체는 수입대체와 수출지향이 결합된 복선형 산업정책, 그리고 국가-재벌-은행의 삼각협력과 노동의 억압적 동원에 기반하면서 발전의 규율기제를 갖춘 집단적 또는 공동체주의적 자본주의의 축적체제, 그 제도형태와 계급관계다.

한국의 개발정책은 세계은행과 워싱턴에서 주장하듯이 '가격기구 바로잡기'(getting prices right)를 능사로 하고 세계시장에 무분별하게 통합되는 시장순응적 정책은 아니었다. 또 이와 대조적으로 종래 탈식민지 제3세계에서 주류적 위치에 있었던 수입대체 일변도 정책이나 자립갱생 또는 자립적 민족경제 노선 같은 것도 아니었다. 성공적인 한국 산업정책의 기본 특징은 수입대체와 수출지향 및 수출대체를 병행 발전시키고 양자를 유기적으로 결합한 '복선형 산업정책'이라는 데 있었다.[18] 그리고 보호와 개방의 선조합 정책이라 할 이 산업정책은 비단 60년대에만 한정된 것은 아니었다. 이 특징은 70년대 중화학공업화 정책에도 관철되고 있다. 우리는 가끔 한국의 개발독재가 1930년대 '동양의 서부'와 같았던 만주국의 경험에 원형을 두고 있다는 견해를 접하곤 한다(한홍구 2003, 89~89면; 조갑제 1998 제2권, 122~23면). 이 견해에도 근거가 없지 않다고 생각된다. 박정희가 만주군관학교 출신이고 만주 인맥이 군 요직에 포진했으며, 박정희시대 한국과 일본 만주인맥 간에 긴밀한 협력관계가 있었다는 사실로 볼 때, 한국의 개발독재에 '만주국

---

18 이마오까 히데끼(今岡日出紀 1985)에 의하면 타이완과 전전 일본도 복선형 개발정책과 발전 패턴을 따랐다. 반면에 타이와 필리핀은 그렇지 않은 것으로 나타난다. 카와까미 타다오(川上忠雄 1991)는 복선형 공업화보다는 면공업의 확립을 더 중시한다. 그렇지만 그는 비교시각에서 일본과 한국의 공업화 유형이 매우 특이함을 잘 보여준다. 그에 따르면 전전 일본은 생사 수출을 외화획득 수단으로 삼아 면공업의 수입대체에 성공할 수 있었고 이어 바로 수출로 나아갔는데, 이는 면공업이 내수 중심으로 발전되면서 농산물 수출에 의존한 구미 후발국의 공업화 유형과는 매우 다른 것이었다.

의 그림자'가 드리워져 있음은 충분히 짐작할 수 있다. 그러나 이와 별도로 우리는 중화학공업화 정책이 보이고 있는 보호와 개방, 수입대체와 수출지향이 결합된 성격에 주목하고자 한다. 중화학공업 정책의 형성과정과 산업화체제의 작동방식을 보면, 안보적 동기에 의해 강하게 지배되었으면서도 60년대의 복선형 산업정책을 확대·발전시킨 성격을 분명히 볼 수 있다.[19]

이 '두 다리 행보'의 산업화(Lanzarotti 1992) 정책 덕분에 한국은 네루의 인도, 중남미 같은 제3세계 자본주의의 무리하고 조급한 민족주의적 수입대체 일변도 노선이나 마오의 중국, 김일성의 북한 같은 후발 사회주의 자립갱생 노선의 궁시와 고통에 빠지지 않았다. 그리하여 한결 용이하게 세계체제 내에서 '동태적 비교우위'를 발전시키면서 생산재 부문과 소비재 부문의 두 부문을 갖추는 국민경제의 자율적 재생산체제를 구축하고 산업적 발전능력을 높여가는 탈주변화의 가파른 오솔길을 탈 수 있었다. 한국의 개발주의는 보호와 개방의 선조합을 이룬 산업화체제를 구축했으며, 이를 통해 전근대적 및 근대적 쇄국주의에서 벗어나 근현대 자기 역사에서만이 아니라 비교시각에서 보더라도 보기 드물게 '바다의 씰크로드'가 주는 '후발성의 이익'을 잘 활용하고 '후발성의 불이익'을 제어하였다.

이처럼 복선형 산업정책은 무리하고 조급한 방식으로 자립을 추구하는 고가도(high-road) 전략을 탈피할 수 있게 한 정책이었을 뿐 아니

---

19 이에 대해서는 김정렴(1995, 322~27, 368면), 오원철(1999, 457~93, 507~80면), 이병천(2000a, 121면) 참조. 중화학공업화는 자주국방을 위한 방위산업 건설이 주요 동기였으나 무기생산을 전문으로 하는 군공창(軍工廠) 방식을 취하지는 않았다. 또한 중화학공업화는 순수 안보적 동기에만 지배된 것은 아니고 경제적인 고려도 하고 있었다. 이에 따라 70년대 중화학공업화는 60년대말 70년대초에 중화학공업을 발전시키기 위해 제정된 7개 공업육성법과도 일정한 연계성을 갖게 되었다(이성훈 외 1989, 16~18면; 산업연구원 1997, 168~70면).

라, 전근대적인 불생산적·투기적 축적을 생산적·산업적 축적, 더욱이 '동태적 비교우위'를 갖는 전략산업을 우선적으로 육성하는 국가의 시장유도(market-governing) 정책이었다. 그렇지만 개발국가의 유도정책은 산업정책을 훨씬 뛰어넘는 것이다. 재벌자본그룹이 주된 투자주체가 된 한국형 개발주의 산업화 축적체제는 국가에 의한 재벌친화적인 소유권 제도 및 계급관계에 대한 개입, 사회적 자금의 동원과 관리, 지원과 성과규율이 연계된 유인제도 위에서 작동가능했다.

산업화 축적체제가 성공적으로 작동하려면, 소극적으로는 이에 대한 과거의 장애가 제거되어야 하지만, 이를 넘어 적극적인 유인과 규율기제가 마련되어야 한다.[20] 박정권 이전 시기 토지개혁으로 전근대적인 계급적·제도적 장애는 제거되었으나 적극적 유인-규율기제는 마련되지 못했다. ① 박정권은 재벌을 보호육성하고 이들과 발전 파트너십을 구축했다. 그리하여 재벌그룹이 산업적 축적의 담당자가 되고, 나아가 복선형 산업정책에 부응하도록 금융과 세제 등에서 전폭적 지원을 했다. ② 복선형 산업정책은 금융통제와 한 묶음으로 결합되어 제도적 보완성을 가졌다. 국가통제하의 은행중심 '금융억압' 체제는 사회적 자금을 동원하여 이것을 산업투자로 이어지게 하였고, 국가가 재벌의 투자를 유도할 수 있는 효과적 수단이 되었다. ③ 재벌자본의 소유-경영권을 신성불가침한 것으로 보장해준 노동배제적인 사회적 계급관계는 개발주의 축적체제 작동의 또하나의 불가결한 기둥이었다. 한국의 개발주의에 특징적인 것은 복선형 산업정책에 상응하는,

---

20 산업화 성공을 위한 대표적인 유인-규율론으로는 브레너(Brenner 1977)와 앰스던 (Amsden 1989)의 견해가 있다. 전자는 서구자본주의 이행론의 맥락에서 사회적 생산관계의 질적 전환의 조건으로서 '계급주조적 이윤기회'가 창출되어야 함을 역설했고, 후자는 후발산업화의 맥락에서 국가의 보호와 지원의 성공조건으로서 성과규율이 연계되어야 한다는 견해를 제시했다.

지원에 성과규율을 연계시킨 유인제도다. 근현대 세계경제사상 국가개입을 지렛대로 시장실패와 자본폭력을 극복하기 위한 수많은 시도들이 있었지만 성공한 경험은 적다. 이는 국가의 지원과 보호가 새로운 생산적 부와 혁신을 창출할 수 있는 규율기제와 연계되지 않은 데 근본원인이 있다. 이런 관점에서 볼 때 지원에 성과규율을 연계시킨, 규율을 동반한 지원제도는 한국 산업화 성공의 핵심요인이라 할 만하다.

이와 같은 국가에 의한 시장-자본-노동에 대한 유도-통제-규율 방식의 틀에서 재벌체제와 노동의 헌신이 산업화에 기여했다. 혈연가족이 지배하는, 다각화된 선단경영 조직체로서의 재벌체제는 시장이 불완전하고 저발전되어 있는 상황에서 종수가 기업가적 '조직능력'(organizational capacity)을 발휘하여 정보·금융자원·인적자원 등을 내부화하고 투자위험을 분산시킬 수 있었으며, 성장지향 고투자를 행동원리로 함으로써 산업정책에 부응하는 한국형 개발주의 기업조직 형태로서 기능했다고 볼 수 있다. 한편 산업화의 성공은 통상 '양질의 풍부한 노동력'으로 불리는 노동대중의 '사회적 능력'과 헌신 및 희생, 그 피와 땀의 결실이라고 해야 한다. 더욱이 노동집약적 수출산업 분야의 저학력 여성생산직에서 두드러졌던, 인간을 기계처럼 취급한 비인간적인 정치경제적 조건은 전태일을 비롯한 많은 노동열사들의 죽음을 불러왔는데, 그러한 악조건을 감수한 노동대중의 '산업전사'로서의 희생적 헌신이 산업화 성공에 핵심적 역할을 수행했다(김형기 1988; 유종일 1998). 한국의 개발주의 성장체제는 재벌이 성장의 대표 주자가 되고 '병영적 노동통제'하에서 대중의 삶이 소수 재벌집단의 성장성과에 의존하는, 고생산성과 저임금이 결합된 '선성장 후분배' 체제였고 후분배의 약속을 담보로 노동대중이 현재의 희생을 감수하며 선성장 프로젝트에 동의하고 헌신한 체제인 것이다. 하지만 고도성장의 산업화 축적체제가 제공하는 고용기회와 빠른 임금상승을 통한 잉여의 국민적 확산이 노동자에게 자발적 호응의 유인을 부여하기도 했음을 간과할 수 없다. 이는 씨스템으로서의 개발주의의 중요한 구성요소가 된다.

그렇다면 개발과 독재 사이의 연관은 어떻게 볼 것인가. 산업화의 성공은 얼마나 정치적 독재에 의존하고 있는가. 앞의 설명에서 우리는 이에 대해 어느정도 대답의 실마리를 찾을 수 있을 것이다. 복선형 산업정책은 정치적 독재와 별 관계없이 산업화 성공을 가져온 핵심적 개발정책이다. 이는 민주정치 아래서도 충분히 실현가능한 정책이다. 그러나 1960~70년대의 역사적 조건 속에서 '양질의 풍부한 노동력'말고는 가진 것이 별반 없는 소규모 자원부족 후발국이 압축적으로 산업사회로의 체제이행 관문을 통과하는 데서는, 즉 산업화를 최우선 사회발전 목표로 설정하여 이를 위해 국민의 의지를 통합하고 자원을 집중적으로 동원 배분하며, 자본을 위한 '계급구조적 이윤기회'를 제공하려면 일정 정도 권위주의적 조절이 불가피했을 것이라고 여겨진다(최장집 2002, 86~88면; 김호기 1999, 193~94면). 그렇게 본다면, 1964년 6·3계엄령이 해제된 때부터 1969년 3선개헌에 이르는 약 5년 동안의 개발주의 정치경제체제는 박정희 집권 18년중에는 비교적 실적이 좋았던 시기로 보인다. 67년의 선거결과도 이를 말해준다. 그러나 우리는 박정희 '64-69 개발체제'보다 훨씬 더 많은 민주주의를 향한 역사적 가능성이 열려 있었다고 생각한다.[21] 개발독재 모델 B에 대한 우리의 평가는 모델 A와는 아주 다르다. 유신독재의 길은 아무런 역사적 정당성을 갖지 못한다. 그와 달리 모델 A의 장점을 이어받는 좀더 유연한 발전의 길이 가능했다고 판단한다. 이에 대해서는 아래 제5절에서 더 논의하기로 하자.

---

21 이 시기 정치적 억압에 대해서는 이광일(2001b, 176면) 참조.

2) 대외적 조건: 두 개의 성장 트라이앵글과 특수한 기회구조

대외적 조건이 아무리 좋다 해도 국내 개발체제의 구축 없이는 도약의 길은 열리지 않는다. 그러나 반대로 국내 개발체제 또한 유리한 대외적인 정치경제적 조건 없이는 효과적으로 작동하기 어렵다. 설사 작동할 수 있었다 하더라도 그 성과는 판이하게 달라진다. 대외적 조건은 동아시아지역 수준과 세계적 수준으로 나누어볼 수 있다. 먼저 전자부터 살펴보자. 한국의 개발독재는 미국의 동북아지역 통합전략에 적응하면서 동시에 이를 적극적으로 활용한 체제였다. 한국의 산업화 성공은 무엇보다 미국의 후원 없이는 상상하기 어렵다. 한국이 6·25를 치른 나라이고, 남북이 대지하고 있는 상태로 국제사회에서는 전쟁발생 위험국가로 인지되고 있었다는 사실을 상기해야 한다.[22] 이같은 상황에서 자력갱생 노선으로 가지 않는 이상, 자본주의 세계체제 일원으로서 발전을 도모하는 길은 미국의 후원 없이는 곤란했음이 틀림없다. 미국의 압도적 영향 아래 미국이 자본과 시장을 제공하고, 일본이 자본과 기술, 자본재와 원자재를 제공하며, 한국이 이를 가공하여 주로 미국시장으로 수출하는 한-미-일 성장 트라이앵글이 한국 산업화 성공에 사활적인 대외적 환절(環節)이 되었다.[23] 그리고 미국 후원하의 한일간 국교회복은, 한국이 별도의 추가적 개발자금을 확보하고 일본의 기술과 시장 등에 용이하게 접근하는 '이웃효과'를 얻게 하여 이 성장 트라이앵글이 발전할 수 있는 필수 통과점이 되었다.

한국이 한-미-일 성장 트라이앵글에 편승할 수 있었던 기본 조건은 냉전의 지정학 때문이다. 지정학적으로 동북아 체제대립의 최전방에 위치하여 일본의 방파제 역할을 하고, 한국의 산업화가 대북 체제

---

22 오원철(1995, 66~67면) 참조.
23 비교사적 시각에서 한국경제에서 외자도입이 갖는 중요성에 대해서는 카와까미(川上忠雄 1991, 19~31면) 참조.

경쟁적 성격을 갖고 있었기 때문이다. 냉전-분단체제는 한국에 압박과 기회의 양면효과를 가져왔다. 한편으로 그것은 평화와 민주주의, 자주적 대외관계에 대한 핵심적 봉쇄체제였고, 특히 군사안보적 측면에서는 한국의 행동반경을 아주 속박했다. 그렇지만 다른 한편 그것은 미국으로 하여금 한국의 산업화 성공과 국민경제 형성을 자신의 이해로 하게 만들고, 한국의 지위상승을 지원하고 허용하게 했다(이병천 1996).

그러나 종종 간과되어왔던 것이지만, 미국이 한국을 후원하고 또 일본으로 하여금 한국의 경제건설을 지원하도록 압력을 가한 것은 결코 냉전-분단체제라는 조건 때문만은 아니었다. 1960년대 중엽의 상황에서 미국이 한국을 지원하고 또 한국 후원을 위해 일본도 압박한 결정적이고 절박한 이유는 한국이 베트남전쟁 동맹국으로 원활히 '더러운 전쟁'에 협력하도록 하기 위함이었다. 다시 말해 한국의 전쟁 수행능력을 배양하고 증진시키기 위한 것이었다. 이것이야말로 '로스토우(Rostow) 노선'이라는 것의 실체였다(김종철 1986, 64~69면; 이상우 1987, 134~43면; 1993, 131~37면; 이종원 1995, 52~54면; 이광일 1995, 120~21면; 이병천 2000b, 180면). 강조해야 할 것은 박정권 또한 참전을 자신의 대미 입지 강화를 위해 적극 활용하는 전략을 구사했으며, 대미관계에서 '약한 국가'의 처지를 만회하기 위한 절호의 기회와 지렛대로 삼았다는 사실이다(朴根好 1993). 이리하여 한-미-일 성장 트라이앵글뿐만이 아니라, '전쟁활용형 개발독재'의 국가전략과 미국의 지원이 낳은 전쟁특수와 한-미-월 성장 트라이앵글이 한국의 도약을 뒷받침한 또하나의 핵심 대외 환절이 되었다(朴根好 1993; 木宮正史 1995, 1996; 정성진 2000; 신광영 1999; 한홍구 2003).[24]

---

24 베트남 참전의 개발효과에 대해서는 견해 차이가 존재한다. 박근호(朴根好 1993)는 베트남전쟁의 영향을 수출확대, 자금조달, 정부역할, 신흥재벌 형성의 네 가지 측면에서 평가하면서 참전이 자체 특수만이 아니라 한국의 대미수출도 크게 확대시켰다고

세계경제의 전반적 조건으로는 먼저 브레튼우즈체제가 고정환율제와 자본이동의 통제를 두 축으로 하는 '규제된 자유주의'(embedded liberalism)의 성격을 가짐으로써 산업화를 위한 경제정책의 자율성을 보장했고, GATT체제 또한 제3세계 국가들에게 덤핑과 수출보조금을 허용하는 등 선후진국간 비대칭적 관계를 용인한 점을 들어야 한다. 시장적 조건에서는 전후 선진 복지자본주의 발전의 '황금기'에 세계무역이 확대되어 제3세계 공업화에 유리한 조건이 조성되었다. 그런데 세계무역의 일반적 확대 못지않게 중요한 의미를 갖는 것은 무역의 구조다. 이 시기에는 선진국의 농업근대화와 보호주의 때문에 19세기 같은 농산물 수출수도를 통한 수입대체 공업화전략은 어렵게 되고 노동집약적 공산품 수출산업화에 유리한 새로운 조건이 형성되었다. 한국을 비롯한 동아시아는 소수의 선두주자로서 이 새로운 세계경제 '기회의 창'을 활용했고, 여전히 농산품 수출에 주력한 중남미는 그렇지 못했다. 여기에 성공과 실패의 중대한 갈림길이 있었다.[25] 만약 이 시기 다수의 개도국들이 공산품 수출전선에 뛰어들었다면 과당경쟁이 야기되었을 것이다. 그런 면에서 개발전략 전환의 시기가 중요했으며, 한국은 상향이동의 사다리 윗부분을 잡았다고 할 수 있다(이제민 1995, 45~49면).

그렇지만 70년대의 대외적 환경은 60년대와는 크게 달라진 사실에 주목해야 한다. 한미관계가 악화되고 소원해졌을 뿐 아니라, 서구유럽 국가들도 황금기가 종식되고 장기불황에 진입했다. 이런 상황에서 박

보고 있다. 한홍구는 한국이 치른 희생에 비한다면 얻은 것은 많지 않았고 미국은 인색했다고 본다. 기미야(木宮正史)는 한국이 의도하고 기대한 특수와 실제 결과 간의 괴리에 주목한다. 한국은 동남아시장으로 진출하려던 애초 목표를 달성하지 못했고, 미국은 바이 아메리칸(buy American) 정책도 완화하지 않았다는 것이다.

25 황병덕(1990, 115~16면), 川上忠雄(1991), 中村哲(1994, 29~30면), 이병천(1996, 98~99면) 참조.

정권은 안보적·정치적 동기에 좌우되어 외채의존적인 중화학공업화 모험을 감행했던 것이다. 그런데 이 모험을 가능케 한 국제금융적 조건이 우연히 그리고 매우 역설적으로 브레튼우즈체제가 해체되고 이미 탈냉전 금융주도 글로벌 신자유주의 시대가 형성되고 있는 과정 속에서 주어졌다. 유로시장은 오일달러의 투자기회를 주로 공산품을 수출하는 니즈에서 발견했는데, 한국은 이 예외적으로 유리한 금융조건에 접근할 수 있는 소수의 국가군에 속했던 것이다. 또한 한국은 남측 국가들의 압력으로 선진국이 양보한 일반 특혜관세제도(GSP)에 무임승차자로 편승하여 최대 수혜국의 하나가 되었으며, 선진국들간의 수출경쟁 때문에 차입에 의한 플랜트 수입도 유리하게 할 수 있었다(平川均 1992, 제4~6장). 개발연대에서 60년대의 베트남특수에 이은 두번째의 특수, 중동 건설특수가 여기에 가세했다.

한국의 중화학공업화 모험은 추진과정뿐만 아니라 수습과정에서도 특별히 예외적인 호조건에 힘입었다. 중화학공업화에 내재된, 통상의 조건 아래서는 분명 수습하기 어려웠을 난제들은 미일의 정부 차원의 협조 지원과 '3저호황' 등 특수한 조건에 힘입어 처리되었다. 미일의 협조 지원이 없었더라면 한국은 1981년의 브라질과 유사한 외채-긴축위기에 빠졌을 가능성이 높다. 그리고 1985년 플라자 합의에서 비롯된 3저상황이 도래하지 않았더라면, 과잉중복투자는 한국경제를 오랫동안 가라앉게 하는 무거운 짐이 되었을 가능성이 크다.

5. 개발독재의 그늘과 파행적 특성

1) 개발독재 모델 B: 유신독재의 반동과 파행적 중화학공업화

이른바 유신체제는 냉전-분단체제를 전략적으로 활용한 반공국가주의 '총력안보' 독재체제이다. 국민에게는 국가에 대한 충성과 사명만을 강요하면서 박정희 개인의 영구집권을 꿈꾸는 정치적 반동으로 민주주의는 질식되고 말았다. 남북관계는 화해와 협력, 평화정착과 정반대의 길인 적대적 대결 일변도로 치달았다. 안보적 동기에 의해 주도된 돌진적 중화학공업화의 모험 속에서 정치적 독재와 특권적 공룡재벌 간의 보수적 공생체제, 기형적 관치금융체제, 병영적 노동통제-동원체제가 구축된 것, 대재벌과 중소기업 간의 이중구조가 확연해지고 수도권-영남 패권적 불균형 발전이 심화된 것, 대외의존과 불안정이 심화된 것, 환경파괴-에너지과소비형·위험축적형의 돌진적 성장제일수의가 체질화된 것 능, 이 모는 파행적인 개발체제의 모순 또한 수로 유신체제에서 발생했다.

그런데 우리는 이 시기가 미국이 베트남에서 철수하고 대중국정책에서 역사적인 탈냉전적 전환을 단행한 시기이며, 한반도 분단, 타이완 지원, 일본 재건을 기본축으로 공산진영과 대결해온 동아시아 냉전체제가 이를 주도해온 미국 자신에 의해 해체의 길로 들어선 시기였음을 알고 있다. 그러므로 이 시기는 한국의 국정능력 여하에 따라 냉전반공독재, 남북대결주의, 돌진적 성장제일주의, 재벌 전횡경제, 지역패권주의라는 보수반동적 퇴행의 길이 아니라, 탈냉전 민주주의, 남북한 긴장완화와 평화체제 구축, 성장-안정-분배의 조화, 분권과 균형발전이라는 전향적이고 진보적인 발전의 길로 갈 수 있는 기회의 창이 열린 시기였다. 그러나 박정권은 이 절호의 기회를 저버리고 보수반동적 길로 치달았던 것이다.[26]

유신독재가 결코 정당화될 수 없는 또다른 이유는 60년대와는 달리

---

26 남한의 박정희만이 아니라 북한의 김일성 또한 분단상황과 남북대화를 장기집권과 억압적 국민동원을 위해 활용했다. 유신체제와 유일체제는 적대적 쌍생아와 같이 닮은 존재였다(이종석 2003).

70년대에는 개발독재에 대항하는 평화, 민주주의, 대중경제의 대안이 존재했다는 사실이다. 1971년 4월의 대통령선거에 즈음하여 김대중 후보는 당시의 탈냉전 시대상황에 적극적으로 부응하여, 남북간의 평화교류 등을 통한 남북관계의 개선과 점진적 평화통일, 4대국에 의한 한반도 평화보장, 그리고 대중민주주의, 특권경제를 대체하는 대중경제 등의 대안을 제시하였다. 이는 물론 유일한 대안이라고는 말할 수 없다 해도, 70년대 박정희의 냉전-분단체제 활용형 유신독재에 대항하는 유력한 대항헤게모니 대안이었음이 분명하다. 그런데 박정권은 김대중 납치사건 등의 공작과 공포정치로 이 민주-평화적 대안을 압살했던 것이다.

그렇지만 불행한 것은 국민대중만이 아니었다. 의미는 다르지만 지배권력도 불행했다. 이들은 60년대에도 계속 권력 유지를 위해 '패권정당제' 수립 방식을 시도했으나 실패했고 그 결과 유력정당을 중심으로 한 제도화된 지배가 아니라 박정희 개인의 리더십에 크게 의존하는 매우 불안정한 통치방식을 취할 수밖에 없었다(한배호 1993; 김용호1999). 유신독재도 그 결과 출현한 것인데, 이 또한 지배의 제도화에 실패함은 물론 자기모순을 더욱 심화시킴으로써 독재자의 무덤을 파는 꼴이 되고 말았다.

그런데 중화학공업화가 반드시 유신독재를 수반해야 했는지, 그리고 중화학공업화는 유신독재의 반동과는 별도로 평가할 수 있지 않은지 하는 논의가 충분히 가능하다. 우리는 이에 대해 어느정도 동의할 수 있다. 중화학공업화는 개발독재 모델 A와 단절과 동시에 연속성을 가지고 있다고 생각하는 까닭이다. 그러나 70년대는 60년대의 성과 위에서 성장·안정·분배의 조화를 도모할 수 있는, 좀더 유연한 발전의 길이 존재했다. 김대중의 대중경제의 대안은 그같은 방향의 가능성을 보여주고 있었다. 타이완 모델과 비교시각에서 보아도 중화학공업화

<표3> 한국과 타이완 모델의 비교

한국	타이완
국가주의 일변도, 성장제일주의, 난개발	국가주의＋삼민주의, 성장·안정·복지의 균형 지향
국가·재벌의 연계 지배, 지역 불균형	국영·민간 중소기업의 병행, 농촌 공업의 발전
돌진적·경직적 산업정책, 하향식	점진적·유연한 산업정책, 민간부문 자율성 중시
방만한 금융정책, 기형적 관치금융	보수적 금융정책, 국영 은행＋비공식 제도금융
높은 물가상승	물가안정
재벌의 고부채 외형성장	기업의 재무건전성
무역수지 적자 지속, 외채 누적	무역수지 흑자, 외환보유고 누적

자료: 徐照彦 1987; 服部民夫·佐藤幸人1996; 川上桃子 2001; 조준현 2000

프로젝트는 문제투성이라고 생각한다. 한국과 타이완의 개발독재는 공통점도 많지만, 그 못지않게 차이도 크다. 한국과 대조적인 타이완 개발주의의 특징으로는 성장과 안정의 조화, 민간자본에 대한 통제와 복지지향, 국영기업과 중소기업의 결합체제, 점진적이고 유연한 산업정책, 금융정책에서 물가안정을 중시하고 정(＋)의 이자율을 보장하는 통화주의적 보수주의, 부채비율이 낮은 기업의 재무건전성 외환보유고의 누적을 들 수 있다. 이와 대비하여 한국의 개발주의는 안정과 안전, 복지를 무시한 성장제일주의와 난개발, 특권 재벌체제의 비대와 쇠잔한 중소기업, 돌진적이고 경직적인 산업정책, 특혜적이고 인플레 조장적이며 음(－)의 이자율을 동반한 관치적 금융억압주의, 고부채의 외형확장적 기업 행태, 외채의 누적 등의 특징을 보여주는데, 이같은 한국 개발주의의 결함이 정형화된 것도 주로 중화학공업화 체제에서 비롯된다. 앞서 본 것처럼 예외적인 대외적 조건에 힘입어 중화학산업이 수렁에서 헤어나자 한국경제는 곧 '실패'의 교훈을 망각하고 다시금 과다차입－외형확장주의의 길로 나아갔으며, 이것이 무분별한 대

외개방과 악조합을 이루어 IMF위기를 맞았다.[27]

그런데 주목해야 할 것은 타이완 개발주의의 특징은 사상적 측면에서 보면 쟝 제스가 부분적이지만 쑨 원의 삼민주의를 계승한 데서 비롯되었다는 사실이다. 쟝 제스 체제는 타이완인의 참혹한 대량학살과 국가테러의 무덤 위에 구축되었고 이 점에서는 삼민주의와 완전한 단절을 이루지만, 민생의 측면에서는 연속성의 측면을 보인다. 바로 이 점이 일본의 파시즘적 국가주의에 원류를 두고 있는 박정희 개발독재와 아주 다른 점이다. 이렇게 볼 때 유신시기 박정희 개발독재의 구조적 모순과 병폐는 주로 일본형 국가주의 지향과 장기집권욕이 냉전반공대결주의와 결합됨으로써 빚어진 것이라 할 수 있다.

2) 개발독재 모델 A: 과거청산 실종과 가해자대열 가담

박정희 개발독재의 문제점은 주로 모델 B에 집중되어 있는 것이 사실이다. 만약 박정희가 유신독재의 길을 선택하지 않았다면 오늘날 박정희 평가를 둘러싼 논란은 크게 달라졌을지도 모른다. 그러나 이는 한국 개발독재의 문제점이 유신독재시대에 한정된다는 말과는 다르다. 박정권의 경제실적이 가장 좋았던 1964~69년 시기에도 제1차 인민혁명당 사건, 동백림 사건, 통일혁명당 사건 등 각종 공안 조직사건과 향토예비군 창설, 대학 군사교련 실시, 국민교육헌장 선포 등 사회와 학교의 반공병영화를 목표로 한 일련의 법과 제도의 구축이 있었다 (이광일 2001, 176면). 경제개발 측면에서도 정경유착과 내외자의 특혜적 배분, 그에 따른 부실기업 문제 등이 발생했고 마침내는 8·3 비상조치

---

27 중화학공업의 추진, 수습 그리고 IMF위기에 이르는 한국경제의 일련의 전개과정을 염두에 둘 때, 우리는 한국 산업화의 준거모델을 중화학공업화 체제에서 찾으면서 이로부터 '아시아의 다음 거인'으로서의 한국경제의 미래를 전망한 앰스던(Amsden)의 부조적(浮彫的) 성공론에 동의하기 어렵다.

로 이어졌다.

그렇지만 역사적 시각에서 볼 때 우리가 직시해야 할 중요한 문제는 한일 국교회복과 한국의 베트남 참전에 드리워진 그늘이다. 이는 모델 A를 작동가능케 한 불가결한 대외적 환절(環節)로서 한국경제의 최초의 도약을 가능케 한 밑거름이 되었지만, 그 속에는 반역사적인 퇴행적 성격이 내재되어 있다. 60년대 중엽에 일어난 최초의 경제도약은 '과거청산'의 과제를 실종시켰을 뿐만 아니라, 그 자신 피억압민족의 일원이면서 억압민족 또는 가해자의 일원으로 가담했다는, 매우 비싼 댓가를 치르고 이루어진 것이다. 물론 한일 양국이 영원히 원수로 지낼 수는 없으며, 구원을 청산하고 새로이 우호 선린관계를 수립해야 하는 것은 분명히 양국이 풀어야 할 과제였다. 한국의 경제개발을 위해서도 한일 국교회복은 절실했던 것이 사실이다. 그러나 한일 양국 지배엘리뜨의 야합으로 인해, 한국은 피해자로서 일제의 식민지배와 전쟁에 대해 반성을 촉구할 기회를 상실하였고, 일본 또한 가해자로서의 자기반성과 과거청산 및 극복의 기회를 상실하고 말았던 것이다(민족문제연구소 1995; 이원덕 1996a, 1996b).

베트남전쟁은 물론 미국의 제국주의적 세계전략과 아시아 지배전략의 일환으로 감행된 것이다. 그러나 한국의 참전은 단순히 미국의 요청을 수동적으로 수용한 것이 아니었다. 박정권은 집권 초기부터 베트남전쟁을 경제성장과 안보구축의 발판으로 삼기 위해 미국의 요청 이전에 파병을 제안한 바 있고, 자신의 대미관계 취약점을 만회하기 위한 지렛대로 활용했던 것이다. 유럽국가들은 전혀 참여하지 않았을 뿐만 아니라 다수의 나라들이 되도록이면 이 '더러운 전쟁'과 거리를 유지하려 한 상황에서, 한국만이 유일하게 '용병'이라는 소리를 들으며 대규모의 실질적인 전투부대를 파병한 오명을 갖게 되었다. 이같은 돌진적인 전쟁활용형 개발독재(warfare developmental dictatorship) 지향은 일본 파시즘에 원류를 둔 박정희의 국가주의 이념 경향과 무관하지 않다. 그리고 미국은 한미 베트남전쟁 동맹을 통하여 박정권에 내재된 후발 주변부 국가주의 독재와 팽창주의 경향에 불을 지피고, 그럼으로써 3선개헌과 유신체제로 나아가는 길을 닦아주는 조력자가 되었던 것이다. 이처럼 60년대 개발독재체제는 미국 패권하의 동아시아 냉전 반공체제의 일익을 뛰어나게 담당하면서 그것을 결정적으로 강화했으며, 이를 통해 70년대로의 퇴행의 종양(腫瘍)을 이미 간직하고 있었던 것이다(이삼성 1998, 226면; 이병천 1996, 92면; 한홍구 2003).

6. 맺음말

우리는 이 글에서 개발독재론에 대해 약간의 이론화를 시도하면서 한국의 박정희체제를 개발독재의 역사 속의 하나의 특수 형태로 파악하고 그 빛과 그림자에 대해 살펴보았다. 개발독재는 독재권력의 주도 아래, 경제개발=산업화를 최우선 목표로 삼고 시민사회와 민주주의 발전은 억압 통제하는, 국가주의적 산업화의 수동혁명체제다. 근현대 세계사상 개발독재체제의 전형은 19세기 비스마르크의 독일과 메이지 일본의 경험에서 보는 바와 같은 선발중심국 따라잡기 모델, 권위주의적 후발산업화 모델에서 찾을 수 있다. 한국의 박정희 개발독재체제는 전례가 없는 돌출물은 아니며 국가민족주의 이념으로 무장한 선산업화 후민주화의 패권국 따라잡기 모델이라는 점에서 비스마르크의 독일, 메이지 일본을 전형으로 하는 19세기 후발개발독재의 아들이다.

그렇지만 박정희체제는 단지 따라잡기 모델이 아니라, 그 어떤 지역보다 민족주의의 대중적 호소력과 동원력이 높은 동아시아 탈식민지사회에서의 따라잡기 모델이다. 또한 이것은 뛰어나게 냉전-분단체제를 활용한 체제경쟁적 또는 대결적 동원 모델이며, 그 국가민족주의는 냉전반공주의와 공고히 결합되어 있다. 그리고 비스마르크-메이지 모델이 단지 후발자본주의 산업화 모델이 아니라 후발제국주의 모델이었음에 반해, 박정희 모델은 미국 패권체제 및 미일 동맹체제의 하위동반자 위치가 부여한 기회에 의해 보호되고 그 압박에 의해 구속·제약된 후발 반주변부 모델이다. 2차대전 이후의 세계경제 조건에서 선발국과의 발전 격차가 한층 심화되었다는 점, 이것이 후발성의 이익과 불이익 양면을 모두 증대시켰고 그럼으로써 국가의 기업가적 역할을 더욱 그리고 다르게 만들었다는 점 또한 박정희체제를 19세기 비스마르크-메이지 체제와 갈라지게 한 중요한 요인이다.

산업화 이후의 한국사회는 그 이전과는 질적으로 다른 사회로 변모되었다. 한국인은 '한강의 기적'으로 빈곤의 굴레와 악순환에서 탈피하였고 산업문명이 제공하는 제반 물질적 혜택을 누리게 되었다. 또한 국민경제가 수립됨으로써 선진국에 일방적으로 종속되거나 구걸해온 처지에서 벗어나 세계체제 내에 주권국가로서의 독자적 위상을 확보하고 자국은 물론 세계체제의 운명에 대해서도 발언권을 행사할 수 있게 되었다. 그리고 산업화는 민주주의 실현을 위한 물질적 토대가 된다. 이는 복잡한 이론적 논란을 끌어들일 필요없이 산업화 이전의 민주화운동과 그 이후의 민주화운동의 차이를 살펴보면 잘 드러난다. 한국이 주변부로부터 탈출했다는 것은 바로 이런 내용들을 모두 포괄해서 하는 말이다. 산업화가 문명인지 감옥인지는 논란거리가 되며, 국민국가처럼 그것이 문명과 야만의 두 얼굴을 가지고 있는 것은 부정할 수 없는 사실이다. 그러나 산업화는 19세기 후반 영토적 제국주의시대의 문호개방 이래 대다수 한국인이 추구했던 바이며, 약 100년 후 식민-분단-전쟁을 치르고 난 다음에야 비로소 힘겹게 달성한 국민적 성과이다. 남한의 산업화 성공과 북한의 실패는 한반도 현대사의 전개에도 중대한 궤도 변화를 가져왔다. 이 변화는 현재진행형이다. 현대사 상(像)과 사론 분야의 수정은 연구자들의 손길을 기다리고 있다.

우리의 연구는 산업화의 성공이 복합적 요인들에 의존하고 있으며, 시기별 차이도 매우 크다는 사실에 주의를 기울였다. 한국의 산업화 경험은 2차대전 이후 후발국의 추격산업화의 성공을 위해 보편적 요소가 될 만한 내용을 가지고 있다. 우리가 복선형 산업정책이라거나 개발주의 제도형태라고 부른 정책적·제도적 특성이 바로 그러한 것이다. 국가-시장-제도의 협력적 결합과 세계체제로의 선별적 개방이라는 이 개발자본주의의 특성은 체제의 차이를 막론하고 기존의 산업화 패러다임의 고정관념을 깨고 새로운 패러다임 전환을 요청할 만큼 큰 의미를 지닌다. 그렇지만 산업화에는 막대한 자본이 필요하고 선진기술을 도입해야 하며 해외시장이 개방되어야 한다. 세계체제와 지역체제 수준 모두에서 당시의 여러 특수한 역사적 상황들이 자본·기술·시장에 접근할 수 있는 유리한 기회를 제공했고 또 한국은 이 기회를 적극적으로 활용했다.

그렇지만 한국의 개발독재 모델은 기적과 위험, 근대화와 반(反)근대화, 심지어 역(逆)근대화의 모순적 혼합물이다. 첫째, 박정희 모델은 냉전-분단 상황을 뛰어나게 국민동원과 독재정권 유지에 적극적으로 활용한 준전시(warfare) 개발독재 모델이다. 여기에는 한국판으로 개조하면서 모방 학습한 전전 일본의 초국가주의·군국주의·제국파시즘의 정신이 흐르고 있다. 우리가 모델 B라고 명명한 유신 개발독재체제는 탈냉전 남북화해와 평화체제 수립의 기회를 저버리고 북한을 적으로 삼아 이 적을 제압하는 것을 목표로 삼은, 적에 의존하면서 적을 닮아가는 대결체제이자 역사적 기회를 영구집권 수단으로 활용하고자 한 정치적 반동체제였다. 비정상적인 한일국교 회복과 베트남 참전

또한 피억압민족으로서의 우리의 역사적 정체성과 기억에 심각한 정신분열증을 낳고, 한국 모더니티의 역사에 지울 수 없는 야만의 문자를 새겨넣은 부끄러운 사건으로 남아 있다. 뿐만 아니라 우리는 박정희 유신독재의 모태 없는 전두환 신군부독재의 출현을 결코 상상할 수 없다. 둘째, 박정희체제는 고도의 집권집중형의 불균형 개발체제다. 국가-재벌-은행의 한국형 삼각 밀착체제는 산업화 성공을 낳은 협력적 제도 형태로도 기능했지만, 지배엘리뜨간 보수적 공생과 유착을 낳고 국민을 내부자(insider)와 외부자(outsider)의 '두 국민'으로 갈라놓은 특권과 집중의 경제, 선성장 후분배 경제로서 심각한 정치적·경제제도적 실패를 낳았다. 1987년 이후 민주화시대를 파행적으로 몰아간 서울공화국과 동서분단의 지역주의 병폐 또한 특권-집중형 개발체제의 중요한 구성 부분이다. 셋째, 박정희체제는 선성장 후안전의 위험축적 난개발 모델이다. 이 체제가 숭상한 기본 덕목은 결과적 실적주의, 외형 팽창의 방만한 거대주의, '빨리빨리'의 속도효율주의였으며, 과정이 아니라 결과, 내실보다 외형, 안전이 아니라 속도주의였다. 안전불감증의 돌진적 성장제일주의와 난개발은 그 동전의 이면에서 부실과 위험의 축적과정이 되었다. 양적 성장의 비용은 질적 발전의 저하로 생활세계와 생태계의 고위험으로 전가되고, 미래로 이전되었을 뿐이다.

21세기 초두 우리는 오랜 동원의 세기로부터 탈출하여 새로운 시민의 세기로 나아가야 하는 과제와 마주하고 있다. 그것은 국가주의적 개발독재 동원체제와 세계화된 시장 및 자본의 전제주의의 이항대립을 넘어서, 자유롭고 평등한 시민들간의 수평적 상호소통과 상호승인, 그리고 인간과 자연의 공생에 기반을 둔 민주적·생태적 시민국가와 풀뿌리 시민공동체를 건설하는 과제, 곧 삶의 기본틀을 바꾸는 과제다. 동원적 사회구성은 민주적 시민권에 바탕을 둔 자율적 시민공동체로 거듭나야 한다. 국가는 동원국가에서 시민국가로, 국민은 신민적 객체에서 시민적 주체로 거듭나는 국가 및 국민의 발본적 재형성과 재생의 과정이 이루어져야 한다.[28] 그렇지만 국민국가는 문명인 동시에 감옥이다. 시민적 주체와 시민공동체의 형성은 국민국가의 상대화, 그리하여 지방, 국가, 아시아, 세계의 관계를 새롭게 재정립하는 일과 분리될 수 없다. 이제야말로 홉스적 약육강식의 논리가 지배하는 국제계층질서, 그 서열화의 원리를 기정사실로 전제하고 그 속에서 국익확장 싸움을 벌이는 동원국가적 지향, 중심을 향한 열망과 대국 따라잡기의 정신구조를 청산하고 우리 안의 타자 및 우리 밖의 타자와 화해(和諧)를 추구할 때가 되었다.

독일의 사회학자 울리히 벡(U. Beck et al. 1994, 241면)은 산업적 단순 근대화와 성찰적 근대화를 구분하면서 "사회가 근대화될수록 행위자가 자기 존재의 사회적 조건에 대해 더 많이 반성하고 그리하여 그 조건을 변화시킬 수 있는 능력을 획득하게 된다"는 것을 성찰적 근대화의 기본명제로 제시한 바 있다. 그렇다면 우리는 여전히 극단의 시대에 갇혀 있는 역사의 포로가 되지 않고 새로운 민주적·생태적 시민국가—시민공동체와 평화허브(hub)를 건설하기 위해 어떤 성찰과 자기계몽의 능력을 보여주고 있는가. 반공국가주의 개발독재시대의 경험에 대한 비판적 성찰은 그 최소한의 기본전제가 될 것이다.

■이병천

---

28 시민국가의 개념에 대해서는 坂本義和(1998) 참조.

한국 산업화의 발전양식

축적과 조절의 관점에서

1. 머리말

이른바 개발독재와 경제발전의 관계에 관한 문제의식은 새로운 것은 아니다. 그것은 오히려 '한강의 기적'과 더불어 오랜 논쟁의 대상이기도 했지만 20세기 말에 한국경제가 맞았던 미증유의 경제위기와 더불어 새롭게 조명되고 있다. 한국이 이룩한 경제적 성과는 강력한 권위주의 국가가 없었더라면 불가능했다는 주장은 실제적인 근거가 있고 그 유산이 오늘의 '외환위기'의 원인(遠因)이라는 주장도 일리가 있다. 반면 노벨경제학상을 받은 쎈 같은 학자는 민주주의야말로 경제발전의 기초임을 설득력있게 논했으며(Sen 2000), 외환위기가 신자유주의적 세계화 추세에 편승한 개방과 자유화라는 국가의 후퇴 맥락 속에서 발발했다는 점 또한 사실이다. 그럼에도 불구하고 개발독재와 경제발전의 관계를 체계적으로 해명하려는 시도는 드물었던 것으로 보인다. 이 글은 이러한 시도의 일환으로서 개발독재 시기의 발전과정을 하나의 발전양식 내지 모델로 간주하고 그 작동의 해명해보려고 한다. 여기에는 어떤 가치판단도 전제되어 있지 않으며, 역사적 실재를 이해하고자 하는 실증주의적 관점을 취하고 있음을 밝혀둔다.

우리는 개발국가론적 시각을 바탕으로 깔면서 조절이론의 기본 개념들을 나름의 방식으로 적용하고자 한다. 개발국가론이 발전과정에서의 국가의 적극적 역할을 강조하면서 다양한 개입 메커니즘들을 밝혀냈다면(Amsden 1989; Wade 1990 등), 조절론적 접근은 개발독재를 하나의 발전양식으로 포착할 수 있는 개념적 도구들을 제공한다.[1] 하나의 발전양식은 축적체제와 조절양식의 총체이다. 축적체제가 안정적인 성장을 가능케 하는 일군의 거시경제적 메커니즘들을 총칭한다면, 조절양식은 축적체제의 원활한 작동을 보장하는 미시적 주체들의 행동을 규제하는 일련의 규범들로서 현실에서는 각종의 제도들로 현상한다.

이러한 분석틀에 의하면, 한국에서 60년대 초반에서 80년대 중반에 이르는 시기에 전형적으로 작동한 것으로 간주되는 개발독재 발전양식은 차입·수출경제에 기반을 둔 축적체제와 개발독재적 국가조절양식의 결합으로 규정될 수 있다. 이 글에서는 이 발전양식의 작동논리의 해명에 필요한 요소들이 어떻게 상호연관되어 하나의 정합적인 체계를 이루고 있는지를 보여주려고 한다. 먼저 차입·수출경제에 기초한 축적체제가 어떤 거시경제적 성장 메커니즘을 갖고 있었는지를 탐구한 다음, 개발독재 조절양식이 이 축적체제의 작동에 어떻게 조응했던가를 각종 제도를 중심으로 검토하기로 한다.

---

1 발전의 영역에 적용된 시도들로는 Ominami 1986; Lanzarotti 1992a; Cordova 1994; Boureille 1994; Seo 2000; Thala 2002 등이 있다)

2. 차입·수출경제의 거시적 성장 메커니즘은 독자적인 축적 체제를 이룬다

차관·수출경제의 거시경제적 성장 메커니즘은 다음 도식과 같이 제시될 수 있다. 이 도식은 크게 대외적 측면과 대내적 측면으로 나누어지며, 양자는 긴밀하게 결합하여 하나의 총체를 이룬다.

논지의 출발점은 저발전경제들에 공통으로 나타나는 핵심 특징인 생산수단(생산재) 생산부문의 부재 내지 불충분이다. 따라서 공업화 과정의 실행에 필요한 생산재 일반(기계, 장비, 중간재 및 기술, 나아가 원자재와 연료 등)은 수입에 의존한다. 이러한 '불가결한 수입'은 외

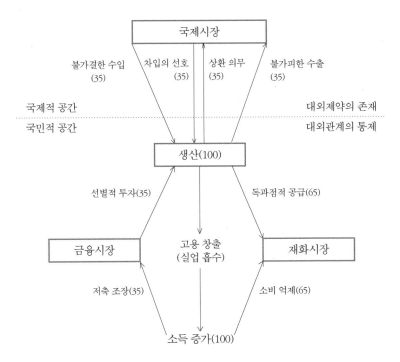

* ( ) 안의 수치는 각 거시변수들간의 양적 관계를 좀더 명확하게 보여줄 수 있는 수치예로 제시되었다.

국자본(해외저축)의 도입으로 결제되는데, 외자의 조달이 주로 해외
차입을 통해 이루어지는 경우 '차입경제'가 성립된다. 공업화가 진행될
수록 수입은 그 이상으로 급속히 늘어나며, 그 결과 무역적자는 누적
되고 대외채무가 늘어난다. 그런데 적자의 보전과 채무의 상환에 필요
한 외환은 궁극적으로는 수출을 통해서만 획득될 수 있으므로 수출은
불가피해진다.[2] 즉 '수출경제'는 '차입경제'의 필연적 귀결이다. 이러한
차입·수출경제가 주기적으로 도래하는 채무위기를 어떤 식으로든 극
복할 수 있다면, 공업화과정은 발전과정의 목표인 자율적인 국민적 생
산체계의 구축을 달성할 때까지 지속될 수 있다.

이러한 대외적 메커니즘에는 특정한 대내적 메커니즘이 동반된다.
수출이 역동적일수록 국내생산 중 내수에 의해 실현되는 몫은 그만큼
줄어든다. 이 경우 적정 인플레이션을 유지하면서 국내 재화시장의 균
형이 이루어지려면, 국내소득에서 국내소비지출이 차지하는 비중 역
시 그만큼 줄어들고 따라서 저축의 비중이 그만큼 늘어나야 한다. 이
러한 고저축률은 고투자율의 전제조건이며 그만큼 해외저축에 대한
의존도를 줄여준다. 투자는 수출의 국제경쟁력의 제고에 직접 기여할
수 있을 뿐만 아니라 생산구조의 확대·심화를 통하여 수출부문의 발
전에 간접적으로 기여한다. 또한 수입대체를 동반하는 경우 대외제약

---

2 개도국 경제에 강제되는 대외제약은 실은 이중적이다. 하나는 실물적인 대외제약으로
서 국제수지의 균형이 그것이다. 수입하는 만큼 수출을 하든지, 그렇지 않으면 무역적
자는 반드시 자본흑자로 보전되어야 한다. 다른 하나는 화폐적 대외제약으로서 대외
수지 균형이 국제통화로 실현되어야 한다. 물론 이 화폐적 대외제약은 자국 통화가 국
제통화로 기능하지 않는 경제들에게만 강제된다(미국의 경우는 이의 전형적인 반증이
다). 이러한 대외제약의 강도는 국내통화의 태환성이 보장되지 않은 경우 더욱 크게
나타나지만, 비록 그 태환성이 보장되어 있다 하더라도 태환이 실제로 가능하기 위해
서는 외환시장이 안정적이거나 아니면 적어도 외환시장의 안정을 보장할 만큼 충분한
외환보유고를 확보해야만 한다. 그런데 외환보유고를 확충하는 가장 건전하고도 확실
한 방법이 무역흑자의 실현임에는 의심의 여지가 없다.

의 압박을 경감시키기도 한다. 생산력의 확대가 고용의 증가(또는 고실업의 완화)를 동반할 때 개발독재 발전양식에서 특별히 중요한 사회·정치적 안정의 경제적 조건이 갖추어진다.

이렇게 대외적 메커니즘과 대내적 메커니즘이 연계되어 전체의 메커니즘이 완결된다. 이러한 성장회로의 양적 확대과정이 국민적 생산체계의 구축이라는 발전과정의 목표 달성에 기여할 수 있기 위해서는 수입대체과정이 지속되어 구조적인 무역적자가 해소됨과 동시에 자율적인 생산재 생산부문이 구축되어야 한다.

1) 축적의 대외적 측면

차입·수출경제의 확립과 작동을 '차입경제'와 '수출경제'로 나누어 살펴보자.

먼저 차입경제의 규정은 수입의 역할, 수입금융의 방식 그리고 해외차입의 비중 검토를 통해서 주어진다. 차입경제에서 수입은 일종의 의사적 생산재 생산부문으로 기능한다. 그 역할은 무엇보다 공업화에 불가결하지만 국내생산이 불가능한 생산재를 해외로부터 순조롭게 조달하는 생산재의 물적 조달에 있으며, 이렇게 수입된 생산재들이 역으로 국내에 생산재 생산부문의 건설에 사용된다면 자율적인 국민적 생산체계의 구축에 봉사할 수 있다. 나아가 수입된 생산재에는 일정한 기술이 체화되어 있으며 기술이전의 수단이 될 수도 있다. 요컨대 차입·수출경제에서 수입은 일방적인 억제의 대상이 아니라 이러한 역할을 제대로 수행할 수 있도록 통제된다는 점이 요체이다.

사실 1960~70년대 기간에 연도별 수입에서 생산재의 비중은 약 3분의 2(장비재 24~36%, 중간재 38~43%)를 차지한 반면 소비재의 비중은 8~10%에 불과하다(경제기획원『주요경제지표』). 같은 기간에 수입의 산업별 구성에서 경공업용 수입의 비중은 급격한 감소 추세(60년대 30%대, 70

년대 10%대)를 보인 반면, 중화학공업용 수입은 60년대 중엽 이후 내내 50%를 상회했다(한국은행『산업연관분석』). 정성진(1990)은 '생산적 수입'만을 대상으로 한 연구에서 총수입에서 차지하는 생산수단 생산부문용 수입의 비중이 이 기간 내내 연간 86~92%에 달했다고 계산했다. 이 연구는 우리의 논지와 관련하여 다음 두 가지 점에서 의미를 가진다. 한편으로 모든 부문에서 생산재의 수입의존도 관련 지표들이 대단히 높으며, 특히 중화학공업의 수치가 경공업의 수치보다 훨씬 더 높다는 점이다. 다른 한편으로 대략 1963년을 전후로 수입 비중 관련 지표들이 모두 급속하게 상승하여 73년 전후로 최고치에 달한 후 지속적으로 하락하고 있다는 점이다. 이 점은 공업화의 진전과 더불어 수입이 급증하며, 생산재 생산부문의 발전으로 간주되는 중화학공업화가 본격적으로 전개되면서 그 비중이 하락한다는 사실을 잘 보여준다. 물론 80년대 초반에 이르러서도 생산재 수입의 비중이 여전히 상대적으로 높은 수준을 유지하고 있었다는 점은 생략될 수 없다.

이처럼 수입의 막중한 역할에 대한 확인은 수입금융의 방식에 관한 의문으로 이어진다. 요컨대 고도성장과 공업화의 압축적 진전은 수출의 증가를 상회하는 수입의 증가를 초래함으로써 무역적자의 누적을 초래하는데, 이러한 무역적자가 어떻게 보전되는가라는 문제이다. 무역적자를 보전하는 가장 바람직한 방법은 수출이다. '수출경제'의 발전과 더불어 수출/수입 비율은 급속하게 상승해왔다(1962년 14.5%, 1977년 96.4%, 1981년 85.4%). 하지만 단 한 해도 무역흑자를 누리지 못했다. 무역외수지와 이전수지에 의한 무역적자의 보전율이 갈수록 하락했기 때문에 경상수지 역시 적자가 누적되어왔다. 이와 관련하여 두 가지가 지적될 만하다. 이 시기에 지속적인 흑자를 보였던 이전수지는 주로 미국의 원조, 베트남전 참전 댓가, 대일본 청구권 자금의 유입 그리고 중동, 독일 등 해외파견 근로자들의 송금 덕분이었다. 반면 60년대에

흑자를 누리던 무역외수지는 70년대에 대폭의 적자로 반전되었는데, 이는 무역의 확대에 따른 보험료와 운송비의 해외지급, 국내 진출 외국기업들의 이윤 송금 및 장단기 원리금 상환이 급속하게 늘어났기 때문이다(한국은행『경제통계연감』, 1987). 이러한 사정에서는 기초수지의 균형이 장기자본수지의 흑자, 즉 장기자본의 순유입에 의해서 이루어질 수밖에 없다. 외국자본의 유입에서 외국인 직접투자는 아주 미미한 비중을 차지하며 거의 전부가 해외차입이다. 나아가 해외차입의 내부 구성을 보면 60년대에 급속히 증가했던 차관의 비중은 70년대에는 하락하기 시작하여 70년대 중반이 되면 국제신용의 비중보다 더 낮아진다(통계청『주요경제통계』, 1991). 이제 개발독재 시기에 공업화를 위한 수입의 확대가 이루어졌으며, 그에 따른 대외적자는 거의 해외차입에 의해서 보전되었다는 사실이 분명해졌다.

　해외차입이 국민경제 전체에서 차지하는 비중 역시 '차입경제'를 규정하는 요인이다. 우선 국민총생산(GNP)에 대한 해외저축의 기여도를 보면, GNP 대비 총투자의 비율이 1962~66년 연평균 15.1%에서 1976~81년 35.5%로 상승하는 사이에 투자재원 조달에서 해외저축의 비중은 60년대는 거의 절반 수준을, 70년대에는 3분의 1의 수준을 유지했다. 총수입에 대한 해외차입의 비율은 이 기간 전체를 통틀어 24%가 가장 높지만, 무역적자에 대한 그 비율은 60년대 전반의 15.5%에서 70년대 후반의 74.5%로 급등했다. 마지막으로, 고정자본총형성에 대한 해외차입의 비율은 60년대 전반의 10.6%에서 70년대 전반의 23.5%로 두 배 이상 상승했지만 그 후반에는 13.3%로 감소했다. 제조업에만 국한해보면 이 수치는 모두 두 배 정도 더 크다는 점도 지적될 만하다(Lee 1985).

　이제 수출경제의 작동을 검토할 차례다. 이미 지적한 것처럼 수출경제는 차입경제의 논리적이자 실제적 귀결이며, 동시에 차입·수출경제의 대외적 메커니즘을 완성하는 요소이면서 성장의 추동요인이다. 수출경제의 확립을 보여주는 지표들은 많다. 우선 GNP 대비 수출의 비율은 급속하게 상승해왔지만(1963년 3.3%, 1971년 11.6%, 1981년 36.8%), 부가가치가 아닌 총산출과 대비해보아도 마찬가지이다(1960~80년 사이에 경공업은 2.3%에서 19.3%로, 중화학공업은 2.9%에서 19%로 상승). 다음으로, 수출경제는 외국인기업을 위한 수출특구에 한정된 것이 아니라 거의 모든 산업활동에 직접·간접으로 연계되어 있었고, 주문자상표 부착생산(OEM)과 같은 국제하청도 성행했다. 수출부문의 존재를 증명하는 두 개의 통계항목이 있는데, 하나는 수출통계의 '보세가공수출'이고 다른 하나는 수입통계의 '수출용 중간재' 항목이다. 각각이 전체에서 차지하는 비율은 급등 추세를 보였다가 고수준에서 안정되었다(전자의 경우 1962년 1.8%, 1975년 21.7%, 1981년 12%, 후자는 1965년 2.2%, 1972년 27.3%, 이후 1983년까지 17~20%). 그리고 수출의 성장기여도로서 이 수치는 1961~70년 사이에 27.8%에 달했는데, 수입대체의 4.1%와 극단적으로 대비된다(Lanzarotti 1992a). KOTRA(무역진흥공사)의 계산은 1981년의 경우에 48.4%였다(김일곤 1986). 끝으로, 수출의 품목별 구성의 변동이다. 60년대에서 70년대 사이에 수출의 중심은 경공업제품에서 중화학공업제품으로 완전히 이동했다. 총수출에서 양자의 비중은 각각 1960년의 18.3%와 9.2%에서 1980년의 33.3%와 40.2%로 되었다. 이 점은 주지하다시피 10대 수출품목의 연대별 변동에 의해서도 재확인된다.

이러한 수출경제에서 수출은 일정한 특수성을 가진다. 무엇보다, 여기서 수출은 생산단위들의 존재 자체를 위한 필요조건이면서 동시에 공업화에 불가결한 수입의 결제를 위한 외환획득의 수단으로서 강제되고 있다. 이때 '수출지상주의'는 '수출을 위한 수출'이라는 일반적인 비판을 넘어서 오히려 생산재의 '수입을 위한 수출'로, 나아가 '공업화에 봉사하는 수출'로 해석될 수 있다. 해외시장만을 지향하는 수출부문일지라도 그 발전은 국내생산의 증대를 가져오며 그에 따른 고용과 소득이 창출된다. OEM에 의한 수출의 경우 소요장비 등은 주문자에 의해 공여되거나 아니면 장기신용으로 매입되므로 거의 외환수요를 초래하지 않는다는 이점이 있고, 또 그 생산과정에서 있을 수 있는 기술학습은 수입대체 등 다른 부문의 생산에 기여할 수 있다. 따라서 공산품 수출경제는 일차상품 수출경제처럼 '비지경제'(ecnlosed)[3]란 비판에서 제외된다. 다음으로, 이처럼 수출이 불가피한 것이라 할지라도 실제로 수출이 이루어진다는 보장은 없다. 즉 수출의 국제경쟁력 문제로서, 그것이 애초부터 주어져 있지 않았기 때문에 수출은 지원되어야 했다. 사실 '기아수출' 또는 '출혈수출'의 증거는 적지 않다. 쿠즈넷은 60년대 말에 수출업자들이 평균적으로 1달러의 수출상품의 생산에 1.5달러의 비용을 지출했다고 추정했고(Kuznets 1977), 앰스던은 당시의 주요 수출품이던 섬유제품은 부족한 경쟁력을 정부보조금으로 메웠다고 누차 강조했다(Amsden 1989). 70년대 수출의 주력품목이었던 중화학제품의 수출업자들은 대부분 낮은 생산성 때문에 보조금이 없었더라면 수출 자체가 불가능했다고 고백하면서, 국제경쟁력을 갖추었던 것은 28개 산업의 246개 부문 중 겨우 14%에 지나지 않고 약 70%는 경쟁력이 아예 없거나 대단히 미약했다고 말했다(전경련 1978). 따라서 수출의 국제경쟁력은 창조되어야만 했다. 이 점은 '주어진 정태적 비교우위' 이론의 한계를 폭로하고 '창조된 동태적 경쟁우위' 이론을 지지하는 확실한 경험적 사례이다. 끝으로, 개도국의 높은 실업률(소위 위장실업)을 감안한다면 수출경제는 고용창조를 통해 사회·정치적 안정의 기초를 제공한다는 점이다. 이 점은 60년대의 노동집약적 경공업

---

3 비지경제(飛地経濟)는 자국의 영토 내에 존재하지만 생산재의 조달과 생산물의 판매에서 국내 재생산체계보다는 국제경제와 더 긴밀한 연관을 가진 산업 또는 부문을 지칭한다.

제품 주도의 수출공업화에 대해서는 물론이거니와 70년대의 자본집약적 중화학공업화에 대해서도 타당하다.

2) 축적의 대내적 측면

차입·수출경제의 대외적 메커니즘은 반드시 그에 조응하는 대내적 거시경제 메커니즘을 요청한다. 앞의 도식에 따라 하나씩 살펴보자.

첫째, 소득의 처분과 관련된 소비와 저축 그리고 투자이다. 수출경제가 역동적일수록 생산과 소득 역시 그만큼 늘어난다. 그러나 수출의 대 GNP 비중이 상승하는 만큼 소득에서 차지하는 소비의 비중은 하락하고 저축률은 상승한다. 앞 도식의 수치 예에서 수출의존도와 저축률이 동일하게 제시된 것은 우연이 아니다. 이러한 고저축은 중앙집권적 은행제도를 통해서 고투자로 전환된다. 그러나 고도성장기에는 항상 투자율이 저축률을 웃돌기 때문에, 양자의 격차는 해외저축으로 메워진다. 이렇게 해서 국내의 저축-투자 격차는 무역적자의 크기와 일치한다. 단 무역적자의 원인이 생산재가 아니라 소비재의 수입에 있다면 이러한 조응은 이루어지지 않을 것이다. 소비지출은 저축을 줄이기 때문이다.

둘째, 차입·수출경제의 작동은 생산구조의 수평적 확대와 수직적 심화를 가져올 수 있다. 이 축적체제의 국민경제적 존재이유가 바로 이 점에 있기 때문에 가장 중요하기도 하다. 즉 발전과정의 궁극 목표는 자율적인 국민적 생산체계의 확립에 있고 그 결정적인 측면은 기계산업을 중핵으로 하는 생산재 생산부문의 구축에 있음을 재삼 확인해두자. 생산구조의 변동에 관한 핵심 논점들은 다음과 같다.

(1) 급속한 공업화경제에서 농업 비중의 상대적 하락은 당연하므로 공업화를 위한 농업의 희생이라는 일반적인 인식은 지나친 단순화이

다. 그럼에도 불구하고 60년대에 미국의 값싼 잉여농산물의 막대한 수입으로 농업의 생산기반이 무너졌으며, 누적된 곡물의 무역적자가 공업화의 지속을 불가능하게 만들 정도로 되었음은 사실이다. 이 점이 70년대 농업진흥정책으로의 선회를 유발한 요인의 하나이다. 그 결과 70년대 말에 이르러 적어도 주곡인 쌀의 자급이 가능하게 되었고, 그동안의 농업생산성의 급등은 공업으로부터의 농업용 중간재(비료, 농약, 비닐)와 장비재(농업용 기계)의 공급 덕분이었다. 그리하여 한편으로 농촌의 상대적 과잉인구가 늘어나면서 가속화된 이농은 도시의 공업에 풍부한 노동력을 공급함과 동시에 저임금 압력을 가했으며, 다른 한편으로 농촌소득이 일정하게 증대함으로써 공산품의 내수시장 확대에도 기여했다. 이러한 농공관계를 통한 농업의 역할이 무시되고 진정한 농업포기정책이 시행되기 시작한 것은 80년대 초에 경제정책의 기조가 개방으로 선회한 후부터이다. 이러한 정책선회의 싯점이 농촌의 과잉인구가 소멸되어 산업노동력 시장에서 공급과잉이 해소됨으로써 저임 노동력의 공급으로 농업이 수출경제 기반 축적체제의 작동에서 수행해왔던 긍정적인 역할을 상실한 때와 거의 일치한다는 사실은 의미심장하다.

(2) 한국의 공업화과정에 대한 일반적 통념은 '60년대의 경공업화, 70년대의 중화학공업화'로 요약된다. 그러나 산업별 경제구조의 변동에 관한 통계는 이 통념을 지지하지 않는다. 60년대부터 80년대 초까지 중화학공업의 비중은 지속적으로 상승했으며(1960년 8.8%, 1970년 14.5%, 1980년 28.2%) 경공업의 비중은 정체 내지 하락했기(각각 22.3%, 21.2% 및 22.8%) 때문이다. 그 결과 중화학률(중화학공업의 산출/경공업의 산출)도 0.392, 0.686 및 1.238로 상승해왔다(한국은행 『산업연관분석』). 이처럼 수출구조의 변동과 생산구조의 변동이 시기적으로 일치하지 않는 것은 60년대에도 경공업 위주의 수출산업에 필요한 생산재

를 공급하는 중화학산업이 꾸준히 발전해왔기 때문이다. 70년대에 본격적인 중화학공업화와 중화학제품 위주의 수출구조로의 재편이 동시에 진행된 것도 동일한 맥락이다. 요컨대 이 시기 전체에 걸쳐서 중화학공업화가 지속적으로 전개되었으며, 이 과정은 먼저 소비재 부문과 생산재 부문 간의 산업연관의 확립으로, 이어서 생산재 부문 내부의 산업연관의 심화로 진행되었다. 이러한 지속적인 중화학공업화 과정은 생산재 위주의 수입구조의 지속과 조응하는 것임을 부언해두자.

(3) 한국의 공업화 과정을 수출대체과정과 수입대체과정의 병행적 전개로 파악하는 이른바 복선적 공업화론은 주류 성장이론의 수출주도 공업화론에 대한 비판으로 세기되있다. 우리는 복신직 공입화의 또 다른 측면인 계열상승과 계열하강의 병행적 시행을 부가함으로써 '이중의' 복선적 공업화론을 제기하고자 한다. 이 두 측면을 좀더 자세히 살펴보자.

첫번째 측면은 수출대체와 수입대체의 병행적 실천이다. 한국의 수출주도 공업화는 통상 수출의 역동성, 특히 수출품의 지속적인 대체 과정의 시행 덕분으로 성공할 수 있었던 것으로 간주된다. 그러나 이 과정이 수입생산재의 국산화를 포함한 포괄적인 수입대체 과정을 동반하지 않았더라면 축적체제의 지속은 불가능했을 것이다. 왜냐하면 국내 생산재 산업부문의 구축 없이는 생산재의 수입이 지속될 수밖에 없고, 생산재 특히 장비재를 수입에 의존하는 한 국내생산의 자율적 역동성은 발휘될 수 없기 때문이다. 즉 무엇보다 수출산업이 장비재는 물론 중간재조차 계속 수입에 의존하여 발전한다면, 자국의 통제를 받지 않는 수입재 가격의 불리한 변동은 수출의 가격경쟁력 자체를 위협할 수 있으며, 나아가 공업화가 수입대체 과정의 단계적 심화를 동반하지 않는 한 무역적자의 누적이 불가피한데, 이때 수출의 둔화 혹은 외자유입의 곤란은 외채위기를 유발할 것이다(라틴아메리카 나라들의 경우가 전형적인 사례이다. 그러나 실은 한국도 60년대 말과 70년대 말에 두 차례의 대규모 외채위기를 맞았다는 점 역시 강조되어야 한다). 그러므로 차입·수출경제에서 수출의 역동성은 이 축적체제의 지속적인 작동을 위한 필요조건에 지나지 않으며, 이 체제가 발전과정의 목표를 달성할 수 있는 충분조건은 효과적인 수입대체 과정의 시행이었던 것이다. 이러한 의미에서 가장 중대한 의미를 띠는 발전은 기계산업에서 나타났다. 기계산업은 70년대 말경에 대외수지의 균형을 달성했다. 80년대 초반에 자급률〔생산/내수(=생산+수입－수출)〕이 100%를 초과함으로써 기계의 수출만으로 기계의 수입이 가능해졌다. 이제 기왕에 수입되었던 범용 기계류, 특히 전기전자 기계류와 수송용 기계류의 수출로 벌어들인 외환으로 고도의 선진기계, 특히 공작기계를 포함한 일반기계류를 수입할 수 있게 된 것이다. 그러나 이 무렵에 동 산업의 수입의존도(수입/내수)가 47% 정도로 국제적으로 볼 때 상대적으로 높은 수준에 여전히 머물고 있었다(김일곤 1986)는 점도 무시될 수 없다. 어쨌든 이러한 기계산업의 괄목할 만한 발전은 뒤에서 검토할 기술 '학습'의 역동성과 깊은 연관이 있을 것이다.

두번째 측면은 계열상승과 계열하강의 병행적 실천이다. 여기서 계열이란 기술적으로 상호연관된 일군의 산업들을 지칭하며, 계열상승이 산업간 연관효과 중 후방 시장효과를 활용하여 최종재로부터 중간재, 원료 및 장비의 생산으로 계열을 따라 상류로 상승해가는 공업화 방식이라면, 계열하강은 반대로 전방 공급효과를 이용하여 원료나 소재로부터 최종재의 생산으로 계열을 따라 하류로 하강해가는 공업화 방식이다. 예컨대 소비재중심의 수출산업에서는 대체로 하류산업에서 상류산업으로 계열들이 단계적으로 구축되었으며, 그와 동시에 이 과정은 해당 소비재의 수출경쟁력을 강화시켜주었다. 의복산업에서 방직-방적-화학섬유-화학원료의 순으로 계열상승이 시행되었다면,

자동차산업에서는 완성차 조립에서 부품의 생산으로 상승해갔다. 이러한 계열상승 공업화 전략은 국내의 산업연관이 미미하고 또 국내시장이 존재하지 않는 수출주도 공업화 초기에는 일정한 타당성을 가진다. 반면 수입대체를 위한 국내시장이 이미 어느정도 존재하거나 아니면 처음부터 생산의 상당 부분 내지 전부를 수출할 수 있다면 계열하강이 시행될 수 있다. 이와 관련하여 화학, 정유, 철강, 시멘트, 화학비료처럼 전방효과밖에 없는 최상류산업들은 공업화의 성패를 결정할 정도로 중요한 기간산업들이라는 점이 강조되어야 한다. 우리는 한국 공업화의 진정한 특징은 산업계열들의 구축에서 상승과 하강의 양방향을 의도적으로 병행 추진했다는 점에 있다고 본다. 예컨대 전후방 연관효과를 극대화하기 위해 상류산업인 종합제철과 하류산업인 자동차 및 조선산업이 동시에 건설되었으며, 이 점은 화학섬유-의복 산업계열에서, 그리고 농공관계의 다양한 계열들에서도 확인된다. 이 경우 각 계열의 구성 부분들이 구축되면서 전후방 연쇄효과는 누적적으로 증대하는 경향이 있다는 점도 강조해두자.

(4) 공업화과정에서 기술추격(technical pursuit)과 학습동학(learning dynamics)이 갖는 중요성은 그다지 주목되지 못했던 것으로 보인다. 공업화를 시작해야 하는 개도국의 경우 처음부터 필요한 기술을 '연구개발'을 통해 스스로 개발하는 전략을 채택한다면, 비록 그것이 실현가능하다 하더라도 장구한 시간과 막대한 노력이 필요하다. 따라서 해외기술의 수입이 합리적인 선택일 수 있는데, 그 까닭은 이미 상용화된 범용기술을 값싸게 수입할 수 있거나 통상 수입되는 장비재에는 일정한 기술이 체화되어 있기 때문이다. 중요한 것은 이러한 기술추격 과정이 효과를 나타내려면 기술의 '학습동학'이 반드시 이루어져야 한다는 점이다. 학습동학은 혁신을 위한 기초과학력이나 창조력보다는 주어진 기술의 소화·모방·응용 능력에 의존한다. 이러한 학습

동학은 특정한 교육 및 훈련제도와 무관하지 않다. 즉 암기위주의 주입식 교육과 기업에서 기술습득 중심의 훈련이 그것이다. 나아가 이 시기의 연구개발 활동을 주도했던 국책연구소들은 신기술의 개발보다는 수입기술의 소화나 국산화를 위한 연구에 치중했다는 점도 지적되어야 한다. 첨언해둘 것은 공업화의 완결과 더불어 기술추격 과정에 내재된 한계가 드러난다는 점이다.

(5) 차입·수출경제 기반 축적체제의 작동은 먼저 외연적 축적의 논리에, 이어서 내포적 축적의 논리에 기초하고 있었다. 외연적 축적이 요소 투입의 증대를 통한 축적이라면, 내포적 축적은 기술변화와 생산성 향상에 기초한 축적이다. 외연적 축적에서 생산의 증가는 임금상승을 동반하지 않아도 심각한 판로 부족의 문제에 부딪히지 않는데, 그 까닭은 추가로 증대된 생산이 추가로 투입된 자본 및 노동의 소득에 의해 흡수될 수 있기 때문이다. 그렇다면 차입·수출경제는 수출경쟁력의 약화 없이 양적 확대를 지속할 수 있게 된다. 반면 내포적 축적에서는 주어진 요소 투입에서 기술혁신을 통한 생산의 확대이므로 임금수준이 생산성 향상 속도에 맞추어 상승하지 않으면 판로 부족의 문제가 초래된다. 이 경우에도 임금상승이 어떤 식으로든 억제될 수 있다면 생산성 향상만큼의 가격인하가 가능해지고 그래서 국제경쟁력도 유지될 수 있다. 이렇게 본다면 두 축적체제 모두 저임금에 기초한 차입·수출경제의 성장 메커니즘과 조응할 수 있다. 하지만 풍부한 노동력이 존재하는 한 외연적 축적은 양적 고도성장을 도모함과 동시에 실업에 대한 훌륭한 대응책일 수 있다. 이러한 의미에서 발전도상경제들이 주로 외연적 축적에 의존하는 경향을 이해할 수 있고, 적어도 한국의 개발독재 시기 동안에는 외연적 축적방식이 지배적이었다고 볼 수 있다. 그러나 크루그먼 등이 강조하다시피 요소 투입의 양적 확대는 무한정 지속될 수 없으며, 기술진보가 없이는 그 효율적 사용에도 한

계가 있다(Krugman 1994). 공업화의 완성과 더불어, 특히 노동의 초과공급 상태가 소멸함으로써 절대적 잉여가치의 창출은 더욱 어려워지고, 이는 외연적 축적에서 내포적 축적으로의 이행을 불가피하게 만든다. 이러한 전환은 80년대 중엽부터 이루어지기 시작한 것으로 보이며, 수출이 상대적으로 둔화될 때 축적의 지속은 임금상승을 통한 내수의 확대를 불가피하게 요청한다. 이리하여 생산성 연동 임금제도에 기초한 포디즘적 축적의 실행조건이 주어지지만, 이 이행은 자연적인 과정이 아니라 격렬한 사회·정치적 투쟁을 동반하는 사회적 과정이자 기술적 과정이기도 하다. 선진국의 기술이전 기피와 경계라는 기술추격의 외석 한계가 주가되면서 모방에 기초한 학습동학은 연구개발에 기초한 혁신동학으로, 주입식 교육은 창조적 교육으로 대체되어야 하지만 이 전환 역시 간단하지도 쉽지도 않다.

3. 개발독재는 국가조절양식의 극단적 형태이다

하나의 축적체제는 그 거시적 성장 메커니즘에 조응하는 주체들의 행동이 보장될 때 비로소 제대로 작동한다. 여기서는 차입·수출경제에 기초한 축적체제에 조응했던 조절양식을 개발독재적 국가조절로 지칭하고, 이것이 어떤 방식으로 축적체제의 안정적인 작동을 보장했던가를 다양한 조절기제들의 검토를 통해서 밝히고자 한다. 축적체제의 검토에서처럼 편의상 먼저 그 대외적 측면을, 이어서 대내적 측면을 살펴보자.

1) 조절의 대외적 측면
축적체제가 차입·수출경제로 규정되는 한, 이에 조응하는 조절기제들은 대외활동 전반에 대한 국가의 통제라는 기본 성격을 띠게 된다. 그 핵심은 '차입경제'를 위한 수입과 외환의 통제, 그리고 '수출경제'를 위한 수출의 지원에 있다. 이를 위한 다양한 제도들의 궁극적인 존재이유는 자율적인 국민적 생산체계의 구축을 위해 국내의 상대가격체계(국내의 기술수준에 조응하는 산업별 생산성 체계)를 국제적 상대가격체계(국제적 생산성 규범)로부터 단절시키는 데 있다(De Bernis 1984).

먼저 수입 및 외환통제를 위한 제도들은 수입이 공업화에 필요한 생산재에 집중되고 가능한 모든 외환이 이러한 수입의 결제와 채무의 상환을 위해서 사용되도록 만드는 데 기여한다. 수입과 관련하여 시장론자들은 60년대 중엽에 이루어진 한국의 개방 및 수입자유화 조치가 수출주도 공업화의 성공을 가능케 했다고 주장했다. 무역자유화를 기치로 내걸었던 GATT 체제하에서, 게다가 대외지향적 수출주도성장을 추구했던 한국에게 무역자유화는 거역하기 힘든 외적 강제였음이 틀림없다. 그러나 이러한 평가는 역사적 사실에 대한 무지 내지는 불충분한 논거에서 기인한다. 1968~82년 사이의 한국을 대상으로 수입통제와 수출주도성장의 관계를 면밀히 검토한 루에드-누라스는 수입자유화 품목의 수효는 늘어났지만 오히려 해당 수입의 규모는 줄어드는 현상을 지적한 후, 한국이 선별적인 수입통제를 광범위하고도 체계적으로 시행해왔으며 이것은 외환부족의 대처와 수출의 촉진에 필요하고도 효율적인 조치였다고 결론지었다(Luedde-Neurath 1986). 모든 수입은 수입면허, 수량통제, 외환할당, 결제방식, 사전예치금, 통관 등 까다롭고 번잡한 절차들을 반드시 거쳐야만 했다(Yoo 1985). 이러한 보호조치의 효과는 상당했다. 한국개발연구원(1982)은 1978년의 평균 실효보호율[(국내가격표시 부가가치－국제가격표시 부가가치)/국제가격표시 부가가치]이 31.7%에 달했으며 이에 따른 소비자들의 부담은 국민총생산의 13%에 달한다고 추정했다. 이처럼 체계적인 수입통제의 핵심 특징이 간접적인 통제수단들의 광범위한 사용과 통제의 선별성에 있다는 점은 그다지 주목받지 못했다. 주로 간접적인 통제수단들이 사용된 까닭은 직접적인 통제가 국내물가에 미치는 악영향과 국제기구들과의 마찰을 우려한 데 있다고 계획당국자들 스스로 고백했다(경제기획원 1982). 보호의 선별성은 산업별·품목별 선별성과 시간적 가변성을 특징으로 했다. 방금 인용된 평균 실효보호율에서 중화학제품의 경우는 71.2%인 반면 경공업제품은 오히려 −2.3%로 나타났는데, 이 점은 수입통제의 산업별 선별성의 확고한 증거이자 중화학공업화가 체계적인 보호 속에서 육성되었음을 승언한다. 보호의 시간적 가변성은 국민적 생산장치의 확대 및 심화, 특히 수입대체 과정의 진전과 더불어 수입통제품목 리스트가 변화해왔다는 점을 지칭한다. 예컨대 국내에서 생산되지 않는 품목, 특히 수출용 중간재의 수입은 자유화하고 경쟁품목은 규제 내지 금지한 후 국내생산이 가능하게 된 품목은 규제 또는 금지 리스트에 올리는 반면, 보호품목 중 경쟁력을 확보했다고 판단되는 품목은 수입자유화 리스트에 올리는 식이다. 이것은 '유치산업 보호론'의 전형적인 적용이다.

차입·수출경제에서 외환이 갖는 중요성은 자명하다. 외환통제는 외환도피의 방지와 외환의 생산적 사용을 목적으로 하지만, 구조적인 무역적자로 외환에 대한 상시적인 초과수요가 존재하는 한 불가피한 선택이기도 하다. 한국의 개발독재정권은 외환의 수급에 대한 직접통제를 선택했다. 이와 관련하여 두 개의 제도가 핵심을 이룬다. 하나는 외환관리 집중제로서 민간의 외환 보유 및 자유 사용을 일절 금지하고 취득한 모든 외환을 중앙은행에 집중시킨 후 계획당국이 스스로 채택한 발전전략에 따라 배분을 결정하는 제도이다. 다른 히니는 외자도입 심의 및 허가제도로서 경제기획원이 관장했다. 심영섭은 이 제도가 얼마나 까다롭고 체계적으로 시행되었는지를 직접투자와 해외차입의 경우로 나누어 잘 보여준다(Shim 1992). 민간의 해외차입에 대한 정부(또는 중앙은행)의 상환보증제는 특별한 의미를 가진다. 예컨대 1950~60년대의 해외차입 총액에서 정부보증이나 다름없는 은행보증을 포함한 실질적인 정부보증은 88%에 달했다(경제기획원 1982). 이 보증이 외국 대부자들의 요구에 부응한 것이라 해도, 이 제도는 외자의 흐름은 물론 국내 민간자본에 대한 정부의 훌륭한 통제수단이기도 했다. 이러한 정부에 의한 외환수급의 관장은 외환시장의 실질적인 부재를 의미한다. 외환의 초과수요를 감안할 때 암시장의 발달과 높은 비공식환율은 당연한 부산물일 것이다.

다음으로 수출지원제도들을 살펴보자. 수출의 지원은 경쟁력의 부재를 전제하고 있다. 출혈수출은 손실을 보전하거나 심지어는 더 높은 수익성을 확보할 수 있는 다른 수단들이 있을 때만 가능하다. 여기서의 핵심은 이 수단들의 대부분이 국가에 의해 창출되고 관장되었다는 점이다.

가장 널리 이용된 수단은 환율과 보조금이다. 여기서는 이 수단들의 결합적 운용방식과 논리를 밝히는 데 치중할 것이다. 사실 해방 이후 80년대 중반까지 원/달러 환율은 일방적인 상승과정을 보여왔으며, 수출주도 성장전략에서는 자국통화의 저평가가 필요하고 또 실제로 그러했다고 보는 것이 통념이다. 이 현상은 물가상승률의 내외 격차에 기인하는 것이고, 국내의 고인플레이션은 성장(또는 개발) 인플레이션 메커니즘에 의해 설명될 수 있다. 그러나 우리는 이러한 환율상승과정이 연속적이 아니라 단절적인 형태를 취했다는 사실에 주목한다. 환율의 계단형 상승과정은 사실상의 고정환율제하에서 당국이 물가상승률의 내외 격차를 중장기적으로만 반영시켰기 때문에(예컨대 1975~79년 5년 동안 원/달러 환율이 484원에 고정되어 있었던 것이 대표적인 사례이다) 나타난 현상이지만, 어쨌든 이것이 의미하는 것은 원화가 오히려 항상적으로 고평가되어 있었으며 그로 인하여 명목환율과 실질환율 간의 격차가 지나치게 커졌다고 판단될 때 비로소 당국은 '대폭의 평가절하'(Lanzarotti 1992b)를 통하여 이 격차를 해소시켰다는 사실이다. 이처럼 고평가된 원화는 수입을 조장하고 수출을 저해했을 것이 틀림없다. 그러나 그것은 동시에 수입 인플레이션 압박을 완화시키고, 수출용 수입 원자재와 중간재 비용의 부담을 경감해주며, 수입의 결제와 채무원리금의 변제에도 유리하게 작용한다. 따라서 원화의 고평가는 '차입경제'의 작동에는 완벽하게 조응하지만 '수출경세'의 작동에는 내체로 불리하게 작용한다. 이러한 수출에 대한 부정적인 순효과를 상쇄하는 방법으로 활용된 것이 바로 보조금 제도이다. 수출보조금은 수출지원 및 우대금융, 수출소득세 감면제도 등 다양한 형태를 취했으며, 그 규모는 막대했다. 예컨대 수출액 1달러당 실질보조금의 비율은 1963년 58.7%, 1965년 23.4%, 1970년 37.9% 및 1975년 31.4%였다(Lanzarotti 1992b). 수출총액 대비 수출조세 감면액의 비율을 달러당 원으로 표현한 조세감면액은 1966년 41.1원, 1968년 62.5원 및 1970년 69.7원이었다(이재희 1984). 이러한 '대폭의 평가절하'와 막대한 보조금의 결합적 운용은 다음과 같은 성격을 가진다. 첫째, 보조금의 교부는 환율 조작이 '차입경제'와 '수출경제'에 미치는 상반된 효과에 대한 해결책이라는 점이다. 둘째, 차등보조금 제도는 사실상 국제적으로 금지되어 있던 복수환율제의 시행과 동일한 효과를 낳는다는 점이다. 끝으로, 이러한 정책조합의 합리성에도 불구하고, '대폭의 평가절하'가 주로 불황이나 위기 때 실시됨으로써 균형의 회복이 폭력적 양태를 띠곤 했다는 점이다.

기타 수단들 중에는 국내 독과점체들이 보호된 국내시장에서 누리는 독점이윤과 대규모 수출업자들이 누리던 특혜들이 있다. 재벌들은 내수판매가격을 수출가격보다 높게 설정함으로써 수출로 인한 손실의 일정 부분을 만회하거나 더 많은 이익을 보기도 했으며, 수출입 연계제도는 엄격한 수입통제하에서도 재벌계 종합무역상사들 같은 대규모 수출업자들에게 상당한 이득을 가져다주었다.

2) 조절의 대내적 측면

개발독재적 조절양식의 대내적 조절기제들 역시 다양하다. 그중에서도 국가에 의한 경제의 계획적 운용, 잉여의 동원 및 배분의 국가관리 그리고 노동력의 국가관리라는 세 요소가 핵심을 이룬다. 이것들 역시 차입·수출경제에서 원활한 축적을 보장하는 기능을 수행하며, 이는 주로 다양한 정부 정책들간의 조정과 공공당국에 의한 민간주체들의 규율을 통해 이루어진다.

첫째, 경제의 계획적 운용과 관련하여 정부조직상의 특징과 산업정책의 성격이 검토되어야 한다. 먼저 경제의 '기관차'란 별명을 얻은 경제기획원이란 정부부서가 창설되어 경제적 조절메커니즘들을 총괄하고 경제의 계획적인 발전을 주도했다. 다른 경제부처들의 상위에 있는 경제기획원 장관은 경제부총리의 지위와 권한을 가지고 부처간 이견을 조정함으로써 공업화와 성장위주의 정책조합이 일관성있게 시행될 수 있었다. 경제기획원은 단순한 기획기능에 그치지 않고 예산권 장악을 통해 경제계획의 실행에 불가결한 재정자금의 배정이라는 강력한 금융적 수단을 확보하고 있었으며, 게다가 경제기획원 장관은 중앙집권적 금융제도의 최고의결기관인 금융통화운영위원회의 의장으로서 중앙은행의 금융통화정책까지 통제할 수 있었다는 점은 강조되어 마땅하다.

둘째, 산업정책의 기본 특징은 뚜렷한 목적지향성과 실행의 단계성에 있다. 이 시기의 산업정책은 자립적 축적기반을 구축한다는 발전의 목표를 명시적이고 일관되게 추구했으며, 이를 위해 소비재 생산부문의 구축을 거쳐 생산재 생산부문의 구축으로 나아갔다. 좀더 구체적으로는, 소비재 부문에서는 비내구성 소비재의 생산에서 내구성 소비재의 생산으로, 그리고 생산재 부문에서는 소재와 중간재의 생산에서 기계와 장비의 생산으로 나아갔다. 그리고 '경제개발 5개년계획'의 연속적인 시행 속에서 경공업화, 중화학공업화 및 기계 및 부품 공업화를 단계적으로 추구했다. 중화학공업화 전략의 목표가 기계공업을 중심으로 한 생산재 생산부문의 구축에 있음은 분명하지만, 한국에서는 그것이 방위산업의 건설이란 정치·군사적 논리에 의해 크게 지배받았다 (오원철 1994). 또한 정부는 수출주도 공업화에 불가결한 고속도로와 항만 등 각종 인프라를 건설함과 동시에 주요 산업별로 공업단지들을 조성하여 값싼 산업용지를 제공했다. 나아가 민간자본이 당장 진출할 조건이 갖추어지지 않았던 대부분의 중화학공업 분야의 기간산업에는 대규모 공기업들을 창설하여 직접 생산자로서의 역할도 수행했다. 이 공기업들은 이윤 기반이 확보되면서 나중에 민영화된다. 그리고 전략산업별로 공공연구기관을 설립하여 주로 수입기술의 소화와 응용을 위한 연구·개발 노력을 주도했다. 이러한 산업정책을 실행하는 데서 정부는 다양한 기업지원책들을 사용했으며, 동시에 지원받은 기업들에게 엄정한 규율(특히 목표의 부과와 성과에 따른 상벌제도)을 적용함으로써 상당한 효율성을 보여주었다.

둘째, 국가는 잉여를 동원하고 그것을 배분하는 다양한 메커니즘들을 시행했다. 소위 '중앙집권적 금융제도'는 조절기제 개발독재적 조절양식의 핵심을 이루면서 그 성격을 가장 뚜렷이 보여주는 기제이다. 국가는 금융을 장악함으로써 가장 강력한 민간주체들조차 자신의 의지에 따라 행동하게 만들 수 있었다. 먼저 중앙집권적 금융제도의 성격을 검토한 후 저축과 투자의 조정논리를 살펴보자.

이른바 '관치금융'은 80년대의 금융자유화 물결이 드세지기 이전에는 선후진국을 막론하고 각국의 금융제도의 공통된 특징이었다. 그러나 선진국의 관치금융이 시장금융의 불안정과 실패를 사전에 예방하거나 사후 보정하는 데 치중되었다면, 개도국의 중앙집권적 금융제도는 자금의 동원과 배분과정 전체를 장악하거나 통제함으로써 금융을 생산에 봉사하도록 만드는 데 핵심이 있다. 이러한 관점에서 볼 때 한국의 중앙집권적 관치금융의 특징은 다음과 같다. ① 정부기관의 한 부서로 전락한 중앙은행의 통화금융정책은 실물성장과 공업화 전략에 봉사하는 방향으로 운용된다. 그리하여 두 부류의 핵심 정책수단인 통화금융정책과 산업무역정책은 성장지향적인 일관성을 유지할 수 있게 된다. ② 국가는 산업은행·수출입은행·외환은행 등 여러 특수은행들을 설립하여 외환을 포함하여 공업화와 수출의 지원에 필요한 자금을 직접 동원·배분했다. ③ 시중은행들은 '정책금융'의 배분기관으로서의 역할을 수행했다. 이들은 1960년에 군사정권에 의해 몰수된 후 80년대에 민영화되기 전까지 정부의 소유였다. 일반신용에 대해서도 금리규제를 위시한 '창구지도'가 널리 시행되었다. ④ 이처럼 간접금융을 장악한 국가는 속성상 통제하기가 훨씬 어려운 직접금융의 발전도 통제했다. 증권시장(주식과 회사채)의 육성이 일시적으로 도모된 적이 있지만, 그 실제 목적은 정부 스스로 육성한 재벌에게 '사회적' 외관을 부여하는 데 있었을 뿐이다. 이러한 직접금융의 실질적인 부재와 그 통제된 발전은 저축자들에게 은행예금 이외의 다른 재테크 수단을 허용하지 않음으로써 국가가 장악한 간접금융제도를 통해 국내 잉여의 최대한의 동원을 용이하게 만드는 기제였다. ⑤ 잉여 운용의 측면에서 볼 때 동원된 예금과 창조된 신용은 대부분 개발금융과 수출금융으로 집중되고 소비자금융은 거의 부재했다. 이것은 저축과 투자의 조정 메커니즘의 일환을 이루었다. ⑥ 관치금융에는 '금융억압', 특혜금융 및 지하금융의 발전이 동반되게 마련이다. 금융억압은 은행의 자율적인 중개기능이 허용되지 않는 한 당연한 현상이고, 정실 또는 이권 관계가 아니더라도 자금의 초과수요와 정책금융 자체의 특혜성으로 인하여 금융은 특혜성을 띠게 된다. 지하금융은 오히려 공식 금융제도에 실질적으로 접근이 배제된 기업이나 소비자의 자금조달원으로 역할했다.

이러한 특징은 결국 차입·수출경제에서 저축과 투자가 조정되는 특정한 방식을 보여준다. 이미 본 바와 같이 수출경제의 작동에는 저축의 조장과 소비의 억제가 요청된다. 때문에 저축증대를 위한 다양한 소지들이 실시되고, 동원된 저축은 중앙집권적 은행제도를 매개로 생산적 용도에 집중 투자된다. 한국적 성장모델의 핵심요소로 늘상 지적되곤 하는 고저축률은 자발적 저축과 강제저축이 결합된 결과이다. 저축이 전통적 관습이나 사회적 미덕으로 찬양(저축증대 캠페인)되지 않았다 하더라도 사회보장 또는 사회보험의 부재로 질병·노후·실업 등에 개인적으로 대비하고, 자녀의 교육과 결혼, 주택 마련을 위해 자금을 비축해야 하는 상황에서 저축의 극대화는 자발적으로 이루어지게 된다. 소위 '성장 또는 개발 인플레'로 해명되는 강제저축은 예금자-채권자-소비자인 가계로부터 차입자-채무자-생산자인 기업으로 소득을 강제로 무상이전시키는 메커니즘이다. 왜냐하면 가계는 인플레에 따른 구매력 감소에 대해 임금인상 투쟁 외에는 뚜렷한 대응책이 없는 반면, 기업 특히 독과점적 재벌은 비용의 상승분을 판매가격에 전가할 수 있기 때문이다. 이러한 강제저축은 소비자의 지출능력을 축소하고 생산자의 투자능력을 제고함으로써 수출경제의 작동논리에 조응하며, 그래서 '성장인플레'는 차입·수출경제의 조절기제의 일부가 된다.

셋째, 임노동 규범들은 노동집약적 공산품의 수출경쟁력을 보장함과 동시에 차입·수출경제 전체의 작동을 보장한다. 여기서는 제도로서의 '저임금'을 분석의 중심에 놓고 '노동력의 국가관리' 테제를 제시하고자 한다. 임금에 기초하여 국제경쟁력을 거론하려면 무엇보다 임금수준의 국제비교가 불가피하다. 개발독재 기간에 한국 제조업의 시간당 임금은 주요 경쟁국들이었던 아시아의 다른 나라들에 비해서 낮았다(한국을 100으로 할 때, 1965년에는 타이완 160, 싱가포르 305, 인도 165, 필리핀 210이고, 1984년에는 타이완 123, 싱가포르 150이다. 고준석 1989 참조). 저임금제도의 직접적인 결과는 장시간 노동이다. 제조업의 주당 근로시간은 1963년의 50.3시간에서 1981년에는 오히려 53.2시간으로 늘어났다(김형기 1990). 동시에 야간노동과 휴일노동이 이루어지고 심지어는 부인노동과 아동노동을 통한 부가적 소득도 추구하게 되는데, 이러한 노동행태는 저임금제도하에서 노동력의 재생산이 어떻게 가능한가라는 의문을 풀어준다(정이환 1987). 저임금의 또다른 표현은 임금격차이다. 특히 수출부문과 비수출부문 사이에, 중화학공업과 경공업 사이에, 대기업과 중소기업 사이에, 남녀간에, 근속연수에 따라, 학력에 따라 임금격차는 그 축소 경향에도 불구하고 컸다(김형기 1990).

하지만 저임금이 국제경쟁력을 지속적으로 창출할 수 있는 수단인지에 대해서는 의구심이 없지 않다. 꾸트로와 위쏭은 저임금제도가 기술이전과 계열상승을 방해할 뿐만 아니라 국내시장의 발전을 저해함으로써 정체적인 내수부문과 역동적인 수출부문 간의 사회적 분할이 강화된다는 모순을 지적했다(Coutrot & Husson 1993). 한국의 수출경제는 어떻게 이러한 저임금제도의 내적 모순을 극복할 수 있었던가? 이 의문은 실질임금과 생산성 간의 특정한 관계 및 그 결과로서의 상대적 빈곤화에 의해 답할 수 있다. 생계비 대비 명목임금 비율의 상승(1960년 23.2%, 1980년 42.8%)과 실질임금의 지속적인 상승은 결코 생활수준의 악화로 해석될 수는 없다. 그러나 실질임금의 상승률은 노동생산성의 증가율을 항상 밑돌고 있고(1965~70년 1.7:2.1, 1970~80년 2.2:2.6),[4] 임금분배율(임금/국민소득) 역시 줄기차게 감소해왔다(1963년 26.2%, 1980년 20.8%). 이로부터 비록 생산성 이득이 노동자 측에 상대적으로 불리하게 배분되더라도 실질임금이 상승하고 생활수준이 나아지고 있는 한 사회적 갈등의 폭발은 일정 기간 지연될 수 있는 반면, 자본은 상대적으로 유리하게 배분된 소득으로 생산성 향상을 위한 투자를 증대할 수도 있다는 결론이 나온다.

노동시장에 초과공급이 존재하는 한, 저임금 현상은 당연한 것일지도 모른다. 유명한 루이스의 '노동력의 무한공급' 테제(Lewis 1954)로부터 상대적 과잉인구론과 노동력의 자유관리 테제가 나온다. 자본의 축적논리와 연관하여 과잉인구의 구조변동을 논하는 김형기(1990)는 상대적 과잉인구가 한국의 공업화과정 전체를 통해서 유동적·잠재적·정체적 과잉인구라는 세 가지 유형으로 지속적으로 잔존해왔음을 보여준다. 농촌의 잠재적 과잉인구는 감소했지만 도시에서는 세 형태가 모두, 특히 정체적 과잉인구가 늘어났다고 결론짓는다. 쌀라마 등은 특히 아시아의 반(半)공업화 경제들에 특수한 공업화 방식을 밝히기 위해 노동력의 자유관리 테제를 사용했는데(Salama 1980; Salama et Tissier 1982), 오미나미는 이 테제를 이른바 테일러식 경제에서의 수출주도 공업화의 성공조건으로 간주했다(Ominami 1986).

그러나 이 테제들은 노동과 임금의 시장조절론적 관점을 취하고 있으므로 임노동 규범들의 국가에 의한 관장이라는 사실을 간과하고 있다. 한국 국가는 저임금제도의 경제적 모순(내수증대의 억제)과 사

---

4 한국노총의 한 보고서에 따르면 이 격차는 훨씬 더 크다. 즉 1960년을 100으로 할 때 실질임금지수는 1971년에 134.7에 지나지 않지만, 노동생산성 지수는 341이다(김태일 1985). S. M. Suh의 추정에 의하면 1965년과 1980년 사이에 절대적 빈곤은 40.9%에서 9.8%로 감소한 반면 상대적 빈곤은 오히려 12.1%에서 13.4%로 상승했다(J. G. Kim 1994).

회·정치적 모순(노동의 저항과 민주화운동)을 잘 알고 있었던 것으로 짐작된다. 우리가 제시하는 '노동력의 국가관리'는 앞의 명제들을 부정하거나 대체하는 것이 아니라 보완함으로써 개발독재 국가조절의 한 측면을 보여준다. 노동력의 국가관리에서 국가의 개입방식은 대체로 두 가지로 구분될 수 있다. 임금수준의 결정에 대한 직접적인 개입과 노동력의 가치 감소를 노리는 간접적인 조치들이 그것이다. 직접적인 임금개입을 잘 보여주는 것은 '임금 가이드라인' 정책이다. 공공부문의 임금인상을 제한하거나 동결하고 만간부문도 이를 따르도록 만드는 것이다. 기업주의 협상력 강화를 위해서 당국은 노동관련법의 억압적 성격을 유지·강화하고 노사분규에 공권력을 직접 개입시켰다(노조 와해, 노조 코포라티즘, 파업의 폭력 진압 등). 가장 중요한 간접 수단은 노동력의 재생산 비용을 결정하는 임금재(수도·전력·전화·대중교통 등 공공재를 포함) 가격의 통제이다. 이 시기의 소비규범(높은 엥겔계수 등)을 감안하면, 저곡가 특히 저미가 정책의 중요성을 알 수 있다. 이러한 저곡가정책은 노동력의 상대적 가치의 감소를 통한 기업의 임금비용의 축소라는 측면만이 아니라 저임금제도하에서의 노동력의 원활한 재생산이라는 측면에서도 필요했다는 점은 강조될 만하다. 이렇게 볼 때 저임금제도와 저곡가제도는 공존할 수밖에 없다. 이와 관련하여 물가상승의 억제는 항상 당국의 주요 관심사의 하나였다(경제기획원 1982)는 점도 부가해두자. 이 점은 수출주도의 고도성장경제에서 인플레이션 압력의 지속에 대한 훌륭한 반증이 아닐 수 없다.

4. 맺음말

개발과 독재는 정치와 경제를 이론적으로 분리하는 관점을 취하는 시장중심적 접근법에 의해서는 결코 다루어질 수 없는 현상들이다. 발전과정의 역사적 경험들이 정치와 경제의 분리될 수 없는 결합을 보여주고 있는 한, '개발국가론'과 '조절이론'의 정치와 경제에 관한 기본인식은 타당하다고 볼 수 있다. 나아가 국가의 후퇴 역시 국가의 정책 가운데 하나인 한, 정치와 경제의 다양한 조합의 가능성을 인정해야 한다. 이것이 오늘날 시장과 국가에 관한 소모적인 논쟁을 극복할 수 있는 길이라 생각된다.

글을 마무리하면서 다음 두 가지 점을 강조하고 싶다.

첫째, 이 글의 논의의 초점이 개발독재 발전양식 작동의 논리 그 자체의 해명에 두어져 있기 때문에 거기에 내재된 모순의 탐구가 결여되어 있다는 점이다. 그런데 이 점은 이른바 'IMF위기'를 제대로 이해하기 위해서는 반드시 이루어져야 할 문제의식이다. 이와 관련하여 80년대 중엽 이후 위기 발발까지의 기간은 개발독재 시기로 분류될 수 없다. 다시 말해서 이 시기에 한국경제의 축적체제와 조절양식에 일정한 변화가 초래되었기 때문에 이 점이 반드시 고려되어야 한다(서익진 1999; 2002).

둘째, 이 글에서 제시된 개발독재 발전모델은 이른바 '한국모델'의 핵심이다. 그렇다면 오늘날 이 모델은 다른 개도국들에게 '수출', 즉 적용될 수 있을까? 이 문제와 관련하여 필자는 부정적인 대답을 가지고 있다(Seo 2002). 왜냐하면 이제는 이 모델의 작동을 위한 기본조건의 충족이 지극히 곤란해졌기 때문이다. 그 조건은 강력한 국가의 존재라는 대내적 조건과 보호주의적 무역정책의 국제적 용인이라는 대외적 조건(이병천 2000)으로 요약된다. 한편으로 전세계의 전반적인 민주화 경향이 개도국에서조차 강력한 권위주의 국가의 출현을 곤란하게 만들고 있고, 다른 한편으로 이른바 '세계화' 경향은 각국이 보호주의적 조치들을 노골적으로 실행할 수 없도록 만들고 있기 때문이다. 그러므로

21세기에서 발전의 문제는 새로운 각도로 접근하지 않으면 안될 것이다. 개도국의 발전문제가 세계경제의 발목을 잡고 있는 상황이기 때문에, 현재로서는 그 중요성이 거의 주목받지 못하고 있는 '남북문제'가 발전경제학을 넘어 세계경제(학)의 새로운 화두로 떠오를 것이 틀림없다.*

■ 서익진

---

* 이 글은 2003학년도 경남대학교 학술논문 발간연구비 지원으로 씌어졌다.

박정희시대의 산업정책
역사와 성격

1. 머리말

1960~70년대 한국의 공업화가 강력한 정부의 개입 아래에서 이루어졌다는 것은 주지의 사실이다. 또한 '국가주도 산업화'(변형윤 1996, 112면)로 특징지어지는 이 시기 공업화과정에서 정부가 수행한 개별산업 육성정책, 즉 산업정책의 구체적 메커니즘을 구명하려는 본격적인 노력 역시 활발히 이루어지고 있다(Amsden 1989; Stern et al. 1995; 이상철 1998; 김낙년 1999; 이병천 1999).

일반적으로 산업정책은 산업들 사이의 자원배분이나 한 산업에 속한 기업의 경제활동 수준에 영향을 미치는 정부정책으로서, 특정한 산업의 생산·투자·연구개발·근대화 및 산업재편성을 촉진하는 한편 다른 산업에서는 이를 억제하는 것(小宮隆太郎 外 1984), 즉 특정산업의 선별육성정책을 의미한다. 그렇지만 1960~70년대 한국 산업정책의 내용과 성격, 그 효과에 대해서는 연구자들 사이에 상당한 시각 차이가 있는 것도 사실이다.

첫째, 1960년대에 시행된 산업정책과 70년대의 그것 사이의 단절이 존재하는가 하는 것이다. 이 시기 한국의 공업화정책을 연구하는 대부분의 신고전학파 경제학자들은 60년대를 수출지향공업화 시기로, 그리고 70년대를 중화학공업화 시기로 구분하고, 선별산업 육성정책은 70년대의 중화학공업육성정책과 더불어 실시되었다고 본다. "한국의 1차 5개년계획(1962~66)은 일차적으로 수출촉진에 강조가 두어졌다. (…) 대개의 경우 60년대의 수출은 경공업에서 이루어졌고 정부는 특정산업을 목표로 삼지는 않았다"는 주장(Stern et al. 1995, 18면)은 이러한 시각을 대표하고 있다. 그러나 실제로 경제개발계획 초기단계부터 수입대체산업들을 육성하기 위한 정책이 시행되었다. 그렇다면 60년대의 수입대체공업화 경험이 중화학공업 육성정책 수립시에도 활용되었던 것은 아닐까? 이 글에서는 개별산업 육성정책에 관한 최근의 연구성과를 이용하여 이 문제를 고찰할 것이다.

둘째, 쿠데타 직후 추진되었던 일련의 정책과 1964년 이후의 정책들 사이에 어떠한 연관성이 존재하는가 하는 점이다. 대부분의 기존 연구는 쿠데타 직후 시도되었던 일련의 수입대체를 지향하는 개입주의적 정책들을 "수출지향체제로의 전환" 과정에서 나타난 "우여곡절"(Krueger 1984, 101면)로 보고, 쿠데타 이후 64년까지의 시기를 "수출지향적 공업화를 통한 성장을 위한 정부 정책방향을 구체화"(김광석 1984, 30면)한 시기로 간주한다. 즉 쿠데타 직후 시도되었던 일련의 정책실험이 위기에 봉착한 이후 수출지향적 정책으로 전환되었다고 보고 있다. 그러나 최근의 연구는 쿠데타 직후 일련의 정책들이 전면 폐기된 것은 아니며 일련의 수정과 학습과정을 통해 64년 이후의 정책에 반영되었음을 지적한다(이병천 1999). 이 글에서는 이 문제를 다루며, 나아가 쿠데타 직후 시도되었던 일련의 정책들에 내재하던 개입주의적 특성이 1960~70년대를 거치면서 오히려 강화되었음을 보이고자 한다.

셋째, 1960~70년대의 산업정책을 어떻게 이해할 것인가 하는 점이다. 수출지향공업화정책의 추진과정에서 지속적으로 추구된 수입대체공업화 노력, 그리고 1973년 이후의 중화학공업화정책에 이르는 일련의 산업정책 수립·집행 과정에서 점증되었던 정부 개입의 성격을 구명하는 것은 이 시기 정부의 역할이 갖는 역사적 의의를 밝히기 위해서 반드시 해결해야 할 과제라고 볼 수 있지만, 아직까지 이에 관한 충분한 연구가 이루어지지 않고 있다.

이와 관련하여, 한국의 산업화과정을 거센크론(A. Gerschenkron)의 후발산업화론에 입각하여 설명하려는 시도가 이루어지고 있다(이제민 1996). 거센크론은 19세기 유럽의 산업화과정을 설명하면서, 유럽대륙의 일부 국가들이 최초의 산업국가 영국이 지녔던 산업화에 필수적인 여러 전제조건들 중 일부를 결여한 상태에서 이에 대한 대체물들을 성공적으로 개발함으로써 급속한 산업화에 돌입할 수 있었다고 주장했다(Gerschenkron 1962). 이 유럽대륙의 국가들이 개발한 대체물들은 그들의 후발성 정도에 따라 대규모 기업, 겸업은행 그리고 국가 등 다양한 형태를 띠고 있었다. 그렇지만 이 대체물들은 형태의 차이에도 불구하고 시장의 조정 메커니즘을 대체하는 위계(hierarchy)구조를 갖는 대규모의 의사결정 단위라는 공통된 특징을 갖고 있었다(Harley 1991). 거센크론이 지적한 것처럼 시장의 대체물로서 등장한 위계적 자원배분 메커니즘은 후발산업화가 진행되는 과정에서 점차 시장에 그 역할을 다시 넘겨줄 수밖에 없는 것이지만, 유럽의 후발산업화 초기과정에서는 적극적 기능을 수행했다. 그러므로 이 이론은 '시장이냐 위계냐'라는 단순한 이분법적인 구분을 넘어서, 대안적 조정 메커니즘들이 갖는 상대적 유효성은 특정한 역사적 맥락 속에서 존재할 수 있음을 시사해준다고 할 수 있다.

이 글에서는 이 시기의 산업정책의 전개과정 속에서 시장을 대체하는 위계구조가 형성되어갔던 과정에 논의의 초점을 맞춘다. 시장제도의 미발달로 특징지어지는 후발성으로 인해 시장을 통한 거래에 많은 비용이 수반되고 제한된 시장으로 인해 거래특수성이 발생하고 이로 인해 불확실성이 증가한다면, 시장을 대신하여 자원배분을 담당하는 위계의 역할이 중요해질 수 있다. 그렇지만 위계 아래에서는 시장이 제공해주는 효율성에 대한 강력한 인센티브가 결여되어 있으므로, 이를 보완해줄 수 있는 장치가 필요하게 된다. 따라서 위계의 형성과정뿐만 아니라 위계구조 내에서의 규율(discipline)의 창출과정(Amsden 1989; 이병천 1999) 역시 살펴볼 필요가 있다.

2. 개발체제의 형성과 산업정책의 태동(1961~64)

1) 제1차 경제개발 5개년계획의 수립

1961년 7월 22일 국가재건최고회의 종합경제재건기획위원회는 「5개년종합경제재건계획(안)」을 통해, 1962년을 기점으로 1966년까지 5년 동안 연평균 7.2%의 경제성장을 달성하고 수출을 늘리는 동시에 수입대체산업을 육성하여 국제수지를 개선함으로써 자립경제의 기반을 마련한다는 계획을 발표했다(국가재건최고회의 종합경제재건기획위원회, 1961).

「5개년종합경제재건계획(안)」은 유원식이 중심이 되어 국가재건최고회의 재정경제위원회 내에 설치된 종합경제재건기획위원회에 박희범이 참여한 가운데 입안된 것으로서(박태균 2000, 116면), 개별공장의 건설리스트에서 출발했고, 당시 각 공장건설 계획은 상공부에 의해 작성되었다(오원철 1995, 13~14면).

「5개년종합경제재건계획(안)」의 특징은 크게 세 가지로 지적할 수 있다(이병천 1999, 147면). 첫째는 자유시장주의의 결함을 비판하고 국가주도의 '지도받는 자본주의'를 내세우고 있는 점이다. 둘째는 자립경제 확립의 기반조성을 목표로 제조업 부문에서 시멘트·비료·철강·제철·정유 등 기간산업의 건설에 주력하고 있다는 점이다. 셋째는 수출증대를 통한 국제수지 개선을 꾀하고 있으며, 이때 수출품의 중심은 1차산품이라는 점이다.

경제개발 5개년계획의 서막이 오른 것이었다. 「5개년종합경제재건계획(안)」의 공장건설 계획안은 해당 제품의 수입대체를 목적으로 하고 있었으며, 공장건설에서의 최우선순위는 공장건설을 통해 얼마만큼의 외화를 절약할 수 있는가 하는 것이었다. 매우 야심찬 계획이었지만, 목표 달성에는 많은 어려움이 있었다. 가장 중요한 문제는 바로 공장건설에 필요한 재원조달문제였다.

'경제개발계획의 성패를 가름하는 관건은 뭐니뭐니 해도 내자동원과 외자획득에 있었고, 이 두 가지 중에서도 외자획득을 크게 걱정했다'(천병규 1988, 200면)는 천병규 당시 재무부장관의 회고를 통해서도 알수 있듯이, 「5개년종합경제재건계획(안)」에서 열거된 공장의 신설에는 막대한 내·외자가 소요될 수밖에 없었다. 공장건설을 위한 내·외자 조달문제는 동시에 해결되어야 했으며, 특히 내자 조달문제는, 해당 공장이 민간에 의해 건설된다면 누구를 투자주체로 선정할 것인가라는 문제와 직접 관련되어 있었던 것이다.

구속수사중이던 김지태를 비롯한 부정축재자 9인은 기간산업 위축을 우려한다는 명분 아래 이미 1961년 6월 30일 하오 구속이 해재된 상태였고, 부정축재자 13인은 61년 7월 17일 공업화에 앞장서겠다는 결의를 한 바 있었다. 나아가 61년 8월 16일 부정축재자 13인에 의해 창립된 한국경제인협회'에서는 「기간산업건설 제1차민간계획안」을 작성하고 이를 국가재건최고회의에 건의했던 것이다. 또 한국경제인

협회 김주인 사무국장은 61년 9월 14일 이외에도 2차로 여섯 가지 민간기업의 공동투자사업을 계획중이라고 말하면서 소요외자는 차관으로 조달하고 투자자금은 부정축재 환수자금을 활용할 것을 요청하기도 했다(『서울경제신문』 1961. 9. 15).

이처럼 부정축재자로 몰렸던 과거의 대기업가들이 「5개년종합경제재건계획(안)」의 발표와 함께 수면 위로 부상하게 되었다.

한편 정부는 1961년 9월 27일 「5개년종합경제재건계획(안)」의 효율적 달성을 위한 「외자도입대상 사업계획의 선정 및 심사기준」을 작성했다. 이에 따르면 ①외자도입대상은 국내 경제개발에 크게 도움이 되는 사업계획으로 하고, ②사업계획의 경제적·기술적 검토를 거쳐 내자 조달준비가 끝난 신청자에게 우선권을 주며, ③동 계획의 전략부문으로 책정되어 있는 부문에 치중하도록 되어 있었다. 또 이 기준에서는 '사업계획 선정완료시 실수요자 선정기준에 의거 실수요자를 정하며, 단 5개년계획의 사업계획별 외화소요 조달계획표에 정부가 투자주체로 되어 있는 사업계획은 관계부처가 추진할 것이지만, 성질상 정부에 의해서만 수행될 수 있는 사업계획을 제외하고는 민간사업으로서 준비가 완료된 기업이 있으면 이에 우선권을 부여한다'는 기본원칙을 제시했다(『서울경제신문』 1961. 9. 28). 즉 「5개년종합경제재건계획(안)」에서는 명시되지 않았던 민간기업에 의한 사업의 추진과 이의 선정원칙을 밝힌 것이다.

이어 1961년 10월 30일 경제기획원에 의해 발표된 「외자도입대상 사업건설 예정자 선정을 위한 공고」를 통해 정부가 계획하여 건설을 예정하고 있는 사업 중 이 공고에 제시된 차관사업에 참여할 민간기업

---

1 한국경제인협회의 창립회원인 부정축재자 13인은 다음과 같다. 회장 이병철, 부회장 조성철 남궁련, 회원 이정림 설경동 박흥식 홍재선 최대섭 이한원 정재호 김지태 이양구 함창희.

인을 모집하기 시작했다. 공고에 따르면 외자도입대상자의 선정기준은 다음과 같았다.

① 건설에 소요되는 내자에 있어서 자기자금부담률이 가장 높은 신청자에 우선권을 부여한다. ② 외자의 투자조건이 유리하고 계획의 내용이 타당한 신청자는 우선적으로 취급한다. ③ 동일계획사업에 있어서 차관과 민간외자(외국인 직접투자를 의미)가 경합할 경우에는 민간외자에 의한 계획사업에 우선권을 부여한다.

따라서 선정기준 ①에 따르면 수로 기존의 대기업가, 구체적으로는 소위 부정축재자들이 대부분의 사업을 맡을 수밖에 없었다. 선정결과는 외자도입촉진위원회의 의결을 거쳐 1962년 1월 23일 발표됐다.

한편 경제기획원은 「5개년종합경제재건계획(안)」을 기초로 2개월간의 작업 끝에 9월 중순 「제1차 경제개발 5개년계획(안)」을 완성했는데, 이는 새로이 조직된 중앙경제위원회의 심의를 통과한 다음, 각의의 조정과 국가재건최고회의의 심의를 거쳐 1962년 1월 13일 「제1차 경제개발 5개년계획」으로 발표되었다. 이는 「5개년종합경제재건계획(안)」의 기본 골격을 거의 답습한 것으로서 약간의 세부적 수정을 통해 좀더 현실적인 내용을 담고 있었다.

「제1차 경제개발 5개년계획」은 우선 비료·정유·제철공장 등의 건설을 통한 수입대체공업화와 1차산품을 중심으로 한 수출을 강조하고 있으며, 자본 동원에서 외자보다는 내자의 역할을, 그리고 민간기업보다는 정부의 역할을 강조하고 있다. 후자와 관련하여, 1962~66년 기간 소요자금 중 72.2%를 내자로 그리고 나머지 27.8%를 외자로 조달하며, 소요자금 원천에서는 정부가 55.6%를 그리고 민간이 44.4%를 담당하도록 되어 있었다. 특히 내자동원의 방법으로는 '국내자본을 최대한으로 하고 정부보유불은 사업목적을 위하여 계획적으로 사용하며 국내노동력을 최대한으로 활용하여 자본화한다'(박태균 2000, 122면)는 방안이 제시되었다. 좀더 구체적으로 당시 정부는 통화개혁을 통하여 내자를 확보하고, '산업개발공사'를 설치하여 국가가 기업을 대신한 투자의 주체로서 경제개발의 과정에 직접 개입하고자 했던 것이다.

2) 보완계획의 작성

1962년 11월 26일 경제기획원에서는 「제1차 경제개발 5개년계획」의 보완작업을 위한 최고회의, 내각, 관계실무자들로 구성된 연석회의가 개최되었다. 보완작업은 원계획(제1차 경제개발 5개년계획)의 문제점을 추출한 다음 원계획을 조정·보강함으로써 보완계획을 확정하는 두 가지 단계로 수행되었다. 이에 따라 종합·재정·금융·국제수지·1차산업·2차산업부문반이 각각 조직되었다. 이들의 작업 결과는 62년 12월에 보고서로 보고되었고, 민정이양 선거 후인 64년 2월 '보완계획'이 발표되기에 이른다. 원계획이 발표된 지 1년도 되지 않은 싯점에서 보완작업이 진행되지 않을 수 없었던 이유는 무엇이었을까?

가장 중요한 이유는 본래 원계획에서 의도했던 내자조달이 용이하지 않았다는 것이다. 기존의 환화(圜貨)와 신종 원화(圓貨)의 교환비율을 10:1로 설정하고, 이와 동시에 예금을 동결함으로써 국내자본을 동원하려고 시도했던 통화개혁(긴급통화조치법)은 내자동원을 위해 시도했던 대표적 정책이었다. 즉 예금동결을 통해 봉쇄된 예금에 대해 1년 이상 정기예금 금리와 동일한 연 15%의 금리를 적용하고 6개월 이내에 설립될 산업개발공사의 주식으로 대체함으로써 국가투자기관인 산업개발공사를 설립하고자 했던 것이다(박태균 2000, 125면).

미국은 통화개혁이 미국과의 협의 없이 추진된 것에 대해 큰 불만을 표시했으며, 한국경제를 국유화의 방향으로 이끌게 되고 기업활동을 위축시킬 것이라고 인식했다. 나아가 미국은 자본주의체제의 신뢰를 떨어뜨리는 데 미국의 원조가 사용되는 것을 좌시하지 않을 것이라고 위협했다(이병천 1999, 151면). 뿐만 아니라 통화개혁이 의도했던 투기성 퇴장자본의 환수액 역시 미미한 것으로 드러났다. 이 과정에서 미국은 한미합동경제협조위원회 설치를 통해 당시 한국정부의 경제정책 결정과정에 직접 참여하는 제도적 기반을 마련했으며, 자신들의 입장을 박정희 최고회의 의장에 직접 권고했다.

그 결과 보완계획에서는 재정안정을 기본원칙으로 두고 계획기간 중 연평균 경제성장률을 5%로 하향조정했다. 제철소 및 종합기계제작소 건설계획은 백지화되고, 투자계획 책정기준에서 민간기업의 역할은 대폭 강화되었다. 또 소요자금 원천에서 정부담당부분이 50.2%로 줄어든 대신 민간담당부분이 49.8%로 상향조정되었다. 또 내·외자 동원비율에서도 외자의 상대적 비중이 약간 늘어나게 되었다.

다음으로는 원계획에서 계획했던 수출목표 및 수출품목 구성이 실제로 계속 유지될 수 없었다는 점 역시 보완계획을 작성하게 된 이유였다. 원계획에서는 목표 연도의 수출을 '계획기간중 증대하는 수입수요를 최대한 자력으로 조달하기 위하여' '기준연도보다 약 4.2배 증가한 1억 3800만달러로 책정'했다.[2] 수출계획상의 산업별 구성은 농·임·축·수산물 및 광산물의 수출이 총수출의 69%라는 압도적 비중을 차지하고 있으며, 공업제품은 13%, 그리고 보세가공무역수출이 15%를 점유하도록 되어 있었다. 그렇지만 실제로 수출입실적은 원계획에서 계획했던 것 이상이었지만, 내용에서는 상당한 차이가 나타났던 것이다. 원계획보다 비식용원재료의 실제 수출액은 줄어들었지만, 공산품수출액은 원계획보다 두 배나 많았고, 당초 기대했던 보세가공품 수

---

2 「제1차 경제개발 5개년계획(개요)」, 『조사월보』 제16권 제1호, 1962.1.

출은 극도로 부진했던 것이다. 즉 원계획에서 큰 기대를 모았던 농산물과 광산물의 수출은 기대에 못 미쳤던 데 비해, 뜻밖에도 공산품 수출이 호조를 보였던 것이다.

이에 따라 수출계획은 대폭 변경되었다. 〈표1〉에 제시된 것처럼, 다른 수출품목의 수출목표는 대부분 하향 조정되었음에도 불구하고 공산품 수출목표만이 원계획에 비해 높게 책정되었다. 이러한 사실은 1962년의 수출실적과 원계획의 차이로 말미암아, 보완계획 작성과정에서 수출의 중점품목이 1차산품에서 공산품으로 변경되었음을 의미한다. 특히 보완계획에서는 노동집약적 경공업제품을 수출산업으로

〈표1〉 원계획과 보완계획에서의 품목별 수출목표

(단위: 백만달러)

	1962 원계획	1962 보완계획	1963 원계획	1963 보완계획	1964 원계획	1964 보완계획	1965 원계획	1965 보완계획	1966 원계획	1966 보완계획
식 료 품	20.1	21.9	23.2	22.9	27.5	24.7	31.6	27.9	35.8	33.3
비식용원재료	25.8	19.4	29.4	22.3	32.3	33.7	46.9	36.8	50.9	45.1
광물성 연료	1.8	2.8	1.8	1.7	2.7	3.2	3.6	2.6	3.6	3.5
동식물성유지	0.9	0.0	1.1	1.0	1.2	1.0	1.3	0.5	1.6	0.6
화 학 제 품	1.9	1.0	2.5	2.4	2.9	3.0	3.2	1.0	3.7	1.1
원료별 제품	5.8	6.2	6.4	15.7	8.3	19.2	9.2	36.4	10.0	43.0
잡 제 품	4.6	2.0	70.3	8.7	9.1	9.2	9.9	7.6	12.0	9.0
보 세 가 공	5.0	n.a.	8.0	n.a.	12.0	n.a.	16.0	n.a.	20.0	n.a.
합 계	65.9	54.8	79.7	81.7	96.0	94.0	121.6	112.8	137.5	135.6

주: 식료품은 생우, 생돈, 어개류(魚介類), 곡류, 과실류 및 야채류.
　비식용재료는 직물용 섬유, 조광물, 염, 금속광 및 금속설(屑), 동식물성 원재료.
　광물성 원료는 무연탄.
　동식물성 유지는 어간유, 박하탈지유.
　화학제품은 사카린, 인삼제품, 박하뇌.
　원료별 제품은 합판, 직물용사 및 동제품, 비금속.
　잡제품은 고공품, 운동화 및 고무신, 공예품.
자료: 김달현 편 1962; 木宮正史 1991.

육성하고, 금융·세제 면에서의 지원을 통해 생산비용을 낮추어줌으로써 수출상품의 경쟁력을 높이며, 나아가 종래까지 수입대체산업에 편중되어왔던 투자방향을 수출산업 위주로 전환하는 것을 주요한 수출산업 육성정책으로 제시하고 있다.

3) 수출지원정책의 실시

쿠데타 직후의 수출지원정책은 기존의 직접적 수출지원정책인 수출장려보조금 지급제도를 강화한 것 이외에는 이전 정부에서 이미 마련되어 있던 금융·조세 측면의 수출지원제도를 큰 변경 없이 답습하는 것이었다. 또 수출장려보조금 지급대상 품목일람표를 통해서도 확인할 수 있듯이 정부가 육성을 의도했던 수출품목 역시 1차산품 및 보세가공품이었다.

앞서 살펴본 것처럼 공산품 수출의 비약적 증대가 원계획에서 계획된 수출중점품목을 1차산품 및 보세가공제품에서 공산품으로 전환하도록 추동한 내부적이고 잠재적인 요인이었다면, 공산품수출 촉진정책으로의 급속한 전환을 촉발한 직접적 요인은 바로 외환위기였다. 1956년 이후 외환보유액은 증가추세에 있었지만, 1962년 3월 말을 정점으로 반전, 감소하기 시작하여 62년 말 1억 6700만달러로 61년 말 대비 3900만달러가 감소되었고 63년에 들어와서는 계속 감소하는 추세에 있었다. 이처럼 외환보유액이 감소하자 일종의 위기의식이 고조되어(김정렴 1990, 113면) 63년부터는 대대적인 수출입 링크제도를 실시하게 되었다.

1963년 1월부터 시행된 이 제도는 수출업자에게 수출대금 전액을 수입에 사용할 수 있는 권리를 부여해주는 것이었다. 이때 이 수입권은 양도가 가능했으므로 수입권 프리미엄시장이 형성되었다. 63년의 급속한 수출증대는 주로 이 수출입 링크제에 기인한 것이었다.

수출입 링크제가 초기의 수출촉진정책으로 사용되었다는 것은 기존의 수출입 관련 유인체제의 근본적 변화가 없는 상태에서 공산품 수출을 촉진하기 위한 절충적 방안이 시도되었다는 것을 의미한다. 즉 원화환율이 과대평가되어 있는 상태에서는 수입원자재를 도입하여 가공한 다음 국내시장을 대상으로 사업을 하는 것이 해외시장을 상대로 수출업에 종사하는 것보다 훨씬 유리하기 때문이다. 그러나 이러한 직접적 수출지원정책은 1차산품 이외의 수출에 대해서는 어떠한 형태의 보조금 지급도 중단할 것을 규정하고 있는 GATT 제16조 제4항을 정면으로 위반하는 것이므로, 이러한 직접적 지원정책을 통해 지속적 수출증대를 도모하기는 어려운 실정이었다.

1964년 5월의 환율개혁은 이런 배경 속에서 발표되었다. 기존의 고정환율제도를 단일변동환율제도로 전환하고, 기본환율을 130:1에서 255:1로 인상하는 것을 그 내용으로 하고 있었던 환율개혁은 실제로는 단순히 환율을 인상하는 데 그쳤고, 단일변동환율제도의 완전한 실시는 65년 3월에 이루어졌다. 단일변동환율제도 실시 이후 환율이 5월에는 1달러당 280원까지 오르기도 했으나, 한국은행이 개입하여 외환증서 공급을 증대함으로써 270:1로 유지되었고 이 수준은 67년까지 지속되었다. 단일변동환율제도로의 전환과 더불어 전면적인 수출입 링크제도는 폐지되었다.[3] 환율개혁 이후 수입은 크게 억제된 반면 수출은 현저하게 증가했는데, 이는 환율인상 이외에도 환율인상조치 이후 실시된 일련의 보완조치, 즉 수출금융금리 인하, 수출금융에 대한 융자비율 인상, 금융기관 지급보증에 의한 수출용 원자재 수입신용장 개설

---

3 그러나 수출입 링크제가 완전히 폐지된 것은 아니었다. 상공부는 1964년 이후에도 분기별로 수입 쿼터를 발표할 때마다 '상사당 수입신청 한도를 수출실적의 일정비율에 의거 조정할 수 있다'고 무역계획 운영방침에 명기함으로써 어느정도 수출과 수입을 링크시켰다.

허용, 그리고 관세 및 물품세의 대치면세제도 실시 등 간접적 수출진
흥정책 실시에 크게 힘입은 것이었다.

4) 외자도입 관련법규의 정비

정부는 1961년 7월 18일, 「경제긴급시책」을 발표했는데, 그중 제4
항 외자도입 촉진방안에서는 다음과 같은 사항을 지적하고 있다.

외자도입이 국내산업의 조속한 부흥과 발전에 필요하다는 사실에 대하
여 우선 외자도입법규상 비현실적인 투자대상의 제한과 투자국의 자격제
한 등 문제를 완화기로 했으며 … (『서울경제신문』 1961.7.19)

이는 기존의 외자도입 관련법규가 정부가 계획하고 있는 경제개발
계획을 달성하기에는 부적절하다는 점을 지적하고 있다. 그렇다면 기
존의 외자도입 관련법규에서 비현실적인 조항들은 무엇이었을까?

우선 1958년에 제정된 외자관리법은 정부가 외국으로부터 받은 원
조를 효율적으로 관리사용하기 위해 제정된 것으로서, 외국에서 차관
을 도입하거나 외국인 직접투자 및 기술용역 도입을 통해 공장건설을
하는 경우 이를 관리할 법적 근거가 없었다. 또 외국인투자와 관련하
여 1960년에 제정된 외자도입촉진법 역시 외국인의 투자를 촉진하기
보다는 규제하는 내용으로 되어 있었다. 즉 법 적용대상을 '대한민국
과 정상적인 외교관계를 유지하고 있으며 우호통상항해조약을 체결
하고 있는 국가의 선의의 국민(이하 외국인)과 대통령령으로 정하는 외
국에 10년 이상 영주하고 있는 대한민국 국민(제2조)'으로 제한함으로
써 미국 이외 국가로부터의 투자는 법적용 대상에서 사실상 배제되어
있었기 때문이다.[4] 뿐만 아니라 이 법은 외국자본 투자금액의 하한선
을 규정하고, 외국인투자의 과실송금을 제한하는 내용도 담고 있었다.

1961년 8월과 12월에 각각 외자도입촉진법과 외자관리법이 개정됨에 따라 이상과 같은 문제는 해소되었지만, 이러한 제도적 보완만으로는 필요로 하는 외자가 도입되지 않았다. 특히 민간기업의 대외신용도가 일천했던 당시로서는 개별기업이 「5개년종합경제재건계획(안)」에서 필요로 하는 대규모 외자를 조달할 수는 없었던 것이다.

1961년 10월 18일 개최된 정부와 민간기업인의 간담회에서 논의된 내용은 바로 이 문제였다. 간담회에 참석했던 상공회의소 및 한국경제인협회 소속 기업가들은 외자도입에서 정부지불보증이 꼭 필요하다고 주장하고, 정부가 후취담보로 외자도입액 전부를 지불보증하고 자기자금 부족분에 대해서도 정부가 융자해줄 것을 건의했던 것이다. 또 기업가들은 사업자선정의 투명성 보장과 함께 관련 정보의 공유도 요구했다(『서울경제신문』 1961.10.31).

기업가들이 요구했던 외자도입에 대한 정부의 지불보증 및 후취담보 제공은 1962년 7월 18일 공포된 '차관에 대한 지불보증에 관한 법률'로 현실화되었다. 이 법에서는 외자도입사업에 대해 외자도입촉진위원회의 심의를 거친 후 각의의 의결을 거쳐 지불보증을 할 수 있도록 했으며, 경제기획원 장관이 필요하다고 인정한 경우에는 해당 차관에 의해 건설될 공장을 담보로 할 것을 명할 수 있다고 규정함으로써 후취담보에 의한 지불보증규정을 명시했던 것이다.

쿠데타 직후 부정축재자 소유 상업은행 주식을 압수하여 정부로 귀속시킨 군사정부는 상업은행에 대한 민간 주식보유자의 의결권이 전체 투표수의 10%를 넘지 않도록 제한함으로써 상업은행을 정부 소유로 만들었다. 산업은행과 일반 상업은행을 소유함으로써 정책적 필요

---

4 외자도입촉진법이 제정된 1960년 당시 한국과 정상적인 외교관계를 유지하면서 우호통상항해조약을 체결하고 있는 국가는 미국뿐이었다.

에 따라 내자를 동원할 수 있는 체제를 구축한 정부는 외자도입 관련 법규의 정비를 통해 외자의 배분 역시 정책적 필요에 따라 이루어질 수 있는 제도적 기반을 마련한 셈이다.

당시 대외신용도가 일천했던 기업들이 공장건설에 필요한 외화를 해외로부터 차입하기 위해서는 도입외자에 대한 정부의 대외보증이 필수적이었다. 정부는 민간기업의 도입외자에 대한 지불보증을 수행하는 과정에서 외자의 심의 및 배분권을 장악하게 되었으며, 산업은행과 상업은행을 통해 기업들의 원화자금 조달과정에까지 직접 개입할수 있었다. 정부는 수입대체공업의 육성과정에서 기업들을 선별하고 육성하는 수단으로 금융적 통제권을 사용했던 것이다.

일례로, 제1차 경제개발 5개년계획상의 계획사업 가운데 하나였던 비스코스인견사 제조공장의 건설주체로 선정되었던 박홍식의 경우, 자신이 소유한 홍한화섬, 홍한방적 그리고 홍한재단으로부터 염출 가능한 자금은 사업계획상의 내자소요액 중 불과 43%에 불과했으며, 외자도입에 따른 요지불보증금액에 대한 담보가능금액의 비율(담보비율) 역시 76.1%에 불과했다. 홍한화섬은 결국 산업은행에서 공장건설에 필요한 내자를 융자받았을 뿐만 아니라, 공장가동 초기의 운영자금까지 융자받지 않을 수 없었던 것이다(이상철 1998, 123면).

3. 산업정책의 전개(1964~72)

내자를 주요 재원으로 하고 '산업개발공사'를 설치해 국가가 기업을 대신한 투자의 주체로서 경제개발 과정에 직접 개입한다는 원계획의 내용은 보완계획의 수립과정에서 대폭 수정되었다. 수입대체를 목적으로 하는 공장의 건설에서도 민간의 역할은 증대되었다. 또 5개년계획상의 수출목표를 달성하기 위한 주력 수출품목은 1차산품에서 공산품으로 이전되었으며, 외환확보의 중요한 수단으로서 수출이 차지하는 역할은 강조되었다.

그렇지만 '지도받는 자본주의'라는 기본 개념은 원화자금의 동원과 배분 그리고 외자의 심의 및 배분에 대한 국가통제에 기반한 수입대체 공업화 추진과정에서 그대로 살아남았으며, 시간이 지남에 따라 자금 배분뿐만 아니라 공산품의 국내 배분 및 가격결정 등 전반적인 자원배분과정에 대한 국가개입은 더욱 강화되었다.

1) 외자도입법의 제정

1966년 8월 3일 공포된 외자도입법은 기존의 외자도입촉진법, 차관에 대한 지불보증에 관한 법률, 그리고 장기결제방식에 의한 자본재도입에 관한 특별조치법을 단일화한 것이었다. 외국인 직접투자, 상업차관 도입, 그리고 도입차관에 대한 지불보증 업무를 각기 상이한 법률로써 처리해야 하는 번거로움은, 단일화된 외자도입법을 통해 해소되었다. 그렇지만 외자도입법은 단지 기존의 외자도입관련 법률을 단순히 통합한 것은 아니었다.

우선 외국인투자 금액의 하한선 규정이 철폐되었으며, 외국인투자에 대한 소득세·법인세·재산세·취득세 부과는 5년간 면제되었고, 과실송금에 대한 제한도 철폐되었다. 또 지금까지 금지되었던 현금차관 도입이 합법화되었다. 그렇지만 가장 중요한 것은 기존의 정부지불보증 관련조항이 변경된 것이었다. 외자도입법에서는 정부의 지불보증을 '①기간산업부문에 속하는 사업 ②농수산업부문에 속하는 사업 ③국민생활에 필수적인 물품 또는 용역을 생산하는 사업으로서 경제개발 및 국제수지 개선을 위하여 필요하고 또 정부지불보증에 의하지 않고는 당해 사업을 위한 외자의 도입이 곤란하다고 인정되는 경우에

한'함으로써, 대부분의 민간상업차관에 대해 지금까지 해오던 정부지불보증을 폐지했던 것이다.

정부지불보증을 얻지 못하는 기업이 자신의 신용으로 차관을 도입하는 것은 불가능한 상황이었으므로, 상업차관을 도입할 기업들은 이제부터는 정부의 지불보증 대신 시중은행의 지급보증을 얻어야만 했다. 정부지불보증에는 국회의 동의가 필요하므로, 정부지불보증 대상을 축소한 것은 외자도입 과정에서 번거로운 국회의 동의절차를 회피함으로써 외자도입에서의 행정부의 권한을 강화한 결과가 되었다. 시중은행이 국유화되어 있는 상황 아래에서 시중은행의 지급보증 여부에 대한 결정은 정부에 의해 좌우되기 때문이었다.

새로이 제정된 외자도입법 아래에서 개별기업의 외자도입 과정은 어떠했을까? 화학섬유 제조업체의 사례를 통해 이를 살펴보자.

1968년 한국포리에스텔(주)이 제출한 사업계획서에 따르면, 일산(1일생산) 20톤 규모의 폴리에스테르섬유 제조공장 건설에 15억 2300만원의 내자가 필요했다. 한국포리에스텔은 이 가운데 5억원은 자본금 불입을 통해 조달하고 나머지는 현금차관 2백만달러(5억 3600만원)와 한국산업은행 차입금 5억원으로 충당한다는 계획을 세워놓고 있었다.[5] 한국포리에스텔의 차관도입에 따른 지급보증을 담당했던 한일은행의 재력조사 결과에 따르면, 한국포리에스텔이 5억원의 자본불입금 조달을 위해 제시한 재원에는, 이동찬·이원만·이원천 등의 주식배당금과 소유부동산 이외에 기존공장에서 보유한 인견사 등 섬유제품, 심지어는 계열회사인 풍천산업(주), 신익산업(주) 및 대원직물공업(주)의 법인가용자금(대차대조표상의 잉여금, 제적립금 외 이들 기업의 증자준비금 및 사장 개인이 받을 어음)까지 포함되어 있었다. 따라서 자

---

5 경제기획원 『제34차 외자도입심의위원회회의록』, 1968.11.28.

본불입금 조달은, 한일은행의 지적처럼, 현재의 보유자금이 아닌 한국 포리에스텔의 향후 경영성과에 의존하고 있었던 것이다.[6]

이 사례를 통해 알 수 있듯이 이미 국내 최초로 나일론F사 제조공장을 건설하여 운영하던 기존 기업조차도 폴리에스테르섬유 제조시설 도입에 필요한 내자를 조달할 수 있는 자기자금은 거의 전무한 상태였으며, 해당기업의 사업계획서에서 제시된 내자조달 방안이란 기껏해야 소요내자액의 70%를 현금차관 및 산업은행 융자에 의존하는 것에 불과했던 것이었다.

더욱이 지급보증을 담당한 한일은행은 어떤 확정적인 판단도 유보한 채, 신청기업이 제시한 자료를 단순히 요약하고 지급보증신청기업이 담보물로 제시한 부동산 및 동산을 감정평가하는 역할에 머물렀던 것이다.

본 폴리에스테르섬유 제조시설 차관도입에 수반 (…) 사업계획의 규모로 미루어 현금차관에 의한 내자조달의 필요가 수긍되나 이의 실현성 여부에 관하여는 경제기획원 기타 정부당국의 검토결과에 의할 것으로 사료되는 것임. (…) 한국산업은행으로부터 본 사업을 위한 내자시설자금으로 500,000,000원 융자를 본인이 제시하고 있는바 사업규모로 보아 동 융자의 타당성은 수긍되나 실현 여부에 대한 판단을 차치하고 우선 신청인 제시에 따라서 조달계획액으로 계상한 것임.[7]

지급보증업무는 시중은행으로 이관되었지만, 외자도입 승인 여부는 여전히 정부에 의해 최종 결정되고 있었던 것이다.

---

6 한일은행 「한국포리에스텔주식회사에 대한 재력조사 의견서 송부」, 한일외관 182호, 1967.8.14, 『제34차 외자도입심의위원회회의록』, 1968.11.28.
7 같은 글.

2) 수입대체산업의 수출산업화와 규모의 경제

개별공장의 건설 리스트에서 출발한 「5개년종합경제재건계획(안)」에 기초하여 작성된 제1차 경제개발 5개년계획 아래에서 개별산업의 시설확충정책은 연차별로 각 제품의 국내수요를 추정한 다음, 내수를 충족시키는 데 필요한 제품의 공급이 얼마나 될 것인가를 계산하고, 이에 따라 신설 및 증설에 필요한 상업차관 도입을 승인해주는 것이었다. 따라서 당시 정부가 상업차관 도입계약을 승인하는 과정에서 가장 우선적으로 고려했던 사항은 해당제품의 생산을 통해 그 제품의 공급이 국내수요를 얼마나 충족해줄 수 있으며, 이때의 외화절약액 및 고용창출이 얼마나 될 것인가였다. 그러나 신규 진입 및 증설을 희망하는 기업의 상업차관 도입신청이 속출하자, 기존의 수입대체공업화정책의 내용은 변화되었다.

앞에서 살펴본 한국포리에스텔(주)의 사례를 다시 검토해보자. 한국포리에스텔은 미쯔이(三井)물산과 켐텍스(Chemtex, Inc.)로부터 상업차관과 기술을 도입하여 각각 일산 10톤 규모의 폴리에스테르SF 및 폴리에스테르F사 공장을 건설하겠다는 내용의 사업계획서를 제출하였다.

사업계획서에 대한 경제성 검토를 담당했던 경제기획원은 향후 폴리에스테르의 수요를 추정했다. 이에 따르면 1971년의 국내 폴리에스테르섬유 수요는 폴리에스테르SF가 1만 5906톤(일산 45.4톤), 그리고 폴리에스테르F사가 3243톤(일산 9.3톤)이었다(〈표2〉). 따라서 현재 이미 차관도입 승인을 받은 폴리에스테르섬유 공장의 건설이 순조롭게 이루어진다면, 1971년에 폴리에스테르는 140톤(일산 0.4톤)이 부족한 반면 폴리에스테르F사는 3395톤(일산 9.7톤)의 공급과잉이 예상되었다. 한국포리에스테르의 신규공장 건설에 따른 추가시설능력은 폴리에스테르

SF 및 폴리에스테르F사가 각각 일산 10톤 규모이므로, 이들 공장 건설
이 계획대로 이루어진다면 1971년에는 폴리에스테르SF 및 폴리에스
테르F사가 각각 일산 9.6톤 및 19.7톤의 공급과잉이 나타날 것이었다.

〈표2〉 경제기획원의 폴리에스테르섬유 수급전망(1968년)

		1967		1969		1970		1971	
		SF	F사	SF	F사	SF	F사	SF	F사
수요(측정)		19.8	4.5	30.3	6.5	37.4	7.8	45.4	9.3
공급 능력 (계획)	대한합섬	6.0		11.0	4.0	11.0	4.0	18.0	12.0
	삼양사			12.0	1.0	12.0	1.0	12.0	1.0
	대한산업					7.0	3.0	7.0	3.0
	조선방직							8.0	2.0
	공급계	6.0	0.0	23.0	5.0	30.0	8.0	45.0	18.0
과부족(공급−수요)		−13.8	−4.5	−6.7	−1.5	−7.4	−0.2	−0.4	9.7

자료: 경제기획원, 「폴리에스테르섬유 공장 건설을 위한 자본재도입계약인가신청에 대한
경제성검토」, 경기일 312-1106, 『제34차 외자도입심의위원회회의록』, 1968.11.28; 경
제기획원, 「폴리에스테르 섬유공장 확장을 위한 자본재도입계약 및 외국인투자인가
신청에 대한 경제성검토」, 1968.12.23, 『제35차 외자도입심의위원회의록』,
1968.12.30.

이에 대해 한국포리에스텔의 사업계획서에 대한 기술적 문제를 검
토한 상공부는 생산제품 전량을 수출한다는 조건을 달아 상업차관 도
입을 승인해주자는 의견을 제시했다.[8] 또 상공부는 이에 덧붙여, 그 공
장규모를 국제규모로 확장하는 조건을 추가하자는 의견도 제시했다.
현재의 영세한 시설규모로는 제조원가가 높아질 수밖에 없으므로 국
제시장에서 가격경쟁력을 갖고 수출하기 위해서는 꼭 필요한 조건이
었다.

---

8 상공부「폴리에스테르섬유공장건설을 위한 자본재 도입계약 인가신청 및 현금차관
계약 인가신청(회신)」, 상일섬 1334-377, 1967.7.31, 『제34차 외자도입심의위원회회
의록』, 1968.11.28.

이에 따라 외자도입심의위원회는 생산제품 전량을 수출한다는 조건부로 한국포리에스텔의 상업차관 도입을 승인한다. 수입대체산업육성이라는 정부의 방침이 수출산업육성으로 전환되었던 것이다.

정부의 이러한 정책 변화 이면에는 수입대체산업의 사업추진실적은 매우 부진한 반면, 이미 상업차관 도입이 허가된 기업들은 상당히 많고 그 규모가 영세하여, 이대로 방치할 경우 소규모기업의 난립이 불가피하다는 현실인식이 깔려 있었다. 이에 따라 상공부는 외자도입의 조속한 실현이 가능한 신규업체의 참여를 허용함과 동시에 이들에게 건설기한 등에 관한 일정한 조건을 부과함으로써 외자도입 업체를 정비하고 영세공장의 난립을 막으며 나아가 이들이 국제경쟁력을 갖출 수 있는 규모로 육성해야 한다고 주장했다.

특히 화학섬유제조공장을 국제경쟁력을 갖출 수 있는 규모로 확장하자는 상공부의 주장은 1967년 1월 12일 '석유화학공업 실수요자 선정에 관한 청와대회의'에서 논의된 결과를 따른 것이었다. 이날 회의에서 화학섬유공장건설계획은 국제경제규모로 확장 육성할 것을 전제로 하여 검토·추진되어야 한다는 점이 이미 지적되었던 것이다.

1967년 3월 제정된 섬유공업시설에 관한 임시조치법은 정부로 하여금 이 화학섬유제조업체들을 국제적으로 경쟁가능한 규모로 확장하기 위해 추정된 수요예측에 근거하여 민간의 투자계획을 통제할 수 있는 근거를 마련해주었다.

그런데 이러한 규모의 경제를 실현함으로써 국제경쟁력을 갖춘다는 논리는 시장경제 논리와 정면으로 배치된다. 수요추정 결과에 따른 진입제한이 필수적일 뿐만 아니라, 단순히 기업들에게 수출조건을 부가하는 것만으로 기존의 수입대체산업이 자동적으로 수출산업으로 전환되는 것은 아니기 때문이다. 상업차관도입과 은행차입에 따른 높은 이자비용은, 규모가 확장되더라도 당분간은 제조원가를 압박하는 요인이 될 것이며, 시설도입 초기의 낮은 기술수준으로 인하여 단기간 내에 제조원가를 낮추기는 힘들뿐더러 국제수준의 품질보증도 어려울 것이기 때문이다.

3) 수입대체정책과 수출지향 공업화정책의 결합으로서의 산업정책

수출상품 구성에서 공산품이 차지하는 비중이 증가함에 따라 수출용 공산품 생산에 필요한 원료수입이 급증했고, 수출증대에 따라 외화가득률은 오히려 저하되었다. 즉 총수출의 외화가득률은 1962년 82.2%에서 1963년에는 65.1%, 그리고 1964년에는 64.7%로 하락했다.[9] 외화가득률을 높이기 위해서는 수입에 의존하고 있는 수출용원자재를 국내에서 조달해야 한다. 즉 수출용원자재의 수입대체가 이루어져야 하는 것이었다. 그렇지만 수출용원자재의 수입대체를 위해서는 이 제품들이 가격과 품질 면에서 국제경쟁력을 가져야만 한다. 한국포리에스텔의 사례를 통해 알 수 있듯이, 정부는 이를 위해 수요예측에 근거하여 화학섬유 제조업자들의 투자계획을 통제하고 이를 통해 규모의 경제를 실현함으로써 장차의 수출경쟁력을 확보케 하는 정책을 실시하기 시작했다.

그렇지만 수출용원자재의 수입대체를 위해서는 추가적인 제도적 정비도 필요했다. 기존의 수출입활동에 대한 유인체계가 외국산 원자재를 사용하는 수출품 생산자가 금융·세제 면에서 상대적으로 유리하도록 되어 있었으므로, 기존의 수출지원제도를 재정비할 필요가 있었던 것이다. 1960년대 후반에 이루어진 수출지원금융 및 조세제도의 개편이 바로 이러한 목적을 달성하기 위한 시도였다(이상철 1998). 그럼에도 불구하고 수출지원제도의 재정비만으로 국산 화학섬유의 수출용

---

9 기획조정실 『제1차 경제개발 5개년계획 평가보고서』, 1967, 750면.

원자재 수입대체가 즉각적으로 이루어지지는 않았다.

우선 섬유수출업자로서는 국산 화학섬유의 품질이나 납기일의 준수 여부에 불신을 가지고 있었으며, 국내 화섬업계와 수출용원자재 공급계약을 맺게 되었을 경우 높은 제조원가로 인한 추가적인 가격인상분을 떠맡게 되지 않을까 하는 우려가 있었으므로, 동일한 조건이라면 굳이 국산 원자재를 사용할 필요를 느끼지 못하고 있었다. 한편 정부는 수출용원자재의 국산화 필요성은 절감하고 있었지만, 당시의 주력 수출상품이었던 섬유의 수출을 저해하는 방식으로 이를 추진할 수는 없는 실정이었다. 물론 이 문제는 국내 화학섬유공업의 생산성이 향상된나면 점차 해설될 수 있겠겠시만, 정부는 이 문제의 소속한 해설을 서둘렀고, 그 해결책으로서 등장했던 것이 '수출용원자재 수입사전승인제'의 실시와 '조정위원회'의 설치였다.

즉 상공부는 1971년 7월 '수출용원자재 수입사전승인사무 취급요령'(상공부고시 제7087호)을 공포하여 아크릴, 폴리에스테르, 나일론사 등을 수출용원자재로 수입할 때에는 사전에 상공부의 수입승인을 받도록 함으로써 이들 수출용원자재의 수입을 제한했다. 또 이와 동시에 수출용원자재 생산업자, 수출업자 및 유관기관 책임자로 구성된 조정위원회를 설치하여 국산 수출용원자재의 가격 및 품질에 관한 사항을 심의·조정하도록 했다. 또 이 고시를 통해 상공부장관은 필요할 때에는 수출용원자재 공급자에게 국제가격 및 수입가격을 감안하여 공급가격을 정할 수 있는 권한을 가지게 되었다. 이로써 외국산 수출용원자재는 그 수입이 제도적으로 봉쇄되었고 국산 수출용원자재의 공급이 현저하게 부족하거나, 가격이 국제가격을 상회하고 품질이 조악할 경우에만 조정위원회의 협의를 통해서 수입가능하게 되었다. 즉 가격 및 품질에 관한 조정위원회의 행정적 의사결정과정이 시장적 조정과정을 대체하게 되었다.

이처럼 한국에서 화학섬유 수출용원자재의 수입대체에는 조세 및 금융 면에서 기존 수출지원정책의 대폭적인 수정을 필요로 했을 뿐만 아니라 그의 실현에는 정부의 적극적인 개입을 수반했다. 이 과정에서 수출용원자재의 가격결정은 비시장적 조정에 이끌렸던 것이다.

그렇지만 위계만으로는 시장이 제공해주는 효율성에 대한 강력한 인쎈티브가 결여된다. 위계구조 내에서는 효율적 자원배분을 이끄는 규율(discipline)이 창출되어야만 하는 것이다. 당시 정부가 국내수요를 초과하는 추가시설도입을 허가하면서 화학섬유 제조업체들에게 부가한 것은 수출의무조건이었다. 외자도입법에 따르면 정부는 외국인투자기업에 대해 투자인가시 부가한 조건이 이행되지 않을 경우 위반사항에 대해 시정을 명령할 수 있었고, 시정요구를 이행하지 않을 때에는 이미 감면된 법인세·소득세·재산세를 추징하고 인가를 취소할 수도 있었다. 또 차관 및 기술도입에 대해서도 인가에 따른 조건을 위반했을 경우에는 벌금형을 부과할 수 있었다. 따라서 외자도입기업에 대한 수출의무량 부과는 화학섬유 제조업체들의 수출을 강제하는 가장 중요한 제도적 장치였다. 정부는 수출의무량을 달성하지 못한 기업에 대해서는 감면된 조세분을 추징함으로써 처벌했고, 기업들은 외자도입시 부과된 수출의무량을 달성하기 위해 노력을 경주했던 것이다. 이 과정에서 기업들은 결과적으로 해외시장으로부터의 경쟁에 직면했다. 이는 비효율적으로 운영되고 국내시장에서 안주했을지도 모를 기업들에게 작업장에서 생산성을 향상시키는 압력으로 작용했던 것이다.

4. 중화학공업 육성정책과 그 귀결(1973~79)

1) 중화학공업화 정책의 추진

경제기획원은 1973년 8월 「우리 경제의 장기전망(1972~81)」을 발표했다. 「우리 경제의 장기전망」의 내용은 이미 1971년 2월에 확정 발표되었던 「제3차 경제개발 5개년계획」에서 제시되었던 것과는 상이했으며, 중화학공업화 정책의 본격적인 시작을 알리는 것이었다.

「우리 경제의 장기전망」은 성장·안정·균형을 계획이념으로 하는 「제3차 경제개발 5개년계획」의 기본노선을 탈피한 것으로서, 세부목표에서도 많은 차이가 있었다.

우선 거시경제적 지표의 목표치에서 차이가 있다. 「우리 경제의 장기전망」에서는 1976년의 수출목표를 「제3차 경제개발 5개년계획」에서 책정했던 35억달러보다 높은 44억 700만달러로 책정했으며, 1981년의 수출목표는 109억 7000만달러로 정했다. 76년의 1인당 GNP도 「제3차 경제개발 5개년계획」보다 100달러나 높은 488달러로 정했다. 이에 따라 GNP 성장률도 「제3차 경제개발 5개년계획」보다 높아졌다. 뿐만 아니라 〈표3〉에서처럼 「우리 경제의 장기전망」에서는 제조업 부가가치에서 중화학공업이 차지하는 비율이나 공산품수출 중에서 중화학공업제품이 차지하는 비율도 「제3차 경제개발 5개년계획」보다 높게 책정했다. 즉 「우리 경제의 장기전망」에서는 중화학공업제품의 수출촉진을 통한 산업구조의 고도화에 더 역점을 두고 있었던 것이다.

나아가 안정과 균형을 실현하는 데 많은 비중을 두고 있었던 「제3차 경제개발 5개년계획」과 달리, 「우리 경제의 장기전망」은 물동계획적 색채가 강했다(石崎菜生 1996, 70면). 즉 「제3차 경제개발 5개년계획」이 지금끼지의 공업화 실적괴 산업별 수요예측에 입각해 공업화기 진행됨에 따라 점증하리라고 예상되는 중화학공업제품을 수입대체하는 것에 주안점을 둔 것이었음에 비해, 「우리 경제의 장기전망」은 기존의 공업화 실적 등과는 관련 없이 철강·비철금속·조선·기계·전자·화학의 6개 산업을 중점 육성산업으로 선정하고 이들 산업의 품목별 생산목표를 설정하는 것을 그 주요 내용으로 하고 있었던 것이다.

1968년 이후 발생한 일련의 정치·군사적 사태로 인해 당시 집권세력은 방위산업 육성의 필요성을 절감하게 되었다.[10] 정치·군사적 동기를 고려하지 않고서는 이러한 급작스런 정책변경을 설명하기 어려울 것이다. 특히 경제기획원이 1970년 5월 작성하여 추진했던 선철·특수강·조선소 및 중기계종합공장의 '4대핵공장' 건설계획이 외자도입문제로 어려움을 겪게 되자, 71년 11월 10일 청와대 비서실이 중화학공업정책 수립 및 집행의 주도권을 쥐게 되었다.

1981년까지 연평균 GNP 성장률을 10%로 하며, 제조업의 증가에 의해 경제성장을 주도하고 제조업의 증가는 중화학공업화에 의해 선도되게 함으로써 산업구조의 고도화를 이룩한다는 구상은, 제1차 석유파동과 뒤이은 불황으로 한때 일부 계획이 축소 연기되기도 했지만, 호황국면에 접어든 1976년부터 더욱 강력하게 추진되었다. 철강·비철금속·조선·기계·전자·화학 등 6개 산업에 대한 육성계획을 추진하기 위해 당시 정부는 1973~81년 사이 총투자액의 22.1%, 제조업 부

---

10 1968년의 1·21사태와 푸에블로호 피랍사건 등으로 인해 국방력 강화의 문제가 제기되어 향토예비군이 4월에 창설된다. 이에 따라 향토예비군을 무장시키는 데 필요한 군수품의 생산은 주요한 현안 과제로 제기되었다. 한편 1968년 11월에는 울진·삼척지역에 북한의 무장게릴라가 침투하여 1개월 이상 활동하는 등 남북의 군사적 긴장은 고조되었다. 또 1969년 7월에는 미국의 닉슨 대통령이 괌에서 아시아제국의 안전보장문제는 1차적으로 각국 스스로가 처리할 것을 기대한다는 내용의 괌독트린을 발표했다. 곧이어 주한미군의 2개 사단 이상 병력의 철수문제가 제기되었고, 실제로 1971년 3월에는 1개 사단의 철수가 완료되었다. 나아가 1972년 7월 4일 남북공동성명이 발표되었지만 곧 결렬되었으며, 특히 당시 북한을 방문했던 한국의 방문단은 북한의 중화학공업 발전상에 압도당했고 1960년대 이후 경공업 중심으로 추진해오던 경제발전전략에 위기를 느꼈던 것이다(石崎菜生 1996, 72~74면).

〈표3〉「제3차 경제개발 5개년계획」과 「우리 경제의 장기전망」의 비교

특징	제3차 경제개발 5개년계획	우리 경제의 장기전망
특징	안정과 균형에 역점	물동계획적
산업정책	산업별 수요예측과 생산목표·투자계획을 제시. 전략산업을 지정하지 않음.	6개 산업(철강, 비철금속, 조선, 기계, 전자, 화학)을 전략산업으로 지정.
GNP 성장률(연평균)	1972~76년 8.6%	1972~76년 9.0% 1977~81년 11.0%
수출	1976년 35억달러	1976년 44억700만달러 1981년 109억7000만달러
1인당 GNP	1976년 389달러	1976년 488달러 1981년 983달러
중화학공업/제고업부기기치	1970년 35.9% 1976년 40.5%	1972년 35.2% 1976년 41.0% 1981년 51.0%
중화학공업제품/공산품수출	1972년 23.3% 1976년 33.3%	1972년 27.0% 1976년 44.0% 1981년 65.0%

자료: 石崎菜生 1996, 69면.

문 투자액의 63.9%에 달하는 총 2조 9800억원(1970년 불변가격)의 투자를 계획했다. 이를 위해 중화학공업 육성을 위한 정부기구 및 조직의 개편, 재정금융조세상의 지원, 그리고 사회간접자본의 확충이 이루어졌다(김대환 1987).

우선 1973년 5월에 대통령령으로 중화학공업추진위원회가 설치되어, 중화학공업에 대한 종합계획과 부문별 추진계획 및 지원계획의 수립을 담당하도록 했다. 또 이 위원회 아래에는 중화학기획단이 설치되었다. 중화학기획단은, 형식상으로는 국무총리 직속기관이었지만 청와대·경제기획원·상공부·건설부의 핵심간부들이 참여하는 실질적으로는 대통령 직속의 강력한 기관이었으며, 1980년 중화학기획단이 해체될 때까지 중화학공업화 정책의 모든 실무를 담당했다.

재정 측면에서의 지원정책은 중화학공업에 대한 재정융자의 확대

로 나타났다. 특히 국민투자기금법에 의해 조성된 국민투자기금은 중화학공업에 집중적으로 지원되었다. 즉 1974년 이후 1980년에 이르기까지 재정융자기금에서 국민투자기금이 차지하는 비중은 80~90%에 달했으며, 이 가운데 중화학공업에 대한 지원금이 차지하는 비중은 67.1%에 달했다.[11]

또 조세 측면에서의 지원도 중화학공업에 집중되었다. 조세감면규제법과 관세법의 경우, 철강·비철금속·석유화학·조선 등 12개 중화학공업을 비롯한 소위 14개 중요 산업에 대해서는 ①3년간 100%, 2년간 50%의 직접감면 ②8%에서 10%의 투자액공제 ③100%의 특별상각 중에서 택일할 수 있게 해주었으며, 여기에 70~100%의 관세감면 혜택을 추가했다.[12]

이와는 별도로 철강공업육성법·전자공업진흥법·석유화학공업육성법·비철금속제련사업법 등 일련의 중화학공업육성법을 제정하여, 각종 시설재 수입시 관세감면, 설비투자시 법인세 감면 등을 통해 중화학부문에 대한 투자를 유도했다.

재정 측면에서의 지원정책에 더하여 중화학공업에 대한 금융지원도 이루어졌다. 1973~80년 동안 이루어진 중화학공업에 대한 산업은행의 대출금은 1조 2302억원에 달하는데, 이것은 제조업 전체 대출금의 80%에 해당하는 금액이다.

사회간접자본의 확충을 통한 중화학공업에 대한 지원은 거의 전부가 재정투자로 이루어졌다. 1972~76년 동안 사회간접자본에 대한 재정투자액은 1조 6000억원으로 총재정투자의 67.4%를 차지했는데, 1962~66년의 비율 54.9%와 비교한다면 매우 높은 수치였음을 알 수

---

11 재무부『재정투융자백서』, 1982.
12 경제기획원『경제백서』, 1981, 107면.

있다. 사회간접자본에 대한 투자금액은 1977~80년 동안 더욱 증가하여 5조원에 달했으며, 총재정투자액에서 사회간접자본에 대한 투자금액이 차지하는 비율도 80.5%로 대폭 증가했다.

또 정부는 중화학공업화 계획에 입각하여, 각 업종별로 산업입지를 정하여 공단을 조성하고 필요한 도로·항만·용수 등의 부대시설을 제공함으로써 산업기지를 건설했다. 나아가 산업기지에 입주하는 기업들에게는 금융 및 조세 측면에서의 혜택이 주어졌다.

2) 시장을 대체하는 위계의 창출

앞에서 우리는 화학섬유산업의 사례를 통해, 화학섬유의 수입대체 과정에서 규모의 경제를 실현함으로써 국제경쟁력을 확보한다는 목적을 달성하기 위해, 외화 및 원화자금의 배분뿐만 아니라 제품의 국내배분 및 가격결정 등 전반적인 자원배분과정에 대한 국가개입은 더욱 강화되었고, 그 과정에서 시장을 대체하는 행정적 위계가 등장했음을 확인할 수 있었다.

중화학공업화 정책 역시 중화학제품의 수입대체와 중화학공업의 조속한 수출산업화를 목표로 하는 물동계획적 접근을 취하고 있었으므로, 그 실행과정에서 자원배분과정에 대한 국가개입은 더욱더 강화될 수밖에 없었다. 여기서는 석유화학산업의 사례를 통해, 화학섬유 제조 원료로 사용되었던 석유화학제품의 수입대체과정 및 이들 제품의 가격통제정책을 살펴보도록 하자.

1972년 4월 11일 국제호텔에서는 한국화섬협회 제4차 이사회가 개최되었다. 이사회에서 박종식 한국화섬협회 회장은 72년부터 상공부의 화섬원료정책이 변경되었으며 변경된 새로운 정책이 2/4분기부터 적용될 것이라고 보고했다. 이사회에서 각 기업의 대표들은 협회관계자에게 대책마련을 촉구했지만 별다른 방안을 마련할 수는 없었다.[13]

그렇다면 상공부의 새로운 화섬원료정책은 어떠한 것이며, 지금까지 기업들은 화섬원료를 어떻게 공급받았을까?

지금까지 기업들은 제품생산에 필요한 원료(카프로락탐, 아크릴로니트릴모노머, 디메틸테레프탈산 등) 전량을 수입하여 사용했다. 이 기업들은 비록 화섬원료가 반기별(半期別) 수출입 기별공고상(期別公告上) 수입제한승인품목으로 고시되어 있었지만, 한국화섬협회의 추천을 받으면 내수용 화섬원료를 전량 수입할 수 있었다. 또 기업들은 화섬원료를 수출용원자재로 사용하는 경우에는 협회의 추천 없이도 수입할 수 있었다. 따라서 기업들은 관례적으로 공칭능력(公稱能力, 섬유공업시설에 관한 임시조치법에 따라 상공부에 등록된 시설규모)에 해당하는 설비 가동에 필요한 화섬원료를 내수용으로 구입하고 수출용원자재 명목으로 화섬원료를 추가적으로 수입할 수 있었으므로 국내 수요량이 증가하여 공장가동률이 높아지더라도 원료조달에는 아무런 어려움을 느끼지 않았던 것이다.

그렇지만 1972년 3월 13일자 상공부 고시 제8311호(수출용원자재 수입추천요령)로 인해 기업들은 수출용원자재로 화섬원료를 수입하는 경우에도 협회의 추천을 받아야만 했고(고시 제3조), 상공부장관은 필요하다고 인정될 경우에는 수입추천을 배제할 수도 있게 되었다(고시 제5조). 그 결과 수입 화섬원료의 배분권한은 전적으로 상공부의 수중으로 귀속되어버렸다.

정부는 이 고시를 통해 제2차 경제개발 5개년계획의 핵심사업으로 선정되어 그동안 건설이 추진되어 이제 가동을 목전에 두고 있던 석유화학공장의 원활한 운영을 위해 마련된 지원정책이 효과적으로 시행될 수 있도록 뒷받침하고자 했던 것이다.

---

13 한국화섬협회 「제4차 임원회(이사회) 회의록」 1972.4.11, 『이사회회의록』, 1972.

1972년 3월은 아크릴섬유의 원료인 아크릴로니트릴모노머를 생산하는 동서석유화학(주)이 10월 준공을 목표로 마무리공사가 한창이던 때였다. 또 74년에는 나일론섬유의 원료인 카프로락탐을 생산하는 한국카프로락탐(주)이, 그리고 79년에는 폴리에스테르섬유의 원료인 테레프탈산 및 에틸렌그리콜을 생산하는 삼성석유화학(주) 및 호남석유화학(주)이 각각 준공되었다.

이제 정부는 석유화학산업을 수입대체산업으로 육성한다는 또다른 과제에 직면하게 된 것이다. 1972년 7월 25일 상공부는 대통령 앞으로 「석유화학제품의 판매가격결정」이란 보고서를 제출하게 된다. 이 보고서에는 그동안 상공부가 재무부 및 경제기획원과의 협의를 통해 마련한 석유화학육성방안이 기재되어 있었다.

석유화학산업의 육성에 관한 상공부의 보고 내용은 유치산업의 보호와 독점에 대한 규제라는 두 가지 문제에 초점을 맞추고 있었고, 상공부가 이 두 가지 문제를 동시에 해결하는 방안으로 제시한 것이 바로 석유화학제품 공급가격의 정부규제였다. 상공부는 이 보고서에서 다음과 같이 적고 있다.

석유화학 계열공장 중 6개 공장이 완공단계에 왔으므로 이들 생산제품에 대한 보호조치가 불가피함과 동시에 단일공장들로서 독점기업이 갖는 가격횡포의 가능성을 예방코저 그 가격을 규제하기 위하여 (…) 석유화학제품의 공급가격을 결정했음.[14]

우선 상공부는 국산 석유화학제품을 내수용과 수출용원자재용으로

14 상공부 「석유화학제품의 판매가격결정」, 보고번호 제238호, 1972.7.25; 대통령비서실 『상공관계보고서』, 행자부정부기록보존소 1972.

구분한 다음, 수출용원자재의 가격을 수입품의 면세가격과 동일한 수준으로 정하는 대신, 이로 인한 손실분을 고가의 내수가격을 통해 충당하도록 이중가격을 설정했다. 뿐만 아니라 상공부는 〈표4〉에서처럼 내수와 수출용원자재 각각의 판매비율도 책정했다.

〈표4〉 석유화학제품 공급가격 결정 내역(1972. 7. 25)

구분 품목		판매가격(달러/톤당)		내수: 수출용원자재
		내수용	수출용	
폴리에틸렌		363.04	301.35	95:5
VCM		161.77	129.60	95:5
아크릴로니트릴모노머		551.24	308.56	50:50
폴리프로필렌	섬유용	379.08	270.11	70:30
	수지용	364.35	248.06	70:30
SBR	타이어용	506.41	362.46	60:40
	신발용	447.78	296.52	60:40
알킬벤젠		313.10	156.00	70:30

자료: 상공부 「석유화학제품의 판매가격 결정」, 보고번호 제238호, 1972.7.25: 대통령비서실 『상공관계보고서』, 행자부정부기록보존소 1972.

물론 이후의 판매가격은 매년 전년의 실정을 감안하여 재조정하며 수출용원자재 가격은 외국 시세에 맞추어 유동적으로 조정하도록 했다. 물론 나프타분해공장에서 공급받는 유분(에틸렌, 프로필렌, 부타디엔, 벤젠 등)의 가격이 인상될 때에는 해당액만큼을 자동적으로 상향조정하도록 했다. 또한 석유화학제품의 가격을 낮추어주기 위해 주원료 및 촉매를 수입할 경우 이에 대한 관세도 면제해주기로 했다.

결국 상공부 고시 제8311호를 통해, 정부는 고가로 설정된 내수용 석유화학제품을 화섬제조회사들로 하여금 소비하도록 강제할 수 있는 수단을 확보하게 되었다. 우선 정부는 수출용원자재 수입추천요령에서 규정된 화섬원료 수입추천권한을 이용하여 화학섬유제조회사들의 화섬원료 사용내역을 파악하고 이를 통제할 수 있게 되었다. 정부는 화섬제조회사들로 하여금 일단 내수용 화섬생산에 필요한 화섬원료 전량을 고가의 국산품으로 구매하도록 한 다음, 나머지 국산화섬원료는 전량을 수출용원자재 생산에 사용하도록 했던 것이다.

5. 맺음말

쿠데타 직후 추진된 내자를 주요 재원으로 하는 개입주의적 수입대체공업화 전략은 제1차 경제개발 5개년계획에 구체화되었다. 이러한 원계획의 내용은 보완계획의 수립과정에서 대폭 수정되어, 수입대체를 목적으로 하는 공장의 건설에서도 민간의 역할은 증대되었고, 5개년계획상의 주력 수출품목은 1차산품에서 공산품으로 이전되었으며, 나아가 외환확보의 중요한 수단으로서 수출이 차지하는 역할이 강조되었다.

그러나 '지도받는 자본주의'라는 기본 개념은 원화자금의 동원과 배분, 그리고 외자의 심의 및 배분 과정에 대한 국가통제에 기반한 수입대체공업화 추진과정에서 그대로 살아남았다. 특히 외자도입에 대한 인가뿐만 아니라, 개별산업에 대한 육성법 제정을 통해 정부는 수입대체를 목적으로 건설된 공장들이 국제경쟁력을 갖출 수 있는 규모로 확장할 수 있도록 신규 기업의 진입을 제한했으며, 기존 기업의 증설투자조차 규제의 대상으로 삼았다.

한편 수입대체를 목적으로 건설되었던 이 공장들의 규모 확대는 국내의 수요를 초과하는 과잉생산의 문제를 야기했다. 국내 수요를 초과하는 부분은 수출되어야 했으나, 증설과정에서의 상업차관 도입 및 은행차입에 따른 높은 이자비용은 단기적으로는 제조원가를 압박하는 요인이 되었으며, 시설도입 초기의 낮은 기술수준은 제조원가를 상승시킬 뿐만 아니라 국제수준의 품질보증도 어렵게 만들었다.

앞에서 살펴본 것처럼 화학섬유 수출용원자재의 수입대체정책은 섬유류 수출에 따른 외화가득률을 제고함과 동시에 화학섬유의 증설과정에서 나타난 과잉생산문제를 해결하기 위해 추진되었다. 그렇지만 국산원자재의 가격, 품질 그리고 납기일 준수 여부에 불신을 갖고 있던 섬유수출업자는 국산원자재를 사용하려고 하지 않았으며, 정부역시 당시의 주력수출상품의 수출을 저해하면서까지 국산원자재의 수입대체를 강요할 수는 없었다. 수출용원자재 수입사전승인제의 실시와 조정위원회의 설치는 이 문제의 조속한 해결을 원했던 정부가 제시한 해결책이었다. 정부는 화학섬유제조업체들의 생산성 향상을 통해 이 문제가 점진적으로 해결될 때까지 기다리지 않고 시장을 대체하는 행정적 의사결정과정을 창출함으로써 대응했다. 이 과정에서 화학섬유의 가격은 국제가격수준에서 결정되는 수출용원자재 가격과 내수시장에서의 독점적 고가격이라는 이중가격을 형성했으며, 외국산 수출용원자재의 수입은 제도적으로 봉쇄되었다.

1973년부터 본격적으로 추진된 중화학공업화 정책은 중화학제품의 수입대체와 중화학산업의 조속한 수출산업화를 목표로 하고 있었으므로, 자원배분과정에 대한 정부의 개입은 더욱 강화되었다. 정부는 중화학공장 건설에 필요한 내·외자의 동원과 배분과정에 직접 개입했을 뿐만 아니라 중화학공업화 계획에 입각하여 각 업종별로 산업입지를 정하고 공단을 조성함으로써 산업기지를 건설했다. 나아가 중화학제품의 생산개시에 즈음하여 해당 제품의 수입을 제한함과 동시에 내수용 제품과 수출(용원자재공급)용 제품 사이의 이중가격을 설정함으로써 국제시장가격으로 수출(용원자재공급)하는 데에 따르는 손실분을 고가의 내수가격으로 충당할 수 있도록 했을 뿐만 아니라, 내수와 수출(용원자재공급) 각각의 판매비율도 책정했던 것이다.

이처럼 쿠데타 직후 시도되었던 일련의 정책들에 내재해 있던 개입주의적 특성이 1960~70년대를 거치면서 오히려 강화되었으며, 그 과정에서 자원배분에 있어서 시장을 대체하는 행정적 위계는 더욱더 강화되어갔다.*

■ 이상철

---

* 이 글은 『경제와 사회』 제56호(2002년 겨울호)에 수록된 「1960~70년대 한국산업정책의 전개」를 수정·보완한 것이다.

재벌체제와 발전지배연합

민주적 재벌개혁론의 역사적 근거

1. 머리말

개발독재는 우리에게 여러가지 역사적 유산을 남겼다. 그중 경제적 측면에서 가장 중요한 것을 든다면 개발독재가 재벌체제를 만들었다는 것이다. 재벌체제는 개발독재의 역사적 유산이면서 오늘의 한국 자본주의를 규정하고 있는 핵심 제도 가운데 하나이기도 하다. 우리가 외환위기를 겪게 된 가장 중요한 원인은 금융유동성(financial liquidity)이 지배하는 금융세계화가 얼마나 심각한 불안정성을 내재하고 있는지에 대한 숙고 없이 무분별하게 과도한 금융자유화와 자본시장 개방정책을 추진했기 때문이다. 특히 국내 금융자유화정책이 제대로 마무리되어 관치금융의 잔재가 청산되고 은행의 자율책임경영체제가 확립된 상태에서 자본시장 개방을 추진해야 했는데 이러한 순서를 지키지 않고 무리하게 자본시장 개방정책을 추진한 것이 결정적인 실수였다. 하지만 방만한 차입경영을 일삼은 재벌의 중복과잉투자 또한 경제위기를 야기한 중대한 내재적 요인이었다. 따라서 재벌개혁은 한국경제의 가장 중요한 시대적 과제에 속하며 다양한 재벌개혁론이 제기되고 있는 실정이다.

재벌개혁의 논의가 제대로 진전되기 위해서는 재벌이 형성되고 확립된 역사적 맥락을 살펴보아야 한다. 재벌체제가 어떤 역사적 과정 속에서 형성되었는가를 따져보지 않은 채 현재의 재벌체제를 주어진 현실로 인정하고 그 장단점만을 따지는 식의 재벌개혁론은 개발독재의 역사적 유산을 발전적으로 극복하는 차원으로 나아가지 못하고 지극히 기능주의적인 보수적 재벌개혁 해법만을 논의하게 될 가능성이 크기 때문이다. 개발독재체제는 국가와 재벌 간의 발전지배연합을 통해서 산업화와 경제성장이란 정책목표를 달성했으며, 적어도 당시의 국민들은 개발독재가 내세운 '선성장 후분배'의 구호에 동의하고 재벌을 통한 중화학공업화를 성공시키기 위해서 경제적 희생을 감수했다. 즉 재벌은 국민대중의 희생을 바탕으로 각종 특혜를 받고 성장해 오늘에 이른 것이기 때문에 한국국민들에게 역사적·도덕적 부채를 지고 있다.

그러나 우리는 어느덧 재벌이 국민대중에게 지고 있는 역사적 부채 문제를 잊어버리고 있다. 재벌문제를 재벌총수와 외부소액주주 간의 재산권 문제로만 축소하여 이해하는 것은 재벌문제의 역사적 맥락을 잊고 있는 것이다. 국경간 자본이동이 자유로운 금융세계화의 현실에서 재벌의 기득권을 당연한 현실로 인정하고 재벌개혁을 논의하는 한, 재벌들의 반개혁적 저항에 무력한 처방만 나올 수밖에 없다. 이 글은 현재의 우리를 규정하고 있는 재벌체제가 어떠한 역사적 과정에서 형성되고 확립된 것인지를 살펴봄으로써 재벌이라는 개발독재체제의 역사적 유산을 발전적으로 해결하는 민주적 재벌개혁론의 작은 근거를 마련하고자 한다.

2. 경제개발계획과 재벌의 형성

현재와 같은 재벌중심의 한국경제체제는 박정희 개발독재체제 속에서 형성되었다. 한국 재벌은 1950년대 귀속재산 불하, 원조물자 특혜배정 등 비생산적 지대에 근거하여 형성되기 시작했지만, 본격적인 공업화와 연계된 재벌체제의 형성은 1960년대 경제개발과 함께 이루어진 것이다. 실제로 60년대 정부의 공업화정책과 적극적으로 결합하지 못한 50년대 재벌들은 이후 재벌 대열에서 밀리거나 탈락했다. 따라서 한국의 재벌은 50년대에 시작되었지만, 60년대부터 국가주도에 의해 산업자본의 축적체제가 본격적으로 형성되었고 60년대 이후의 축적체제와 그전의 축적체제는 성격을 달리하기 때문에 50년대와 60년대의 재벌은 일정한 연속성과 단절성을 동시에 지니고 있다고 보아야 한다.

4·19 이후 원조물자에 의존하는 대외의존적 경제구조로는 국민의 경제생활을 개선하고 자립경제를 실현할 수 없다는 국민적 합의가 형성되어가고 있었고, 경제개발에 대한 이러한 민족주의 인식은 민주당정부와 5·16쿠데타로 집권한 군사정부에서도 이어지고 있었다. 군사정부는 산업화와 자립경제 실현을 위해서 기간산업의 육성이 필요하다고 보았고, 기간산업 육성은 자유시장경제에만 맡겨서는 이룰 수 없으며 국가의 적극적 개입과 지원 속에서만 가능하다는 것을 인식하고 있었다는 점에서 군사정부는 자유당정부와 분명하게 구분된다. 군사정부는 민주당정부가 작성한 경제개발계획을 거의 그대로 차용했지만, 재벌이 지배하고 있던 은행을 국가가 장악하여 재벌을 규율하고 지원하는 선별적 산업정책의 수단으로 삼았다는 점에서 민주당정부와도 차별성을 갖는다. 따라서 자유당정부하에서는 국가와 재벌이 지대와 정치자금을 교환하는 단순한 정경유착이었다면 1961년 이후 개

발독재는 산업화란 성장을 추구하고 재벌은 제국건설(empire-building)이란 성장을 추구함으로써 양자는 경제성장에 대한 이해일치를 보았고, 국가가 정부주도의 금융을 통해 재벌을 규율하고 후원하는 수직적 발전지배연합의 관계를 형성했던 것이다(이병천 1998).

관치금융은 국가가 산업정책을 주도적으로 수행할 수 있게 한 핵심적 정책수단이었기 때문에 개발독재가 산업화를 성공시킬 수 있었던 가장 중요한 기반이면서 동시에 현재의 경제위기와 질곡을 야기한 핵심적 원인(遠因) 가운데 하나이기도 하다. 후진국이 산업화를 추구하는 데서 부딪히는 가장 중요한 장벽은 산업금융의 제도적 기반이 취약하다는 것이다.

후발자본주의 국가인 독일의 산업발전 역사를 보면, 선진산업국인 영국에 대한 비교열위를 극복하기 위해 국가가 유치산업을 보호하면서 대규모 투자자금이 동원되었는데, 자본시장의 미발달로 투자자금은 주로 대형은행(Großbanken)들의 장기대출을 통해 조달되었다. 이 은행들은 내부에 기술부서를 두고 기업에 대한 대출심사를 했고, 공식적으로는 단기대출이었지만 만기연장으로 실제로는 장기대출을 해주었다. 19세기 말과 20세기 초 도이체방크(Deutsche Bank) 경영이사회(Vorstand) 이사들은 은행과 관계를 맺고 있는 주요 기업들에 대한 심사책임을 지는 산업전문가들이었다. 그러므로 독일 산업발전 역사에서 독일 상업은행은 대규모 모험자본의 역할을 했던 것이다(Chandler 1990, 398~419면; 조영철 2001). 즉 후발자본주의 국가인 독일이 비교열위 산업인 중화학공업을 육성할 수 있었던 데에는 유치산업보호론에 근거한 보호무역주의 정책도 기여를 했지만 산업금융을 담당한 대형 상업은행의 금융헌신(financial commitment)[1]도 중요한 기여를 했다.

---

1 금융헌신이란 금융유동성에 대비되는 개념으로서, 이탈효과(exit effects)를 중시하는

그러나 1950~60년대 초의 한국은 국내저축률이 매우 낮았을 뿐만 아니라 원조물자 특혜처럼 비생산적 지대를 추구하는 상업자본의 성격을 띠고 있던 재벌들이 주요 시중은행들을 소유하고 있었기 때문에 민간경제에서는 장기적 시계(time horizon) 속에서 고위험의 생산적 투자를 감행하는 산업화의 동인을 찾을 수 없는 상황이었다. 후진국이 기간산업을 육성하는 모험적 산업화를 추진하려면 헌신적 자본(dedicated capital)을 장기간 공급하는 기업금융체제를 확보해야만 했다.

정부는 1961년 '금융기관에 대한 임시조치법'을 제정하여 은행의 민간주주들의 의결권을 법적으로 제한하고 재벌의 지배하에 있던 은행을 사실상 국유화하였으며, 몇개의 특수은행을 설립하고 기존 특수은행을 확대·개편했다. 대규모 모험자본의 역할을 수행할 수 있는 금융기관이 존재하지 않았던 당시의 시대적 조건에서 국가가 은행국유화를 기반으로 하여 적극적 투자자로 나선 것은 금융헌신의 산업금융체제를 강제적으로 창출하는 고육책이었다. 은행국유화는 이후 관치금융의 폐해라는 유산을 우리에게 남겨주었지만 개발독재의 모험적 산업화를 가능하게 한 핵심적 요소였다.

1961년 군사정부는 처음부터 수출지향적 공업화전략을 뚜렷하게 갖고 있었던 것은 아니었다. 그러나 군사정부는 1950년대 원조물자에 의존한 삼백산업 중심의 50년대 경제체제의 대외의존성 문제를 극복하기 위해서 전력·석탄·정유·비료·철강 등 주요 기간산업을 발전시켜야 한다는 의식을 분명히 갖고 있었다. 제1차 경제개발계획의 투자계획이 여러가지 현실적 한계 때문에 실제로 제대로 집행되지는 못했지만 군사정부는 1차 경제개발계획에서부터 수입대체를 목표로 하는

거리두기 관계(arm's length relations)의 단기적 기업금융이 아니라 장기적 관점에서 투자자금을 지원하는 기업금융을 말한다.

중공업 중시 산업투자계획을 갖고 있었다.[2] 즉 제조업에 대한 예금은행 및 산업은행의 대출금 중 중화학공업에 대한 대출비중은 1965년에 이미 52.9%에 달해 중화학공업화가 본격화한 1970년 54.5%, 1975년 50.4%에 비해 큰 차이가 없었다(김낙년 1999, 65면). 특히 장기설비투자의 무게중심은 기간산업을 중심으로 한 수입대체산업에 있었고, 이것은 차관도입의 산업별 배분이 중화학공업에 치중되었다는 것에서 잘 알 수 있다(이병천 1999, 172면).

경공업 중심의 수출지향적 산업화전략을 적극적으로 권고한 것은 미국이었고 군사정부의 초기 수출전략은 외환부족 타개를 위해 1차산업과 경공업 중심으로 수출을 증대할 필요가 있다는 정도의 소극적인 것이었다.[3] 군사정부가 수출지향적 공업화전략을 강력하게 추진하기 시작한 것은 수출성과가 예상외로 급증하면서 수출이 경제성장을 견인하는 역할을 한다는 것을 인식한 이후였다. 장하원(1999, 109면)은 제1차 5개년계획의 완료 결과 수출의 잠재력, 특히 제조업공산품의 폭발적 증가를 목격했음에도 불구하고 정부가 아직 수출의 성장잠재력을 충분히 인식하지 못하고 있었으며, 제2차 5개년계획에서도 수출의 역할은 여전히 주로 국제수지 개선을 위한 수단으로 이해되고 있었다고 주장한다.

1960년대 초반 경제정책과 관련해 군사정부와 미국이 갈등을 겪었

---

2 1960년대 정부의 수입대체공업화 전략은 처음부터 경공업보다 중간재, 자본재의 중화학공업 육성에 관심을 두고 있었다. 왜냐하면 60년대 초에 이미 내구소비재와 그에 필요한 일부 중간재의 수입대체가 완료되었기 때문이다(김광석·차동세 1995, 49면).

3 제1차 5개년계획의 중점 목표는 ① 전력, 석탄 등 에너지공급원의 확보, ② 농업생산력 증대, ③ 기간산업의 확충과 사회간접자본 충족, ④ 유휴자원의 활용, 특히 고용의 증가와 국토의 보전 및 개발, ⑤ 수출증대를 주축으로 하는 국제수지 개선, ⑥ 기술의 진흥이었다(강광하 2000, 28면). 중점 목표에 수출증대가 한 항목으로 들어가 있지만 국제수지 개선을 위한 수출증대라는 소극적 목표였으며 수출증대를 통해 산업화와 성장을 촉진한다는 적극적 수출지향적 공업화전략은 아니었다.

던 것도 군사정부가 자립경제 실현을 위해 국가주도의 기간산업 육성 정책을 강행하려 한 데 기인하는 바가 크다. 만일 군사정부가 처음부터 미국의 권고대로 시장순응적인 경공업 중심의 수출지향적 공업화 전략을 전면적으로 수용했다면 적어도 경제정책을 둘러싸고 미국과 심각한 갈등을 겪지 않았을 것이다. 이와같이 군사정부는 집권 초기부터 기간산업 육성에 대한 분명한 의지를 갖고 있었고 이를 위해서 공기업과 재벌기업을 통해 기간산업에 대한 수입대체공업화전략을 추진했던 데 반해서, 경공업 중심의 수출지향 공업화전략의 추진은 60년대 중후반 수출의 성장잠재력을 분명하게 인식한 이후부터 본격화했다. 이때부터 공업화전략은 수입대체와 수출지향 공업화전략을 결합하고 리스트와 스미스를 결합하는 복선형 산업화 방식을 띠게 된다.[4] 그리고 수출증가가 예상외의 높은 성과를 내면서 정부는 복선형 산업화 방식에 대해 자신감을 갖게 되었고, 이후 1970년대 중화학공업화 정책을 추진할 때에는 60년대의 수입대체적 공업화전략과는 달리 처음부터 수출지향적 목표를 갖고 투자를 행한다. 이로써 협소한 내수시장만을 대상으로 하지 않고 수출시장을 고려하여 규모의 경제를 실현하는 대규모 공격적 투자를 감행하게 되며[5] 이를 통해서 재벌기업들의 기반이 확립되는 것이다.

군사정부는 쿠데타에 의해 집권한 직후 자유당정부와 밀착되었던 대부분의 재벌들을 부정축재자로 엄벌하려는 입장이었으나, 부정축재

---

4 국내 기간산업을 유치산업으로 보호하면서(프리드리히 리스트) 동시에 세계시장에서 경쟁하는 수출지향적 산업화전략(아담 스미스)을 추구한 것을 말한다.
5 1960년대 수입대체공업화전략을 추진할 때 외국의 전문가들과 차관 제공기관들이 협소한 내수시장을 고려하여 대규모 공장건설에 반대했음에도 불구하고 정부는 규모의 경제를 실현할 수 있는 대형공장을 건설하려고 노력했다(오원철 1996). 1960년대에는 경쟁력을 갖춘 국제 최소단위 공장을 지으려고 한 데 반해 1970년대에는 처음부터 수출능력이 있도록 계획하여 국제 최대단위 규모의 공장을 건설한다는 생각으로까지 나아갔다(이병천 1999, 175면).

자 처벌이 이후 흐지부지되고 재벌을 산업전략의 하위파트너로 활용하는 입장으로 정책전환을 하는데, 그 이유도 중화학공업 육성을 위해서 재벌을 이용할 필요가 있다고 판단했기 때문이다. 특히 미국은 부정축재자들과 교신해가면서 강경한 부정축재 처리방침이 경제회복을 지연시킬 뿐만 아니라 광범한 국유화로 이어지지 않도록 계속 압력을 행사했다(이병천 1999, 145면).

박희범[6]이나 유원식 등 군사정부 내에는 내자동원·국가주도 방식으로 기간산업을 육성해야 자립경제를 실현할 수 있다고 주장하는 일파도 있었지만[7] 이에 대해서 자유시장경제를 지향하는 미국은 강력하게 반대하는 입장이었다. 뿐만 아니라 1950년대 공기업들이 비효율성과 부정부패의 온상이었다는 것을 박정희 자신이 신랄하게 비판한 데서 나타나듯이,[8] 군사정부는 기간산업을 주로 공기업방식에 의존하여 육성하는 것이 비현실적이라고 판단한 것으로 보인다. 화폐개혁이 실패하면서 내자동원에 의해 기간산업을 육성하는 방식의 비현실성은 더욱 분명해졌다. 외자의존이 불가피한 상황에서 정부는 자유시장경

---

6 박희범은 로스토우의 '식민지근대화론'을 비판하면서 소비재산업을 선도산업으로 하는 공업화는 기존 소수 대기업의 독점을 강화하여 이중구조를 심화시킬 것이라며 외자를 이용하고 국제분업을 수용하되 기간산업을 일으켜 경제의 기초 토대를 구축하는 '내포적 공업화론'을 주장했다(홍석률 1999, 221면).

7 박정희를 포함해 군사정부의 초기 핵심세력은 내자동원에 기초해 국가가 직접투자를 담당하는 일종의 국가지주회사의 성격을 띠는 산업개발공사 안을 갖고 있었다. 미국은 산업개발공사 안에 대해 사회주의적 계획경제방식이라면서 강력하게 반대했다. 민주당정부의 5개년계획도 기간산업육성 목표를 갖고 있었지만 국가주도형 경제개발전략이란 관점에서 보면 군사정부가 민주당정부보다 국가의 적극적 역할을 훨씬 더 강조하는 입장이었다(박태균 2000).

8 "(국가관리기업의 운영은) (…) 굶주린 사자 앞에 내던져진 토끼격으로 탐욕스러웠던 구정치인들의 부패상을 여실히 보여주는 실증이라 할 것이다. (…) 최소한도 이 (국가)관리기업체 하나만이라도 합리적인 운영과 제대로의 발전을 볼 수 있다면 그래도 공업화까지의 경제 유지에 도움이 될 수 있는 것이다. 그러나 그러한 우리의 기대는 역연 수포가 된 지 오래가 아니었던가. 일례로 1959년도 하반기 결산서 보고에 본다면 엄청난 손실금만이 열거되고 있다"(박정희 1963).

제의 민간기업을 중심으로 하는 개발전략을 권고한 미국의 정책을 수용하지 않을 수 없었다. 따라서 에너지, 철강 등 대규모 투자가 필요해 민간재벌이 감당하기 어려운 기간산업의 경우에는 국영기업이나 공기업방식으로 국가가 직접 산업육성을 담당하고[9] 그외의 산업에 대해서는 국가가 자금을 지원하되 재벌의 자금동원능력과 경영능력을 최대한 활용하는 전략을 선택하게 된다.

군사정부는 부정축재자 처벌을 면제하는 대신 재벌들이 직접 정부가 정한 주요 기간산업의 공장을 건설하여 그 주식을 납부하도록 했다. 이런 식으로 공장건설이 승인된 부정축재자는 18명이었다. 하지만 재벌의 자금동원능력의 한계, 외자동원능력의 한계 등으로 인해 실제로 공장건설은 제대로 이루어지지 못했다(박동철 1999, 149면). 군사정부가 부정축재자 처리를 대중의 정치적 지지를 얻는 기회로 활용할 수 있었음에도 불구하고 사실상 부정축재자 처리를 유야무야했던 것은 산업화를 달성하려면 기간산업인 중화학공업을 육성해야 했고 재벌을 경제개발의 하위파트너로 활용할 필요가 있었기 때문이다. 즉 국가가 육성할 전략산업을 담당할 승자기업을 사전적으로 선정할 때 대규모 기업경영 경험이 있는 재벌대기업이 가장 유리한 위치에 있었던 것이다. 국가-재벌의 수직적 발전지배연합은 이런 배경에서 형성되었다. 군사정부가 부정축재자에게 공장 설립을 강요했던 산업이 비료·전기·제철·화학섬유[10]·시멘트 등이었다는 것은 정부가 재벌을 활용

---

9 총국내투자 중 공기업(정부기업+정부관리기업) 투자가 차지하는 비중은 1963~66년 27.8%, 1967~71년 19.8%, 1972~76년 24.2%, 1977~79년 22.5%에 달했고, 총국내투자 중 공공부문(일반정부+정부기업+정부관리기업) 투자 비중은 1963~79년간 평균 35.2%에 달했다(사공일 1993, 48면).

10 홍콩이 면방 중심의 섬유산업체제에서 벗어나지 못했던 데 반해서 한국이 섬유산업을 종합적인 섬유수출산업으로 발전시킬 수 있었던 결정적 요인도 장치산업의 성격을 띠는 화학섬유산업을 육성했기 때문이다.

해 중화학공업 부문을 육성하려 했다는 것을 의미한다.

중화학공업화 정책이 본격화한 것은 1970년대부터이지만 기계공업진흥법(1967), 조선공업진흥법(1967), 전자공업진흥법(1969), 철강공업육성법(1970), 석유화학공업육성법(1970) 등 중화학공업육성법들이 1967~70년에 제정되었고 정책방향 설정에서 법제정까지 상당한 기간이 걸린다는 것을 고려하면 이미 60년대 중후반에 선별적 산업정책에 기반한 정부의 중화학공업화 정책의 방향은 정해졌다고 볼 수 있다. 그러므로 대만이 중소기업을 기반으로 경공업 중심의 수출지향적 공업화와 함께 공기업 방식으로 수입대체적 중화학공업화를 추진한 데 빈해서, 한국은 공기업과 재벌을 함께 활용하고 수출을 고려하는 복신형 산업화 방식으로 중화학공업화를 추진했기 때문에 더욱 공격적인 중화학공업화를 추구할 수 있었고 그 결과 대만과 달리 거대한 재벌체제가 형성되었던 것이다.[11]

3. 발전지배연합체제의 확립과 한계

1) 관치금융과 재벌의 확대

한국의 국가-기업간 관계는 권위주의적인 수직적 관계로서 "지도받는 자본주의"의 성격을 띠었다. 즉 정부는 부정축재처리 과정에서 재벌기업들에 대해서 절대적 우위에 서게 되었을 뿐만 아니라 은행 국유화를 통해 자금에 대한 직접적 통제력을 확보했고, 경제개발계획을 통해 기업이 활동할 중심적 사업분야의 선정이나 기업의 성장방향을

---

11 10대재벌의 제조업 자산에 대한 중화학공업 자산비율은 1972년에 이미 70.6%였고 1979년 84.7%에 달했다(조동성 1990, 194면).

거의 일방적으로 이끌어갔다.

그러나 한국의 재벌기업은 정부와의 수직적 관계에서도 정부로부터 지시나 명령을 받는 단순한 수동적 존재가 아니라 정부의 정책에 순응함으로써 더 큰 자원과 권력을 분배받으려는 의존적이며 기회주의적인 속성을 갖고 있었다. 즉 한국정부는 경제개발 목표에 순응하는 기업들에게 경제적 유인을 제공하는 유인방식을 채택했기 때문에 정부-기업관계는 권위주의적·수직적 관계이면서도 협력적 관계였으며 정경유착의 성격도 가질 수밖에 없었다(신유근 1992, 301~309면). 정경유착은 정치권력에도 필요했다. 정치적 정당성을 결여한 군사정부는 많은 정치자금이 필요했기 때문이다. 1965년 '정치자금에 관한 법률'이 제정되어 정치자금을 양성화했지만 이 법률에 의해 1979년까지 공식적으로 조성된 정치자금 총액은 18억원에 불과했으며, 대부분의 정치자금은 재벌-국가간의 개별적·비공식적 유착관계를 통해 조달되었다(이재희 1999, 49면).

정부정책에 순응함으로써 기업이 얻는 이득은 신규사업의 진입 및 그로 인한 성장기회 확보, 정부 보호 아래 경영안정성 확보, 금융상 특혜였다. 정부의 경제개발 유인책은 주로 관치금융에 의한 금융지대에 근거한 것이었다. 외환규제에 의한 정책지대는 1960년대 들어서 환율 현실화 조치로 감소한 데 반해서 자본통제에 기인한 금융지대는 큰 폭으로 증가했다(김낙년 1999, 50면). 특히 민간기업에 대한 상업차관 지불보증은[12] 대기업에 집중되었고 재벌의 급속한 자본축적에 크게 기여했다. 차관기업의 성장은 1960년대 재계 판도에 결정적 영향을 미쳤고

---

12 한국기업들은 국제금융시장에서 전혀 알려져 있지 않아 외자도입이 불가능했다. 따라서 정부는 외국에 전례가 없는 국유은행의 지불보증제도를 창안했다. 민간기업이 차관도입협정을 맺을 때 경제기획원과 국회의 승인을 얻으면 차관에 대해 한국산업은행과 한국은행이 지불보증을 해주는 것이었다. 그후 다른 특수은행과 시중은행들도 지불보증을 할 수 있는 권한을 부여받았다(김정렴 1990, 434면).

이를 모체로 하여 한국의 대표적 재벌들이 등장했다(전국경제인연합회 1983, 216면). 자본통제에 의한 금융지대가 급증한 것은 1966년부터인데, 이렇게 금융지대가 급증한 주원인은 1966년부터 차관에 의한 지대가 급증했기 때문이다. 차관지불보증이 공기업과 재벌기업에 집중되었다는 것을 감안하면 재벌성장에 차관 특혜배정이 결정적 역할을 했다고 볼 수 있다.

1960~70년대에는 기업공개가 일반화되지 않은 상태였고 대주주인 재벌총수의 소유집중이 높은 수준이었다. 뿐만 아니라 자본시장 미발달로 유상증자를 통해 외부 주주로부터 투자자금을 조달하기 어려웠고 1971년까지 우리나라 증권시장에서 회사채발행이 전혀 이루어지지 못했기(김정렴 1990, 286면) 때문에 재벌의 투자자금 조달은 대부분 은행차입에 의한 것이었다. 한국기업들의 고부채구조는 1960~70년대 개발독재과정에서 형성된 것이었다. 저축률이 10% 미만이었던 1965년까지 한국 제조업의 부채비율은 100%를 밑도는 낮은 수준이었다. 이후 1967년에는 저축률 12.8%, 부채비율 151.2%이었고 1968년에는 저축률 15.1%, 부채비율 201.3%로 높아져 1968년부터 부채비율이 200%를 넘기 시작했다(한국은행 『기업경영분석』, 각 연도).

은행은 국유화되었고 차관도 사실상 국유화된 은행의 보증 속에서 이루어진 것이기 때문에 재벌의 외부 투자자금은 대부분 국가가 공급한 것이나 마찬가지였다. 따라서 고부채-고투자의 산업화 방식은 투자위험의 상당 부분을 국가가 부담하는 체제였다. 한국의 차입의존 경제구조에서는 최후 대부자이면서 동시에 최초 대부자인 국가가 정보 비대칭성을 극복하고 차입의존 경제의 취약점인 기업의 도덕적 해이와 높은 위험을 통제·관리할 수 있어야 했다. 즉 국가와 기업 간의 정보격차가 작거나 그렇지 않으면 국가와 기업 간의 정보격차를 완화하는 네트워크가 형성되어야 했다(Suzumura 1997, 180~85면). 1970년대 중화학공업을 육성할 때까지만 해도 국가와 기업 간의 정보 비대칭성 문제는 그렇게 심각한 것이 아니었다.

첫째, 당시 육성대상이었던 산업들이 이미 선진국에서 실험을 거쳤던 산업들이었기 때문에 선진국의 산업육성에 대한 학습을 통해 정부는 많은 정보를 얻을 수 있었다. 둘째, 국가는 재벌들간의 경합적 경쟁을 조직하면서 동시에 기업이 경영실적 정보를 정부에 보고하게 하고 구체적 정부정책을 기업에게 하달하는 수직적 형태의 정보네트워크를 조직했다. 각종 위원회, 산업협회, 수출진흥회의 등이 그 명시적 예이며 이외에도 많은 묵시적 형태의 정부-기업간 정보네트워크가 만들어졌다. 국가는 기업들을 수직적으로 통제하는 준국가코포라티즘 형태로 재벌기업들간의 경합적 경쟁을 조직함으로써 정부-기업간 정보격차를 완화했던 것이다.

선별적 산업정책이 강력히 추진되었던 1960~70년대에는 정부가 개별기업의 사업계획서 타당성을 엄격히 심사한 후 사업을 승인했다. 그리고 은행은 정부의 승인을 받은 사업에 대해서 별다른 여신심사 없이 지원했다. 왜냐하면 정부가 이미 자금조달, 시장조건 및 향후 전망, 기술개발, 기술도입 등 사업 타당성에 대해서 세밀하게 심사하였으므로 엄격한 진입규제정책하에서 승인된 사업은 조건부 지대(contingent rents)[13]가 지급된다는 것을 의미했고, 정부의 묵시적 지원을 받는다는 것은 그만큼 사업의 위험성이 작다는 것을 의미했기 때문이다. 따라서 국가의 사업승인은 사실상 국가가 여신심사를 한 것이나 마찬가지였다. 즉 1980년대 은행이 민영화되기 이전까지 은행의 주인은 국가였고, 국가가 기업이 제출한 사업계획서의 경제성이 있다고 심사를 마친

---

13 재벌이 향유한 지대는 국가가 부과한 수출실적, 생산원가 등의 성과 기준을 충족하는 한에서 주어지기 때문에 단순한 독점지대가 아니라 조건부 지대였다(Aoki, Hyung-ki Kim, and Okuno-Fujiwara eds. 1997).

상태에서 은행이 자기 주인의 여신심사 결과를 부정하고 대출불가를 결정한다는 것은 현실적으로도 불가능했기 때문에 은행의 여신심사란 국가의 사업승인을 추가적으로 보완하는 선을 넘을 수 없었다.

국가는 차입의존적 고투자모델의 위험을 부담하고 금융지대를 제공하며 저임금·장시간 노동 동원체제를 보장해줌으로써 국가의 산업화전략에 순응한 재벌의 이윤을 최대한 확보해주는 대신 규모의 경제를 실현할 수 있는 대규모 공장을 건설하여 국가가 부과한 수출실적을 달성하고 원리금 상환을 할 정도의 경제적 효율성을 확보할 것을 재벌에게 요구했다. 국가가 부과한 기준을 제대로 충족시키지 못한 재벌들은 다음 신규 사업에 진입하는 것이 허용되지 않았고, 〈표1〉에서 나타나듯이 재벌 순위에서 밀리거나 탈락하는 것이 일반적이었다.[14] 국가와 재벌 간의 정경유착이 존재했지만 국가가 제공하는 특혜를 얻기 위한 재벌간 경쟁이 치열했기 때문에 특혜를 얻는 기득권을 유지하기 위해서는 국가가 부과한 기준을 충족해야만 했다. 특히 1970년대에는 정부가 수출성과를 종합상사에 신용을 배분하는 평가기준으로 삼자 재벌은 수출실적을 높이기 위해 인수합병으로 기업을 확장하려고 했고, 이로 인해서 재벌이 인수합병한 중소기업 수가 1976년 96개에서 1979년 208개로 급속히 증가했다(김윤태 2000, 124면). 따라서 재벌은 선별적 산업정책 지원과 조건부 지대가 제공되는 전략산업에 끊임없이 진입하여 사업다각화를 하고 다른 회사들을 적극적으로 인수합병함으로써 제국건설을 도모했다.

고부채 기업은 현금흐름의 경직성 때문에 재무위험이 클 수밖에 없었다. 불황이 발생하거나 오일쇼크처럼 외생적 충격이 오는 경우 부실

---

14 1965년 50대기업 중 1975년에도 50위권 안에 든 기업은 12개에 불과했고, 1965년 10대기업 중 1975년에 10위권 안에 든 기업은 1개에 불과했다(공병호 1993).

〈표1〉 10대재벌 순위 변화(자산기준)

	1960	1972	1979	1987
1위	삼성	삼성	현대	현대
2위	삼호	LG	LG	삼성
3위	개풍	한진	삼성	LG
4위	대한전선	신진	대우	대우
5위	LG	쌍용	효성	SK
6위	동양	현대	국제	쌍용
7위	극동해운	대한전선	한진	한화
8위	한국유리	한화	쌍용	한진
9위	동립사업	극동해운	한화	효성
10위	태창방직	대농	SK	롯데

자료: 공정거래위원회.

기업이 대량 발생하는 현상이 주기적으로 반복되었다. 따라서 국가는 다른 재벌기업이 합병하거나 인수해 계열화하는 형태로 부실기업을 처리해야 했고 이때마다 이자 및 조세 감면 등의 대규모 특혜가 인수자에게 제공되었다. 따라서 부실기업 처리과정은 재벌기업들이 기업집단을 확장하는 중요한 기회이기도 했다.

그리고 재벌기업들은 기술개발보다는 외국에서 기술을 도입하여 저임금에 근거한 가격경쟁력을 기반으로 압축성장을 했다. 특정산업 분야에 대한 전문적 기술에 근거한 품질·기술경쟁력에 근거해 성장한 것이 아니었기 때문에 성장산업→성숙산업→사양산업으로의 산업주기가 상당히 짧았고 재벌은 특정산업을 전문화하기보다는 다각화를 통해 경공업에서 중화학공업으로, 노동집약적 산업에서 자본집약적 산업으로 산업구조를 급속히 변화시켜왔다. 재벌 내부자본시장 (internal capital market)은 성숙산업단계에 있는 주력기업을 자금원 (cash caw)으로 삼아 계열사를 확장하고 기업집단의 산업구조를 고도화하는 데 크게 기여했다. 즉 재벌기업들은 독립기업들이 할 수 없는 계열사간 출자와 채무보증을 통해서 더욱 빠른 성장을 할 수 있었다. 예를 들어 현대자동차의 경우 1969~72년의 위기 때 모기업인 현대건설의 인적·물적 지원으로 파산을 모면할 수 있었기 때문에 1970년대 포니 개발에 성공하고 현대그룹의 주력기업으로서 한국 자동차산업을 주도할 수 있었다(김기원 2002, 137면). 재벌기업의 내부자본시장과 다각화는 산업별 외생적 충격에 대해서 산업포트폴리오 안전망을 제공했기 때문에 고부채비율의 재무위험을 낮추는 효과도 있었다.

차입에 의존할수록 호황기에는 기업성장률이 높지만 불경기에는 정반대로 부채비율이 높은 기업부터 부실화된다. 기업의 높은 부채비율은 외생적 충격에 대해서 기업의 도산 위험을 증가시켰고, 이것은 다시 은행의 부실화를 가져올 위험성을 내재하고 있었다(Wade and Veneroso 1998, 7~8면). 원리금을 상환하고 남은 이익은 모두 채무자의 몫이므로 채무자는 채권자가 바라는 것보다 위험성이 높은 투자를 선호한다. 부채비율이 높을수록 채무자와 채권자 간의 이러한 이해상충도 커진다. 따라서 채권자 규율이 엄격했다면 모험적 투자가 위축되어 과감한 중화학공업화와 고도성장을 이루기 힘들었을 것이다. 이런 측면에서 보면 1960~70년대의 고도성장체제는 정부가 관치금융으로 투자위험을 사회화하고 산업정책을 통해 기업을 적극적으로 선별·감시했기 때문에 가능했던 것이다(조영철 1999).

2) 발전지배연합체제의 한계

국가주도의 선별·감시체제에는 한계가 있었다. 국가가 준국가코포라티즘의 정보네트워크를 조직하여 국가-기업간 정보비대칭성을 어느정도 완화했지만 기업의 도덕적 해이를 완벽하게 감시하는 장치를 확립할 수는 없었다. 산업정책에 의해서 사업자가 일단 선정되면 이후 은행의 여신심사와 사후감시는 형식적이었고 국가가 은행을 대신해서 기업의 여신사용 내역을 감시하는 것도 아니었다. 즉 정부가 신용배분에는 통제력을 행사할 수 있었지만 신용을 어떻게 사용하는지까지 감시할 수는 없었다. 더욱이 재벌기업들이 정경유착을 통해 국가와 은행의 감시기능을 훼손하는 측면도 존재했다. 따라서 신용을 전략산업이나 수출기업 등 특정기업에 집중 배정하는 방식은 산업간·기업간 신용의 불균형과 더불어 사채시장의 확대를 초래했다. 이 상황에서 정책금융특혜를 받은 기업들은 부동산투기를 하거나 이자차액을 목적으로 사채시장에서 자금을 운용하는 경우도 많았고, 반면 특혜금융에서 배제된 다른 기업들은 사채시장 의존도가 더욱 높아졌다. 1972년 8·3조치(경제안정과 성장에 관한 긴급명령 제15호) 때 신고된 기업의 사채규모는 은행대출금의 42%에 달하는 거액이었다(김정렴 1990, 274면). 세금감면을 위해 기업의 내부자금을 사채로 조달한 것으로 위장하기도 했으며, 극단적인 경우에는 기업주가 재산확보를 위하여 내부자금을 전용하여 자신의 기업에 사채를 대부하는 경우도 존재했다. 8·3조치 이후에 밝혀진 바로는 전체 사채 중에서 30% 정도가 그 기업의 주주나 임원이 제공한 위장사채였음을 감안할 때 신용배분체계의 왜곡은 매우 심각했다(장하원 1999, 90면).

차입의존경제는 재무경직성을 신축적으로 흡수할 수 있는 제도적 장치가 마련되어야 한다. 현금흐름 경직성으로 기업이 일시적인 유동성 위기에 처할 수도 있고 지급불능상태이더라도 청산가치가 존속가치보다 작을 수도 있다. 이런 경우 채권자는 차입기업에게 부채의 경성예산 제약을 무조건 강요하지 않고 더욱 신축적인 운영을 통해서 기업의 재무위기를 사전적·사후적으로 완충·조정할 수 있어야 한다. 따라서 차입의존경제는 은행-기업간 장기협력관계가 갖추어질 때 제대로 기능하는 것이다. 일본의 주거래은행(main bank)이나 독일의 주거래은행(Hausbank)제도는 그 대표적인 예이다. 그러나 정부는 은행의 기업감시를 위해 주거래은행제도를 도입하기는 했지만 은행을 주로 산업정책 수단으로만 이용했을 뿐 기업을 감시·규율하고 기업과의 장기협력관계를 구축하는 은행중심씨스템을 발전시켜야 한다는 인식이 부족했다. 정부 주도의 기업 선별·감시와 위험의 사회화는 오히려 은행이 적극적으로 감시투자를 부담할 유인을 약화했고 은행의 도덕적 해이도 심화하고 있었다.

우리나라의 주거래은행제도는 1970년대 중반 여신관리 강화를 위해 도입되었는데,[15] 이는 동일인 여신한도 규제만으로는 계열 기업군 소속 특정 기업의 소요자금을 동일계열 기업군 내의 여신이 적은 타기업 명의로 소날하여 세일사산에 선용하는 것을 막기 힘들었기 때문이다. 주거래은행제도는 기업과 은행 간에 자생적 질서로 형성된 것이 아니라 대기업 여신집중 억제, 업종 전문화, 대기업의 비생산적 부동산투기 억제 등의 정부 산업정책을 수행하기 위해 정부 관리기능을 주거래은행에게 대행시키는 제도로 기능했다. 따라서 주거래은행제도가 채권자와 채무자 간의 대리인 문제를 해결하는 제도라기보다는 은행의 이해와는 별로 관계도 없는, 정부가 해야 할 감독·관리기능을 대신하는 것으로 변질됨으로써 주거래은행제도의 발전을 왜곡했다. 따라서 주거래은행제도는 관치경제의 취약성이란 발전딜레마를 완화하고 재벌을 규율하는 중요한 제도적 장치로 발전해야 했지만 거꾸로 시간이 지날수록 형식적 제도로 전락했다.[16]

15 1974년 '계열기업군에 대한 여신관리협정'과 1976년 '주거래은행 운용협정'을 바탕으로 시행되어오다가 1982년 '은행법' 개정시 계열기업군에 대한 여신관리의 법적 근거(은행법 제30조 제2항)가 마련됨으로써 1984년부터 계열기업군에 대한 여신관리가 법적 구속력을 갖게 되었다(조영철 1998, 156면).

16 1980년대에는 주거래은행의 관계기업 대출비중은 감소하는 현상이 나타나 관계기업의 주거래은행 대출비율보다 타은행의 대출비율이 더 큰 경우가 많이 발생했다. 즉 주거래은행과 대출거래 기업 간의 관계가 실질적으로 점점 약화되고 있었던 것이다(같은 글 156면).

4. 국가의 금융특혜와 재벌의 공고화

특수은행이든 일반은행이든 국유화된 은행이 민간저축을 동원하고 상업차관을 지급보증하여 재벌기업에 투자자금을 공급한 것이기 때문에 재벌은 정부가 제공한 특혜자금으로 육성된 것이었다.[17] 공기업은 국가자본이 자기자본 형태로 투자된 것이기 때문에 투자성과는 국가에 귀속되었지만, 재벌기업은 국가가 제공한 자금이 부채형태로 투자된 것이기 때문에 투자성과는 재벌기업 소유자에게 귀속되었다.

개발독재의 자원동원체제는 기본적으로 국가억압기제에 근거한 것이었지만 다른 한편 4·19와 5·16을 거치면서 자립경제 실현과 빈곤으로부터의 해방이라는 국민적 합의가 형성되었고 개발국가는 이러한 국민적 합의를 구체적으로 실현할 수 있는 한국경제 발전모델을 제시함으로써 경제개발에 대한 국민적 동의와 열의를 도출했다. 개발국가가 국민적 동의를 구할 수 있었던 논리는 '선성장 후분배'였다. 개발국가는 광범한 상대적 과잉인구 때문에 노동운동의 조직화를 철저히 억제하면 노동시장 규율기능만으로도 저임금·장시간 노동동원체제를 유지할 수 있었다. 동시에 개발국가는 외환시장 통제로 자본유출을 금지하고 비생산적 부문에 대한 투자를 억제했고, 저임금으로 증가한 기업이윤이 고용과 부가가치를 증대시키는 파급효과가 가장 큰 생산적 부문에 투자되도록 철저히 규제했다. 개발국가는 자본에 대한 준국가코포라티즘 통제를 통해서 경제잉여를 생산적 부문에 투자되도록

---

17 김승석(1986)은 재벌 성장에 산업은행 같은 국가자본의 역할이 중요했다고 강조한다. 실제로 1962~71년간 은행의 시설자금 대출 중 산업은행 대출의 비중은 53~75%에 달했다(한국산업은행 1984, 99면). 그러나 산업은행 같은 특수은행이든 시중은행이든 1960~70년대에는 모두 국가소유 은행이었기 때문에 양자는 국가자본의 성격을 띠고 있던 점에서 차이가 없다.

강제할 수 있었기 때문에 임금안정→이윤증가→생산적 투자증대→미래 고용 및 임금소득 증대라는 호순환을 창출했다. 따라서 '선성장 후분배'의 구호는 노동계급은 물론 일반국민들이 미래에 대한 기대감을 가질 수 있게 했다.

개발국가는 경쟁적 노동시장을 확립함으로써 기업성과와 임금 간의 관계를 차단하고 임금은 노동시장의 수급에 의해서 결정되도록 했다. 즉 생산직 노동시장은 경쟁적 노동시장이어서 노동이동이 활발했고, 임금은 거의 노동의 수요·공급에 의해서 결정되었다. 1960~70년대에 기업규모간, 산업간 임금순격차는 미약했고 남녀간 직종분리현상을 제외하면 생산직 노동시장은 경쟁적 노동시장 임금규범이 관철되었다.[18] 지불능력이 높은 고생산성 부문이든 지불능력이 낮은 저생산성 부문이든 노동시장 수급원리에 따라 동질노동에 대해 동일임금을 지급했다. 따라서 기업성과에 대한 분배를 둘러싼 노사갈등을 억제했고 고생산성 부문의 자본축적이 촉진되었다. 그 결과 자원이 저생산성 부문에서 고생산성 부문으로 이동하고 산업구조 고도화를 가속화했다. 경쟁적 노동시장의 임금규범 확립은 1960~70년대 수출산업의 경쟁력을 유지시키고 재벌기업의 초과이윤 축적을 가능하게 함으로써 재벌의 경제력 집중을 가속화했다. 개발국가는 자본시장과 생산물시장을 의도적으로 왜곡하고 국가가 시장규율을 대신했던 데 반해서 노동시장에서는 폭력적 시장규율에 저항하려는 노조조직화를 억제함으로써 경쟁시장의 규율이 최대한 발휘되도록 했다.

---

18 생산직 노동시장은 1980년대 초까지 경쟁적 노동시장이었으며 80년대 중반 노동력 부족이 본격화하고 노동조합이 실질적 교섭력을 확보하면서 기업규모간 임금순격차가 뚜렷하게 나타나고 노동시장이 분단화되기 시작했다. 직종분리에 의한 남녀간 임금순격차 현상은 뚜렷했지만 경쟁적 노동시장 조건에서도 남녀간 임금차별은 얼마든지 가능하다(조영철 1998, 159면).

국가가 자본투자를 관리하는 경제발전과정에서 지속적으로 고용과 실질임금이 증가했기 때문에 안정적으로 노동력을 동원하는 체제가 구축될 수 있었지만 '선성장 후분배'는 실제로 허구적 구호에 지나지 않았다. 왜냐하면 산업화과정에서 몇몇 연도를 제외하면 실질임금상 승률이 노동생산성 증가율보다 대체로 낮아 노동분배율은 계속해서 하락하고 있었기 때문이다. 노동자들은 한국경제 발전모델이 노동자의 실질소득을 증가시켰지만 분배정의를 실현하지 못하고 있다는 것을 인식하기 시작했다. 경제발전이 본궤도에 올라가자 노동자들은 국가가 외쳤던 '선성장 후분배' 구호대로 분배정의를 요구하기 시작했고 노동력동원체제의 안정성을 서서히 위협했다. 그러므로 개발국가는 자원을 동원해 재벌을 육성하기만 했을 뿐 국가가 제공한 금융특혜의 투자성과는 재벌 소유자에게 귀속되었고 재벌의 경제력 집중만 심화되었을 뿐 투자성과가 국민에게 돌아가도록 분배정의를 실현하는 제도적 장치가 개발국가의 경제개발 기제 내에는 마련되지 않았다.

정부는 증권시장을 육성해 기업 재무구조를 개선하고 소유와 경영을 분리하여 기업의 사회화를 촉진하기 위해 기업공개정책을 추진했다. 1968년 11월 '자본시장육성에 관한 법률'이 제정되어 기업공개를 촉진한다는 기본적 방침이 설정되었다. 공개법인의 법인세율을 비공개법인의 약 50% 수준으로 경감하고 세제상 혜택, 수권자본금의 확대 등 자금조달상의 편익을 주었지만, 이 기간에 기업공개 실적은 미미한 수준에 머물렀다.

그러나 1972년 8·3조치 이후 같은 해 12월에는 '기업공개촉진법'이 제정되어 강압적인 기업공개정책이 실시되었다. 8·3조치의 혜택을 받은 기업에 대해서는 한편으로 세제상·금융상 특혜를 제공하고 다른 한편 반강제적 압박을 가하면서 기업공개를 유도했다. '기업공개촉진법'의 제정과 함께 일정 기준에 해당하는 공개적격법인에 대하여 기업공개심의회의 심의를 거쳐 공개명령을 할 수 있게 하는 동시에 공개법인에 대해서는 자산재평가특례를 인정하는 등 창업자 이익 보호장치를 신설했으며 공개불이행 법인에 대해서는 세제상의 차등조치 및 금융상의 제한조치를 취할 수 있게 하는 등 공개촉진의 제도적 장치를 크게 강화했다. 정부에 의한 타율적 방법이기는 하지만 이 기간 약 6년간에 걸쳐서 297개 기업이 공개를 실시함으로써 기업공개의 전성기를 맞았다. 그러나 이 기간에 반강제적으로 공개된 기업들 가운데 30여개사가 그후 도산했기 때문에 1979년 1월 '등록법인 관리규정'(1977년 4월 제정)을 새로이 개정하여 기업공개 요건을 강화하고 우량등록법인만 기업공개가 가능하도록 했다. 이후 반강제석 기업공개성책은 자율적 공개유도정책으로 전환되었다(정종락 1989, 45~46면). 기업공개정책이 추진된 결과 1979년까지 309개의 대기업이 공개되고 상장회사는 355개로 늘어났다. 다른 한편 정부는 1974년에 '종업원지주제도 확대 실시 방안'을 발표하여 우리사주조합에 세제·금융 지원을 제공했다. 정부의 장려에 의해 1974년 10월에 2개의 우리사주조합이 결성되었고 1980년까지 385개사, 20만명의 우리사주조합원으로 증대되었다(김정렴 1990, 284~86면).

타율적으로 기업공개를 한 기업들 가운데 상당수는 대주주가 주식을 위장 분산하는가 하면 공개 후 주식을 재매입하여 폐쇄적 소유구조를 그대로 고수하는 경우도 있었다. 기업공개정책은 한편으로는 소유분산을 촉진했지만 다른 한편 상장기업의 주식구입 상한지분을 설정해 경영권 보호장치를 마련함으로써 재벌총수의 지배체제를 공고화했다. 그리고 1970년대에 이미 계열사간 출자비중이 높았고 재벌총수의 기업지배를 보좌하는 기획조정실이나 비서실 조직이 재계 전체로 확산되어 계열기업을 관장하는 관행이 형성되고 있었다(이병천 1998, 65면).

기업공개정책이 추진된 이후 지난 30년 동안 소유분산은 점진적으로 진행되었다. 2000년 4월 현재 한국 30대 기업집단의 소유경영자인 동일인의 지분율은 1.5%, 특수관계인 지분율 3.0%로 동일인 및 특수관계인의 지분율이 4.5%에 불과한 상태이므로 기업공개정책의 당초 목표는 어느정도 이루었다고 볼 수도 있다. 따라서 동일인 및 특수관계인의 지분율 수준만을 놓고 보면 한국의 재벌은 소유경영자체제라고 말할 수 없으며 소유구조는 어느정도 사회적으로 분산되었다.

그러나 재벌기업의 소유구조가 사회적으로 분산되었음에도 불구하고 한국재벌체제는 여전히 오너(owner)체제에서 벗어나지 못하고 있다. 이것은 재벌총수 일가의 지분율은 하락했지만 계열사간의 피라미드 출자에 의해 재벌총수가 계열사 출자지분 36.6%, 자기주식 2.3%를 포함한 43.4%의 내부지분율을 장악하고 있기 때문이다. 특히 계열사 출자지분은 총수가 직접 위험을 부담하지 않으면서 기업지배를 가능하게 하는 결정적 역할을 하고 있다. 즉 1.5%의 지분을 소유하고 있는 재벌총수는 사실상 오너가 아님에도 불구하고 지배구조 측면에서는 오너체제인 기형적 모습을 하고 있기 때문에 재벌총수의 전횡에 의한 대리인비용은 거의 최악의 상황에 있다고 해도 과언이 아니다. 그러므로 1970년대 이후 지속적으로 추진된 기업공개정책은 산업정책과 함께 오늘날의 재벌체제를 만드는 데 결정적 역할을 한 또다른 축이었다.

기업공개정책은 재벌 일가의 소유지분율을 하락시켰지만 기업지배구조 개혁을 수반하지 못함으로써 재벌 소유구조를 실질적으로 사회화하는 데 이르지 못했다. 재벌체제가 '선성장 후분배' 논리에 따라 국민대중의 희생과 국가의 특혜금융 지원에 의해서 성장한 것임에도 불구하고, 기업공개정책은 의도한 것이었든 의도하지 않은 것이었든, 소유를 형식적으로 사회화하여 재벌 친족과 외부 주주가 재벌기업을 함께 소유하게 됨으로써 재벌체제의 취약한 사유재산권적 기반을 공고화하는 결과를 가져왔다. 즉 기업공개 전에는 재벌문제를 둘러싼 이해

상충의 기본축은 재벌 대 국가, 혹은 재벌 대 국민이었으나 기업공개 이후에는 내부 지배주주 대 외부 소액주주라는 재산권 내의 문제로 축소되어버렸다. 따라서 재벌 소유구조에 상응하여 재벌총수의 황제경영을 민주적으로 통제하는 지배구조의 개혁이 현재 해결해야 할 시대적 과제로 남아 있다.

5. 국가후퇴와 재벌문제

국가-재벌의 발전지배연합체제는 국가가 재벌을 지원하고 규율하는 체제였기 때문에, 1980년대 후반부터 민주화가 진행되면서 국가가 후퇴하고 민간주도경제가 전개되며 재벌의 사유재산권적 기반이 강화됨에 따라 그동안 재벌을 규율했던 개발국가의 역할을 무엇이 대신할 것인가 하는 문제가 대두될 수밖에 없었다. 80년대 이후 은행이 민영화되었고 재벌은 이미 제2금융권 장악으로 자금조달능력이 크게 강화된 상태였으며,[19] 정책금융은 농·수·축산자금, 주택자금, 중소기업 지원자금에 중점을 두고 있어서 재벌에게 돌아가는 정책금융의 비중은 크지 않았을 뿐만 아니라 증권시장 활성화로 재벌은 직접금융을 통해 유리하게 자금을 조달하고 있었다. 그러므로 자금배분권에 의한 국가의 재벌에 대한 영향력은 3저 호황시기를 기점으로 급속하게 감소하기 시작했다.[20] 이에 따라 국가-재벌의 수직적 발전지배연합 관계도

---

19 1987년 말 10대재벌의 제2금융권 계열사 수는 21개사였고 50대재벌 계열사가 39개 사였던 것이 1995년에는 10대재벌이 25개, 30대재벌이 43개사로 증가했다(조동성 1997, 138면).
20 국가가 자금을 공급하던 시기에는 국가-재벌 간의 주인-대리인관계였지만 기업의 자금조달방식이 달라지면 대리인관계도 달라진다. 즉 기업의 자금조달방식이 금융자율화로 정부금융 위주에서 일반금융으로 변하게 되면 정부와 재벌 간의 대리인관계는

약화되고 재벌은 국가규율로부터 점차 독립하기 시작했으며 기업공개정책으로 재벌의 재산권적 기반은 공고화되었다.

자유화에 따른 국가정책 개입의 일보후퇴로 은행-기업 관계에서 불가피하게 발생하는 불안전성과 힘의 빈 공간을 은행의 기업감시 투자 강화와 금융감독기구의 건전성 감독 강화로 메워야 했지만, 실제로 은행은 관치에서 벗어나지 못하고 자율적 책임경영체제를 확립하지 못했고 주거래은행제도도 형식적이었을 뿐만 아니라 현실적으로 은행이 거대한 재벌을 규율하는 것은 역부족이었다. 정치와 이익집단이 국가후퇴의 빈 공간에 진입하면서 자원배분은 지대추구행동에 의해 오염되기 시작했다. 결국 국가·은행·기업의 3자관계에서 고투자·고성장을 유지했던 한국경제 발전모델은 1980년대 이후 자유화과정에서 수직적 국가-기업간 관계와 관치금융을 완화하고 동시에 건전성 감독 강화와 긴밀한 은행-기업간 수평적 협력관계를 형성시켜야 했으나 이에 실패함으로써 외생적 충격에 취약할 수밖에 없는 차입의존경제의 위험관리체계는 더욱 약화되었던 것이다.

1960년대 개발독재체제는 대외종속적 성격을 띠고 있기는 했지만 재벌을 포함해 국내의 민간세력에 대해서는 상대적 자율성을 갖고 있었다. 그러나 산업화가 진행되면서 발전지배연합체제에서도 국가-재벌간의 구조적 의존성이 심화되었고(이성형 1985, 246면) 이에 따라 정경유착과 그 부패비용도 증가했다.

권위주의 정치에서 탈피해 민주화로 이행하면서 경제정책은 의회정치의 영향을 받기 시작했고, 이익집단들의 정책결정과정에 대한 영향력이 크게 증가했다. 특히 개발독재하에서 노동운동은 철저히 억압

약화되고 그 대신 민간투자자와 재벌 간의 대리인관계가 전면에 등장하게 된다(홍장표 2001, 192면).

되었고 시민사회도 다양한 이익집단들로 조직화될 수 없었는 데 반해서 재벌기업들은 거대한 사회경제적 세력으로 성장했다. 재벌기업의 경제권력을 견제할 사회세력이 극히 취약한 상태였고, 재벌총수의 전횡을 견제할 기업지배구조도 갖추어져 있지 못했다. 언론은 광고시장을 지배하고 있는 재벌의 이해를 대변하고 있었고 몇몇 재벌은 직접 언론사업을 운영했다. 따라서 1980년대 후반 이후 민주화의 공간이 열렸지만 개발독재가 역사적 유산으로 남긴 강력한 재벌과 취약한 은행·노조·시민사회라는 매우 비대칭적 사회구조 속에서 민주화가 진행될 수밖에 없었다. 따라서 정치민주화는 재벌이 영향력을 행사하는 금권정치라는 왜곡된 형태로 선개되었고, 이것은 기존의 개발독재체제하에서 형성된 정경유착과 부패문제를 급속히 확대재생산했다. 즉 과거에도 물론 정경유착이 있었지만 적어도 개발국가가 산업정책으로 재벌을 규율할 때에는 실적과 연계된 조건부 지대가 재벌에게 주어졌음에 반해, 산업정책 규율이 약화되면서 조건부 지대는 단순한 독점지대로 변질되었다. 오히려 80년 중반 이후 국가정책은 재벌이란 경제권력의 영향을 받기 시작했고 국가의 정책자율성은 크게 훼손되었다.

1960~70년대 자율적 강성국가가 유지될 때에는 국가와 재벌이 수직적 조응관계에 있었지만 1980년대 민주화 과정에서 국가와 재벌 간의 수직적 관계에는 긴장과 균열이 발생했다. 세계화의 압력이 강화되는 대외적 조건, 그리고 강력한 재벌, 취약한 기업별 노동운동과 시민사회라는 사회적 불균형의 대내적 조건 속에서 결국 국가정책은 점차 국가후퇴와 경제적 자유화라는 신자유주의적 방향으로 나아갔던 것이다. 즉 재벌의 이익은 이미 국가개입이 아니라 강력한 정책수단을 해체하는 국가후퇴였고 재벌의 이해와 조응하는 경제정책의 기본방향은 자유화였다.

6. 맺음말

박정희 개발독재체제를 구성하는 여러가지 요소들은 주어진 상황에 임기응변적으로 대응하는 정책과정에서 형성된 것이기 때문에 다양한 성격이 얽혀 있다. 그러나 개발독재의 경제정책 중에서 임기응변적 정책으로 볼 수 없는 것은 바로 기간산업과 중화학공업 육성정책이다. 미국의 원조물자 축소가 이루어지면서 1950년대 대외의존적 경제구조의 문제점이 분명해졌고 자립경제를 실현하는 것이 중요하다는 반성이 4·19 이후 형성되고 있었다. 민주당정부와 군사정부의 경제정책에는 이런 인식이 투영되어 있었다. 따라서 군사정부는 당시의 자립경제론이나 내포적 공업화론에 따라 1차 경제개발 5개년계획에서부터 일관되게 중화학공업을 육성하려고 했으며, 이것은 경제정책과 관련해 미국과 마찰이 발생한 가장 핵심적 이유이기도 했다.

군사정부는 시장원리에 입각하여 경공업 중심의 수출지향적 공업화정책을 권고한 미국과 타협하며 다른 한편 수출의 성장잠재력을 확인하면서 기간산업과 수출산업을 육성하는 전략수단으로 재벌을 활용하는 정책결정을 했고, 1970년대에는 더욱 공격적인 수출지향적 중화학공업화전략을 추진했다. 따라서 국영부문과 민간중소기업이 병행적으로 발전한 타이완과 달리 박정희정부가 처음부터 재벌을 발전지배연합의 하위파트너로 삼게 되는 결정적 이유도 중화학공업화정책에 기인하는 바가 크다.

군사정부는 은행을 국유화하고 상업차관의 지불보증과 정책금융을 통해 재벌에게 막대한 특혜를 주었고 국가-재벌의 발전지배연합이 경제성장을 선도했다. 그런데 국가자본이 부채의 형태로 재벌에 투자되었기 때문에 투자성과는 재벌에게 귀속되었고 '선성장 후분배'는 결국 허구적 구호로 끝나버렸다. 그러므로 한국의 재벌은 공적 투자와 사적 소유가 결합된 원천적 모순을 안고 있었다. 정부는 이런 모순을 기업공개정책을 통한 소유의 사회적 분산으로 해결하려고 했지만 그 결과는 현재와 같은 총수 지배의 재벌체제인 것이다. 즉 대부분의 지분은 외부 주주가 소유하고 있고 재벌총수는 극히 작은 지분율만을 소유하고 있어 위험을 거의 부담하고 있지 않으면서 100% 통제권을 행사하는 무책임 황제경영이 이루어지고 있는 것이다.

주주자본주의의 세계기준 확립이나 소액주주운동과 같이 주주가치 관점에서 재벌총수의 전횡을 견제하는 제도적 장치만을 논의하는 것은 재벌체제가 형성된 역사적 맥락을 잊어버린 것으로 기능주의적 재벌개혁론에 빠질 가능성이 크다. 재벌체제의 기득권을 현재 주어신 것으로 그대로 인정한 상태에서 지배주주와 소액주주 간의 이해상충이나 경제적 효율성이라는 협소한 기준에 국한하여 재벌개혁을 논의해서는 안될 것이다. 재벌은 '선성장 후분배'의 논리, 그리고 재벌을 수단으로 한 중화학공업 육성의 필요성에 동의한 국민대중의 역사적 희생 위에서 형성되었기 때문에 국민대중에게 역사적 부채를 지고 있는 것이다. 기능적 차원의 재벌개혁론을 넘어서 개발독재의 역사적 유산을 발전적으로 극복하는 차원에서 재벌개혁이 논의되어야 한다. 따라서 올바른 민주적 재벌개혁론의 방향은 주주자본주의 논리를 넘어서 재벌기업의 성장이 국민대중의 이익으로 연결될 수 있는 메커니즘을 찾는 것이 되어야 할 것이다.

■조영철

금융억압의 정치적·제도적 조건

한국 산업화의 경우

1. 머리말

개발독재에 관심을 갖는 이유는 무엇인가. 물론 개발독재기를 거치면서 우리가 제2차 세계대전 이후 신생국과 개발도상국가들 중 거의 예외적인 수준으로 '산업화'를 달성했다는 사실이 일차적인 이유가 될 것이다. 그러나 과거 경험에 대한 이러한 역사적 관심은 오늘날 우리 사회가 맞닥뜨린 '사회발전'의 과제와 연결될 때 살아 있게 된다. 이 과제는 민주주의를 발전시키고 국민적(혹은 민족적) 삶의 공간을 안정적으로 확보한다는 두 가지로 요약할 수 있다. 한국의 산업화에 대한 논쟁이 갖고 있는 현실적 의의는 그것이 "한 사회가 자신의 '의도적'이고 '인위적'인 노력에 의해 이른바 시장원리, 즉 세계자본주의의 경제논리가 그 사회에 요구하는 것과 다른 형태의 경제구조를 만들어낼 수 있는가 없는가"라는 질문과 관련되어 있다. 이 질문은 미국정부와 월스트리트, 그리고 국제통화기금(IMF)과 세계은행(World Bank)의 관리와 자문이라는 지도를 받아 산업화를 추구하면서도, 그 결과에 결코 만족할 수 없는 절대 다수의 개발도상국들과 시장경제로의 이행을 겪고 있는 구소련, 동구지역의 국가들이 마주친 근본적인 질문이기도 하다. 또 이 질문은 산업화의 문턱을 넘어 사회발전의 또다른 단계를 추구하는 한국사회에도 여전히 유효한 질문이다.

이 질문에 국한하여 "시장이냐 국가냐"라는 IMF식 이분법적 아젠다(agenda)에 복속된 복잡다단한 논쟁들(김진업 편 2001; World Bank 1993 참조)은 매우 단순하게 분류된다. 그 논쟁은 결국 한국의 산업정책과 그에 따른 급속한 산업구조의 변화는 세계자본주의 시장원리가 요구한 결과인가 아니면 사회적 '의도'나 '의지'에 의해 시장원리의 요구와는 다른 것을 추구한 결과인가라는 문제를 둘러싸고 진행된 것이나.

물론 논쟁의 양극단에는 가장 기본적인 '시장'의 개념조차 일치하지 않을 정도로 역사인식의 차이가 존재하는 것도 사실이다. 한쪽이 서구, 특히 영미 시장경제의 질서를 자유방임에 의해 달성된 선험적인 자연법적 질서에 근접한 어떤 것으로 보는 반면, 다른 쪽에서는 시장이란 것 자체를 공정성·자유·질서 등 그 사회의 (암묵적 혹은 명시적으로) 합의된 사회적 가치를 사회적 규범과 제도의 수준으로 구체화하기 위해 의도적으로 고안된 사회적 제도로 본다. 전자라면 앞의 "의도적인 노력 운운" 하는 질문은 우스꽝스러운 것이 되기 쉽지만, 후자라면 이제 우리 사회의 과제는 '사회적 규범과 제도로 구체화해나가야 할 사회적 가치의 내용이 무엇인가'라는 것으로 조금 더 분명해질 것이다.

이 글은 이러한 문제의식을 가지고 한국의 산업화 경험을 금융체제의 특질과 모순이라는 측면에서 재해석해보려는 것이다. 성장우선주의와, 산업구조에 대한 자립성 추구, 그 수단으로서 재벌의 육성과 그에 대한 사회적 지원이라는 특성을 담고 있었던 국가의 경제개입은 정격유착과 부패의 위험에도 불구하고 어떻게 하나의 사회적 지향으로서 정치적으로 정당화될 수 있었는가. 한국산업화의 특징인 '투자의 극대화'와 이를 뒷받침한 '선성장 후분배'의 정치적 논리는 어떻게 노동자대중의 저항을 극복할 수 있었는가. 다른 개발도상국에 비해 '최소화된 정부실패'는 한국사회가 운이 좋아 유능하고 청렴한 독재자를 가졌다는 평가(Fukuyama 1995)로 충분히 설명되는가 등이 무대 뒤편에 끌어안고 있는 질문이다. 이를 배경으로 이 글은 개발독재기 금융제도가 담고 있는 특질과 모순을 시장논리에 의해서는 결코 충분히 설명될 수 없다는 점을 주장하고자 한다. 높은 지급준비율, 이자율 상한규제, 외환규제, 은행자산 구성에까지 직접 영향을 미쳤던 정부의 강한 금융규제, 금융자산의 수익에 대한 높은 세율 등으로 표현되는 금융억압(Financial Repression)의 내용들은 왜 시장논리가 시사하는 비효율을 오랫동안 억제할 수 있었을까.

이 글의 내용은 다음과 같다. 2절에서는 개발독재기의 형성과 해체를 역사적으로 개관하면서 금융억압의 정치경제학적 의미를 살펴보고, 3절은 개발독재기 한국금융제도의 특수성을 산업구조의 형성과정과 연결하여 설명하고자 한다. 끝으로 4절은 요약을 겸한 결론을 담을 것인데, 산업화 경험을 통해 우리 사회의 발전과제를 찾기 위해서는 산업화에 필요했던 사회적 비용에 대해 자본 내부와 자본-노동관계에서 일어나는 비용분담의 비대칭적 관계를 정당화했던 메커니즘을 중심으로 바라보는 것이 유용할 수 있다는 점을 지적하고자 한다.

2. 개발독재와 금융억압

1) 개발독재의 이해를 위한 문제제기

한국의 산업화 과정을 개관하기 위해서는 산업화가 본격적으로 추진된 이후를 몇개의 국면으로 구분할 필요가 있다. 그중에서 개발독재의 제도적 체계를 가장 선명하게 보여주는 것은 대체로 '중화학공업화 시기'이다. 한국의 중화학공업화는 1973년 1월의 '중화학공업화 선언'을 기점으로 하고, 산업구조적인 측면에서 80년대 중후반의 '3저 호황'을 그 정점으로 한다(유철규 1992). 따라서 이 기간이 개발독재의 제도적 측면을 다룰 때 우선적인 대상이 되는 시기이다.

개발독재기에 경제정책의 기조는 성장지상주의, 제조업우선주의 등을 필두로 상당한 일관성을 보여주고 있다. 또한 서구 연구자들의 시각에서 자주 지적되듯이 한국경제체제는 최소한 이념적 차원에서 대단히 평등주의적이며, 기업 특히 재벌에 대한 정치적 통제를 당연시하는 성향을 갖고 있었다(World Bank 1993 참조). 우사가와(1998)가 시석하듯이 이러한 정책이념의 일관성은 한국 경제정책의 유연성을 가능하게 한 요인이기도 하며 여기에는 일정한 사회적 합의 혹은 지향이 존재했음을 유추하게 한다.

식민지 경험과 그에 대한 저항운동은 국민국가 형성과 그 물질적 기초로서 산업화의 필요성에 대한 대중적 공감대를 형성하는 데 중요한 역할을 했을 것이다. 이러한 공감대는 곧 봉건적 사회구조의 해체와 근대적 국민국가의 건설이었을 것이며, 근대란 민주주의와 산업화를 두 축으로 하는 것이다. 이에 더해 잘 알려져 있듯이 식민지시기에 매우 급진적(혹은 사회주의적)이고 민족주의적인 저항운동이 사회운동의 중심을 차지했다는 것도 지적해야 한다. 실제로 해방 직후 정치적 공백상태에서 한국의 많은 지역에서는 사회주의적 정치조직이 실질적 정치권력을 획득하기도 했으며, 기층민중은 식민체제를 지원했던 대지주로부터 토지를 몰수할 것을 요구하기까지 했다. 그러나 미군정과 6·25전쟁은 이같은 진보적 운동과 의지를 '이념적으로 청소'(ideological cleansing)하는 역할을 했고, 이는 곧 남한사회에서 더이상 자본주의적 발전 외에 대안적 발전전략이 고려될 수 없었음을 의미한다. 그럼에도 불구하고 민족주의적이고 사회주의적 이념은 완전히 제거되지 않았다. 때로는 공동체주의적 형태로, 때로는 4·19 같은 강력한 시민운동의 형태로 나타나면서 제도의 정신으로 존재했을 것이다.

또 한 가지 빠뜨려서는 안되는 개발독재의 정책이념적 배경은 그 이전 정권의 실태였다. 쿠데타를 통해 집권한 정권은 당연히 그 이전 정권의 부정에서 자기 존재근거를 찾았을 것인데, 이승만정권하에서는 국가행정부 내에 부패한 연고주의가 팽배했으며, '국가-대기업집단 복합체'의 초기형태로서의 '관료자본'이 지배적으로 존재했고, 또한 재정적자는 심각했다. 정경유착의 형태가 개별기업과 정권 간의 일대일 관계로 나타나는 것이 아니라 정권과 기업단체(집단적 기업) 간의 관계로 새로운 모습을 가진 것이나, 재정적자에 대한 특이한 회피 성향 등이 이와 관련되어 있을 것이다.

박정희정권이 아니라 어떤 다른 정권이라도 역사적 배경 속에서 형성된 근대적 민족국가의 형성이라는 사회적 지향에 부응하지 않을 수 없었을 것이다. 개발독재는 현상적으로 정치적 독재와 압축적인 산업화가 결합한 것으로 나타난다. 이를 사후적으로 보면 민족국가·민주주의·산업화라는 세 가지 근대화의 요소 가운데 전자의 두 가지는 냉전구조와 독재정권에 의해 억제되고 마지막 요소인 산업화만이 민중적 요구의 유일한 분출구로 허용되었던 체제였다고 해석할 수 있겠다. 민중의 사회적 지향이 산업화라는 유일한 출구로 압축 분출되었을 것이라는 점은 산업화시기에 자주 관찰되었던 통상적인 자본주의체제에서는 이해하기 힘든 장시간의 자기희생적 (혹은 자기파괴적이기까지 한) 노동이 단순한 강제노동이 아니었으며, 재벌 지원에 대한 암묵적인 사회적 묵인이 단순히 군부에 의한 공포정치의 결과가 아니라는 점을 뜻한다.

개발독재체제가 최소한의 정치적 지지를 유지하기 위해서는 암묵적이든 명시적이든 역사적 경험 속에서 형성된 사회적 지향 및 민중의 요구와 타협하거나 적어도 그것을 관리가능한 형태로 왜곡하면서도 수용할 필요가 있었다. '선성장 후분배' 논리는 정치적 과제와 경제적 과제를 시간적 선후의 문제로 강제 분리하는 대표적인 것이다. '후분배'는 뒤로 미루어진 정치적 약속인데, 훗날 경제성장의 과실이 재분배되기 위해서는 정치의 경제개입과 통제는 지속되어야 한다. 또 한가지, 기업과 자본을 근대화를 위한 도구로서 정치적으로 인식하는 것 또한 개발독재체제를 정당화하는 중요한 이념적 역할을 한다. 쿠데타 이후 부정축재자 처리가 있었고, 그 대상자들은 곧 사면되는데 사면의 논리가 바로 "(경영)능력으로 국가와 민속에 봉사할 기회"를 무여하는 것이었다. 기업은 사회발전의 목적이 아닌 수단인 것이다. 다시 말하면 경제와 기업에 대한 정치적 통제력의 유지, 사회발전의 도구로서의 기업관 등은 개발독재의 특징적 현상이면서도 동시에 스스로를 강화하고 정당화하는 요소이기도 했다. 그리고 이 정당화는 노동대중에게 장시간 노동을 강제하면서도 다른 한편 기업육성을 위한 사회적 지원을 지속할 수 있는 정치적 명분의 하나로 작용했을 것이다.

그러나 항상 그렇듯이 타협과 왜곡은 이면에 정권의 정책이념에 일정한 제약을 가하는 요인이 된다. 따라서 적어도 경제문제와 관련해서는, 역사적으로 형성된 기층민중의 사회적 요구가 정부의 정책입안 및 실시과정에서 암묵적 견제 역할을 했으며, 앞에서 언급한 정책적 일관성을 유지케 하는 요인이었을 것이라는 점을 추론해볼 수 있다.

2) 중화학공업 투자확대의 금융제도적 여건

중화학공업화에 필요한 대규모 투자를 위해 한국정부는 외자도입과 정책금융을 사용했으며, 금융시장에 개입함으로써 해당산업, 때로는 특정기업을 선택적으로 지원했다. 이같은 선택적 지원 혹은 선택적 개입은 시장실패에 대처하고 사회적 이익과 사적 이익의 간극을 효과적으로 축소한 것으로 평가된다(World Bank 1993). 사회적 지원이 일방적으로 사적 이득으로 귀속되는 경우라면, 개발독재기에 보이는 바와 같이 사기업을 도구로 사용한 대규모의 사회적 투자는 지속되기 어려웠을 것이다. 따라서 당시 대상 투자부문에서 발생하는 매우 높은 투자위험을 사회적으로 부담해주는 것과 해당 사기업에 대한 효과적인 통제와 관리를 통해 투자이득을 다시 정책금융의 재원 등으로 환원하는 것이 상호연결되어 있었을 것이라고 생각하는 것은 합리적이다.

정부는 중화학공업기 동안 선택된 부문에 대해서 투자위험을 사회화하는 방식으로 개별 자본가의 위험을 분산시켰고, 이것이 국가적 프로젝트에 대한 참가유인을 제공하기도 했다. 즉 정부가 민간부문과 위험을 공유하고 실질투자에 수반한 불확실성을 저하시킴으로써 투자의 증가를 도모했던 것이다. 이것은 경제개발계획에 협조적인 기업에 대해서 수익성이 위협받으면 구제해주겠다는 보장을 암묵적으로 했다는 것을 의미한다.[1] 이러한 투자위험의 사회화는 중화학공업부문에 필요한 투자를 극대화하는 데는 공헌했지만, '수익은 개인에게, 손실은 사회로' 귀속시킬 위험을 내재하고 있다. 따라서 산업화에 대한 국민적 공감대와 도구로서의 기업관이 유지되는 한에서만 사적 투자위험의 사회화가 정치적으로 정당화될 수 있었다.

한국정부는 기업의 성과를 직접 평가했다(Kim & Leipziger 1993; 오원철 1995). 매우 높은 수준으로 정부가 사기업의 경영 및 투자행위에 대해

---

1 1975년 세계적인 조선산업 불황시에 현대는 정부의 지속적 보조로 생존할 수 있었다. 정부의 보조는 한국 정유기업에게 한국 국적의 유조선으로 석유를 운반할 것을 강제하는 형태로 나타났다. 1980년대 심한 과잉설비와 재무적 곤란에 처한 78개 기업에게도 대출의 상환을 연기해주었을 뿐 아니라 신규의 보조금부 융자를 해주었다. 이로 인해 불량채권이 크게 증가하고 대출금리 인하로 수익이 감소한 은행에 대해서도 중앙은행이 보조금부 융자를 해주었다.

직접적으로 개입한 것은 정부의 보증과 정치적 책임 부담에 의해 투자가 가능했기 때문에 정당화될 수 있었음은 물론이다. 국가 및 은행 신용에 의한 기업 보증방식은 투자위험을 사회화하는 중요한 장치였다.

중화학공업을 위한 재원조달 수단으로 외자도입이 절대적으로 필요했는데, 당시 국제금융기관은 한국기업의 중화학투자에 대해 대체로 부정적인 시각을 갖고 있었다. 그럼에도 서구 및 국제자본시장이 한국의 거대투자사업에 자금을 빌려준 이유는 '국가와 은행의 신용에 의한 (대)기업 보증'이라는 것으로 일정 부분 설명된다. 전체 국민경제가 담보물 역할을 한 것이다. 국제금융기관이 한국기업의 중화학투자에 회의적인 상황에서는 국가 자체가 변제 약속을 할 수밖에 없었다고도 볼 수 있다. 1975년 정부가 소유하거나 정부가 통제하는 국내은행은 총상업차관의 88%에 대해 재지불보증을 했다. 그것은 중화학투자기간에 정부가 해외부채의 대부분을 보증했다는 것을 의미한다.

다른 한편으로 '국가와 은행 신용에 의한 기업보증'이라는 방식은 국내적으로도 금융제도 자체에 대한 신뢰를 구축하기 위해서 필요했다. 중화학공업 투자를 위해 정부는 저축증대를 장려했고, 예금자에게 금융기관이 파산하지 않는다는 믿음을 제공했다. 한국의 경우 은행의

〈표1〉 상업차관의 재지불보증(1975년 말 현재) 단위: 백만달러

	금액
한국외환은행	1,786,070
상업은행	92,491
지방은행	12,093
한국산업은행	302,550
재지불보증 총액	2,193,204
상업여신 총액	2,491
A/B(%)	88.0

자료: 김찬진(1976)
주: 상업은행은 전국적 상업은행을, 지방은행은 두 개의 지방은행을 이름.

채무이행에 대한 신뢰문제를 정부보증으로 해결했던 것이다.

이러한 '국가와 은행 신용에 의한 기업보증'은 국가-은행-대기업의 경제적 결합구조를 전제로 했다. 투자집중기에 산업 및 금융정책에 의해 수혜를 입은 기업 또는 기업집단의 대주주는 개인재산을 여신에 대한 담보로 제공해야 했다. 만일 국가를 담보로 한 투자에 실패하면 사유재산을 포함하여 모든 것을 잃을 수 있었다. 따라서 기업가로서는 장기투자를 위한 정책금융을 받는 것이 위험할 수도 있었다. 그러나 기업가는 정부가 다른 기업에게 프로젝트의 수행을 요구할 것이고 이것이 성공한다면 경쟁에서 패배하게 됨을 알기 때문에 정부제안에 참여하는 것은 강제적인 측면이 있었다. 또한 다음 프로젝트에서 제외될 위험도 있었다.[2] 정부는 국가경제 전체를 담보로 한 중화학공업 추진계획을 정치적 관점에서 지속하고 성공시켜야 했기 때문에, 누군가는 반드시 해당 프로젝트를 성공적으로 수행해야만 했고, 그 누군가가 정치자금을 제공한 순서로 결정될 필요는 없었다. 서구적 의미에서의 부패(corruption)구조, 즉 정치자금과 프로젝트 선정의 일대일 대응과는 상당히 차이가 나타나는 집단적 정경유착의 구조[3]가 작용했기 때문이다.

3) 금융씨스템의 특징과 금융억압의 정치경제학

1960년대를 통하여 이미 대기업이 등장했지만 당시 대부분의 기업

---

2 박병윤(1980)의 서술을 통해 당시의 경쟁적 분위기를 엿볼 수 있다. "중화학공업은 또 거대한 시설과 거액의 자본 및 기술, 그리고 고도의 경영능력을 필요로 하기 때문에 대재벌이 아니면 넘겨다볼 수 없다. 그런 의미에서 재벌의 영토확장, 대형화, 비대화를 달성하는 첩경은 중화학공업을 일으키는 길이다. 중화학공업은 재벌의 영토확장, 대형화를 달성할 수 있는 최고의 찬스인 동시에 마지막 기회이기도 하다. … 경제가 중화학 단계를 넘어서면 대기업을 세우고 대재벌을 이룩할 수 있는 찬스는 사라진다. (…) 중화학공업은 정부의 지원과 보호가 약속되는 동시에 기업의 성장과 영토확장이 보장된다."

3 전국경제인연합회 등 기업단체를 통한 정치자금의 배정과 조달이 대표적인 예이다.

으로서는 중화공업에 필요한 대규모 설비자금을 감당하기 어려웠다. 이처럼 민간경제주체의 능력을 벗어나는 수준으로 투자를 촉진하기 위해서, 혹은 민간에 맡겨둘 경우 (시장에 맡겨둘 경우) 이루어지지 않았을 투자를 촉진하기 위해서 금융씨스템이 이용되었다. 쇼우(Shaw 1973)가 '억압적 씨스템'(repressed system)이라고 불렀던 것인데, 그에 따르면 '억압적 금융씨스템'이란 이자율을 인위적으로 시장청산 이자율 수준 이하로 낮추고 정부가 신용배분을 관리하는 것을 말한다.

중화학공업 투자확대시기 동안 한국정부는 '우선순위의 산업부문'에 대한 투자를 촉진하기 위해서 금융자원 배분에 깊이 개입했다. 신용할당과 이자율 상한제가 자주 이용되었는데, "적정이자율 이하로 신용을 배분해주는 것(allocation of under-priced credit)은 정부의 가장 중요한 미시적 통제수단이었다"(Jones & Sakong 1980). 한국기업은 자금흐름의 3분의 2가 차입금일 정도로 매우 외부신용 의존적이었고, "실질은행이자율은 마이너스인 경우가 많았으며, 일반적으로 자본의 기회비용을 가장 보수적으로 추정한 결과보다도 낮은 수준이었다"(Jones & Sakong 1980).

다양한 정책수단이 동원되었지만, 대체로 금융정책은 산업정책의 부속품처럼 활용되었다. 정부가 통제하는 '은행중심'(bank-based) 금융씨스템을 이용한 여신제공은 산업정책체제에서 가장 중요한 수단이었다. 소유구조와 무관하게 은행은 공기업처럼 운영되었다. 형식적으로는 그렇지 않더라도 은행의 실질적 경영권은 정부에게 있었다. 정부가 주주로서 주요한 위치를 점하지 않았던 은행의 경우도 1961년 도입된 임시법에 의해 정부가 절대적 통제권을 행사했다. 민간주주의 권한은 제한되었으며, 1981년 은행법 개정 이후에는 개인 또는 개인과 관계된 주주집단의 은행지분은 8%를 넘지 못하게 했다. 한편 정책금융 및 외채의 효율적 사용을 보장하기 위해서 1974년에도 한국식 주거

연도	1979년	1980년
자금소요(A)	1,907	1,698
자체조달(B)	562	551
외자조달	554	395
내자차입소요	791	753
정책자금	158	200
기타	151	190
내자부족액	483	363
B/A(%)	29.5	32.5

자료: 박병윤(1980)에서 발췌.

래은행제도가 도입된다. 이와 함께 정책금융체제도 완성되었으며, 이를 통해 정부가 설정한 우선적 고려대상인 산업부문의 육성을 가속화한다. 그리고 이러한 형태의 내외자 통제가 가능하기 위해서는 자본의 유입과 유출에 대해 엄격한 통제제도가 유지되어야 했다.[4]

그러나 '금융억압'은 단순히 시장개입을 통한 금리억압만을 의미하는 것은 아니다. 그 이면에서 금융지주계급(financial rentier class)의 이해가 억압되었음을 의미하기도 한다. 이러한 '금융억압'의 체제는 이념적으로 금융지주계급은 필요악이라거나 기업발전을 저해하는 집단으로 간주하는 관점에 의해 뒷받침되었다. 이러한 관점은 1962년 『제1차 경제개발계획(요약)』에 나타난 1961년 이전 금융씨스템에 대한 다음의 언급에서 잘 드러난다.

은행에서 대출을 받을 수 있었던 몇몇 특권그룹만이 생산활동에서 이

---

4 자본유출에 대한 엄격한 통제체제의 중심에 이른바 외환집중관리 체제가 있었다. 이 체제하에서 모든 외환은 중앙은행에 양도되어야 했다. 또한 외환관리법은 외환의 사용에 엄격한 제한을 가했다. 이러한 외환통제씨스템은 1980년대 후반 이후 완화되기 시작했다.

윤을 누릴 수 있었다. (…) 다수의 기업가는 생산기술과 경영개선을 위한 창조적이고 정직한 노력을 기울이는 대신, 정치가 및 관료와 결합하여 쉽게 부를 축적하였다. (…) 산업은 고리사채에 의존할 수밖에 없었으며, 그 결과 고리대금업이 성행하였다. (…) 은행제도의 타락은 경제개발을 저해할 뿐 아니라 국가제도의 기반을 왜곡하거나 부패시켰으며, 사회정의를 왜곡하였다.

1990년대 초반 이전 한국의 금융씨스템을 이해하는 데서 앞의 인용에 나타난 시각을 염두에 두는 것은 매우 유용하다. 달리 표현하면 금융억압정책은 정부개입을 정당화하고 국민들에게 정세개발세획에 참여하도록 하는 이데올로기적 기능을 이면에 가지고 있었다고 할 수 있다. 적어도 지배계급 일부가 자신의 이해관계에 반해서 산업발전의 비용을 분담하는 것으로 나타나기 때문이다.

금융지주계급의 억압으로 요약되는 금융억압의 정치적 성격은 금융지주와 노동계급의 희생 위에 제조업부문의 금융부담을 완화하려는 특별조치를 통해 잘 이해될 수 있다. 1972년 정부가 선언한 사채시장에 대한 지불유예조치, 이른바 '8·3조치'가 그것이다. 8·3조치를 통해 금융지주의 이해는 엄청난 억압을 당했다. 72년 8월 3일 발표된 대통령의 '경제안정과 성장에 관한 긴급조치'는 65년 매키넌-쇼우(MacKinnon-Shaw) 방식(Shaw 1973)의 금융자유화정책이 불러온 금융위기에 대한 대응책이었다. 65년의 금융개혁으로 국내여신의 이자율은 해외여신의 그것을 큰 폭으로 상회하기 시작했으며, 이를 계기로 해외여신계약을 통해 투자붐이 일어났다. 그러나 65년 자유화조치 이후 나타난 높은 이자율, 당좌계정적자(current account deficit) 그리고 해외여신의 급증으로 결국 비금융기업의 수익성은 급락하고 은행부문의 부실채권이 증가했다. 72년까지 기업파산이 증가하면서 심각한 외환위기에 처하게 되었고, 이때 파산한 기업 다수가 외채를 지고 있었으므로 한국정부는 특별조치를 취하게 된다. 8·3조치는 모든 회사의 부채를 3년 동안 지불유예함으로써 제조기업을 구제한 것이다. 이것은 아마도 세계자본주의 발전사에서 금융억압의 가장 극단적인 사례일 것이다.

선택적 부문에 집중적으로 제공되었던 정책금융의 원천은 중앙은행신용과 예금은행에 의해 동원된 예금에 주로 의존했다. 예를 들어 정책금융의 이자율 상한제에 따라 발생한 예대 역마진(예금이자율이 대출이자율을 초과하는 상황)을 보조하기 위해 중앙은행은 일정 부분을 자동할인으로 보조해주고, 그 가격인 재할인금리를 상업은행의 수지상황을 보아가며 조정해주었다. 중앙은행의 재할인율제도도 상업은행 여신을 전략부문으로 몰아주기 위한 중요한 도구로 기능했다. 1973~91년 사이 중앙은행의 상업어음에 대한 재할인율은 거의 50% 수준에 이르렀다. 정책금융의 재원이 한국은행의 본원통화에 상당히 의존했고, 재정자금에 직접의존 정도가 낮았다는 점은 일본과 대만의 경우와 차이가 있다. 이같은 차이는 역사적 경험에 기인한 재정적자에 대한 부정적 태도에도 영향을 받았을 것이다. 그러나 정책방향에 걸맞은 사적 투자를 지원하기 위해 민간의 자금과 중앙은행신용을 사용하는 것이 정치적으로 정당화될 수 있었다는 점은 다시 한번 강조할 만하다. 결론적으로 산업에 대한 선별적인 금융지원이 성공할 것인지 혹은 실패할 것인지는 정치적 정당성을 확보할 수 있는가 아닌가에 강하게 영향을 받는다고 생각할 수 있다. 왜냐하면 정치적 정당성의 확보는 궁극적으로 국민의 협조를 얻음으로써만 재생산될 수 있기 때문이다. 마지막 문제는 누가 그 비용을 부담해야 하며, 어떻게 비용을 배분해야 하는가이다. 완전한 자유시장을 지향하는 정책의 경우 시장을 좀더 잘 이용하는 몇몇 참가자가 혜택을 입는다. 정치적 비용–수익 배분과 시장에 의한 배분, 이 두 가지 자원 배분방식간의 본질적 차이의 하나는 후자의 경우에 그 배분의 결과를 피할 수 없는 자연법칙의 결과로 국민 다수가 받아들일 수 있어야 한다는 점이다.

3. 금융제도와 경제성장: 시장중심론적 설명의 한계

개발도상국 혹은 후발산업국에서 '국내'의 금융시장 및 제도와 경제성장 간의 관계에 대한 이론적·정책적 관심은 오랫동안 발전경제학(development economics)의 핵심주제였다. 이론적 측면에서는 매키넌(McKinnon 1973)과 쇼우(Shaw 1973)의 연구를 필두에 둘 수 있으며, 정책적 측면에서는 1982년 10월 멕시코의 외채지불정지로 터져나온 1980년대의 국제부채위기가 중요한 계기를 이루었다. 외채에 의존한 경제성장의 취약성이 뚜렷해졌고 이에 대신하여 국내적 금융자원의 동원 문제가 중요한 관심사로 부각되었다. 이에 따라 국내금융시장과 제도가 잘 발전되어 있지 못한 경우, 경제의 장기적인 성장에 부정적 영향이 발생할 것이라는 견해가 널리 받아들여지게 된다(World Bank 1989; 1990).

한편 1980년대 후반과 1990년대 초반에 집중적으로 진행된 동구와 구소련의 급격한 정치·경제적 체제변화는 경제발전에서 금융시장의 중요성을 다시 환기시켰고 이에 더해 금융시장과 제도를 설계하고 설치하는 방법에 대한 질문을 추가시켰다. 이 국가들에는 실제로 자본주의 체제에서 볼 수 있는 종류의 금융시장과 제도가 없었기 때문이다. 90년대 말의 아시아 금융위기는 매키넌-쇼우(1973) 방식의 금융(금리)자유화뿐 아니라 동구에서 제기되었던 것과 유사하게 새로운 금융제도 및 규제의 구축에 이르기까지 그간의 거의 모든 이론적·정책적 문제들을 한꺼번에 포괄하여 제기하는 역할을 했다. 그러나 아시아 지역은 남미와 달리 지난 2,30년간에 걸쳐 산업화라는 측면에서 세계적으로 가장 우수한 경제적 성과를 보였던 지역이며, 동구나 구소련 지역과도 달리 금융시장과 금융제도가 최소한 결여되어 있지도 않았다. 이 때문에 아시아 지역의 금융제도 문제는 남미나 동구의 문제가 중첩되어 있으며, 금융개혁의 이론과 정책의 한계도 훨씬 분명해 보인다.

1) 개발도상국의 금융자유화: 금융억압론과 금융제한론

매키넌(1973)과 쇼우(1973) 이후 금융씨스템의 두 가지 서로 대립되는 이념형으로 시장자유형(free-market) 금융씨스템과 억압형(depressed) 금융씨스템이 제시되어왔다. 현실적으로 시장자유형 금융씨스템은 자본시장을 중심으로 하는 금융체제에 해당하는 경우가 많고, 억압형 금융씨스템은 은행을 중심으로 하는 관계적 금융(relation banking) 속에서 나타난다. 매키넌과 쇼우는 개발도상국의 금융체제가 갖는 특징으로 제도화된 금융중개의 수준이 낮다는 점과 제도적 구조가 취약하다는 점을 지적했다. 이로 인해 저축동원과 동원된 자원의 효율적 배분이 억제되므로 금융심화(financial deepening)과정이 지체된다. 특히 그들은 이자율이 균형수준보다 낮은 지점에서 행정력에 의해 고정되는 경우 금융중개가 억압된다고 했다. 정부가 지대를 취득하기 위해 금융부문에 개입하는 것이 그 주된 원인으로 제시되었기 때문에, 이들 이후 개발도상국의 금융발전에 대한 대부분의 논의는 정부개입 없는 경쟁적 금융시장을 가장 바람직한 금융체제로 전제하고 초점을 '금리자유화'에 맞추곤 했다.

그러나 금리자유화 문제에 관한 현실적 경험은 이론적 기대와 달리 매우 혼란스러운 것으로 나타났다. 전후 일본이나 1960년대 이후 아시아의 신흥산업화 지역에서 예외적으로 높은 성장세가 상당히 장기간에 걸쳐 나타났는데, 이 지역들의 금융제도나 금융시장의 작동은 매키넌-쇼우의 자유화된 금융시장과는 커다란 괴리가 있었다(Stiglitz 1993). 반면 1970년대에 남미(특히 아르헨띠나, 칠레, 우르과이) 국가들이 '금융억압'(McKinnon 1973; 1980)의 해소를 통한 저축과 투자의 증대를 목적으로 과감한 금융자유화와 국제화(internationalization)를 추진했던 결과는 기대한 것과 달리 국내 저축의 저하, 광범한 금융부문의 도산 그리고 사적 금융기관의 국유화까지 포함하는 대규모의 정부개입으로 마무리되었다(Carlos F. Diaz-Alejandro 1988). 국가권력의 붕괴 이후 서구 시장주창자들의 열광적인 지원과 조언하에 충격적인 시장요법을 취했던 구소련 및 동구 국가들이 기대와 달리 장기간의 침체에서 벗어나지 못한 것도 금융시장에서 자유방임(laissez-faire)을 추구해온 입장에서는 매우 실망스러운 것이었다(Kozul-Wright and Rayment 1997).

이러한 결과들은 단순한 금융억압론이라는 진단과 자유로운 금융시장이라는 처방에 의문을 제기하기에 충분했고, 매키넌과 쇼우의 금융억압론이 시사하는 바람직한 금융시장이 현실에서는 바람직하지 않을 수 있다는 점을 보여주는 많은 경험적 연구들이 뒤따랐다(Fry 1988). 헬먼 등(Hellman, Murdock and Stiglitz 1996)은 '자유롭지 못한' 금융시장을 가진 채 급속한 산업화를 이룬 동아시아의 경험에 고무되어 정부가 사적 금융시장에 개입하는 것이 어떻게 자유방임 상태보다 더 효율적일 수 있는가라는 질문에 이론적으로 대답하려고 시도했다. 매키넌-쇼우의 금융억압 개념에 대비해서 이들이 금융제약(financial restraint)이라고 부른 것은 예금(및 대출) 이자율 규제와 금융부문에서의 경쟁제한이 효율적으로 산업화에 기여할 수 있는 경우를 지칭한다. 이들의 연구가 담고 있는 핵심 주장은 금융억압과 달리 정부가 금융부문으로부터 지대를 취득하는 것이 아니라 오히려 지대 취득의 기회를 창출하고 이 기회를 사적 자본에게 제공하는 측면을 강조하는 것이다.

표면적으로 이자율 제한과 경쟁제한이라는 유사한 현상을 보여주는 것 같은 남미와 동아시아의 정부개입상 차이를 지적한 것이다. 금융시장(특히 자본시장)이 미발달하고 불완전한 경우에는 적절한 이자율 규제와 독점 허용을 통해 초과이윤을 획득할 기회가 제공되면 사적 은행들은 자유시장의 경우보다 저축동원과 투자기회의 발굴에 대해 더 큰 유인을 가질 수 있다. 이를 통해 동아시아의 예외적으로 급속한 산업화를 설명해보려는 시도이다. 물론 이들의 이론적 입장은 근본적으로 자유시장론과 배치되는 것은 아니며 다만 불완전한 정보라는 금융시장이 갖고 있는 본질적 한계를 인정한 것에 지나지 않을 수도 있다. 그러나 이러한 새로운 접근들은 동아시아에서 정부개입의 존재와 효과를 좀더 구체적으로 살피게 하는 데 중요한 계기를 제공했고, 단순한 자유시장론(market-centered theory)이 아닌 '시장친화적 정부개입론'(market-friendly approach)이라는 제도주의적 관점의 절충적 견해들을 이론적으로 뒷받침하는 중요한 요소이기도 했다(World Bank 1993; Haggard, Lee 1993; Haggard, Maxfield 1993a).

정부개입이 자유로운 금융시장보다 더 효과적일 수 있다는 점을 받아들인다는 점에서 금융제약론은 금융억압론에 비해 동아시아의 현실과 경험에 더 잘 부합한다. 그러나 금융제약론 역시 시장의 효율성에 대한 근본적 전제에서 벗어나 있지 않으며 산업화에서 정부개입의 효과는 일시적이거나 특수한 조건에서만 가능한 것으로 한정짓고 있기 때문에 최소한 한국의 경험과는 여전히 거리가 있다. 실제로 산업화시기에 한국에서는 시기나 추산방법에 따라 차이가 있지만, 최소 절반 이상의 은행신용 용처가 정부에 의해 직접 지정되었으며, 정부는 대부분의 주요 은행을 소유했고 이자율을 통제했다. 정책개입은 시장의 불완전성(혹은 시장실패)을 보완하는 데 그치지 않고 오히려 주된 역할을 차지했던 것이다(Cho and Kim 1997).

2) 경제개발기의 금융제도와 금융자유화론

경제개발기 한국경제체제를 특징짓는 주요한 금융제도적 요소들은 1960년대 후반과 70년대 초에 걸친 경제위기기를 거치면서 8·3조치와 그 후속조치들을 통해 본격적으로 형성되었다(Chang and Yoo 1999). 80년대 후반까지 지속된 한국경제체제(혹은 발전모델)는 억압적 금융체제를 특징짓는 요소들로 구성되어 있다. 앞에서도 지적했듯이 이 '억압'은 단순히 쇼우가 언급한 시장개입을 통한 금리억압만을 의미하는 것이 아니며, 이면에는 금융지주계급의 이해가 억압되었음을 강조한다. 이러한 '금융억압'의 체제는 이념석으로 금융지수계급을 기업발전을 저해하는 집단으로 간주하는 관점에 의해 뒷받침되었다. 금융제도의 형성과정에서 금융적 이해의 억압과 실물자본의 주주권 제약은 비용과 편익처럼 서로 상쇄되어 함께 결합되었다. 실물자본의 주주권에 대한 제약은 억압적 금융씨스템을 지탱해주었던 근본 축으로서 국가신용의 제공과 투자위험의 사회화를 댓가로 정당화되었으며, 장기간 유지될 수 있었다. 한국의 금융씨스템을 이해하는 데서 이러한 관점을 염두에 두는 것은 매우 유용하다. 다시 말하지만 금융억압정책은 정부개입을 정당화하고 국민들에게 경제개발계획에 참여하도록 하는 이데올로기적 기능을 이면에 가지고 있었다고 할 수 있다. 적어도 자본 분파의 일부가 자신의 이해관계를 희생(억압)당하면서 산업발전의 비용을 분담하는 것으로 나타나기 때문이다.

방임적 시장의 효율성을 신념으로 삼는 신고전학파의 이론틀에서 보면, 금융억압과 정부개입은 일반적으로 효율적인 자원배분을 왜곡하게 마련이다. 이에 따르면 금융억압과 선별 신용체계(preferential credit[lending] schemes)는 예금이자율을 통제함으로써 저축에 대한 유인을 감소시키며, 국제적 차입능력도 제한할 것이다. 국내 저축과 해외 저축이 제한되면 이는 곧 투자재원 조달의 애로로 이어지고 투자를 감소시켜 성장을 둔화시킨다. 인위적인 자본비용의 하락은 자원의 희소성에 대한 잘못된 정보를 제공함으로써 개발도상국의 부존자원 상태와 어긋나게 자본집약적인 기술을 채택할 유인을 만들어낸다. 또 신용할당을 담당할 정부가 가장 효율적인 자금수요자를 선택할 것이라고 볼 수 없다. 정부관료에게는 신용을 효율적으로 할당하기 위해 필요한 정보가 부족하며, 그렇게 해야 할 유인도 없다. 금융억압은 어떤 형태로든 경제적 지대를 창출하게 되는데, 결국 정부당국은 항상 지대추구집단(rent-seeking groups)의 압력(Bhagwati 1982)을 포함한 다양한 비경제적 고려에 직면하게 되는 것이다. 금융억압은 일단 정책자금을 수혜한 기업으로 하여금 자본생산성을 높이는 노력보다는 추가적인 은행신용을 받는 데 관심을 갖게 만들며, 금융기관의 경쟁과 생산성 향상 동기를 억압함으로써 금융부문의 성장과 경쟁력에 부정적 영향을 미친다. 개발도상국이나 체제전환국에서 금융억압체제는 결국 정부 재정적자의 보전에 봉사하는 것이라는 것이 시장론적 주류 입장의 통념적 합의라고 할 수 있다. 이런 입장에서 보면 금융자유화는 경제성장을 위해 필수적인 것이다.

그러나 자주 지적되듯이 한국의 경제개발과정은 매키넌-쇼우류의 전통적 금융억압론이 시사하는 결론과 명백히 모순된다. 금융체제는 억압형이었고 정부가 신용배분에 깊이 관여했지만, 경제적 성과는 매우 높았다. 라틴아메리카(아르헨띠나, 칠레, 우루과이)의 급격한 금융자유화가 가져온 파괴적 결과와는 상반되는 것이다(Diaz-Alejandro 1988). 동구나 구 소련 등 체제전환국에 대해 이 국가들에서 정부가 금융억압 정책을 유지하는 것은 재정적자의 보전을 위해서가 아니라 외부 자본을 적절한 산업부문으로 끌어 유도하기 위해서라는 사례연구들도 문제가 되었다.

이러한 현실을 두고 전통적 금융억압론을 보완하는 다양한 연구들이 진행되고 있다. 대표적으로 금융기관에 대한 감시(monitoring)와 주의깊은 감독(prudential supervision), 불확실성과 금융중계비용을 최소화하는 정보체계, 예금자 보호를 위한 규제 등 금융 하부구조가 강조되기도 하고(Gelb and Honohan 1989), 신제도경제학(New Institutional Economics, Williamson 1975; 1985)에 근거하여 정부와 금융 중개기관, 그리고 선별 금융의 수혜기업간에 존재하는 비시장적인 조직(준내부조직 quasi-internal organization이라고 부른다)의 성격을 밝힌 연구들도 관심을 끌었다(Haggard and Maxfield 1993a; Haggard and Lee 1995; Dalla and Khatkhate 1995). 특히 후자는 사례연구에 기초하여 이자율에 대한 규제 철폐와 금융부문의 진입자유화 등의 개혁이 경쟁의 격화를 초래하여 그 경제가 감당할 수 없는 수준으로 이자율을 상승시키거나, 때로는 금융부문의 독점화, 소유결합, 그리고 특정부문과 기업에 대한 대출집중을 야기할 수 있다는 사실을 인정한다. 또한 금융자유화 정책이 실행되는 제도적 환경과 수단이 국가마다 다르고, 이로 인해 결과도 달라진다는 점, 그리고 산업화와 자유화를 시작하는 초기의 조건(거시경제의 상태, 금융체제의 상태와 성격, 차입기업의 부채구조 등)이 이후의 경과에 상이한 영향을 미친다는 점도 인식되었다. 신고전파의 금융자유화(혹은 금융개혁)론에는 '제도의 문제'가 결여되어 있다는 점을 지적함으로써, 이러한 신제도 이론적인 접근방법은 동아시아의 경험을 개념화하는 데서 신고전파의 기본 설명틀보다는 현실에 훨씬 잘 부합한다. 그럼에도 불구하고 경제개발기 한국의 금융제도를 설명하기에 충분한 것은 아니다. 신제도경제학의 설명은 산업부문, 정치인, 관료, 지대추구자 간에 존재하는 위계질서(혹은 준조직)가 깨어지는 요인이 이 위계질서 내에는 존재하지 않기 때문이다. 그러나 한국의 경우 80년대 후반 이래 가장 급진적 형태의 금융자유화를 주도한 세력은 재벌이었다. 신제도론에서는 재벌이 기존의 억압적 금융질서 속에서 최상의 혜택을 보았음에도 그 질서를 스스로 깨는 데 적극적이었다는 사실을 설명하기 어렵다. 80년대 후반에 시작된 한국의 금융자유화 논의는 남미와는 달리 경제위기를 배경으로 하지 않았으며, 기존 선별금융체제의 최대 수혜자인 산업자본이 저항하기는커녕 '시장주의'의 이름을 빌려 대단히 적극적으로 금융자유화를 지지했다. 이 글에서는 국가와 은행, 재벌 간에 존재했던 결합(그것을 조직이라고 부르든 아니든 관계없다)을 유지시킨 힘은 이들간에 존재하는 공통의 이해관계뿐 아니라 이 결합관계에서 배제된 사회세력과의 타협이 중요했다는 점을 지적하고자 했다. 이 타협은 해방 이후 암묵적으로 혹은 명시적으로 존재했던 사회적 지향과의 타협이기도 했던 것이다.

4. 맺음말

제도의 개별적 효과를 주로 분석하려고 했던 기존의 연구와 달리 이 글에서는 특정한 정책의 성과를 결정하는 포괄적인 사회적·정치적 조건의 중요성에 주목하고자 했다. 한국의 산업화를 가능하게 한 조건에 대해 기존의 연구는 우호적인 국제시장의 상황에 주목하기도 하고 (Cummings), 개발지향성이 매우 높은 강한 국가의 역할을 강조하기도 (Amsden) 한다. 그러나 이것만으로는 불충분하다. 2차대전 이후 대부분의 신생독립국이나 개발도상국들은 경제개발계획을 실행했고, 겉보기에 대단히 유사한 금융제도의 운용과 금융정책 수단들을 사용했다. 하지만 비슷한 투자계획과 금융정책이 왜 국가별로 산업화 정도의 뚜렷한 차이를 만드는가 하는 난제에 대한 답변이 여전히 충분치 않기 때문이다.

이 난제에 대한 하나의 접근방법으로서 일종의 '사회적 합의'라고 볼 수 있는 '사회구성원의 공통의지'(common will)에 주목할 필요가 있다. 이 요소는 경제학 문헌에서 잘 다루어지지 않는 경향이 있다. 냉전과 독재의 정치적 조건에서 단기간 내에 실현될 가능성이 없어 보이는 통일국가의 형성, 민주주의의 확대, 분배의 실현 대신에 성장이라는 것에 국민적 동의가 있었다고 보는 것이다. 이로 인해 조작적인 경우라 하더라도 성장을 명분으로 한 물리적 노동탄압이나 사회통제에 대중이 적극적으로 저항하지 않았을 수 있다. 다시 이것은 자원 '동원'(動員, mobilization)의 한국적 형태에서 그 근거를 이루는 요소였다고 볼 수 있다.

현실적으로 점점 더 많은 국가들의 정책이념에서 세계시장에 대한 통합과 국민경제의 발전전략이 같은 뜻으로 사용되고 있다(Rodrik 2000). 시장의 힘이 최선의 결과를 가져온다는 것이다. 이러한 주장에 동의할 수 없는 가장 기본적인 이유를 든다면, 아마도 사회의 문제를 그 구성원의 '의지' 혹은 '의사'에 의해 해소하거나 최소한 약화할 수 있다고 보는 것, 그리고 사회적 문제를 항거할 수 없는 자연법칙의 결과로 이해하지 않고, 바로 그 사회 내부의 운동에서 발생된 것으로 인식하는 것이 사회발전에 기여해왔기 때문이다.*

■유철규

* 이 논문을 작성하는 과정에서 한국학술진흥재단의 지원을 받았다(중점연구소 지원과제, KRF-2001-005-C20012). 개발독재의 이해에 관련된 기본 논지와 주요 내용은 보고서로 출간된 『한국자본주의 발전모델의 형성과 해체』(김진업 편, 성공회대 사회문화연구소 연구총서 1, 2001)에서 다루어진 내용에 상당 부분 의존하고 있으며, 개발독재기를 중심으로 한 한국금융체제의 성격에 관해서는 아직 간행되지 않은 후속보고서의 내용에 기반을 두고 있다.

박정희시대의 노동정책과 노사관계

'단결금지'의 노동정책과 기업내 노사협의제

1. 머리말

이 글은 노동정책과 노사관계의 측면에서 박정희정권 시대의 노동체제의 내용과 특징을 해명하는 것을 과제로 한다. 주지하듯이 이 시대의 한국경제는 대외지향적인 공업화정책에 힘입어 실질성장률이 연평균 8~9%대에 이르는 미증유의 장기적인 고도경제성장을 달성했다. 제조업 중심 ─ 그것도 70년대에는 중화학공업의 업종 중심 ─ 의 공업화 정책과 급속한 구조변동을 통해 한국의 경제사회는 본격적인 산업화시대에 접어들었다. 피고용자 수는 1962년의 230만명에서 80년에는 650만명으로 3배 가까이나 증가했다.

발달한 선진자본주의 국가의 노사관계를 보면 산업화과정에서는 필연적으로 고용관계를 둘러싼 노동문제가 발생하고 이를 처리하기 위한 규칙이나 제도가 형성되어왔다. 커와 던롭 등에 의하면, 여러 주체들간의 공유된 이데올로기(shared ideology)에 의거한 노사관계 제도 없이는 산업사회의 운용이 불가능한 것이 현대 경제사회의 특징이다(Kerr, Dunlop, Harbison, Meyers 1960).

　노사관계 제도를 형성시키는 차원은 작업장·기업·산업·국가 등으로 다양하며 60년대의 노동체제나 제도를 분석하기 위해서도 이를 포괄하는 분석이 필요하다. 그러나 여기에서는 국가의 노동정책 — 그것도 집단적 노사관계 정책 — 에 중점을 두어 살펴보고자 한다. 필자의 이러한 분석 시각은 우선 당시의 노동체제를 국민경제 차원에 한정하여 다루는 것을 의미하지만, 당시 한국 자본주의경제 발전의 역사적인 특징을 노동정책에 의해 본질적으로 파악할 수 있다고 여기기 때문이기도 하다.

　노동자의 단결에 관한 집단적 노사관계정책(단결정책)이란 노동시장에서의 노동자의 교섭력을 국가 차원에서 승인하는가의 여부에 관련된 정책이며, 경제사회에서 노동조합(의 기능)을 법적으로 인정하는가의 여부가 이것의 핵심적인 논점이다. 노동조합을 법적으로 승인(法認)한다는 것은 교섭력을 발휘할 수 있는 권리를 노동자에게 인정하는 것을 의미한다. 이러한 시각에서 보면 노동력 제공의 집단적 방기(放棄)인 파업을 법적인 권리로 승인한다는 것이 노동자를 '국민'(citizen)으로 통합하는 단계의 '국민국가' 체제 성립의 논리적인 근거가 된다.

　이와같은 관점에서 박정희정권 시대의 노동정책을 파악할 경우, 그것이 과연 노동자의 자주적 단결인 노동조합을 '법적으로' 승인하는 것이었냐는 문제를 설정하지 않을 수 없다. 이 문제는 이 글의 분석을 통해 해명되어야 할 것이지만, 논의의 편의를 위해 필자의 결론을 먼저 말하면 유신체제하에서의 노동정책은 결코 노동조합을 법적으로 승인하는 것이 아니었다는 점이다.

　사실 박정희시대의 노동정책에 대해서는 적지 않은 연구가 있다(淸水敏幸 1987/1988; 최장집 1988; 송호근 1991; 김준 1993; 1999 등). 대표적 연구가운데 하나인 최장집은 박정희시대 한국의 노동통제방식을 국가주도의 권위주의적 조합주의(국가조합주의)로 파악하고, 국가의 역할을 "노동조합을 회사지배적인 어용 노동조합으로 비활성화시킴으로써 국가의 보호하에 공식적 노동조합(한국노총체제─인용자) 구조의 안정성을 보장"하는 것으로 파악하고 있다(최장집 1988, 304면). 이에 대해 송호근은 남미를 모델로 한 조합주의적 통제방식은 ─ 국가주도라는 형용에도 불구하고 ─ 본질적으로 "노동조합이라는 중간집단을 활성화시켜 국가와 개별노동자 간의 직접적인 대립을 매개하는 통제방식"이기 때문에 이를 한국에 적용하는 것은 적절하지 않다고 비판하고, '시장기제적 통제(억압)'라는 대안적인 가설을 제시하고 있다. 한국에서는 "노동조합의 존재를 인정하지 않거나 무력화시키면서 국가가 개별노동자를 직접 통제"해왔기 때문이라는 것이다(송호근 1991, 제8장).

　이 연구들을 포함하여 기존 연구의 문제는, 우선 박정희시대의 노동체제를 60년대와 70년대의 구분 없이 일괄하여 파악하는 점이다. 서술방식에 따라서는 70년대에 중점을 두어 그 특징을 부여하고 있는 것처럼 보이기도 하지만, 두 연구 모두 두 시기를 의식적으로 명확하게 구분하고 있지는 않다.[1] 그러나 본론에서 자세하게 분석하겠지만 60년대와 70년대에는 국가의 단결정책에서 본질적인 차이가 존재한다. 다음으로 더 중요한 것은 이 논의들을 유신시대의 노동체제로 인식한다 하더라도 발생할 수 있는 문제점이다. 최장집이 주장하는 요점은 '노동조합'과 '공식적인 노동조합'을 구분하는 데 있지만 그 구분이 불분명하고, 정부의 정책이 노동조합 ─ 그것이 어용노조이든 아니든 ─ 을 승인한 것이었다고 파악하는 문제점이 있다. 이와 관련해서는 송호

1　송호근(1991)은 1961년 이후의 노동정책을 일괄하여 대만(1948년 이후)과 같이 '시장기제적 억압' 유형으로 파악하고 있다. 314면의 〈그림 8-1〉 참조.

근의 반론이 설득력이 있다. 유신시대의 '권위주의적' 노동정책이 남미의 '조합주의적 억압' 유형과는 다르며, 노조를 인정한 것이 아니라는 점은 전적으로 옳다. 그러나 그의 논의에서도 역시 '노조의 부인'이라는 정책의 의미가 불분명하다(송호근 1991, 313면). 그리고 당시 한국의 노동정책을 또하나의 권위주의 유형인 '시장기제적 억압'이라고 파악한다면, 선진제국에서도 공통적으로 볼 수 있는 노조의 법적 승인 이전의 장기간의 노동체제를 '권위주의'로 파악해야 하는가 하는 문제가 있다(송호근 1991, 311면).

이와같은 문제점을 해결하기 위해 이 글의 2절과 3절에서는 60년대와 70년대의 노동정책을 구분하여 분석하고 각 시기의 노동정책이 단결정책으로서 갖는 본질적 성격을 해명한다. 이 문제의 해명에서 지면이 허락하는 한 정책수단 자체에 대해 분석한다. 이를 통해 특히 70년대의 노동정책이 공장새마을운동의 일환으로 전개된 상명하달식의 노사협의회에 의해 노동조합이나 단체교섭을 대체하려는 성격의 것이었음을 밝힌다. 실제상의 노동조합(de facto unionism)이 존재하지 않은 것은 아니지만 노동조합을 법적으로 승인하는 정책이 아니었다는 것이다. 이를 분석하는 데서 1948년 제헌헌법과 1953년 노동관계법에 의해서 일단 민간부문에 한해 단결법인 정책으로 전환된 사실을 고려한다. 1953년 노동관계법은 여러가지 한계에도 불구하고 해방정국, 분단과 6·25전쟁 과정에서 빚어진 노동문제와 계급대립을 처리하기 위한 한국 자본주의 국가의 계급타협책으로서 역사적 성격을 갖는 것이었기 때문이다. 결코 가공적인 것은 아니며, 현대 한국의 노동정책에 역사적 제약조건으로서 작용한 것으로 파악한다.[2]

---

2 필자는 1953년 노동입법으로 체계화되는 노동정책을 근거로 휴전체제와 더불어 성립하는 한국 자본주의 국가체제를 "疑似(pseudo) '國民'=權威主義國家"로 총괄한 바 있다. 노동정책을 기축으로 하는 자본주의적 국민국가의 발전단계론를 포함하여 그 역

노동정책에 대한 체계적 분석을 한 후, 한국노총의 성립과정과 기능에 대한 분석을 통해 '유사산업별 조합체제'로서의 한국노총체제 노동조합의 성격을 해명한다. 마지막으로 이 시기 노사관계의 주요한 측면을 살펴봄으로써 유신체제의 강권적인 통합 메커니즘과 경제적 요인을 밝히고, 대량생산방식의 도입과 기업별조합=노사협의제하에서 형성된 노사관계의 중요한 특징에 대해 일정한 전망을 제시한다.

2. 1960년대의 노동정책: 단결법인정책(團結法認政策)의 유지[3]

1) 집단적 노동관계 정책의 개정과 단결권

1961년 5·16 쿠데타로 권력을 장악한 박정희 군사정부는 곧바로 파업을 금지하고 노동자의 노동조합을 전면 해체하였지만, 같은 해 8월 3일 공포한 두 가지 법률('사회단체 등록에 관한 법률'의 개정과 '근로자의 단체활동에 관한 임시조치법')에 의거해서 노동조합을 신규 등록하도록 하였다. 이 정책은 후술하는 바와 같이 권력적으로 한국노동조합총연맹(한국노총) 체제를 구축하기 위한 법적 기반이 되었지만, 1963년 4월에 공포된 개정 노동법에 의해 쟁의권이 부활하기까지 노동자는 전적으로 쟁의권(파업권 포함)을 박탈당한 상태였다.

그후 1962년 12월 26일 전면적인 헌법개정에 의해 제헌헌법에 특징적이었던 이익균첨권 조항을 폐지하는 한편, 헌법상의 노동3권 조항을 수정하였다. 이 개정에 의해 종래 헌법상의 명문 규정이 아니라 관련법률에 의해서 노동3권이 부인되어왔던 공무원은 '법률로 인정된

사적 제약조건에 관해서는 金三洙(1993)를 참조.

3 이하 60년대의 노동정책에 대한 상세한 분석은 김삼수(1999a)를 참조할 것. 이하의 서술은 특별한 언급이 없는 한 이 논문에 의거함.

자'를 제외하고 헌법상의 규정 자체에 의해 노동3권이 전면 부인될 수 있게 되었다. 이러한 헌법개정은 50년대 말부터 개시되어 60년 4·19 혁명기에 고조되었던 교원노조운동과 공무원의 단결권에 관한 사회적 논의를 금압(禁壓)하는 의미를 갖는 것이었다. 그후 노동관계법, 공무원법, 사립학교법 등의 관련법률에 의해서 구체화된 60년대의 단결권 보장 상황은 50년대와 다르지 않다. 민간부문에 한해 단결권이 보장되는 데 머물렀다. 민간부문의 경우도 사립학교 교원은 단결권이 전적으로 부인되었고, 공익사업체 노동자는 절차법상의 강제중재제도에 의해 사실상 파업권이 부인되었다.

2) 집단적 노동관계정책의 체계와 특징

1963년의 법개정은 광범한 것이었지만 그중 중요한 것은 다음과 같다. ①법률 규정상의 용어 표현에 의해 전국적 산업별조합의 단일형태를 전제하거나 지향한 점, ②노조의 결격사항 조항에 의해 복수노조의 설립을 사실상 불가능하게 한 점, ③노조설립 신고제도의 강화에 의해 사실상의 '설립허가주의'를 지향한 점, ④노사협의회의 설치, ⑤노조의 정치활동 금지, ⑥쟁의행위 제한의 강화(공익사업 범위의 확대, 긴급조정제도의 도입) 등이다.

1953년 법과 비교하여 무엇보다도 중요한 특징은 '전국적 규모를 가진 노동조합'이나 '산하노동단체'(산하지부) 같은 표현에 의해 상징되듯이 산업별조합체제를 전제하거나 지향하는 듯한 자세이다. 물론 이 규정에 의해서 산업별조합체제가 법적으로 강제되는 것은 아니다. 그러나 이것은 앞서 말한 '단체활동임시조치법'하에서 1961년 8월에 이미 이뤄진 노동조합체제의 재편, 즉 정치권력이 '폭력적'으로 정한 한국노총의 '산업별조합체제'를 전제로 하는 것이었다는 데 중요한 의미가 있다. 그리고 경쟁적 조합설립 금지 규정, 설립신고제의 강화 규정은 이러한 한국노총체제를 유일한 노조로 인정하여 노동조합의 독점적인 대표체제를 권력적·법률적 차원에서 담보하는 역할을 하는 것이었다.

그러나 이와같은 개정에도 불구하고 1953년 법의 본질적인 특징이 유지되고 있다. 단결권이 허용되는 주체의 범위가 좁은 점, 단결에 관한 국가적 규제=통제적 성격이 강한 점, 쟁의억제적 성격이 강한 점이 공통적이며, 다른 한편으로 노동조합에 대한 국가적 보호규정('쟁의기간중 현행범 이외의 자유구속의 금지' '쟁의기간중 대체노동의 금지')과 같이 시민법체계를 훨씬 넘어서는 조항이 그대로 유지되고 있다. 더욱 중요한 것은 민간부문(단 공익사업 제외)에 한정된 것이기는 하지만 본질적으로 노동자의 파업권을 보장하는 단결법인 정책이 유지되고 있다는 점이다. 바로 그러한 점에서 1963년 개정법은 1953년 법의 역사적 제약으로부터 자유롭지 못했다. 노동자의 단결권=파업권 자체를 부인할 수 없었던 것이다. 결과적으로 보면 바로 이러한 제약 때문에 대안적으로 선택한 것이 산업별로 질서정연하게 구분된 산업별노동조합(연합노조 포함)으로서의 한국노총체제였다. 그러나 후술하는 바와 같이 한국노총의 노동조합체제는 서구식(독일식) 산업별조합체제와는 본질적으로 다르다.

3. 1970년대의 노동정책: 단결부인의 노동정책

1) 집단적 노동관계 정책의 개정과 단결권: '무헌법'시대의 총체적 단결권 부인

이상에서 살펴본 것처럼 60년대의 노동정책은 본질적으로 1953년 노동법의 체계를 유지하는 것이었다. 그러나 70년대에 들어 결정적인 변화가 일어났다. 70년대 단결정책의 체계상 특징은 노동조합법 등의 노동관계 제법이 폐지되지 않고 유지되었음에도 불구하고 단결권(파업권 포함)이나 단체교섭제도를 사실상 부인하는 특별법이 제정·시행되어 기축적인 노동정책으로 기능했다는 데 있다. '외국인 투자기업의 노동조합 및 노동쟁의에 관한 임시특례법'(1970. 1. 1, 이하 외국인 투자기업 임시특례법)과 '국가보위에 관한 특별조치법'(제9조, 1971. 12. 27, 이하 국가보위법)이 그것이다. 이러한 특별법에 의해 종래의 노동관계 제법은 가장 핵심적인 정책수단의 측면에서 그 기능이 정지되었으며, 단지 이러한 특별법의 보완적인 노동입법으로 그 지위가 전락하였다. 유신헌법(1972. 12. 27)상의 노동3권 보장 규정(제29조)은 권리의 보장 형식(법률유보)이나 단체행동권의 보상 범위에서 60년대의 헌법 규정에 비해 그 입법 여하에 따라 노동자의 단결권을 더 엄격하게 제한할 수 있는 것이었는데, 유신헌법의 성립에 앞서 제정된 이러한 특별법은 이와같은 헌법상의 노동3권 보장마저도 형해화하는 것이었다.

'국가보위법'은 같은 해 12월 6일에 이미 선포한 '국가비상사태'의 법적 근거를 부여하는 성격의 것인데(부칙 ②), 이 법률에 의해 대통령은 국무회의의 심의절차를 거치는 것만으로 인적·물적 자원에 관한 국가동원령을 내리고(제5조), 기본적 시민권(경제적 기본권 포함)을 광범위하게, 또 근본적으로 규제할 수 있는 무소불위의 무한정한 '비상권한'을 갖게 된 것이다.[4] 제정 당시의 헌법체계를 근본적으로 유린하는 이 법률은 한시입법으로 제정되었으나 1981년 12월 27일에야 폐지되었으며, 이른바 '유신체제'를 지탱하는 추요(樞要)의 입법이었다. 아니 국가(권력)와 시민의 관계에서 보면, 유신헌법을 포함하여 헌법 자체를 부정하는 '무헌법시대'(無憲法時代, age of no constitution)를 열

---

4 법상에 명시적인 규제조항은 다음과 같다. 거주·이전의 자유(제6조), 집회·시위의 자유(제7조), 언론·출판의 자유(제8조), 단체교섭권 등의 규제(제9조), 물가·임금·임대료(제4조), 세출예산 변경권(제10조). 벌칙은 1년 이상 7년 이하의 징역.

어놓는 것이었다. 그러한 의미에서 유신헌법은 더이상 '헌법'이 아니며, 유신시대는 헌정이 부정된 시대였다.[5]

따라서 1970년대는 본질적인 측면에서 국가보위법이 헌법을 대위하고, 또 특별법이 노동관계 제법을 대위하는 주객전도의 입법체계 시대였다. 기축적인 노동입법은 '국가보위법'(제9조)이었다. 이와 관련하여 '외국인 투자기업 임시특례법'의 의의는 다음과 같다. 이 특례법은 '노사협조'를 증진하여 외국인 투자를 유치한다는 입법 목적하에 외국인 투자기업의 노조결성 및 쟁의발생시의 신고기관을 노동청으로 일원화하고, 중앙노동위원회의 강제중재제도를 적용하는 정책수단을 도입했다. 후자의 강제중재제도는 국가보위법이 성립한 후로는 행정조정제도에 편입되는 것이기 때문에 국가보위법이 1981년에 폐지되기까지는 그 기능이 정지되었다. 정책수단으로서 이 법의 고유한 의의는 노조결성시의 주무관청을 노동청으로 하는 것이었다. 사실 이 제도 하에서 외자기업체의 경우 노조결성마저도 매우 어려운 것이 70년대의 현실이었다.[6]

따라서 1971년 이후 노동정책은 민간부문, 공익사업체, 현업기능직 노동자의 경우 노조결성 자체(협의의 단결권)가 금지되지는 않지만, 단체교섭권과 단체행동권이 부인됨으로써 그 본질적인 기능이 전혀 인정되지 않는 사실상의 단결금지 정책체계이다.

---

5 필자의 유신체제에 대한 규정은 체제 자체의 체계적 성격과 국가론적 의미에 관련된 규정으로 일단 유신체제의 '성립배경'론과는 무관하다. 국가비상사태 선언과 유신체제의 배경에 관해서 정치적 요인을 중시하는 견해나 경제개발과의 관련을 중시하는 견해(개발독재론)에 대한 상세한 검토는, 우선 김원중(1997)을 참조.

6 스미야 미끼오(隅谷三喜男 1983)는 70년대 중엽 마산수출자유지역에는 노조가 결성된 기업이 하나도 없다고 보고하고 있다. 노동청의 소극적인 자세와 사용자 측의 부당노동행위로 노조결성이 좌절되었으며, "일반인이나 노동자 모두 조합설립은 금지되고 있는 것으로 받아들이고 있다"(124면)고 기술한다.

2) '국가보위에 관한 특별조치법' 제9조: '행정조정' 제도에 의한 단결권 부인

행정조정

국가보위법에서 노동에 직접적으로 관계되는 조문은 제9조의 단한 개 조문이다. ① 근로자의 단체교섭권 또는 단체행동권의 행사는 미리 주무관청에 조정을 신청하여야 하며, 그 조정 결정에 따라야 한다(1항), ② 대통령은 국가기관 또는 지방자치단체, 국영기업체, 공익사업, 국민경제에 중요한 영향을 미치는 사업에 종사하는 노동자의 단체행동권을 규제하기 위한 특별조치를 할 수 있다(2항). 제2항은 1972년의 개정헌법(유신헌법)에 그대로 반영되었다. 여기에서 결정적으로 중요한 것은 1항의 규정이다.

입법 형식은 단체교섭권과 단체행동권 자체의 부인이 아니라 그 권리행사의 절차에 대한 규제이다. 그러나 '행정조정'의 운영방식 여하에 따라 단체교섭권과 단체행동권이라는 단결권의 본질적인 내용을 전면적으로 부인할 가능성을 갖고 있음을 일단 확인할 수 있다. 이 조문은 관련시행령도 제정되지 않은 채 오로지 노동청의 예규와 같은 행정처리지침에 의해서 운영되었다. 이와같이 무제한적인 입법의 형식과 체계는 이 법 자체가 헌법을 무시하는 것이었던 점과 잘 부합한다. 행정관청의 자의적이며 비제도적인 운영이 배제되지 않는 점에서 도저히 '법'(law)이라고 할 수 없는 입법체계이다.

70년대의 이 법조문을 실행했던 노동청의 예규에서 구체화되는 행정조정제도는 과연 어떠했는가? 예규 103호(같은 해 2월 29일)와 예규 105호(같은 해 3월 25일)의 구체적인 내용을 보면 다음과 같다.

① 단체교섭의 조정의 개시: 노사 당사자는 단체교섭 행사시 '주무관청'에 소정의 '단체교섭조정신청서'를 제출해야 함.

• 기입사항 — 당사자, 조정 요망 사항, 당사자의 주장.

② 조정기구(주무관청):

• 시도지사(1개의 특별시 또는 직할시와 도 관할 사업장; 이하 '시·도').

• 노동청장(2개 시·도 이상 관할 사업장, 외국인투자기업).

③ 조정결정(調整決定): 신청서 접수 후 30일 이내에 조정결정을 해야 함 ('조정결정서' 작성, 당사자에게 송달).

• 조정결정 접수 후 조정결정이 내려지기 전에 당사자간에 합의된 사항에 대해서는 합의된 내용과 동일한 내용으로 조정결정함(105호).

④ 조정결정의 효력: 조정결정에 대해서는 재심 요구나 행정소송이 불가 (최후적 구속력).

⑤ 단체행동권: 단체교섭이 조정결정될 때까지는 그 행사를 신청할 수 없음.

앞의 예규에서 보듯이 조정(調整)의 개시절차가 강제적이기 때문에 강제조정이며, 조정결정이 최후적 효력을 갖기 때문에 명백한 강제중재제도이다. 또 조정결정이 내려지기 전에는 단체행동권 행사를 신청할 수 없기 때문에 논리적으로 파업이 불가능하다. 이는 단순한 절차상의 규제를 넘어서 민간과 공공의 구분 없이 모든 산업부문에서 사실상 파업권을 비롯한 일체의 단체행동권을 부인하는 정책체계였다. 그러한 점에서 총체적인 단결권 부인이며, 이 정책에 의해 노동조합법 등 노동관계법은 기능이 거의 전면적으로 정지되었다고 해야 한다. 그리고 단체교섭 사항 자체에 대해 처음부터 주무관청에 행정조정을 신청하지 않으면 안되게 되어 있고 조정결정에 따라야 하기 때문에 자유로운 단체교섭 자체가 부인되고 있다.

정책 운용의 실태

그러면 국가보위법 체계하에서 행정조정의 실태는 어떠하였는가? 이를 살펴보기 위해 '단체교섭의 조정결정(調整決定)' 실적을 보자. 〈표1〉은 노동청 예규 규정에 의해 매월 주무행정관청이 노동청장 (또는 노동부장관)에게 보고하게 되어 있는 '단체교섭 조정결정 현황 보고서'를 기초로 노동부가 내부 집계한 실적표이다.

표에서 보는 바와 같이 단체교섭의 조정결정에는 '노사합의(勞使合意)' '조정합의(調整合意)' '직권조정(職權調停)'의 세 가지 유형이 있다. 말 그대로의 의미에서 강제중재에 해당하는 것이 주무관청의 '직권조정'이다. '조정합의'는 단체교섭 조정신청 이후 당사자간에 합의가 이뤄지지 않은 경우 주무관청이 개입하여 당사자간에 합의가 이뤄진 경우이며, 조정합의가 이뤄지지 않을 경우에 주무관청의 직권조정이 내려지게 되어 있다. 여기에서 특이한 것은 '노사합의'의 유형이다. 노사합의는 단체교섭 신청 이후 주무관청의 조정 개입 없이 노사간에 합의가 이뤄진 경우를 의미하지만, 김수곤의 지적대로 "실제적으로 (단체교섭조정 신청 이전에―인용자) 당사자끼리 합의에 도달한 다음 이 사실을 주무관청에 알려주면서 주무관청의 조정을 받은 것처럼 처리한" 경우도 이에 포함된다(김수곤 1983, 41~42면).

〈표1〉 국가보위체제하에서의 행정관청에 의한 단체교섭 조정결정 내역

(단위: 건, %)

	1972	1973	1974	1975	1976	1977	1978	1979	1980	1981	합계 (72~81년)	합계 (76~81년)
총조정건수	452	566	942	1,139	1,448	2,042	2,131	2,149	2,216	2,216	452	452
노사합의	401	561	883	1,092	958	1,306	1,488	1,607	1,596	1,838	401	401
조정합의	―	―	―	―	423	573	544	472	479	356	―	―
직권조정	51	5	59	47	67	163	99	70	141	22	51	51
노사합의율	88.7	99.1	93.7	95.9	66.2	64.0	69.8	74.8	72.0	82.9	88.7	88.7
조정합의율	―	―	―	―	29.2	28.0	25.6	21.9	21.6	16.1	―	―
직권조정률	11.3	0.9	6.3	4.1	4.6	8.0	4.6	3.3	6.4	1.0	11.3	11.3

자료: 노동부 노정국의 내부자료. 김수곤 편(1983), 42, 145면에서 재인용하여 작성.

표를 보면 직권조정의 비율은 국가보위법이 적용된 전 기간(1972~81년) 평균으로 4.7% 정도이다. 그러나 역시 표에서 보듯이 1976년 이전에는 '조정합의'가 '노사합의'의 범주로 분류되어 집계되었을 가능성이 크기 때문에 이 사정을 고려하여 1976~81년 기간중의 각 유형별 비중을 보면 노사합의 72.1%, 조정합의 23.3%, 직권조정 4.6%가 된다. 행정관청의 조정비율은 조정합의와 직권조정을 합하여 28% 정도이다. 이는 결코 작은 수치가 아니다. 통상적으로 노사간에 이견이 있을 경우의 해결방식이나 조정결과가 노사관계에 미치는 영향을 고려하면 이 조정제도가 노사관계에 미친 영향은 크다고 하지 않을 수 없다.

단체교섭의 행정조정제도를 평가하는 데 중요한 논점은 '노사합의'와 '조정합의'의 의미를 어떻게 해석할 것인가 하는 점이다. 노사합의란 김수곤(1983)의 지적대로 조정신청 이전에 사실상 노사간 합의가 이루어졌지만 법규정 때문에 조정신청을 한 경우가 대부분을 차지할 수도 있다. 그리고 앞의 예규 규정 ③에서도 명시된 것처럼 직권조정 이전에 조정합의를 배제하지 않고 있으며, 실제로 노사간의 이견이 조정되었던 것도 사실일 것이다. 따라서 그 조정의 개시절차로 보면 이 세 가지 유형 모두 다 강제조정(强制調整)이지만, 행정조정의 실제적인 운영은 결코 노사간의 협의나 행정관청의 조정(調停)에 의한 문제해결을 배제하고 있지 않기 때문에 사실상 사전조정이 이루어졌다고 할 수도 있다.

하기와라 스스무(荻原進 1998)는 여기에서 행정관청의 조정기간중에 당사자간 협의가 인정된다는 점에 주목하여 이 행정조정은 조정전치제도(調停前置制度)이며 단체교섭을 대체한 것이 아니라고 주장한다. 정부의 개입은 단체교섭 최종 과정에서의 개입에 머무르는 것으로, 조정(調停)의 역할은 노사합의를 '촉진'하는 데 있다는 것이다. 하지만 그렇다고 하여 사전조정이 제도화되어 있고 조정의 역할이 단체교섭을 촉진하는 데 있다고 할 수 있을까?

첫째, 정책체계로 보면 앞의 노동청 예규 차원에서도 사전조정의 절차는 제도화되어 있지 않고 전적으로 주무관청의 재량에 맡겨져 있는 것이 실태였으며, 언제라도 직권중재가 가능하게 되어 있는 체계이다.[7] 사전조정은 직권중재로서 해결할 수 없을 정도로 단체교섭 행사 신청이 많았기 때문에 현실적으로 주무 행정관청이 취할 수밖에 없는 조치에 불과했다(박영기 1983, 144~45면).

둘째, 더 중요한 것은 '노사합의'가 결코 자유로운 단체교섭의 결과로서 달성된 것이 아니라는 점이다. 설령 조정신청 이전에 합의가 이뤄진 경우라 할지라도 파업권을 전제로 하지 않기 때문에 이는 사실상 노사협의에 불과하다. 노사협의의 결과가 단체교섭 결과에 비해 노조에게 더 불리하게 될 것임은 물론이다.

셋째, 하기와라(荻原進 1998)는 더 나아가 강제중재제도가 결코 노동자에게만 불리한 제도가 아니라는 주장을 하는데 이 또한 전적으로 오류이다. 물론 일반적으로 강제중재제도가 일방적으로 노조에게만 불리하다고 할 수는 없으며, 또 오스트레일리아 등 외국의 사례에서 보듯이 노조에게 유리하게 기능할 수도 있다. 그러나 이는 어디까지나 노동조합을 사회적인 존재로서 법적으로 승인한 위에 독립적인 조정기구와 조정절차가 정비된 경우에 적용되는 논의이기 때문에 이 시기의 한국에는 적용되지 않는다.[8]

---

7 예규 차원에서나마 조정결정시에 각급 노동위원회의 '심의'라는 방식으로 제도화가 이루어진 것은 1980년 '서울의 봄' 때 제정된 노동부 예규 제237호(80년 3월 7일)에 의해서였다. 그러나 그것도 직권조정에 한정된 부분적인 것에 불과하였으며, 조정합의에 관련된 것은 완전히 행정관청의 재량에 맡겨졌다. '단체교섭권등 조정업무처리규정'(노동부 예규 제3호: 1981년 4월 21일). 한국노총 1981, 53~54면.

8 힉스는 사실상의 정부간섭인 강제중재의 경우 재정자가 당사자간의 이해관계보다는 '공정성'(fairness)의 입장에서 판정을 내리기 쉽기 때문에 노조에 한층 유리한 결론을 내리는 경향이 있다고 한다. J. R. Hicks, 1963, 131~34면. 19세기 말 일련의 노동쟁의

앞에서 분석한 바와 같이 국가보위법의 노동정책은 민간과 공공의 모든 부문에서 단체행동권(파업권 포함)을 전면적으로 동결한 위에서 행정관청의 강제중재—그것도 단심제도—에 의해 국가가 전적으로 노사문제를 해결하는 것을 본질로 하는 체계이다. 파업권을 전제로 하는 단체교섭도 형해화되는 것은 법 자체에 의해서 명확하다. '단체교섭'이란 단순한 노사간의 의사소통기구로서의 노사협의에 불과하다. 이 체계하에서 노동조합 자체가 직접 명문규정에 의해서 부인되는 것은 아니지만 그 기능이 거의 전면적으로 부인될뿐더러 그 결성과 활동이 크게 위험에 처할 수 있다. 결코 노동자의 자발적인 단결체로서의 노동조합과 그 활동(예컨대 단체교섭)을 승인하는 체계가 아니다.[9] '단체교섭'은 본질적으로 '노사협의'에 불과하며, 법적으로 용인되는 '노동조합'은 사실상 노사협의의 '종업원대표기구'에 불과하다.

3) 노동관계법 개정(1973, 74년): 노사협의회에 의한 노동조합 대체

앞에서도 서술했듯이 국가보위법 체제하에서도 이 법과 상치되지 않는 범위에서 노동관계법은 존치되었는데 관련법률들은 1973년과 74년 두 차례에 걸쳐 개정되었다. 강제중재가 적용되는 공익사업의 범위를 확대하고 노사관계에 대한 행정관청의 개입을 강화하는 등 개정 내용이 적지 않지만, 국가보위법 체제가 지속되는 상황에서 실질적으로 의미있는 핵심적 개정 내용은 노동조합의 조직형태와 노사협의회에 관련된 것이다.

에서 노동조합이 패배하자 이를 보완하기 위해 20세기 초부터 강제중재제도를 도입한 오스트레일리아의 사례에 대해서는 우선 Macintyre, S. and Mitchell R.(1989)을 참조할 것.

9 1971~74년 사이에 지방노동위원회가 취급한 342건 가운데 87.2%가 사용자의 반노조 행위인 '부당노동행위' 관계였다는 사실은 이러한 단결금지 정책의 성격을 입증하고도 남음이 있다. 최장집(1988), 98면에서 재인용.

먼저 노동조합의 설립신고 등의 제 조항에서 노동부장관에게 신고하게 되어 있는 "전국적인 규모를 가진 노동조합"이 "연합단체인 노동조합과 2개 도 이상에 걸치는 노동조합"으로 그 표현이 변경되고, "전국적인 규모를 가진 노동조합의 산하노동단체"라는 용어가 삭제되었다. 이 개정에 의해 1963년 노조법 개정 이래 '전국적인 규모를 가진 노동조합'과 그 '산하노동단체'(또는 '산하지부')라는 용어에 의해서 상정되고 있던 단일조합으로서의 산업별노조라는 조직형태가 정책상으로 법률 차원에서 방기되었다고 할 수 있다. 전국적 산업별조합은 기업별 또는 사업장별 단위조합의 연합체로 인식되고 있다. 이는 1963년 개정 노동법이 법적으로 강제한 '유사산업별조합체제'를 방기한 것으로 63년법 체계하에서 노동청 예규 등을 통해서 통달(通達)된 사실상의 기업별조합체제를 최종적으로 추인한 것이라고 할 수 있다.[10]

다음으로 더욱 중요한 것은 노사협의회 관련 조항을 확대한 사실이다(노동조합법 제6조: 이하 1974년 개정법).

① 사용자와 노동조합은 상호협조로서 생산성의 향상을 도모하기 위하여 노사협의회를 설치하여야 한다.
② 노사협의회는 단체협약 또는 취업규칙의 범위 안에서 생산·교육·훈련·작업환경·불만처리·노사분규의 예방 등을 협의한다.
③ 노사협의회의 운영에 관하여 필요한 사항은 대통령령으로 정한다.

여전히 사용자와 노동조합이 협의회의 설치주체이다. '노조가 있

---

10 이와 관련하여 쟁의행위시 전국적 규모의 노동조합의 사전승인제도가 폐지되고, 단체교섭 권한의 주체에 '전국규모 산하노동단체'를 특별히 포함시킨 규정도 삭제되었다. 60년대의 노동청의 각종 예규(제79호, 제21호, 제53호)에 대한 상세한 분석은 김삼수(1999a), 206면을 참조.

는' 사업체에 한해 노사협의회 설치를 의무화하고 있다. 주의해야 할 것은 "노사협의회의 대표자는 단체교섭의 대표권을 위임받은 것으로 본다"고 하는 조항을 삭제하여 단체교섭과 노사협의를 구분한 것처럼 보이지만 이는 형식적인 것에 불과하다는 점이다. 기업별조합 체제하에서 노동조합은 노사협의회의 종업원조직과는 조직범위가 본질적으로 일치하며, 역할이 중복되지 않을 수 없다. 특히 국가보위법 제9조에 의해 노조법상의 '노동조합'의 기능이 전면적으로 부인된 상황에서 노사협의회의 기능 강화는 결과적으로 노사협의회에 의해 노동조합을 대체하는 길을 여는 것이었다.[11]

4. 한국노총체제하의 노동조합의 조직과 기능

1) 1960년대의 한국노총체제의 성격: '유사산업별＝기업별조합'

군사정부하에서 노동조합의 재건은 1961년 8월 3일 이후 군사정부의 방침에 호응하는 '한국노동단체재건조직위원회'(소위 9인위원회)를 중심으로 이뤄졌다. 그 결과 같은 해 8월 30일에는 11개 산업의 소위 '전국 산업별 단일조직'의 연맹체로서 한국노동조합총연맹(한국노총)이 결성되었다. 군사정권은 조직방침의 제시에서 구체적인 인선에 이르기까지 산업별조합이나 한국노총의 결성 자체에 깊이 개입했다. 그후 한국노총은 1970년 12월 12일까지 3개 산업별노조가 추가 결성되어 16개의 산업별조합과 연합노조로 구성되는 체제로 확대되었다.[12] 60년

---

11 이 노사협의회 체제는 제1차 세계대전 이후에 성립한 일본의 '공장협의회' 체제와 본질적으로 동일하다. 최장집(1988), 182면 참조. 1차대전 후 대기업을 중심으로 설치된 노사간의 의사소통기구로서의 공장협의회 체제는 실제적으로 존재하는 노동조합을 대체하기 위한 것이었다. 일본에서 노동조합이 최초로 법인된 것은 2차대전 패전 직후인 1945년 12월 노동조합법 제정에 의해서였다.

대의 한국노총의 운동방침은 그 결성과정에서 명백하듯이 5·16 군사쿠데타에 대한 지지와 더불어 당시 구상되던 정부의 경제개발정책에 적극적인 기여를 하는 것으로 자기규정을 한 점이 두드러진다. 한편 그 조직상의 중요 특징은 다음과 같다.

첫째, 한국노총계의 산업별조합에 가입하지 않고서는 ― 다시 말해 산업별조합의 승인을 얻지 않고서는 ― 노동조합을 조직하는 것은 불가능하였다. 이는 경쟁노조 금지조항의 운용에 의해서 강제되었던 것인 만큼 권력적 독점이다. 그런 만큼 산업별조합의 산하지부나 분회에 대한 통제권이 강하다.

둘째, 한국노총의 규약에 의하면 한국노총 산하의 산업별노동조합은 개인가맹의 형식을 취하지만 그 내부에 단위노동조합에 준하는 지부 등의 조직을 갖고 있기 때문에 일단 '산업별 단일조직'이라고 할 수 있다. 산업별조직의 산하조직으로는 대기업의 경우 산업별조합의 지부조직이 되고 그 산하에 복수의 사업장이 있을 경우는 사업장별로 분회를 둔다. 기업규모가 작을 경우는 지역별 지부조직이 있고, 그 밑에 기업별로 분회가 조직되는 구조이다. 그러나 이 산업별노동조합 체제는 서구의 기업횡단적인 산업별노동조합과는 근본적으로 다르다. 왜냐하면 지부 또는 분회의 조직이 철저히 특정 기업의 종업원 적(籍)을 전제로 하고 있기 때문이다. 특정 기업과의 노동계약이 종료하면 자동적으로 산업별조합 또는 기업별의 산하지부·분회의 조합원 자격을 상실하게 되어 있다. 그리고 조합비도 기업단위의 지부나 분회 차원에서 그 지부 등의 '운영규정'에 따른 비율(액수)로 납부된다. 이 조합비를 상부노조(산별노조)에 납부하고 그중 일부를 교부금으로 받는 것이

---

12 1960년대의 한국노총의 형성과 성격에 관해서는 특별한 언급이 없는 한 김삼수(1999a), 210~18면에 의거함.

아니라, 조합비 가운데 일부 — 대체로 조합원 1인당 일정액 —가 산업별노조에 '상납'되는 형태이다.

넷째, 단체교섭의 방식으로는 산업별조합이라는 명칭에도 불구하고 본질적으로 기업별교섭이 주류였다. 철도·전매·전력산업 같은 국가독점산업의 경우는 노조 자체가 전국적 조합이므로 전국적 교섭이 될 수밖에 없었다. 그리고 광산노조나 섬유노조의 경우는 전국노조의 본부가 단체교섭에 적극적으로 임하기도 했다. 특히 섬유노조는 1966년부터 전국면방적협회와 업종별교섭을 행하고 전국적인 협약을 맺는 관행을 확립하기도 했으며, 전국제사협회와도 유사한 교섭방식을 시도했다. 그러나 이러한 경우는 예외적이었으며, 대부분의 민간기업의 경우 기업내의 지부나 분회가 교섭주체가 되었다(隅谷三喜男 1983, 85면; 한국산업사회연구회 편 1994, 166면). 당시 소위 '산업별조합' 체제하에서 규약상으로는 교섭권이나 협약체결권을 산업별조합이 갖고 있는 경우가 적지 않았으나 실제의 운영은 앞에서 언급한 예외적인 경우를 제외하고는 기업내 지부나 분회에 항상 위임하는 '상시위임체제'였다.[13]

이와같은 점에서 보면 산업별조합은 형식상으로는 산업별단일조직이지만 그 본질은 기업별조합과 다를 바 없다. 따라서 1960년대의 지배적인 조합의 조직형태는 법개정과 그 명칭에도 불구하고 본질적으로 기업별조합 체제이며, 산업별조합은 이러한 기업별조합의 연맹체로서의 성격을 갖는다. 이러한 이유에서 필자는 1960년대의 한국노총 체제를 '유일유사 산업별(唯一類似産業別)=기업별(企業別)조합' 체제라고 규정한다.

앞에서 분석한 것과 같은 노동정책과 한국노총체제하에서 60년대

---

13 한편 산업별조합의 지역지부에 속하는 분회의 경우는 지역지부가 교섭 및 협약체결권을 행사했다는 견해도 있다. 전국섬유노조 기획실장에 대한 인터뷰 조사(2001. 3. 9).

의 노사관계는 비교적 안정적인 추세를 보였다. 그러나 1960년대 말이 되면 외국인투자기업체(오크전자·시그네틱스전자)와 국내 주요산업에서 몇가지 장기적인 쟁의(면방쟁의·조선공사쟁의)가 발생했다. 이러한 쟁의는 60년대의 노동정책이 단결법인을 유지했던 것인 만큼 사회적 쟁점을 일으킬 정도로까지 발전했으며, 부정적인 의미에서 70년대 노동정책 전환에 일정한 배경이 되었다(김삼수 1999a, 226~28면). 한국노총의 경우도 정권의 의도와는 달리 이찬혁 위원장 체제하에서 좀더 적극적인 노동운동의 자세를 보이기 시작했으나 중앙정보부의 개입으로 1970년 10월에는 최용수 위원장 체제로 전환한다(송호근 2000, 217~18면).

2) 1970년대 국가보위법체제하의 한국노총

유신체제의 보도(輔導)단체로서의 한국노총

국가보위법의 공포를 계기로 한국노총과 산하의 산업별노동조합의 운동방침은 크게 전환하였다. 한국노총과 17개 산별노조 위원장은 1971년 12월 6일 국가비상사태가 선언되자 이를 적극 지지하는 성명을 발표하였다. 그리고 1972년 10월에는 유신체제의 방침을 지지하고 헌법제정투표 참가를 유도하는 '계몽운동반'을 조직하여 적극적으로 대응하였다(한국기독교교회협의회 1984, 234면). 한국노총과 산하 산업별조합은 국가비상사태를 공식적으로 지지하고 나선 최초의 집단 가운데 하나였다(최장집 1988, 168면). 1973년 한국노총의 '운동방침'은 '건전한 노동조합주의'의 지향이었는데, 그 내용은 "임금인상 일변도의 활동노선을 지양하고 생산성향상운동을 통한 분배원천의 증대라는 노사공동 이익의 영역을 찾아 서로 협력"한다는 것이었다. 한국노총은 생산성향상에 협력하는 대신 '복지균점(福祉均沾)정책'이라는 슬로건하에 사회보장제도(공적부조와 사회보험제도)의 신설 내지 확충을 정책 중심에 내세웠다(한국기독교교회협의회 1984, 239~40면).

노동조합의 기능: 노사협의회와 공장새마을운동

국가보위법과 유신체제를 적극적으로 지지한 한국노총은 노동조합의 가장 중요한 수단인 단체교섭과 쟁의권을 정책 차원에서 스스로 방기하게 되었다. 이러한 노총의 정책은 어떤 면으로는 당시의 강권적인 독재권력하에서 정치변동에 순응하는 측면에서 불가피한 바가 없지는 않지만 70년대 내내 기층의 노동자나 기업 차원의 노동조합운동을 적극적으로 지도한 사례가 없는 점으로 보아 중요한 노동조합의 기능을 전적으로 방기한 것으로밖에 평가할 수 없다.

반면에 한국노총은 정부가 노동조합의 단체교섭 기능을 대체하기 위해 확대 도입한 노사협의회의 설치와 운영에 대해서는 찬성하는 한편 공장새마을운동에 적극적으로 참가했다. 그리고 정부가 주도하는 각종 심의회에 참가하여 의견을 개진하는 소위 '정책참가'를 했다.

먼저 노사협의회의 설치상황을 보면 1970년대에 들어 설치비율이 크게 상승하였다. 설치대상 사업체에 대한 설치비율이 1967년에는 63.4%였으나 1975년 96.1%, 1978년 97.8%로 거의 모든 사업체에 설치되었다(최장집 1988, 181면; 조승혁 1984, 207면). 노조가 있는 경우 협의회의 설치가 법률에 의해서 의무화되었기 때문에 이러한 증가세는 당연한 것이다. 문제는 그 기능이다. 협의회에서는 법에 정해진 기술교육·작업환경·고충처리 이외에 노동조건에 관한 사항도 토의될 수밖에 없었으며, 또 임금인상 문제도 협의회에서 논의되었다. 그러나 단체교섭이나 파업권이 유보된 상황에서 노사협의는 제도화된 것이라기보다는 어디까지나 노사간담회의 영역을 넘어설 수 없는 한계를 갖는 것이었다. 오히려 70년대의 노사협의회는 크게 보아 당시 '한국적 노사협조운동'으로 전개된 공장새마을운동체의 하위조직으로서 파악해야 한다고 생각한다.

공장새마을운동은 원래 1970년대 초반부터 전개되던 경영측의 품질관리운동에 연원이 있다. 1973년 말의 오일쇼크를 계기로 당시 농촌을 중심으로 전개되던 새마을운동을 모방하여 상공부 지도하에 상공회의소 중심으로 추진한 국가적인 생산성향상운동이다. 공장새마을운동의 구체적인 조직체는 새마을지도자와 8~15인의 소규모 작업반으로 구성된 새마을분임조이다. 참가공장 수는 1977년에 이미 1만개에 달하고, 8~15인 정도의 소규모의 작업반으로 구성된 분임조도 1980년 초에는 7만여 개에 이르렀다. 분임조 활동은 생산공정의 개선, 품질관리, 무결점운동, 에너지 원자재 및 기타 재료와 경비의 절감, 기술혁신 등 생산현장의 생산관리와 품질관리에 관한 것으로 한국식의 품질관리 분임조운동이라고 할 수 있다(최장집 1988, 187~89면). 그리고 이를 효율적으로 추진하기 위해 근면한 노동윤리를 고취하고 충효사상 같은 가치관을 주입하기 위한 집체교육을 실시하였다. 집체교육의 주요 대상은 새마을지도자와 상층경영자, 중간간부, 현장감독자 등이었다(김호기 1999, 187면).

여기에서 유의해야 할 것은 공장새마을운동이 그 취급 문제의 영역이나 담당자의 측면에서 필연적으로 노사협의회(노동조합)의 활동과 중복되지 않을 수 없다는 점이다. 실제로 기업이나 사업소(공장) 차원에서는 노동조합 조직이 기구적으로 경영 직제(職制)와 일체가 되어 운동의 추진조직을 구성하고 운영하였다.[14] 그리고 당시 한국노총은 이 운동에 적극적으로 참가하여 노조간부들을 대상으로 유신이념, 새마을운동과 노조운동, '한국적 노사관계' 등을 교육하는 한편, 도시산업선교회나 가톨릭노동청년회와 재야노동운동을 비판함으로써 자신

---

14 예컨대 한국전력의 사례. 한국전력주식회사(1981), 제20장.

의 조직을 강화하는 기회로 삼았다. 이 운동의 성과에 대해서는 구체적인 연구가 필요하지만, 노사관계적인 측면에서 보았을 때 이것이 써비스잔업(일찍 출근하고 늦게 퇴근), 무급휴가와 상여금 삭감 등과 같은 노동관행을 유지하고 강화하는 데 상당히 커다란 역할을 하였다는 점에 주목할 필요가 있다(최장집 1988, 189~92면). 이와같은 상황에서 노동조합이 종업원 측의 대표기구가 되는 노사협의회는 공장새마을운동이라는 경영 측의 생산성향상운동의 보완기구가 되지 않을 수 없다.

'정책참가'의 실태

그러면 한국노총과 산업별노동조합은 유신체제와 생산성향상운동에 적극 참가함으로써 무엇을 얻었는가? 본질적인 의미의 노동조합이 법적으로 인정되지 않는 상황에서 소위 '노동조합'이라는 지위를 법적으로 보장받은 것은 물론이다. 그리고 그것을 기반으로 노총위원장(최용수)이 집권여당(민주공화당)의 비례대표로 국회에 진출하기도 했다. 그러나 한국노총의 정치참가는 박정희 유신권력의 안전판으로 설치된 국회 원내교섭단체 유신정우회에도 거의 참가하지 못할 정도로 미미한 것이었다(清水敏幸 1988, 500~501면).

다른 한편 한국노총이 유신체제에 적극적으로 참가하는 댓가로 사회보장제도(복지균첨)의 확충을 들고 활동한 '정책참가' 또한 별다른 성과가 없었다. 70년대의 한국노총의 정책참가 가운데 중요한 것은 '중앙노사간담회'와 '근로자복지심의위원회' 참가였다. 중앙노사간담회는 노사정 대표가 참가하는 비공식기구로서 1975년 8월에 설치되었다. 그러나 중앙노사간담회의 의제는 산업재해 문제나 공장새마을운동 같은 낮은 차원의 '생산' 관련 사항에 집중되었으며, 그나마 1978~79년이 되면 유명무실화되었다(清水敏幸 1988, 504면). 정부는 기업차원의 노사협의의 장려에는 열심이었지만, 정책참가의 루트가 되는 산업별 또는 중앙의 노사협의제 설치에는 소극적이었던 것이다. 한편 1978년 6월, 경제기획원장관을 위원장으로 노사정 최고위급의 대표로 구성된 근로자복지정책심의위원회는 노동청에 각종 분과위원회를 두고 활동하였다. 그러나 1979년 1월이 되어서야 본회의가 개최되고 주요 의제가 낮은 차원의 생산문제에 국한되는 등 그 성과도 미미한 것이었다(清水敏幸 1988, 505~506면). 그리고 사회보험 등의 관련 분야에서도 그다지 커다란 성과를 얻지 못했다.

5. 1970년대의 노사관계: '강권적' 통합과 기업내 노사협의제

1) '강권적' 통합과 순응의 메커니즘

노동통제기구로서의 한국노총과 노동운동의 이원화

박정희시대 전반에 걸쳐서 노사관계는 안정적인 추세를 보여주었다. 특히 60년대 말에 전개된 한국노총의 노동조합운동으로서의 비약 가능성이 좌절된 이후 노사관계의 안정성은 두드러진 것이었다. 당시 경제성장정책의 중점이 두어진 남성중심의 중화학공업 분야에서는, 예컨대 무노조 상태에서 발생한 자연발생적인 현대조선쟁의(1974년 9월)를 제외하고는 사회적 충격을 주는 노동쟁의가 발생하지 않았다. 70년대의 노사관계 안정의 가장 중요한 요인은 60년대 말의 노동쟁의의 수습과정이나 70년의 한국노총 리더십의 재편에서 보듯이 무엇보다도 정부의 강권적인 개입과 국가보위법 체제하의 단결금지정책이었다. 그러한 의미에서 노동자의 단결을 치안과 정권유지적 차원에서 억압하고 경제성장을 위해 '강권적'으로 통합하는 체제였다.

물론 노동조합원 수나 조직률 등의 형식적인 지표로 보면 1970년대에도 노동조합이 존재하고 또 그 조직세를 유지 또는 확대한 것처럼 보인다. 그리고 노동쟁의도 적지 않게 발생했다(김금수 1986, 173면). 그러나 여기에서 유의해야 할 점은 노동쟁의가 주로 기업차원에서 발생했으며, 산업별노동조합이 노동쟁의를 적극적으로 주도 내지 지도한 사례를 거의 찾아볼 수 없다는 점이다. 70년대의 쟁의 가운데 중요한 의미를 가졌던 쟁의 — 예컨대 원풍모방 쟁의, 동일방직 쟁의, YH무역 쟁의는 주로 섬유산업 등 노동집약적인 산업에서 여성노동자 중심으로 발생한 것이며, 산업별노조와는 별개로 기업단위의 노조차원에서 전개되었던 것이다. 심지어 동일방직 쟁의에서 상징적으로 보이듯이 산별노조는 오히려 민주적으로 운영되는 노동조합(지부)을 통제하는 역할을 했다.[15]

동일방직 쟁의는 산업선교회, 가톨릭노동청년회 등의 종교노동단체가 개별기업의 노사관계에 전면적으로 등장하여 섬유노조 등의 공식 산별노조와 대립하여 노동운동의 이원화가 초래되는 결정적인 계기가 되었다. 그런 만큼 이 강권적인 통합체제는 한국노총=(유사)산업별조합의 노동통제적 기능을 내재화하는 것이었다.

대폭적인 임금상승

1973~79년 기간에 실질임금의 연평균 증가율은 12.7%로 같은 기간

---

15 1976년과 1978년에 발생한 동일방직 쟁의는 표면적으로는 지부조합 내의 주도권을 둘러싼 노노분쟁의 형태를 띠었지만, 쟁의의 쟁점은 여성집행부로 상징되는 대중적이고 민주적인 노동조합(지부)의 인정에 관한 문제였다. 회사측의 반노동조합 행위, 그리고 남성기능공과 현장감독자를 중심으로 하는 '반집행부파'의 지지를 중요 수단으로 한 회사측의 '회사조합'(company union)화의 의도는 명백했다. 노동행정기구와 중앙정보부 등의 치안기구, 법원 등은 회사측의 정책을 지지하는 것으로 일관하였는데, 섬유노조는 '사고지부' 규정과 '수습책임위원' 체제로 이에 개입하여 민주노조의 파괴와 '반집행부파'의 주도권 장악에 직접적인 산파역을 담당하였다. 동일방직복직투쟁위원회 엮음 1985.

GNP 증가율을 2.4%포인트나 상회하였다. 1965~70년 기간에도 비슷한 상승세였다. 생산직 노동자의 임금이 화이트컬러보다 급속히 상승하였으며, 자본집약산업의 대기업과 남성노동자의 경우가 임금상승률이 높았다(Amsden 1989, 222면; 유종일 1997, 92면).

이와같은 실질임금의 급격한 상승은 거의 전적으로 노동시장적 요인에 의해 이뤄진 것이었다. 노동조합의 임금인상효과는 없었으며 이는 당시의 단결금지 정책에 조응하는 것이었다. 70년대 후반의 임금상승과 관련하여 1975년경을 경계로 루이스(A. Lewis)형의 '무제한적 노동공급'에서 '노동력 부족' 경제로 전환했다고 하는 설도 있다(배무기 1991). 그러나 임금상승이 두드러졌던 1976~79년의 경우 중동지역의 해외건설시장 붐에 부응한 대규모의 노동력 송출에 따른 노동력 부족이 심했던 사실을 감안하면 이를 구조적인 변화라고 하기는 어렵다고 생각된다.

70년대에 안정적인 노사관계가 유지된 데는 —특히 중화학공업의 대기업 남성노동자의 경우 —강권적인 노동정책 이외에도 이와같은 임금소득의 상승이 중요한 역할을 한 것으로 판단된다. 포항제철처럼 대기업을 중심으로 노동시장의 분화(내부화)가 이뤄져 '효율성'을 기반으로 한 고임금을 지급하는 기업이 등장하기 시작했다(Amsden 1989, 229~30면). 그러나 이 시기의 대기업을 중심으로 형성되기 시작한 내부노동시장은 아직 형성 도상에 있는 것이었다. 거시적인 노동통계로 파악할 경우 생산노동자의 기업규모별 임금격차는 두드러지지 않으며, 대기업에서 노동자의 숙련 양성도 아직 제도화되지 않았기 때문이다(橫田伸子 1998).

2) 기업별조합=노사협의제의 형성과 연공임금제

대량생산방식의 도입: 기업별조합과 현장감독자의 역할

경제성장의 중요한 원천은 선진국으로부터 발달된 기술과 설비를 도입해 새로운 공장을 건설하고 기존 생산시설을 혁신하는 것이었다. 당시 중화학공업의 대기업에 도입된 기술은 조립가공 중심의 설비로서 본질적으로 대량생산방식체계의 기술이었다(김형기 1988, 제5장). 이러한 기술과 생산체계의 변화는 그 기술에 적합한 새로운 숙련노동자의 부족을 초래하는 한편 종래의 구숙련을 해체하는 역할을 하였다.

기능인력의 부족에 대해 정부는 '직업훈련법'(1967년)을 제정하여 공공직업훈련 중심의 정책을 시행하였으나 1974년에는 '직업훈련에 관한 특별조치법'을 제정하여 기업체의 '사업내 직업훈련'을 의무화하는 정책으로 전환하여 대응하였다(이주호 1996, 229~31면).

후자의 구숙련 해체의 측면에서는 구숙련 노동자가 양적으로 많지 않은데다 그들 또한 직업조합 같은 형태의 단결의 전통이 없었기 때문에 신기술의 도입이 커다란 마찰 없이 진행된 특징이 있다. 당시 상명하달식의 노사협의회제도나 공장새마을운동(QC써클 포함)은 이러한 기술변화에 따른 작업조직과 작업환경의 변화에 유연하게 대응하는 기능을 수행했던 것이다.

이와같은 대량생산방식은 과학적 관리기법의 도입을 수반하는 것이었기 때문에 작업조직의 변화를 통해 노사관계에 중대한 변화를 초래했다. 특히 종래의 구숙련 담당자로서의 현장감독자가 완전히 경영직제의 말단조직으로 편성된 점이 중요하다. 현장감독자는 생산라인의 직제(職制)상 대졸 엔지니어(평사원 포함)의 지시를 받아 생산현장을 통제하는 역할을 부여받은 존재가 되었다. 그리고 많은 경우 기업 내 노동조합(지부 또는 분회)의 리더는 이러한 성격의 현장감독자가 장악하게 되고, 많은 경우 기업과 노동조합의 밀월관계는 이러한 관계를 통해 유지되는 것이었다.[16] 그리고 노동조합 조직체계는 이전부터 기업별조합 체제였으나 중화학산업의 대기업을 중심으로 숙련의 성격이 점차 기업 특유(firm-specific)의 것으로 변화함에 따라 내부 노동시장의 형성을 통해 그 기반이 더욱 확고해지는 것이 전망된다. 다만 70년대의 경우(1987년 이전에는) 노동조합은 기업내 노사협의기구의 영역을 넘어서지 못하는 한계가 있다.

연공적 임금제도의 형성

이와같은 대량생산방식의 도입에 대응하여 생산노동자에 대한 고용 및 인사제도는 어떻게 변화하였는가? 대기업을 중심으로 적지 않은 기업에서 과학적 관리기법의 일환으로 IE기법(Industrial Engineering, 생산관리기법)이 도입되어, 직무분석이 이뤄지고 또 이를 임금 및 승진제도에 반영하는 직무급제도 같은 인사제도가 도입되기도 하였다(김형기 1988; 양병무 외 1992, 143~49면). 그러나 한국의 기업에서는 1968년에 이를 선구적으로 도입한 한국전력의 사례에서 보듯이 직무급제도는 실패하거나 실시과정에서 본질적으로 속인급(屬人給) 제도인 일본식 직능급제도로 전환되었다.

이러한 점에서 70년대는 연공적인 임금제도가 생산노동자에게도 확대 적용되는 시기로 파악하는 것이 적절하다고 판단된다. 생산직 노동자의 경우 정기승급이 제도화되는 것은 80년대에 이르러서이다. 그리고 내부 노동시장의 미성숙에 대응하여 아직 기업에의 종업원 정착

---

16 1987년 이전의 기아자동차 사례를 보면 노동조합 간부는 학력별 신분제가 유지되는 고용제도하에서 예외적으로 인정되는 '직종전환'에 의해 화이트컬러와 동렬의 '관리직'으로 승진하는 길이 존재했다(김삼수 1999b). 이러한 상황에서 노조전임자의 인정과 임금지급 같은 관행이 광범하게 확대된 것 또한 쉽게 추측할 수 있다.

도는 그다지 높지 않은 상황이었다.

6. 맺음말

노동정책과 노사관계에 초점을 맞춰 70년대 노동체제의 사회과학적·역사적 의의를 논하면 다음과 같다.

노동체제적인 측면에서 총괄하면 박정희시대 후기인 유신체제하에서 노동자는 단결권을 총체적으로 부인당하는 존재였으며, 그러한 의미에서 국민국가의 구성원 자격에서 배제되었다고 할 수 있다. 이는 '통일주체국민회의'와 '유신정우회'에 의해 사실상 국민의 참정권을 부인한 유신체제의 정치사회적 본질과 불가분의 관계에 있는 것이었다. 그리고 근로기준법과 생활보호법의 노동정책도 그 권리의 구체적인 확보의 측면에서 보면 이러한 단결정책의 수준을 넘어서는 것이 아니었다. 근로기준법의 경우 1961년과 1973년의 법개정은 1953년 법의 법정 최저기준을 본질적으로 향상시키는 정도의 것은 아니었으며, 노동기준의 시행을 구체적으로 담보할 기구인 근로감독관의 기능이 법의 이념에 따라 이뤄졌는가에 대해서는 평화시장 전태일 사건에서 보듯이 많은 의문이 있다. 빈곤자에 대한 구빈정책으로서의 '생활보호법'(1963년)은 피구제권(right to relief)을 확립하는 수준이 아니었으며, 국민 개보험(皆保險)의 사회보험방식에 의한 사회보장제도의 정비수준도 실제로는 매우 미흡한 수준에 머무르는 것이었다.

역사적으로 보면 70년대의 노동정책은 1953년 노동법 제정 이전으로의 회귀였다. '국가적 비상사태'라는 유신체제의 노동정책은 또하나의 '국가적 비상시'라고 하는 미군정기의 '단결금지정책'보다도 후퇴한 것이었다(金三洙 1993, 第1篇). 이러한 단결금지정책은 유신체제의 '적

자'임을 내세워 등장한 전두환정권 시기 내내 지속되어 1987년의 노동
법 개정시까지 유지되었다.[17] 바로 이와같은 노동＝국가체제하에서 경
제개발과 고도성장이 달성되었던 것이다.

이러한 의미에서 유신체제는 국민교육헌장의 암송과 충효사상을
강요하고 새마을운동을 추진하면서 '국민주의'적 이데올로기를 내세
웠음에도 불구하고 노동자를 '국민'으로서 통합하는 체제가 아니었다.
이러한 체제하에서 전개된 미시적인 노사협의체제도 그 기반은 매우
미약하였다. 기업은 노동조합을 부인하면서도 실제로는 기업과 노동
자＝종업원을 '가족관계'로 의제(擬制)하는 것과 같은 온정주의
(paternalism)적 노무관리 시책을 체계적으로 펴지 않았다.[18] 노동자(특
히 생산직)들은 기업(가족)의 구성원에서도 배제되었던 것이다. 1987
년의 민주화과정에서 폭발한 노동쟁의는 바로 이러한 체제에 대한 중
대한 이의 제기였다. 강권적인 '노사협조주의'의 파탄이었다. 그들은
이미 '국민국가'적 세례를 받은 경험이 있고, 학력 또한 매우 높은 수준
에 이른 존재였다.*

■ 김삼수

---

17 1987년 이후 현재까지의 민주화운동과 사회개혁은 '국민국가'를 정(正)의 측면에서
   정상화하는 의의를 갖는 것으로 파악된다. 그러나 이러한 정상화 과정은 그 부(負)의
   측면의 잔재가 아직도 상당히 강하게 남아 있기 때문에 현재진행형이다. 1997년 개정
   노동법의 성격과 문제점에 관해서는 김삼수(1999)를 참조.
18 이 점에서 필자는 박정희시대의 노사관계를 '온정주의'로 파악하는 앰스던(Amsden
   1989)이나 유종일(1998)의 견해에 대해 회의적이다. 이와 관련해서는 隅谷三喜男
   (1976) 참조. 다만 스미야(隅谷)의 '주종적 노사관계'라는 파악도 '국민국가'적 세례를
   받은 경험이 있는 한국 노동자의 역사적 규정성을 고려하지 않은 점에서 적절하지 않다.
 * 이 글은 『사회경제평론』 제18호(한국사회경제학회 2002. 4)에 게재된 논문을 수정·보
   완한 것이다.

개발독재와 빈부격차

1. 머리말

'박정희 향수(鄕愁)' 현상이 해가 갈수록 기승을 부리고 있다. 심지어 일부 여론조사에서 김구와 안중근을 제치고 '존경하는 인물 1위'로 부상하는 결과도 나온 바 있다. 이렇듯 박정희의 인기가 부활하는 이유는 무엇일까? 가장 그럴듯한 설명은 반사이익설이다. 즉 박정희가 잘해서라기보다는 그뒤의 대통령들이 잘못했기 때문에 상대적으로 돋보인다는 것이다. 특히 민주투사였던 김영삼, 김대중 두 대통령이 집권 초기에는 민주화와 개혁에 성공을 거두는 듯했으나 집권 후반기에는 실정(失政)을 거듭하였고, 특히 그 아들들이 부정에 연루되어 감옥에 가게 됨으로써 국민들의 실망과 분노를 자아내고, 그 반발심리가 결과적으로 옛날이 좋았다는 향수를 불러일으켰던 것으로 보인다. 이런 향수병은 오랜 세월 수많은 사람들의 희생 위에 이룩한 민주화투쟁에 대한 과소평가, 나아가서는 민주주의 자체에 대한 회의와 더불어 경제성장에 대한 과대평가, 금전만능주의와 정치허무주의로 연결될 위험이 크다.

박정희의 최고 공로로 거론되는 것은 고도 경제성장이다. 박정희가 우리 민족에 끼친 해악 — 친일행적, 쿠데타, 종신집권 기도, 독재, 인권억압 등 — 이 있으나 우리가 급속한 경제성장에 성공해서 이만큼 잘살게 된 것은 주로 그의 공로라고 생각하는 사람들이 꽤 많다. 이 점이 박정희 향수를 일으키는 두번째 요인이라고 생각된다. 즉 박정희의 인기는 고도성장이 첫째 이유요, 민주투사 출신 정치인들의 기대 이하 성적이 둘째 이유라 할 수 있다.

그러나 박정희식의 개발독재가 과연 경제발전을 가져왔는지는 깊은 검토를 요한다. 그리고 과연 독재 없이는 경제발전이 불가능했는가 하는 점도 따져봐야 한다. 나아가서 경제발전 과정에서 빈부격차는 어떻게 되었는가 하는 점도 검토해봐야 한다. 즉 발전·민주주의·분배의 삼각관계에 대한 고찰이 이 글의 주제이다.

우리나라의 소득분배에 대해서는 오래 전부터 상당한 국민적 불만이 쌓여 있다. 경제발전 과정에서 불평등 심화를 걱정하는 지식인의 비판이 끊임없이 제기되어왔고, 시민들 사이에서도 한국의 빈부격차는 심하다는 생각이 널리 퍼져 있다. 여론조사에서 우리나라에서 가장 심각한 문제가 무엇이냐는 질문에 빈부격차는 항상 상위를 차지한다.

그런데 한국의 소득분배가 과연 그렇게 심각할 정도로 문제인가 하는 의문을 던진다면 그 대답은 결코 쉽지 않다. 지금까지 한국은 외국의 여러 학자들로부터 고도성장에 성공한 나라인 동시에 분배 측면에서도 비교적 양호하다는 평가를 받아왔다는 사실은 가볍게 보아 넘길 일이 아니다. 이 문제에 관한 종래의 국내외 연구결과는 한국의 소득불평등이 다른 나라에 비해 크지 않고 또 급속한 경제발전 기간에 불평등이 심화되지도 않았다는 결과를 보여줌으로써 한국경제에 대한 긍정적 평가가 주류를 이루어온 것이 사실이다.

그러므로 개발독재 과정에서 실제로 빈부격차가 심화되었는지, 그리고 한국의 빈부격차가 외국에 비해 심각한 수준인지를 따져보지 않으면 안된다. 이 문제를 보는 시각이 국내와 국외에서 워낙 현격한 차이가 있기 때문에 사태를 정확히 보는 것이 매우 중요하다.

2. 독재, 발전, 분배

개발독재가 분배에 미치는 영향에 대한 대표적 사례를 찾자면 1960년대의 브라질을 보는 것이 좋다. 브라질은 1964년 군부쿠데타 이후 소위 '경제기적'(economic miracle)을 일으켰다고 선전했으나 사실은 그 과정에서 원래부터 심하던 빈부격차가 더 심해졌고, 심지어 노동자들의 실질임금이 절대적으로 하락하는 일이 벌어졌다. 이 시기의 분배 악화의 원인을 놓고 두 가지 해석이 대립되었다. 하나는 시카고학파의 인간자본이론에 입각해 교육변수에 주목하여 이 시기 브라질의 교육투자의 양과 수익률을 가지고 분배악화를 설명하려는 시도였으며(Langoni 1977), 다른 하나는 군부쿠데타 이후 정부가 취한 개발독재적 경제정책이 가진 자 쪽으로 편향되어 빈부격차가 더욱 심해진 것으로 해석하는 것이었다(Fishlow 1972; 1975).

독재와 분배의 상관관계에 대한 이론적 연구는 별로 많지 않다. 독재가 분배에 미치는 영향으로는 대체로 분배를 악화시킬 것이라는 예측이 가능하다. 왜냐하면 많은 개발독재국가에서 '선성장 후분배(先成長後分配)'의 개발철학을 채택했고, 분배보다는 성장에 치중했던 것이 사실이기 때문이다. 작은 떡을 당장 갈라먹는 것보다는 우선 떡을 키운 뒤에 나누는 것이 낫다는 사고방식이다. 현재의 소비를 줄이고 투자율을 높여 경제성장에 성공하면 가난한 사람들에게도 결국 '국물이 떨어진다'(trickle down)는 가설이다.

실제로 분배가 불평등할수록 저축과 투자에 유리하고, 따라서 경제성장에 도움이 된다는 식의 사고방식이 보수층에서는 꽤 설득력을 얻고 있는 것으로 보인다. 즉 저소득층은 소득이 낮아 아예 저축할 여력이 없고, 저축이 가능한 것은 주로 고소득층이므로 이들에게 좀더 많은 소득이 집중될수록 총저축이 늘어나고 따라서 투자와 성장이 촉진된다는 것이다.

또다른 관점에서 독재정권이 들어서는 것이 경제성장에 도움이 된다는 주장도 있다. 투자율을 일정 비율 이상으로 올리지 않고는 경제개발이 불가능한데,[1] 투자율을 높이려면 국민 사이에 대규모의 소비희생이 불가피하고, 그런 희생을 국민에게 강요하려면 독재정권이 필요하다는 시각이다. 19세기에 공업화를 추진한 서구 선진국들은 식민지 착취를 통해서 대규모의 잉여수탈이 가능하였으나 그런 유리한 조건이 현재의 제3세계에는 존재하지 않는다(Hewlett 1980). 이런 조건에서 국내의 일부 집단, 주로 농민에 대한 가혹한 수탈이 불가피하며 — 국내식민지 이론 — 그런 수탈을 가능하게 하려면 국내정치에서 독재가 불가피하다는 논리가 있다.

흔히 스딸린 치하의 소련이 그런 역사적 경험의 대표적 사례로 평가된다. 소련의 임금노동자들은 혁명 후 1920~40년의 20년 동안 믿기어려울 정도로 가혹한 소비억제를 강요당했는데, 평균 소비수준은 혁명 이전에 비해 30% 수준까지 떨어졌다(Amin 1987, 94~95면). 농민의 경우는 더욱 심해서 40년대 소비수준은 혁명 전의 15~20% 수준까지 떨어졌다. 소련에서 혁명 이후 굶어죽거나 정권의 박해로 사망한 사람들

---

1 로스토우는 그의 유명한 '이륙(離陸, takeoff) 가설'에서 한 나라가 후진성을 벗어나 소위 이륙을 달성하려면 그 투자율이 원래의 5% 이하 수준에서 적어도 10% 수준으로 올라가야 한다는 것을 하나의 조건으로 제시한다.

의 숫자는 엄청나다.

러시아혁명기의 대표적 이론가 쁘레오브라젠스끼(Preobrazhensky)가 주장했던 사회주의적 원시축적론(socialist primitive accumulation)은 농민에 대한 착취를 합리화하는 이론으로서 뜨로쯔끼(Trotskii) 등 볼셰비끼 좌파에 의해 지지를 받았다. 일시적이나마 농민의 가혹한 수탈에 기초한 잉여를 공업에 투자하는 것이 사회주의 경제발전을 위해서 불가피하다는 것이다. 그러나 아래에서 보듯이 이같은 논리는 독재를 합리화하는 수단에 불과한 경우가 많다. 게다가 이런 성장위주의 개발방식을 취한 많은 후진국에서 경제성장에는 더러 성공하였으나 대부분의 경우 빈부격차가 심해지고, 빈곤층의 생활형편이 전혀 개선되지 않았을 뿐 아니라 어떤 경우에는 절대적으로 후퇴하기조차 했다.

그러면 실제 소련에서의 개발독재가 분배에 미친 영향은 어떠했을까? 흔히 공산주의를 평등주의와 동격으로 보는 경향이 있고, 당연히 공산주의 체제하에서는 소득이 평등하게 분배되었을 것이라고들 생각한다. 그러나 그것은 현실과는 거리가 있으며, 오히려 반대되는 경향이 발견되는 경우도 있다. 대표적인 것이 스딸린 치하의 소련이다. 스딸린은 평등주의(egalitarianism)를 반(反)맑스주의적인 것으로 비판하며 각자 일한 성과에 따라 분배받을 것을 주장했으므로 그의 통치기간에는 임금격차가 확대되었고 임금불평등도 심화되었다.

지식인들이 조심스럽게 평등주의적 주장을 펴기 시작한 것은 1953년 스딸린이 죽고 흐루시초프가 집권하여 과거를 비판하고 개혁을 시작한 뒤의 일이었다. 이때부터 근로소득의 불평등이 조금씩 줄어들기 시작하였다. 이런 추세를 반영하여 소련에서 임금불평등은 시대에 따라 상당한 변화가 있었다. 30년대에 비해 70년대 들어 임금불평등이 크게 축소하였음을 우리는 〈표1〉을 통해 알 수 있다. 그러나 이런 소득평준화는 꾸준히 하향 쪽으로 움직인 것이 아니라 정치체제의 변동

<표1> 소련의 임금불평등 추이

	1932	1979
육체노동자	100	100
전문직	263	116
사무직	150	79

자료: 데이비드 레인, 81면.

과 더불어 우여곡절을 겪으면서 이루어진 것이다.

스딸린 독재치하에서는 심지어 통계조차 억압을 받았다. 실은 소득 통계도 스딸린 사후 1956년부터 비로소 발표되기 시작하였다. 임금계층의 최고 10% 대 최저 10%의 임금비율을 보면 1956년에 4.4배였는데 1975년에는 3.4배로 떨어져서 50년대 이후 임금불평등도가 감소하고 있음을 알 수 있다. 이는 민주화와 더불어 분배가 개선된 사례로서 주목할 만하다.

미국의 저명한 경제학자인 폴 크루그먼(Paul Krugman)은 몇년 전에 쓴 글에서 동아시아 경제가 소련의 경제모델과 비슷하다고 주장하여 충격을 준 적이 있지만(Krugman 1994), 사실 경제개발 모델로서의 박정희 모델은 스딸린 모델과 유사한 면이 많다. 우파와 좌파라는 두 사람 사이의 사상적 거리를 생각해보면 이것은 뜻밖이지만, 어쨌든 개발전략으로서는 일맥상통하는 면이 적지 않은 것이 사실이다.

첫째, 두 모델은 고투자를 특징으로 한다. 스딸린은 소련의 투자율을 30% 이상으로 끌어올렸는데, 이것은 당시 세계 어느 나라에서도 찾아볼 수 없는 높은 수준이었다. 그 대신 앞에서 언급하였듯이 투자율을 높이는 과정에서 소련의 노동자와 농민의 생활은 실로 비참한 수준으로 하락하였다. 30% 이상의 투자율이란 수치는 60년대 이후 일본, 한국, 타이완 등 동아시아에서 재현되었다.

둘째, 부국강병정책이다. 스딸린의 부국강병정책은 추진과정에서 엄청난 무리와 수백만 인명의 희생이 있었지만 먼 훗날 소련이 히틀러의 침공을 막아낼 수 있었던 것은 이 정책 덕분이었다는 해석도 있다. 한국은 70년대 이후 중화학공업화를 추진하였고, 군사력에서도 가공할 수준에 이르렀음은 자타가 공인하고 있다. 군사비가 국민소득에서 차지하는 비율을 보면 소련은 13%, 70년대 한국은 6% 정도로서 상당히 높은 편이었다. 세계 최고의 투자율에다가 높은 군사비 지출까지 합치고 보면 소련에서나 한국에서나 국민들이 허리끈을 졸라맬 수밖에 없었음은 길게 설명할 필요가 없다.

셋째, 대기업 중심의 경제이다. 실제 소련에는 중소기업이라 할 만한 것이 없었으며, 한국도 재벌중심의 경제구조로서 다른 나라에 비해 중소기업이 취약한 특징을 갖고 있다. 스딸린은 달에서도 보일 만한 큰 공장을 지을 것을 명령한 것으로 유명하다. 한국 역시 대기업 위주의 성장패턴을 보여왔으나 이런 패턴은 과거의 소품종 대량생산·대량수출에는 유리하나 그 대신 유연성이 낮아 지금과 같은 다품종 소량생산 시대에는 맞지 않는다는 약점이 있다.

넷째, 경제의 양적 성장에 성공하였으나 경제의 질적 발전에는 장애가 된다. 두 모델은 유휴상태에 있던 대규모의 유순한 노동력에 높은 저축, 투자를 결합하여 급속한 양적 성장에 성공하였다. 개발초기 단계에서 이것은 비교적 쉬운 일이다. 문제는 성장이 어느정도 이루어져서 유휴자원의 투입이 한계에 이르고 난 뒤에 자원의 효율적 사용, 생산성 증대를 어떻게 도모하느냐 하는 것이다. 여기서 박정희 모델과 스딸린 모델은 다같이 그 비민주성, 관료적 경직성의 한계로 인해 경제의 체질 변화에서 벽에 부딪히게 된다. 두 체제는 대규모 자원동원에는 능률적이지만 노동자들의 자발적 참여, 창의성과 협동정신의 발휘, 기술혁신에는 취약한 것이다.

흐루시초프가 유엔총회에서 구두를 벗어 연단을 내리치며 머지않은 장래에 미국을 경제적으로 매장해버릴 것이라고 호언장담했지만, 소련경제는 60년대 이후 내리막길을 걷다가 결국 몰락하고 만 것은 우리에게 좋은 교훈을 준다. 마찬가지로 한때 고도성장을 자랑하던 박정희 모델도 그 본질적 한계로 인해 더이상 발전을 기대하기 어려운 단계에 접어들고 있었다. 그럼에도 불구하고, 또한 박정희체제의 본질인 반민주·반인권에도 불구하고 박정희 시절이 더 좋았다고 하는 사람은 당시의 특권층이거나 금전만능주의자이거나 아니면 역사를 제대로 배우지 못한 사람일 것이다.

민주주의에는 토론과 시행착오가 불가피하며, 그것은 우선은 느린 것 같으나 장기적으로 보면 큰 실수가 적고 국민이 원하는 올바른 길을 가게 한다. 그런데도 민주주의 방식을 중구난방으로 보고 답답해하며 매사가 일사불란하게 추진되던 과거의 독재적 방식에 매력을 느낀다면 이는 매우 근시안적일 뿐 아니라 위험하기조차 한 사고방식이다. 이제 국민대중의 자발적 참여와 창의성을 이끌어내는 민주적 개혁 없이 한국경제가 한걸음도 앞으로 나아가기 어렵다는 점을 깨닫는다면 박정희 모델에 대한 향수는 버리지 않으면 안된다.

박정희 모델은 자신이 황국신민교육을 받았던 일제 말기를 연상시키는 국가총동원체제를 구축하여 많은 일자리를 만들고 찢어질 듯한 가난을 없앤 공로는 분명히 있으나, 그것은 훨씬 인간적이고 민주적인 방법으로도 달성할 수 있었던 것을 극단적 방법을 통해 달성한 것일 뿐이다. 우리가 고도성장을 통해 얻은 것도 많지만 잃은 것은 더 많다. 사회 곳곳에 자리잡은 독재적 관행, 대립적 노사관계, 재벌중심 경제, 주입식 교육, 물질만능주의, 불신사회, 이기적 인간의 대량 배출, 부정부패, 환경악화 등은 박정희 모델이 우리에게 남겨준 유산이며 이를 청산하고 선진적 사회로 가는 데는 장구한 세월이 소요될 것으로 예상된다. 이런 사실을 인식한다면 차라리 좀 느리더라도 정도(正道)를 걸는 것이 장기적으로 보면 오히려 빠르고 비용도 적게 드는 개발방식임을 알 수 있다.

3. 박정희 모델: 성장이냐 발전이냐?

동아시아 국가가 고도성장과 평등분배를 동시 달성하는 데 성공했다는 점은 국제적으로 널리 받아들여지고 있는 듯하다. 세계은행은 이점에 주목하여 1993년에 『동아시아의 기적』이란 한 권의 보고서를 내면서 한국을 비롯한 동아시아 국가들을 가리켜 '골고루 나눈 성장'(shared growth)에 성공했다는 평가를 내렸다(World Bank 1993). 한국이 경제성장만 빨랐던 게 아니고 소득분배까지 양호했다면 박정희 모델은 성공으로 칭찬받아 마땅할 것이다. 과연 그러한가?

우리가 박정희 개발독재의 성격을 정확히 파악하기 위해서는 먼저 경제발전의 개념 문제를 짚고 넘어갈 필요가 있다. 경제학계에서 통용되는 성장과 발전의 개념에는 여러가지가 있다. 그중의 하나는 경제성장(economic growth)과 경제발전(economic development)을 구별하지 않고 동의어로 쓰는 것이다. 이때 경제발전이란 단지 소득의 성장을 뜻하며, 대개는 소득의 성장보다는 인구성장이란 변수를 감안해주기 위해서 1인당 소득의 성장을 뜻할 때가 많다. 신고전파 경제학을 신봉하는 다수의 경제학자들은 이런 개념을 사용하는 데에 별 불편을 느끼지 않는다.

그러나 많은 경제학자들은 경제성장과 경제발전을 엄격히 구별해서 써야 한다고 생각한다. 이때 경제발전은 경제성장, 즉 1인당 소득의 증가에 덧붙여 무언가의 변화(플러스 알파)가 수반되는 경우를 의미한다. 이때 플러스 알파는 논자에 따라 다양한 의미를 가질 수 있다.

그중 우리는 경제발전에 대해 최근에 제시되고 있는 쎈(Amartya Sen)의 새로운 개념, 즉 '자유로서의 발전'(development as freedom)이란 개념에 주목할 필요가 있다.

인도 출신의 경제학자 쎈은 몇년 전 노벨경제학상을 수상하였는데, 그때 세계자유노련과 세계식량농업기구(FAO)에서 이례적으로 환영성명을 발표했다. 그는 한 저서에서 발전을 자유로 정의하는 독특한 관점을 제시하였다(Sen 1999). 쎈에 의하면 자유의 신장은 그 자체가 하나의 주요 목적일 뿐 아니라 발전의 주요 수단이기도 하다. 쎈은 전자를 구성적 역할, 후자를 수단적 역할이라고 부른다. 쎈은 다음과 같이 말한다.

발전은 부자유의 주요 원천의 제거를 요구한다. 즉 발전은 빈곤과 폭정, 빈약한 경제적 기회, 체계적인 사회적 박탈, 공공시설의 부족, 그리고 억압적 국가의 과잉활동의 제거 등을 요구한다.

쎈은 사회적·경제적 발전이 충분히 이루어지기까지는 특정한 자유, 특히 정치적 자유가 유보될 필요가 있다는 주장에 대해 반대한다. 민주주의와 경제발전의 상관관계에 대해서는 오래 전 바그와티가 제시한 중요한 명제가 있다(Bhagwati 1966; 유승민 1998). 인도 출신의 경제학자인 바그와티는 "민주주의는 발전을 희생시킨다"고 주장하면서, 양자 사이의 상충관계를 '잔인한 딜레마'(cruel dilemma)로 이름붙인 바 있다. 그러나 나중에 바그와티는 이 가설을 지나치게 일반화했을 때 올 수 있는 오류와 자기 주장이 경험적 증거가 불충분함을 인정하면서 민주주의와 경제발전이 양립할 수 있다고 봄으로써 과거의 입장에서 크게 후퇴하고 있다(Bhagwati 1997).

쎈은 민주주의와 발전 사이의 상충관계를 주장하는 가설을 리콴유

(李光耀 테제, Lee Thesis)라고 부른다. 싱가포르의 전 수상 리콴유는 소위 '아시아적 가치'(Asian values)를 주창하면서 발전을 위해서는 어느정도는 민주주의의 후퇴를 감수해야 한다고 강변한다.[2] 동일한 논리선상에서 그는 한국의 박정희를 존경한다는 말을 자주 하곤 한다. 그런데 여러 나라의 자료를 가지고 과연 민주주의와 발전 사이에 부정적 상관관계가 있는지를 검토한 기존의 경제학·정치학의 연구결과를 인용하면서, 쎈은 결국 이들 연구를 통해 양자 ― 정치적 권리와 경제적 성과 ― 사이에는 아무런 상관관계가 없음이 밝혀졌다고 본다. 이런 증거에 기초하여 쎈은 다음과 같이 주장한다(Sen 1999).

지금까지 나와 있는 모든 비교 연구를 종합해볼 때, 경제성장과 민주주의 사이에는 ― 어느 방향으로든 ― 아무런 상관이 없다는 가설이 대단히 유력시된다. 그렇다면 민주주의와 정치적 자유는 그 자체 중요성을 갖고 있으므로 존중되어야 한다는 주장은 전혀 손상받지 않게 된다.

민주주의가 경제발전에 방해가 되지 않는다면 그것을 포기할 이유는 전혀 없다. 발전을 위해서 자유를 희생하자는 주장과는 반대로 쎈은 정치적 자유와 질병으로부터의 자유, 무지로부터의 자유 등은 본질적으로 발전의 구성요소라고 말한다. 나아가서 어떤 수단적 자유는 사람들로 하여금 좀더 자유롭게 살게 할 뿐 아니라 발전을 촉진하는 효과도 있다.

그는 다섯 가지의 자유를 분류한다. 첫째, 정치적 자유―이것은 사

---

2 몇년 전 '아시아적 가치'를 주장하는 리콴유 전수상과 거기에 반대하여 세계 보편적 가치를 주장하는 김대중 대통령 사이에 *Foreign Affairs*(1994년 3월, 11월)에서 지상논쟁이 벌어진 바 있다. '아시아적 가치'란 것은 많은 경우 독재와 권위주의의 편리한 방패일 뿐이다.

람들로 하여금 정부를 구성하고 정책을 결정하며 책임성을 유지하게 한다. 둘째, 경제적 편의—개인으로 하여금 소비·생산·교환에 자원을 사용하게끔 하는 기회를 제공한다. 셋째, 사회적 기회—보건·교육 등의 시설을 의미하며, 이것은 그 자체 본질적인 자유일 뿐 아니라 다른 정치적·경제적 자유를 누리게끔 하는 수단이 되기도 한다. 넷째, 투명성의 보장—공개와 투명성을 통해서 부패를 제한함으로써 사회적·공적 신뢰를 형성케 한다. 다섯째, 사회보장—사람들로 하여금 극심한 빈곤과 기근에서 벗어날 수 있게 해주는 사회적 안전망의 기능을 한다.

결국 쎈은 사종 부사유를 제시하고 자유가 보상되는 체제하에서만 개인이 경제활동과 생산활동을 통해 개인적·사회적 발전을 도모할 수 있다고 본다. 그런 점에서 국가와 사회는 인간의 '잠재능력'(capabilities)을 강화하고 제고하는 데 광범위한 역할을 한다는 것이다. 쎈이 말하는 '자유로서의 발전'의 개념은 정치적 행동을 전제하며, 또 끊임없이 그것을 요구한다.

이런 관점에서 쎈은 미국의 노예제도를 다음과 같이 준엄하게 비판한다. 노예제도하의 노예의 생활수준이 당시 미국의 임금노동자들보다 높았다고 하는 주장(Fogel and Engerman 1974)에 대해 쎈은 다음과 같이 반박한다.

비록 남북전쟁 전 미국 남부의 흑인노예가 다른 지역의 임금노동자들과 비슷한 수준의 임금을 받았거나 심지어 더 많이 받고, 북부의 도시노동자보다 더 오래 살았다고 하더라도 노예제도(아무리 그것에서 소득과 효용이 창출된다고 하더라도)라는 기본적인 박탈이 존재했다. 고용을 선택할 기회의 부재와 폭력적인 근로형태에서의 자유의 상실은 그 자체로 중요한 박탈이 될 수 있다.

이같이 자유를 강조하는 쎈의 새로운 관점을 한국경제에 적용해볼 때 우리는 그동안의 고도성장을 어떻게 평가할 수 있을까? 앞에서 발전에 대한 여러가지 개념을 소개했지만 대부분의 경우 한국은 성공적으로 발전을 이룩한 나라로 평가됨을 보았다. 그런 점에서 한국의 경제모델을 보는 세계은행 등 외국의 눈이 지금까지 지극히 호의적이었음을 이해할 수 있다. 그러나 '자유로서의 발전'이란 개념을 채택할 경우 우리의 판단은 과연 어떻게 달라질까? 쎈이 제시한 자유의 관점에서 한국의 경제적 성과를 평가해보자.

쎈이 제기하는 첫번째 자유, 즉 정치적 자유를 보자. 이 점에서 한국은 적어도 3선개헌 이후의 박정희체제, 그리고 그것을 그대로 계승한 전두환체제가 정치적 자유나 인권이란 관점에서 좋은 평가를 받을 수 없음은 명백하다. 이 시기는 언론·집회·결사의 자유가 일상적으로 침해당했고, 걸핏하면 사상범으로 몰아서 무고한 양심적인 사람들을 처단했던 무법시대라 해도 과언이 아니다(이 시기의 역사에 대해서는 김형욱·박사월 1985; 이상우 1986; 박세길 1989 등 참조).

대학은 60년대 말부터 20년간 반독재투쟁으로 한달도 잠잠할 때가 없었고, 수많은 애국학생들이 제적·투옥·고문을 당했다. 언론도 1974년 동아일보 사태에서 보는 것처럼, 양심적인 언론인들은 거리로 쫓겨나고 나머지는 정보기관의 번뜩이는 감시 아래 눈치만 보며 신음하고 있었다. 노동자들은 저임금과 장시간 노동에 혹사당했고, 그에 항의하는 수단으로 노조를 결성하는 데에는 직장을 잃거나 심지어 목숨을 내놓는 용기가 필요하였다. 노동운동에 따르는 위험과 박해는 책 한두 권으로도 다 이야기할 수 없을 정도로 다반사였으며, 그 탄압의 정도는 극심하였다(Ogle 1990).

박정희독재 시절 민주화투쟁을 벌였던 학생·지식인·노동운동가·

야당정치인들이 당한 체포·고문·투옥·강제징집 등 온갖 고초와 신산은 지금은 널리 알려져 있으므로 다시 이야기할 필요를 느끼지 않는다. 자신에게 반대했던 지식인이나 학생, 노동자들에게 취한 행동까지 갈 것도 없이 자신의 심복부하들을 어떻게 처리했는가를 보면 박정희의 성격과 그 시대상을 잘 알 수 있다. 1971년 10월 2일 야당이 제출한 오치성 내무부장관 해임건의안이 국회를 통과한 뒤, 바로 어제까지만 해도 자신의 심복부하였던 거물급 여당정치인들을 처리한 방식을 예로 들어보자. 이때 해임건의안에 찬성함으로써 상부명령을 거역한 일부 여당 국회의원에 대해 대통령의 엄명을 받아 정보기관이 가한 인격모독과 고문의 정도를 보면 정권에 비판적인 학생·지식인·인론·야당정치인에 대해서는 어찌 대했을지 쉬 짐작할 수 있다.[3] 그것은 한마디로 인간으로서는 차마 할 수 없는 수준이었다. 이 사건을 보면서 한때 중앙정보부장으로 권력에 핵심에 있었던 김형욱은 다음과 같이 술회한다.

그것은 이미 정치도의와 지도자의 품격 문제 이전에 한 사람의 인간에 대해 인격몰수, 인간부정을 자행한 반인간적 패륜이었다. 말이 민주정치였지 적을 돌멩이로 때려죽이는 식의 정치적 석기시대였다. 그 전말을 듣고 보면서 나의 등에 오한이 스쳐감을 느꼈다. 박정희는 드디어 절체절명의 독재자로 군림하겠다는 결의를 명백히 하고 나선 것이었다. (김형욱·박사월 1985, 106~107면)

---

3 당시 항명을 주도했던 김성곤과 길재호는 백남억, 김진만과 더불어 집권여당의 4인방으로 불리던 실세 중의 실세였다. 항명사건이 일어나자 김성곤, 길재호의 집에 정보기관원들이 들이닥쳐 두 사람을 몽둥이로 패고는 개처럼 끌고 갔다. 곧 두 사람은 정계에서 쫓겨났다. 평소 유도 고단자로서 건장한 신체의 소유자였던 김성곤은 고문후유증으로 3년여밖에 더 살지 못했다. 원래 김성곤은 박정희의 셋째형 박상희의 둘도 없는 절친한 친구였다.

중앙정보부장을 지낸 최고권력층이 등에 오한이 스쳐감을 느꼈다면 다른 사람들은 더 말할 필요도 없을 것이다. 더구나 이 사건은 본격적인 유신독재가 시작되기 1년 전의 일이다. 그러니 1972년 10월 유신독재 이후 박정희가 노골적으로 종신집권을 선언하고 민주주의를 말살하였을 때, 목숨을 걸고 민주화투쟁을 하던 소수의 용기있는 학생·지식인·야당정치인에게 가해진 폭력의 수위는 능히 짐작할 수 있다. 이 시기에 어느 정도로 인권이 유린되었고 국민의 기본권이 박탈되었던가 하는 것은, 1972년의 유신헌법에 대해 반대토론을 할 자유조차 주어지지 않았고, 국회의원의 3분의 1을 대통령이 임명하였으며, 체육관에서 99%의 지지로 대통령을 뽑았다는 사실에서 분명히 드러난다. 박정희의 고향후배면서 육사동기로서 출세가도를 달리고 있던 김재규조차 유신헌법이 발표되던 날 아침에 읽던 신문을 집어던지며 "이게 무슨 헌법이야, 혼자서 평생 해먹자는 거지"라고 고함을 질렀다니, 달리 더 해설을 붙일 필요도 없다.

유신시대의 한국은 1년이 멀다 하고 위수령·계엄령·휴교령을 남발함으로써 나라 전체가 거대한 공포의 수용소로 변했다고 해도 조금도 지나친 말이 아니다. 긴급조치 1호부터 9호까지는 아예 입을 막고 숨을 쉬지 말라는 것과 다를 바 없었다. 이 공포의 시대에 불법연행과 고문으로부터 안전하다고 믿고 발을 뻗고 잘 수 있는 사람은 대통령 이외에 아무도 없었다. 이것이 소위 박정희가 자랑하던 '한국적 민주주의'의 실상이었다. 최소한의 정치적 자유나 인권도 허용되지 않았던 한국에서 민주주의가 조금씩이나마 자리잡기 시작한 것은 1987년 대통령직선제 쟁취 이후였음은 누구도 부정하지 않는다(예를 들어 Leftwich 2000).

쎈에 의하면 인간에게 최소한의 자유도 주어지지 않은 상태에서의 소득증가는 '발전'이 아니다. 이 시기에 아무리 수출과 소득이 증가했더라도 최소한의 인권과 정치적 자유가 보장되지 않는 거대한 수용소에서 소득과 경제적 기회가 무슨 큰 의미를 가지겠는가? 이 시대에 경제적 건설의 속도는 빨랐지만 무리한 개발정책의 부작용은 컸다. 인간성은 파괴되었고, 순박했던 우리 민족이 지금처럼 이기적이고 자기 몫 챙기기에만 급급해졌으며, 성급하고 포악한 사람이 이처럼 많아진 근본 원인은 다름아니라 독재시대에 비롯된 바가 크다. 대통령이 수단과 방법을 가리지 않고 반칙을 일삼는데, 일반시민에게 어찌 도덕성을 요구할 수 있겠는가.

물론 군사독재정권은 국민의 불만을 털래기 위해서 경세싱장에는 열심이었던 점을 인정할 수 있고, 그런 점이 세계은행 등 외국으로부터는 높은 평가를 받았다. 그러나 외국인들의 관점에서는 한국의 정치적 자유나 인권문제는 별로 중요하지 않을지 모른다. 그들은 자기 나라에서는 자유와 인권을 위해 목숨을 걸고 싸워왔지만 막상 다른 나라의 일이 되면 자유와 인권에 대해서는 침묵하면서 소득이나 경제지표를 이야기한다. 이는 이중잣대로서, 우리로서는 받아들일 수 없다. 죽으나 사나 이 땅을 떠날 수 없고, 혹독했던 그 시대를 살아온 한국인이라면 당시를 보는 관점이 외국인과 다를 수밖에 없다. 그런 점에서 박정희체제에 대한 국내외의 평가가 극과 극을 달릴 정도로 판이하게 다른 점도 우리가 '발전'을 어떻게 보느냐 하는 관점의 차이에서 비롯된다고 할 수 있다.[4] 이러한 이유로 1961~79년 개발독재 시절의 급속한 소득성장은 경제발전이 아니라 단순한 양적 성장으로 정의함이 옳다.

---

4 박정희정권에서 요직을 두루 거쳤던 김정렴은, 그동안 국내 지식인들 사이에서 박정희가 인기가 없었지만 드디어 세계은행이 『동아시아의 기적』에서 박정희의 경제정책을 높이 평가한 것을 보고 쌍수를 들어 환영한다(김정렴 1994). 여기서 그가 취하는 입장, 즉 정치·사회현상과 분리해서 경제만을 보려는 태도는 쎈의 입장과는 크게 거리가 있다.

그러면 개발독재가 분배에 미친 영향을 보기로 하자.

4. 개발독재와 소득분배

1) 임금 수준과 격차

이 시기 소득분배를 파악하기 위한 자료는 그다지 많지 않으므로 임금 수준 및 격차, 그리고 약간의 소득분배 자료를 검토하기로 한다. 소득분배보다는 임금에 관한 자료가 더 오래 전부터 있었고, 양적으로도 훨씬 많다. 임금수준은 그 자체 노동자들의 생활수준을 나타내므로 중요한데, 특히 주목할 것은 임금과 노동생산성의 비교이다. 아주 단순화해서 이야기할 때, 실질임금이 실질 노동생산성 증가율보다 빠르게 증가한다면 노동자들에게 돌아가는 소득 몫은 증가할 것이고, 반대의 경우에는 소득 몫이 감소할 것이다. 우선 임금통계가 주어진 1970년대에 국한해서 임금과 노동생산성을 비교해보기로 한다. 이 시기는 마침 개발독재 중에서도 유신에 해당하는 독재가 극으로 치달았던 시기이기도 하다. 〈표2〉에는 1970년에서 1980년 사이의 비농업부문 상용노동자의 임금, 소비자물가, 노동생산성 지표가 나타나 있다.

70년대 10년간 명목임금은 약 10배 증가하였다. 동시에 소비자물가가 4.5배 상승하여 실질임금 증가는 2.2배 증가에 그쳤다. 여기서 우리의 관심을 끄는 것은 실질임금의 상승추세와 노동생산성의 상승추세의 비교이다. 이 기간의 노동생산성은 2.6배 증가함으로써 우리는 실질임금의 증가폭이 노동생산성 증가폭을 따라가지 못했음을 알 수 있고, 그 결과 노동소득 분배율이 하락했을 것이라고 추측할 수 있다. 표의 하단에서 보듯 성장률로 따질 때, 이 기간 명목임금은 연평균 25.7% 상승했고, 실질임금은 연평균 8.2% 상승했는데, 노동생산성은

<표2> 임금, 물가와 노동생산성의 추이

(비농업부문 상용노동자, 단위: 원)

연도	명목임금 (지수)	소비자 물가 지수	실질임금 (지수)	물적노동 생산성 지수
1970	17831 (100)	(100)	17831 (100)	(100)
1980	176058 (987)	(451)	39063 (219)	(259)
성장률(%) 1970~80	25.7	16.3	8.2	10.0

주: 노동생산성지수의 계산은 제조업, 광업, 전기업만 포함.
자료: 한국은행『경제통계연보』각 연도. 노동부『노동통계연감』각 연도.
　　한국노동연구원『노동동향분석』1990년 4/4분기.

연평균 10% 상승함으로써 실질임금 상승속도를 앞질렀다. 이로써 우리는 비농업부문에서 생산된 부가가치의 분배를 둘러싸고 노동자의 몫보다는 자본가의 몫이 더 빠른 속도로 증가했으며, 결과적으로 노동분배율이 하락했음을 짐작할 수 있다. 이것은 소득분배를 악화시키는 요인으로 작용했을 것이다.

노동자들이 제 몫을 충분히 찾지 못했음을 알 수 있는데, 그러면 한국의 노동자에 대한 보상수준을 외국과 비교하면 어떨까? 이 문제에 대한 한 연구결과를 보면 유신독재가 한창 기승을 부리던 무렵인 1975년 현재 한국 노동자의 상대적 처지는 외국에 비해 훨씬 열악한 것으로 나타난다(조우현 1985).

일본의 자료와 세계노동기구의 『노동통계연감』 자료를 이용하여 조우현이 연구한 결과는 〈표3〉과 같은데, 이것을 보면 한국 노동자들은 그 노동생산성에 비해 상대적으로 충분한 보상을 받지 못했음을 알 수 있다. 즉 선진국과 비교할 때 한국의 노동생산성의 격차보다 임금 격차가 두 배 가량 더 크게 벌어져 있음을 알 수 있고, 이것은 상대적으로 이야기한다면 한국 노동자들이 받아야 할 수준에 비해 절반 수준

<표3> 각국 제조업 노동생산성 지수와 임금지수의 비교(1975년)

	한국	타이완	싱가포르	일본	미국	독일
노동생산성 지수	100	–	233.2	442.5	614.6	512.4
시간당임금 지수	100	133.3	405.6	913.9	1341.7	1026.6
시간당임금	0.36	0.48	1.46	3.29	4.83	3.70

자료: 조우현 1985, 265면.

<표4> 제조업 노동분배율의 국제비교

	1962	1970	1973
한 국	26.1[*]	25.0	23.0
일 본	37.1	32.0	35.0
서 독	38.0	40.9	44.1
미 국	52.6	47.3	44.1
영 국	53.0[**]	52.6	49.0
캐나다	52.0	53.1	–

주: * 1963년 값. 산업은행, 광공업 조사보고서에서 작성. ** 1963년 값.
자료: 박찬일 1979, 331면.

밖에 못 받고 있었음을 의미한다.

이처럼 노동생산성과 임금 사이에 괴리가 나타나면 그 결과는 필연적으로 한국의 노동자들에게 돌아온 소득 몫이 상대적으로 적었다고 볼 수밖에 없다. 우리는 이것을 각국의 노동분배율을 비교함으로써 확인할 수 있다. 박찬일(1979)은 이미 이런 작업을 해두었다. 그는 유엔 통계연감을 이용하여 1960~70년대 한국 제조업의 노동분배율을 선진국과 비교한 바 있다. 그 결과는 <표4>에 나타나 있다.

1970년의 노동분배율을 보면 미국, 캐나다와 유럽은 모두 40%가 넘는 반면 일본은 32%이고, 한국은 25%로서 현격한 차이가 있다.[5] 박

---

5 1979년 현재 우리나라의 국민소득에서 피용자 보수가 차지하는 비율은 일본의 1952년, 미국의 1929년 수준보다 낮다는 지적이 있다(박현채 1982, 134면).

찬일은 이와같이 한국의 노동분배율이 낮은 이유를 노동시장의 수요독점, 노동공급의 과잉과 낮은 노동력 이동성, 정부의 저곡가(低穀價) 정책으로 인한 저임금, 임금인상을 가격인상으로 전가하여 실질임금 상승을 억제하는 기업의 독과점력, 그리고 노동조합운동에 대한 규제를 들고 있다(박찬일 1979, 331~32면).

이 주제와 관련하여 한 연구는 한 나라의 민주주의 발달수준이 임금수준의 결정에 매우 중요하다는 결론을 내리고 있어서 주목을 끈다(Rodrik 1999). 즉 노동생산성, 소득수준, 기타 임금결정에 관련이 있는 변수들을 모두 통제했을 때, 한 나라의 민주주의 수준과 제조업 임금수준과는 밀접한 관련이 있다는 것이다. 이런 관계는 여러 나라의 횡단면 자료(cross-section data)에서도 나타나고, 몇 나라에서 시간에 따른 변동을 보여주는 시계열 자료(time-series data)에서도 나타난다는 것이다. 후자의 예를 든다면 스페인, 포르투갈, 그리스, 한국, 타이완의 경우 민주화의 진전과 더불어 임금이 노동생산성을 상회하여 상승하였는 데 반해서, 민주주의가 오히려 후퇴한 스리랑카의 경우에는 반대의 결과가 나타났다고 한다.

그리하여 로드릭(Rodrik)은 한 나라의 민주주의가 신장되면 임금수준은 눈에 띄게 상승한다고 주장한다. 예를 들어 멕시코가 현재 미국 정도의 민주주의를 달성한다고 가정하면 멕시코의 임금은 10~40% 정도 상승할 것이라고 예측된다. 한편 노동소득분배율도 임금수준과 마찬가지로 민주주의의 영향을 받는 것으로 나타났다. 로드릭에 의하면 민주주의에서 권위주의로 후퇴한 네 나라에서 모두 노동분배율이 현저히 하락하였고, 반대로 권위주의를 탈피하고 민주주의로 이행한 여덟 나라 중 여섯 나라에서 노동분배율이 상승한 것으로 나타났다.

로드릭은 특히 한국과 타이완에서 1987년 이후 민주화가 진행된 것을 구체적인 예로 들면서, 1987년에서 90년대 초 사이에 임금이 노동생산성을 상회한 것을 지적하고 있다. 한국에 대해서 로드릭은 다음과 같이 말하고 있다. "한국의 경우는 특별히 주목할 만한데 왜냐하면 이 나라는 민주주의 이전에는 비교적 저임금(1인당 GDP에 대비해서) 국가였지만 90년대 중반에 오면 고임금 국가로 전환하기 때문이다"(Rodrik 1999, 725면).

그러면 왜 민주주의가 노동 측에 유리한 분배를 가져올까? 이 질문에 대해 로드릭은 네 가지의 해답을 제시한다. 첫째, 민주주의체제는 법의 지배를 관철하기가 쉬우며, 이것은 노동 측의 교섭력을 강화한다. 둘째, 민주주의는 정치적 불안정과 단절에 빠질 확률이 낮으며 따라서 노동 측에 높은 유보임금을 보장하고, 따라서 임금을 높이는 경향이 있다. 셋째, 민주주의는 노조결성과 단체협약의 자유를 신장시켜 노동 측의 교섭력을 높인다. 넷째, 중위투표자 모델(the median voter model)이 시사하는 바와 같이 정치참여와 경쟁의 증가는 표를 의식한 각 정당에서 노동자의 이익에 한층 부합하는 법률 또는 제도의 도입을 가져와서 노동자의 교섭력 혹은 유보임금을 높여준다.

이같은 로드릭의 연구결과를 한국의 1960~70년대에 맞추어보면 이 시기의 저임금과 낮은 노동분배율은 다른 이유와 더불어 노동을 적대시하고 친자본적인 성격이 강했던 독재정권의 속성과 밀접한 관련이 있음을 알 수 있다. 정치적으로 민주주의가 억압되고 있었다는 사실이 노동자에 대한 보상을 낮추는 중요한 요인이 되고 있었다고 추리할 수 있다.

한편 임금수준이 아니라 임금격차를 보기 위해서 노동자의 내부를 들여다볼 때, 노동자 상호간에도 상당한 임금불평등이 발견된다. 대표적인 지표로 직업별 임금격차를 보기로 하자. 〈표5〉는 생산직 노동자의 임금을 기준(=100)으로 했을 때, 다른 직업의 상대적 임금을 나타낸다. 여기서 관리직을 비롯해서 전문직·기술직·사무직 등 소위 고임금

<표5> 직업별 임금격차(비농업 부문)

	관리직	전문직 기술직	사무직	판매직	써비스직	생산직
1971	359	250	204	118	90	100
1976	474	292	222	112	103	100
1980	395	246	162	89	100	100

자료: 노동부 『직종별 임금실태조사보고서』 각 연도.

직종은 생산직에 비해 훨씬 큰 보수를 받고 있음을 알 수 있는데, 이것은 다른 말로 표현하자면 생산직의 홀대이다. 이 시기 공장에서 일하는 젊은 남녀를 가리켜 흔히 '공돌이' '공순이'라고 표현했는데, 이는 바로 생산현장에서 가장 고생하며 땀흘려 일하는 노동자에 대한 인격 무시와 홀대를 그대로 드러내는 말이다. 이것은 바로 이 시기 노동자, 특히 생산직 노동자를 천시하고 자본가들만 우대했던 개발독재정권의 이데올로기를 그대로 나타내는 것이며, 잘못된 그 전통은 지금은 비록 다소 약화됐지만 아직도 뿌리깊게 남아 있다.

개발독재시기 생산직과 비생산직 사이의 보수격차는 다른 나라에 비해 압도적으로 컸으며, 특히 1976년에 정점에 도달하였다. 76년 현재 관리직은 생산직의 거의 다섯 배의 보수를 받고 사무직은 두 배 이상을 받고 있었는데, 이는 상대적으로 이야기할 때 선진국의 거의 두 배 수준이 되는 높은 격차이다. 다행히 이 해를 정점으로 해서 임금격차는 그후 꾸준히 감소하고 있다. 학력간 소득격차 역시 다른 나라에 비해 큰 편인데, 76년을 정점으로 감소하고 있어서 직업별 소득격차와 거의 같은 변동 패턴을 보이고 있다.

2) 소득분배

그러면 우리의 관심을 좀더 넓혀서 소득분배 문제를 보기로 하자. 이 시기의 소득분배에 관해서는 통계조사 자체가 드물고, 따라서 연구결과도 많지 않다.[6] 그중 대표적인 것이 주학중(朱鶴中)의 연구이다. 지금까지 우리나라의 소득분배에 관해 가장 세심하게 주의를 기울인 연구로는 한국개발연구원 주학중의 추계와 세계은행의 발라(Bhalla) 의 추계가 손꼽힌다. 주학중의 연구는 그전까지 한국의 소득분배 연구가 자료의 문제점을 도외시한 데 비해 세심한 자료검토에 기초를 두고 있다는 점에서 높이 평가된다. 그는 통계자료의 문제점들을 세밀히 검토하여 여러가지 새로운 가정을 도입함으로써 원자료에 상당한 수정을 가한 뒤 소득분배의 추계를 시도하였는데, 그의 연구결과는 〈표6〉과 같다.

〈표6〉 한국의 소득불평등도 추계(지니계수)

	전국	농가	비농가	근로자가구	자영·경영자
1965	0.344	0.285	0.417	0.399	0.384
1970	0.332	0.295	0.346	0.304	0.353
1976	0.391	0.327	0.412	0.355	0.449
1982	0.357	0.306	0.371	0.309	0.445

자료 : 주학중·윤주현 1984; Choo 1992.

주학중이 추계한 우리나라의 소득분배를 보면, 소득불평등이 60년대 후반에는 감소했다가 70년대 전반에는 증가했으며 그후에는 다시 감소한다. 소득분배가 가장 나빴던 것은 1976년이다. 전국의 가구를 농가, 도시근로자, 도시자영업 및 경영자 가구의 세 집단으로 나누었을 때, 각 소득집단 내의 소득불평등 역시 전체 가구의 그것과 같은 방향으로 움직이고 있다. 세 집단의 소득불평등을 비교해본다면, 농가가 상대적으로 평등하고 도시자영업자 및 경영자 가구는 상대적으로 가

---

6 이 시기의 소득분배에 대해서 기능적 분배와 계층별 분배로 갈라서 상세히 정리해놓은 논문으로는 박찬일(1979)이 있다.

장 불평등할 뿐만 아니라 1976년 이후 불평등도가 크게 늘어났다.

한국의 소득분배 추계에서 가장 문제가 되는 점은 믿을 만한 자료가 없다는 것임을 앞에서 지적하였지만, 그중에서도 가장 문제가 되는 것은 고소득층에 관한 자료이다. 방금 본 바와 같이 자영업자 및 경영자 가구는 한국의 최고 소득층을 포함하는 집단인데, 이들의 소득자료가 없고 소비자료를 통해 간접적으로밖에 추측할 수 없다는 것은 추계의 큰 약점으로 남아 있다. 예컨대 세계은행의 발라(Bhalla 1979)는 오래전에 한국 소득분배 자료의 문제점을 검토한 뒤 독자적 추계를 시도한 바 있는데, 그에 의하면 최고 20% 계층의 소득 몫은 주학중의 추계치인 45%보다 상당히 큰 49~52%에 달한다는 것이다. 그렇게 본다면 한국의 소득분배는 주학중의 추계보다 실제로는 상당히 더 불평등할 가능성이 높다.

이 시기의 소득분배를 신빙성이 약한 통계지표에 의지하기보다는 분배적 정의론의 관점에 입각하여 비판적으로 성찰할 수도 있다(이준구 1992). 사실 소득분배 자료 자체가 명백한 한계를 갖는 만큼 허약한 통계에 의지하여 자칫하면 왜곡되기 쉬운 결론을 도출하는 것보다는 이런 근본적·철학적 접근이 더 유효할 수 있다. 분배적 정의의 관점에서 이 시기 불평등을 논할 때 빼놓을 수 없는 것이 바로 재벌문제이다.

60년대 이후의 고도성장기에 우리나라의 대기업은 엄청난 속도로 팽창을 거듭해왔으며 그것이 국민들에게 위화감을 불러일으켜왔다. 현재 우리나라의 부자의 대명사라고 할 수 있는 재벌들은 대개 지난 20여 년간 정부의 여러가지 특혜와 지원에 힘입어 아주 단기간에 부를 축적한 경우이다. 여기에서 소위 정경유착에 힘입어, 그리고 정당하지 못한 수단까지 동원하여 축적된 부가 적지 않다는 것이 문제가 된다. 우리나라의 부자들이 축적한 부가 과연 분배적 정의의 원리에 비추어볼 때 정당성이 있는가 하는 의문이 제기되는 것이다.

게다가 재벌기업이 가족기업 형태를 벗어나지 못하기 때문에 그것이 바로 계층간 소득격차로 연결되는 데 문제가 있다. 선진국의 경우 과거에는 더러 가족기업의 대기업이 있었으나 이미 오래 전에 가족들이 경영에서 손을 뗀 데 비해, 한국은 재벌기업들이 가족의 지배하에 있기 때문에 국민들의 상대적 박탈감이 더 큰 실정이다. 실제 가구별 소득조사에서 재벌가구가 조사대상으로 포함될 확률은 희박하며, 사실상 모두 빠져 있다고 보는 것이 타당한데, 그렇다면 앞에서 논한 통계적 결과들은 모두 실제보다 불평등을 과소평가하는 셈이다.

대기업의 경제력 집중, 기업내의 불균등한 노사관계, 열악한 작업 및 주거환경, 장시간 노동과 높은 산업재해율 등의 요인이 복합적으로 작용하여 한국인들이 느끼는 불평등을 높게 만든다는 주장도 상당한 설득력을 가진다(조순 1989).

또하나 한국의 소득분배를 논할 때 간과해서는 안되는 문제가, 소득통계에는 포착되지 않지만 불로소득의 팽창이 실제로 한국의 불평등에서 큰 비중을 차지한다는 점이다. 가구별 소득조사에서 좀처럼 파악되지 않는 각종 불로소득이 개발독재시절에 급증하였고, 이런 불로소득을 소득에 포함하면 소득분배는 기존 통계에서 나타난 것보다 훨씬 불평등하다는 것이다. 이 문제는 토지를 비롯한 부의 분배문제와 밀접한 관련이 있으므로 절을 바꾸어 논의하는 것이 좋을 것 같다.

5. 지가폭등과 불로소득

부(富)는 첫째, 그 자체로 막대한 경제력을 행사함으로써 빈부계층간에 경제적 격차를 초래하며, 둘째 부가 낳는 재산소득이 다시 소득의 불평등을 일으키며, 셋째 자산가격의 상승이 있으면 자본이득(資本

利得, capital gains)이라는 형태의 소득이 자산소유자에게 귀속되는데, 이 소득을 갖고 다시 자산을 구입할 수 있으므로 결국 부의 불평등은 소득불평등과 표리관계를 이루면서 경제적 불평등을 증폭시키게 된다. 특히 한국처럼 토지라는 자산의 가격이 지속적으로 앙등한 경우 이것은 그 자체로 경제력의 큰 불평등을 낳을 뿐 아니라 소득불평등에도 중대한 영향을 주지 않을 수 없다.

우리나라에서 부의 불평등 중에서 가장 심각한 것은 토지문제이다. 예컨대 상속재산의 구성을 보면 약 60%는 부동산으로 되어 있을 정도로 가계자산에서 토지가 차지하는 비중이 크다. 토지에 관한 통계는 우리나라뿐만 아니라 다른 나라에서도 체계적으로 정비되어 있지 못하지만, 약간의 외국 자료와 비교해볼 때 한국의 지가(地價)는 국제적으로 대단히 높은 수준에 있다고 보아도 틀림없을 것이다. 건설부에서 매년 지가동향을 발표하기 시작한 것이 1975년부터이며, 그전 시기에 대해서는 체계적 통계가 드물지만 현재 구할 수 있는 약간의 자료를 모아 정리해보면 〈표7〉과 같으며, 우리는 이 표를 통해 지가상승 추세를 대략 짐작할 수 있다.

1963년의 전국 주요 도시의 땅값을 기준(=100)으로 할 때, 매년 땅값은 엄청난 비율로 상승해왔다. 1963~79년의 17년간 지가상승률이 한 자리 숫자에 그친 해는 두 해뿐이며, 50%를 넘은 해가 네 해나 된다. 특히 60년대 후반과 70년대 후반의 상승률은 상상을 초월할 정도이다. 이리하여 17년 만에 땅값은 무려 180배 이상 상승하였다. 이 시기에 자산가치가 180배로 늘어난 자산은 토지말고는 아무것도 없다. 예를 들어 서민들이 애용하는 은행예금과 비교해보자. 이 표의 예금금리에 따라 계산해보면 어떤 사람이 1963년에 돈 100원을 은행에 예금했다면 1979년에 1,760원이 되어 있을 것이다. 그런데 같은 돈 100원을 땅을 사둔 사람이 있다면 1979년에 18,700원의 가치가 있으니 은행

<표7> 개발독재시기의 지가상승 추세

	명목 예금금리(%)	주요도시 지가상승률(%)	지가지수
1963	15.0	–	100
1964	15.0	50.0	150
1965	30.0	35.3	201
1966	30.0	41.4	329
1967	30.0	43.6	407
1968	25.2	48.5	613
1969	22.8	80.7	1,152
1970	22.8	29.7	1,236
1971	21.3	33.4	1,918
1972	12.6	7.5	2,067
1973	12.6	5.8	2,181
1974	15.0	18.7	2,587
1975	15.0	25.5	3,449
1976	16.2	24.9	4,547
1977	14.4	50.0	5,872
1978	18.6	79.1	10,700
1979	18.6	22.0	18,734

자료: 한국감정원 「전국주요도시 지가지수」 1963~74.
　　　한국감정원 「토지시가 조사표」 1975~79.

예금과는 무려 10배의 차이가 난다. 이 시기 토지보유의 이익이 얼마
나 큰지를 알 수 있다.

　그러면 어떤 사람이 땅을 사둘 수 있었을까? 답은 아주 간단하다.
돈이 있는 사람들, 특히 특정 지역의 개발정보를 미리 알 수 있는 사람
들이 땅을 사두었을 것이다. 그러니 개발독재시절 요직에 있었던 사람
치고 토지 투기로 재미를 보지 않고 독야청청했던 사람이 몇이나 되었
는지 궁금하다. 개발독재기간 내내 전국은 개발열기에 휩싸였는데, 이
과정에서 정부가 적절한 토지정책을 세우지 않고 관리를 제대로 하지

않음으로써 지가폭등을 방치하였고, 그 결과 가진 자들은 가만히 앉아서 엄청난 자산증가와 불로소득을 얻게 되었던 것이다.

이 시기의 토지가격 폭등으로 인한 자산재분배의 실상을 파악하려면 토지가격 자료 이외에 토지 보유실태를 알아야 한다. 개발독재시절의 토지 보유실태는 통계가 없어서 알 수 없으나 한참 뒤에 나온 한 조사자료에 의하면 우리나라에서 한 평이라도 땅을 가진 가구 중 5%가 전국 사유지의 65%를 차지하고 있다고 한다(『토지공개념연구위원회보고서』 1988). 이것은 땅을 가진 가구들 사이의 비율이므로 땅을 갖지 않은 국민까지 포함한다면 토지 집중상황은 더욱 심해진다. 1960~70년대의 토지 보유실태도 80년대와 비슷하다고 가정한다면, 결국 개발독재시절 지가폭등으로 엄청난 횡재를 한 집단은 우리나라 최상위의 부유층에 국한됨을 알 수 있다.

이것만으로도 우리나라 가계자산의 불평등이 크게 심화되었을 것임을 쉽게 짐작할 수 있다. 1988년에 대해 필자가 개략적으로 추정해본 바에 의하면 토지매매차익으로 약 20~30조원이 발생하였는데, 이것은 그해에 1천만 노동자들이 1년 내내 일해서 번 소득인 피용자보수 53조원의 절반에 해당하는 크기라는 점을 본다면 우리나라의 토지에서 발생하는 불로소득이 얼마나 심각했는지를 짐작할 수 있다(이정우 1991).

일본의 만주국 지배모델을 본따 거의 모든 경제활동을 일일이 규제하고 감독·지시했던 박정희가 유독 토지에 대해서만은 — 70년대 그린벨트를 도입한 것말고는 — 아무 조치도 취하지 않고 수수방관했던 이유가 무엇인지는 알 수 없다. 모르고 방치했을 수도 있고, 알고도 자기들 소수 권력층에게 유리한 치부수단이므로 그냥 두었을 수도 있다. 어느 경우이든 비판은 면할 수 없다. 지가상승으로 인한 이해득실은 제로섬 게임(zero-sum game)이다. 토지가격의 폭등을 방치한 채 개발에만 열을 올림으로써 소수의 부유층에 천문학적인 부가 축적되는 동안 그 반대쪽에는 같은 크기의 피해가 누적되었다. 절대 다수의 집 없는 서민들에게는 허리끈을 졸라매어도 집 마련이 계속 어려워지고, 하늘 높이 치솟기만 하는 전셋값이라는 큰 부담을 안겨준 것은 실정(失政)이라 비판받아 마땅하다.

앞에서 논한 소득분배나 임금분배의 중요성도 결코 가벼운 것은 아니지만 부동산 문제에 비교하면 코끼리 비스킷에 불과하다. 소득분배의 지니계수에 나타나지 않는 진정한 빈부격차가 토지문제에서 발생·증폭되고 있었으며, 서민들은 자신의 자산이 매년 빠른 속도로 부유층으로 재분배되고 있다는 사실을 전혀 모른 채 멍하니 바라보고 있어야 했다. 도둑에게 물건을 뺏기면 적어도 뺏겼다는 사실은 알아차리고 고함을 지르는 데 비해, 지가폭등으로 인한 손실은 앉아서 눈뜨고 당하고도 눈치조차 채지 못하니 이것이야말로 빈부격차 심화의 주요인이요, 이 시기 부익부빈익빈을 가져온 대표적 통로라 하지 않을 수 없다. 이 점을 깨닫는다면 한국의 소득분배가 세계적으로 양호하다는 세계은행(1993)의 찬사는 '장님 코끼리 만지는 격'이며, 한국의 진정한 빈부격차가 어디에서 발생하는지를 간과한 것이라 하지 않을 수 없다.

6. 맺음말

지금까지 박정희 개발독재가 빈부격차에 미친 영향을 고찰해보았다. 박정희의 독재가 어느 정도였느냐 하는 것은 멀리 갈 것도 없이 가장 가깝고 충직한 부하였던 김성곤·김재규·김형욱 3김씨의 권력부침과 최후를 보면 분명히 알 수 있다. 스스로 법 위에 군림하였고, 혼자서 평생 권력을 독점하려 했던 박정희의 사전에는 정의·양심·민주·

양보와 같은 단어는 없었던 것 같다.

이런 인물을 많은 사람들이 좋아하는 이유는, 정치적으로는 독재를 했지만 경제적으로 고도성장을 가져왔고 분배도 비교적 공평했다고 보기 때문일 것이다. 고도성장을 달성했다는 데 대해서는 이론의 여지가 없다. 그러나 경제성장을 하기 위해서 반드시 그렇게 지독한 독재를 해야 했느냐 하는 질문을 던진다면 답은 '아니오'이다. 그리고 무리하게 고도성장을 달성하기 위해서 치른 각종 비용 — 관치경제, 관치금융, 재벌의 폐해, 부정부패, 환경훼손, 공동체 붕괴, 불신사회, 인간성 파괴, 반칙사회, 빨리빨리 병 등 — 을 우리가 아직도 치르고 있고 앞으로도 장구한 세월 동안 치러야 한다는 점을 생각한다면 이 시기의 고도성장이 우리 민족에게 장기적으로 플러스(+)인지도 의문이다. 차라리 좀더 천천히 성장하더라도 정상적인 궤도를 거쳤더라면 지금쯤 훨씬 선진적인 나라가 되어 있지 않을까?

분배문제로 들어가면 이야기가 조금 복잡해진다. 믿을 만한 자료가 없을 뿐 아니라 존재하는 자료도, 예컨대 재벌가문 등 최고 부자들이 빠져 있기 때문에 진정한 불평등을 과소평가하고 있다. 그래도 약간의 통계지표를 놓고 볼 때 임금분배와 임금격차 그리고 소득분배에서 노동자·서민들이 개발독재시절 제대로 보상받지 못했음을 알 수 있다. 임금은 노동생산성을 하회하고 있어서 노동의 몫은 감소한 반면 자본의 몫은 커졌다. 임금격차와 소득불평등은 유신독재가 기승을 부리던 1970년대 후반에 최악으로 치닫고 있었다.

이 시기의 빈부격차를 이야기할 때, 유량(流量, flow)으로서의 임금이나 소득의 분배보다 훨씬 문제가 되는 것은 토지라는 저량(貯量, stock)의 문제이다. 1963년부터 1979년 사이에 우리나라의 땅값은 180배로 폭등하였고, 그 과정에서 소수의 부유층은 횡재를 했지만 다수의 집 없는 서민들은 살기 어려워졌다. 이 점에서 박정희정권은 개발에만 급급해 그 부작용으로서의 지가폭등과 그로 인한 자산재분배를 방치한 점에서 실정을 했다고 비판받아 마땅하다. 지가폭등이 가져온 부익부빈익빈의 규모는 상상을 초월하는 것이며, 우리나라 빈부격차 문제의 핵심은 바로 여기에 있다. 따라서 세계은행처럼 몇몇 유량지표만 보고 이 시기 한국의 분배가 양호하였다고 평가하는 것은 나무만 보고 숲은 못 본 것이라 하겠다.

박정희의 개발독재는 인간이 갈구하는 최소한의 자유조차 주지 않았으므로 양적 성장이었긴 하지만 결코 경제발전이 아니었다. 뿐만 아니라 그것은 성장의 과실을 분배하는 데에서도 심각한 불평등을 안고 있었다. 정치적 독재와 경제적 불균형이 나란히 가고 있었으며 그것은 오히려 당연한 귀결이었다. 인간이 인간답게 사는 세상은 결코 개발독재에 의해 가능하지 않다는 교훈을 우리는 이 암울한 시기에서 배워야 한다. 안타까운 것은 그렇게 혹독한 비용을 치르고서 겨우 배운 이 교훈을 아직 깨닫지 못한 사람들이 꽤나 많다는 점이다. "인간은 역사를 잊을지라도 역사는 인간을 잊지 않는다"는 명언을 새삼 새겨본다.*

■ 이정우

---

* 이 글은 엮은이의 투고 요청에 의해 필자가 경북대 교수로 재직하던 중 집필한 것이다.

제 2 부

개발독재의 정치사회학

유신체제의 형성과 분단구조

적대적 의존관계와 거울영상효과

1. 머리말

유신체제의 성립은 박정희정권의 장기집권을 가능케 한 국내정치적 사건이었다. 그러나 이 사건을 1970년대 남북관계와 떼어놓고 설명하기는 사실상 불가능하다. 물론 유신체제가 성립하기까지는 대내외적으로 다양한 요소들이 작용했기 때문에, 남북관계가 이 체제 형성에 유일하게 영향을 미친 결정적인 요소였다고 말할 수는 없다. 그렇지만 적어도 매우 중요한 요인 가운데 하나였다는 점은 누구도 부인하기 어렵다. 이러한 사실은 유신체제의 명분이 되었던 통일담론에서부터 유신체제의 물리적 기반이 된 남한사회의 동원화와 산업의 중공업화 등이 모두 남북관계와 밀접하게 연관되어 있었다는 사실에서 충분히 입증된다.

우리는 남북관계에 이론적으로 접근하기 위해서 흔히 분단구조라는 말을 사용한다. 한반도에서 분단이라는 말은 단순한 남북한의 양분 상태에서 이러한 양분이 낳은 여러 분열적 양상과 한반도 상황에 이르기까지 다양한 의미로 쓰고 있다(이종석 1995a, 339면). 그리고 분단을 매개로 형성된 남북한의 정치·경제·사회적 제관계(諸關係)와 남북한 관계의 총체를 분단구조라고 부른다(이종석 1998). 바로 이 분단구조가 유신체제의 형성에 상당한 영향을 미쳤다.

탈냉전이 진행되고 있는 지금도 크게 달라지지는 않았지만, 특히 냉전시대의 분단구조는 기본적으로 남북간의 이념적·군사적 대결을 기초로 하였으며, 문화적으로 양쪽 사회에 만연해 있는 상대방에 대한 적개심과 불신에 바탕을 두고 있었다. 따라서 분단구조 아래서 남북간에 발생하는 긴장은 반드시 양체제(혹은 체제 일방)의 내부 정치·사회 과정에 영향을 미치며, 그것은 종종 특정 제도를 좀더 폐쇄적으로 바꾸는 명분으로 작용하기도 했다. 이러한 현상은 남북관계에 영향을 미치는 국제적 변화에 대한 대응에서도 마찬가지로 나타났다. 동서 데땅뜨라는 대외적 상황이 이를 수용할 이념적·안보적 준비가 부족했던 박정권에게 위기로 인식되어 독재정치의 강화로 이어진 것이 대표적인 예라고 할 수 있다.

여기서 분단구조와 국내구조 사이의 상관성을 규명하는 설명이 '적대적 의존관계'이다. 적대적 의존관계란 남북한이 서로 상대방과의 적당한 긴장과 대결국면을 조성하여, 이를 대내적 단결과 통합, 혹은 정권 안정화에 이용하는 관계를 말한다(이종석 1998, 22면). 이것은 냉전기의 남북관계를 특징지어온 핵심개념으로서, 정치권력의 정통성이 취약하거나 사회체제의 불안정성이 증대할 때 두드러지게 나타났다. 이러한 상황에서 특정 정권은 분단이라는 조건을 정권유지의 중요 수단으로 삼으면서도 다른 한편에서는 통일의 당위성을 끊임없이 주장한다. 물론 통일의 당위성은 공허한 메아리에 그칠 뿐이며, 실제 분단상황은 정권유지에 이용되면서 더욱더 고착화된다. 요컨대 정치권력이 남북관계를 권력 안정화나 강화에 이용할 수 있도록 조장하는 분단구조상의 적대적인 두 정권의 연관작용 메커니즘이 적대적 의존관계인 것이다.

한편 냉전시대 분단구조하에서 남북한은 적대적 경쟁관계에 있기 때문에 상대방의 제도나 정책을 항상 반면교사로 설정하여 비난하였다. 그리고 '상대방의 것'에 대한 합리적인 검토 없는 비판은 결국 '내' 가 선택할 수 있는 정책 범위에서 무조건 '상대방의 것'을 배제함으로써 그만큼 합리적 정책결정을 어렵게 만들었다. 그러면서도 역설적이지만 일방이 다른 쪽을 닮아가거나, 혹은 서로 닮아가는 현상도 나타났다.

이러한 분단구조와 국내구조 사이의 상관성을 보여주는 또다른 설명 틀이 거울영상효과(mirror image effect)라고 할 수 있다. 거울영상효과란 적대적인 일방의 행위가 상대방에게 대칭적인 반작용을 일으키고 또 그것이 상호 상승작용을 일으키는 효과를 말한다. 예컨대 일방의 군비증강이 그 반작용으로 상대방의 군비증강을 자극하는 것이 여기에 해당한다. 이러한 거울영상효과는 그동안 남북한의 군비경쟁과 각종 체제대결 과정에서 잘 나타났다.

거울영상은 냉전시대 소련과 미국의 관계를 설명하는 개념으로 제시된 것으로서 '나에 대한 상대방의 왜곡된 인식이 상대방에 대한 나의 왜곡된 인식과 "절묘하게도 유사한" 것'을 가리키는 말이다 (Bronfenbrenner 1961, 46면). 즉 "두 당사자가 서로를 적이라고 인식하기 때문에, 서로에 대한 이미지나 스스로에 대한 이미지가 거울에 비친 모습과 실제 모습의 관계처럼 위치만 정반대될 뿐 생긴 것은 똑같은 상태"가 거울영상이다(박광주 1990, 339면). 이러한 거울영상에 따른 효과는 70년대 남과 북의 두 체제가 왜 상당한 닮은꼴을 형성하는지를 분명하게 보여준다.

그런데 70년대 남북관계에서 거울영상효과는 이 이론의 원래 의미와는 조금 다르게 약간 일그러진(warped) 형태를 보여준다. 즉 1972년 12월에 성립한 유신체제와 유일체제는 그 형성과정에서 상호영향을 미쳤지만, 유일체제가 유신체제에 미친 영향이 훨씬 컸다. 이러한 영향의 비대칭성은 거울영상효과의 완전한 대입을 어렵게 한다. 뿐만 아니라 유신체제가 유일체제와 유사성은 있으나 그 성격이나 독재성에서 차이가 있다는 점도 이 이론의 일방적인 적용을 어렵게 한다. 그러나 전반적으로 볼 때, 냉전기 남북의 대결과정에서 나타난 상대방 닮아가기의 역설은 거울영상효과의 범주 내에서 설명이 가능하다고 본다. 다만 약간 일그러진 거울영상효과라고 하는 것이 비교적 정확할 듯하나.

한편 유신체제를 만들어낸 주체인 박정희정권은 분단구조의 이중적 효과를 교묘히 활용하였다. 70년대 분단구조는 기본적으로 북한에 대한 경계심리를 자극하여 안보강화를 주장하는 집권자에게 정당성을 부여하였으며, 이는 곧 독재정권의 강화로 이어졌다. 1970년대에 7·4 공동성명 이전까지 계속된, 반공을 이용한 국내정치적 정권안정화 시도가 그 예이다. 또 이와는 반대로 분단구조는 집권자가 분단극복을 향한 국민적 열망을 이용한 통일지향적 언술을 남발하는 것을 용인하고, 통일을 명분으로 독재체제가 성립하는 것을 방치하였다. 우리는 이 효과를 7·4 공동성명 이후 유신체제가 성립할 때까지 이어진 통일담론의 범람과 유신체제의 정당화 시도에서 찾아볼 수 있다.

결국 냉전기 분단구조 아래서 반공담론과 통일담론은 외견상 상호모순적으로 보이나 실제로는 상호보완 관계를 유지하며 유신체제 성립에 영향을 미쳤다고 할 수 있다. 유신체제가 성립한 후 박정희정권이 급격하게 통일담론을 버리고 반공담론으로 회귀할 수 있었던 것도 바로 이 두 담론이 독재체제를 정당화하는 데 상호보완적 역할을 했음을 의미하는 것이다. 이 글에서는 이상의 이론적 맥락에서 유신체제 형성에 분단구조가 미친 영향을 살펴보려고 한다.

2. 남북대화의 모색과 배경

1) 대화의 모색

1971년 9월 20일 11시 판문점에서는 분단 이후 남북한의 대표가 최초로 만나는 남북적십자 제1차 예비회담이 열렸다. 회의는 56분 동안 의례적인 인사와 절차, 장소 문제 등을 둘러싸고 의견교환을 하는 데 그쳤다.[1] 그러나 이 회의는 당시 동서 데땅뜨의 영향이 직접 한반도에도 영향을 미치고 있음을 보여주는 전환기적 사건이었으며, 그동안 군사적인 적대적 갈등과 긴장으로 일관했던 남북한 사이에 협상의 시대가 열리고 있음을 예고하는 것이었다.

그런데 이 회담은 상당한 기간의 검토와 물밑대화를 통해서 상호공감대가 형성된 후 이루어진 것은 아니었다. 엄밀히 말해서 1971년 초반까지만 해도 남북한 양측은 대화의지를 가지고 있지 않았다. 박정희는 1971년 1월 신년사에서 "통일"이 아닌 "승공"을 강조했으며, "승공의 첩경은 바로 경제건설"이라고 강조하였다.[2] 그는 또한 "우리의 국력을 배양하고 우리의 국력이 빨리 성장해서 모든 면에서 북한공산집단을 압도하는 그러한 시기가 결국은 평화통일의 길이 트이는 시기"라고 강조하였다(김정렴 1997, 147면). 이때만 해도 박정권은 '선건설 후 통일론'에 매달렸던 것이다.

북한 역시 1971년 초반까지는 남북대화에 관심을 나타내지 않았다.

---

1 『남북대화사료집』 제2권, 서울: 국토통일원 1987(a), 178~90면 참조.
2 박정희 「신년사」(1971.1.1), www.parkchunghee.or.kr(박정희대통령 전자도서관, 이하 전자도서관) 기타/어록.

허담 외상은 1971년 4월 12일에 '주한미군철수' '자유로운 남북총선거' '연방제 실시' 등의 내용을 담은 8개항의 '평화통일방안'(4·12제의)을 제시했는데, 어디에도 남한당국을 인정하거나 혹은 남한 관변단체와의 협상을 희망하는 내용이 담겨 있지 않았다.[3]

그러나 닉슨의 중국방문 계획이 발표된 1971년 7월 키신저의 중국방문을 계기로 분위기는 크게 달라졌다. 동아시아 냉전의 양대 축인 미국과 중국의 화해 움직임은 남북관계에 금방 영향을 미쳤다. 김일성은 그해 8월 6일 시아누크 캄보디아 국왕 환영연설에서 4·12제의와는 별도로 "민주공화당을 포함한 모든 정당, 사회단체 및 개별적 인사들과 아무때나 접촉할 용의"가 있다며 남북접촉을 제안하였다. 사실상 무조건적인 남북대화를 제안한 이 연설에서 김일성은 남한당국이 이 "남북간의 초보적 접촉"을 받아들일 것을 강력히 촉구하였다.[4]

북한의 대화 제의에 대해서 남한 측도 과거처럼 부정적인 반응을 보이지 않았다. 대신에 역으로 남북적십자회담을 제의함으로써 북한의 대화의지를 시험하는 한편, 대화경쟁에서 기선을 잡으려고 하였다. 이러한 맥락에서 나온 것이 이산가족찾기운동의 제의였다. 1971년 8월 12일 최두선 대한적십자사 총재는 이산가족의 '가족찾기운동'을 구체적으로 협의하기 위해서 남북적십자회담을 "10월 안으로" 제네바에서 열자고 제의하였다. 북한은 이 제안을 기다리기나 한 듯이 이틀 후인 8월 14일에 남측의 제안을 환영하면서 회담장소를 판문점으로 하고 예비회담도 앞당겨 9월에 개최하자고 제안하였다.[5] 이로써 본격

---

3 당시 최규하 외무장관은 북한의 제안에 대하여 "언어도단의 망설이며 전혀 실현성 없는 억지주장"이며 "금번 양대 선거를 염두에 둔 새로운 대남교란공작의 일환으로 보인다"는 반응을 보였다. 『동아일보』 1971.4.14.

4 김일성 「미제를 반대하는 아세아 혁명적 인민들의 공동투쟁은 반드시 승리할 것이다」(1971.8.6), 『김일성저작집』 26, 평양: 조선로동당출판사, 232면.

5 『남북대화사료집』 제2권, 41~43면.

적인 남북대화의 시대가 개막되었다.

그런데 당시 남북한 당국은 급격히 전개되고 있는 국제 데땅뜨 분위기 속에서 그들의 우방으로부터 대화압력을 받고 있었기 때문에, 이산가족 재회라는 제한된 주제를 지닌 적십자회담보다 더 높은 수준의 접촉과 대화를 원하고 있었다. 적십자회담에 참석한 남북한 양측의 정부요원들이 상대방의 의중을 탐색하기 위해서 치열하게 정보전을 벌이는 가운데, 1971년 11월 19일에 시작된 제9차 남북적십자 예비회담에서 당국간 비밀접촉을 먼저 제안한 것은 남측이었다. 남측 적십자 회담사무국 회담운영부장으로 회담에 참석한 중앙정보부 정홍진 국장이 북측 대표로 참석한 조선노동당 중앙위원회 책임지도원 김덕현에게 비밀접촉을 제의한 것이다. 북측은 남측의 제안에 흔쾌히 동의했으며, 이에 따라 첫번째 접촉이 1971년 11월 20일에 판문점 중립국감독위원회 회의실에서 열렸다.[6]

남북한 양측은 첫번째 만남에서 비밀대화의 의지를 확인하였다. 북한은 12월 10일 2차 비밀접촉에서 고위급 비밀접촉의 주체를 노동당과 민주공화당의 고위급으로 하고, "가장 높은 데서 신임하는 사람들" 간의 비밀접촉으로 하자고 제안하였다. 그리고 12월 17일 제3차 회담에서 두 사람은 상대방에게 각각 자신의 신분을 솔직히 밝혔다.[7] 이렇게 남과 북의 전령사들은 비밀접촉의 횟수를 더해갔으며, 이 과정에서 이후락 중앙정보부장과 김영주 조선노동당 조직지도부장 간에 고위급 정치회담을 열기로 의견을 모았다.

2) 대화 개시의 배경

1971년 가을부터 시작된 남북대화의 전개과정을 지켜보면서 우리

---

6 『남북대화사료집』 제7권, 서울: 국토통일원 1987(b), 25면.
7 같은 책 26~29면.

는 다음과 같은 의문을 갖게 된다. 어제까지만 해도 북한정권을 괴뢰도당으로 몰아붙이며, '선건설 후통일론'을 주장하던 박정권이 무슨 이유에서 갑자기 남북대화에 응한 것일까? 마찬가지로 박정권을 인정조차 하지 않았으며 대남 게릴라 파견 등 모험주의노선으로 일관해온 김일성정권이 왜 대화에 나선 것일까? 이 문제에 대한 일차적인 해답은 1960년대 말부터 일어나기 시작한 세계정세의 변화로부터 찾아야 할 것 같다.

60년대 말부터 국제정세는 '동서해빙'으로 불리는 변화를 겪기 시작하였다. 미국과 소련이 전략군비제한협상(SALT)을 진행하였으며, 분단국가인 서독이 공산권과 평화공존을 추구하고 동서독 관계의 개선을 모색하고 있었다. 1969년 7월 미국의 닉슨 대통령이 아시아지역의 방위는 아시아 국가들이 책임져야 한다는 괌독트린을 발표하였으며, 이듬해 2월에는 닉슨독트린으로써 이것을 전세계에 확대 적용시켰다. 닉슨독트린이 선언된 뒤 동북아의 국제정세는 급격하게 변화하였다.

특히 1971년 4월 미국 탁구단의 중국방문은 동아시아에서 미·중 데땅뜨의 개막을 알렸다. 이를 계기로 7월에는 키신저 대통령 안보담당 특별보좌관이 뻬이징에 잠행하였다. 그리고 10월에는 중국의 유엔가입과 타이완의 유엔 축출이 있었으며, 1972년 2월에는 닉슨 대통령의 역사적인 중국방문이 이루어졌다. 닉슨의 방중과정에서 미·중 지도부는 '하나의 중국' 원칙을 확인하였다.

당시 미국은 베트남전의 수렁에서 탈출하려고 노력하고 있었다. 이에 비해 중국은 대외적으로 소련과 이념 및 무력분쟁이 심화되고 있어서 대소 견제장치가 필요했으며, 대내적으로는 문화대혁명의 '광풍'으로부터 벗어나려는 움직임을 보이고 있었다. 이러한 양국의 이해가 맞아떨어져 동북아에서 해빙무드가 조성된 것이다.

한편 국제정세의 급변 속에서 미국의 대한반도 정책도 급격히 변화하기 시작하였다. 미국은 닉슨독트린의 일환으로 주한미군의 감축계획을 발표하였으며, 실제로 1971년 3월에 미 제7사단이 한국을 떠났다. 이렇듯 동북아에서는 자신이 주도하는 해빙이 진행되고 있었기 때문에 미국은 한반도에서 닉슨독트린을 위태롭게 할 돌발적인 불상사를 우려하지 않을 수 없었다. 바로 이러한 차원에서 미국은 남한정부에 북한과 대화할 것을 강력하게 요구한 것으로 여겨진다.

실제로 남북간의 비밀접촉과 이후락의 북행에 대해서 한국 측은 미국과 사전에 조율을 거친 것으로 보인다. 『남북대화사료집』을 보더라도 이후락은 평양방문을 준비하면서 1972년 4월 18일과 4월 25일 두 차례에 걸쳐서 미국 CIA 한국 책임자 리처드슨(Richardson)과 면담한 것으로 나타나 있다. 면담석상에서 리처드슨은 남북대화를 긍정적으로 평가하고 이후락의 북행에 매우 고무되어 있었다.[8] 뿐만 아니라 남북공동성명 발표 직후 찰스 브레이 미국무성 대변인이 성명을 통해 이 공동성명을 "가장 고무적인 것"으로 환영하면서 "미국은 남북한의 이 같은 합의 도달에 아무런 역할도 맡지 않았다" 면서도 한국정부가 남북협상 과정을 미국정부에 통고해온 것에 대해서 "매우 감사하고 있다"고 말했다(『조선일보』 1972.7.5). 이는 미국이 남북협상에 얼마나 지대한 관심을 가졌는가를 보여주는 것이다.

북한의 동맹국가인 중국의 입장에서도 미·중 데땅뜨로 상징되는 해빙무드를 발전시켜나가기 위해서는 동북아의 첨예한 대결장인 한반도에서 남북대화가 진행되는 것이 유리하다고 판단했을 것이다. 이러한 입장은 문화대혁명으로 악화상태에 있던 북·중 관계가 1969년

---

8 『남북대화사료집』 제7권, 73~79면. 그러나 불행히도 이후락은 그의 북행계획을 국무총리에게 4월 24일에, 김용식 외무장관 등 관련 각료들에게는 외국 출장중인 외무장관이 돌아오는 29일 이후에 알려주기로 하였다. 이에 따라 이후락은 리처드슨에게 로저스(Rogers) 미 국무장관이 김외무장관에게 이 프로젝트에 대해서 "아는 척해서 김외무를 당혹시키지 않도록" 부탁까지 하는 사태까지 벌어졌다(같은 책 78면).

말부터 회복되기 시작했기 때문에 북한 측에 쉽게 전달될 수 있었을 것이다. 북한의 입장에서도 남한에서 미군철수가 추진되고 있는 "유리한 상황"에서 미군철수로 인한 힘의 공백을 우려하고 있는 미국과 남한 지도자들을 "안심(?)"시키기 위해서 대화가 필요하다고 판단했을 것이다.

한편 대내적인 조건으로 볼 때, 당시 남한은 미국의 안보우산 속에 있으면서 빠른 경제성장을 하고 있었기 때문에 남북대화의 필요성을 별로 느끼지 못하고 있었다. 그러나 북한은 달랐다. 북한은 60년대 말까지 계속된 군사모험주의로 인해서 대내적으로 경제발전이 지체되고 내부 자원제약 상황이 심화되고 있었다. 따라서 이러한 난관을 극복하기 위해서는 군사비 지출을 경제분야로 전용할 수 있도록 남북간 긴장상황이 완화되는 것이 필요했고, 경제발전을 위해 외부의 도움도 필요했다. 그리고 이를 위해서 남북대화도 필요했다.

널리 알려진 것처럼 60년대 북한사회는 군사화 경향으로 치달았다. 북한이 군사력 강화를 본격적으로 서두른 것은 60년대 초·중반부터였다. 국제적으로 볼 때 1962년의 꾸바사태는 꾸바와 비슷한 처지에 있었던 북한에 커다란 충격을 안겨주었다. 북한은 소련이 미국의 강경책에 못 이겨 꾸바의 미사일 배치를 포기하는 것을 보고 이와 유사한 일이 한반도에서도 일어날 수 있다고 판단하였다. 즉 소련이 세계 도처에서 미국과의 대결을 회피하기 위해서 그 지역 혁명세력의 이해관계를 무시한 타협을 선택할 수 있다는 '비정한 현실'을 꾸바사태를 통해서 생생하게 목격한 셈이었다.

더욱이 유사시 미국에 대항해서 북한을 도와주어야 할 소련과 중국 간의 갈등 심화는 북한을 불안하게 만들었다. 이런 와중에 남한에서는 5·16 군사쿠데타가 터졌고 곧이어 미국과 일본, 남한을 잇는 정치·군사·경제적 협력체제의 구축을 위한 한일관계 정상화가 추진되었다.

설상가상으로 베트남전쟁이 확전일로로 치닫고 있었으며 한국군의 베트남 파병이 추진되었다.

급박하게 전개되는 대외적 환경에 직면하여 북한 지도부는 군사주의로 치달았다. 북한정권은 꾸바사태 직후인 1962년 10월에 조선노동당 중앙위원회 제4기 5차 전원회의를 열어 "경제와 국방의 병진건설"을 내세우고 본격적인 군사력 증강에 나섰다. 이 과정에서 북한은 소련과 격렬하게 대립하면서[9] 그동안 소련에서 제공받던 군사·경제원조를 받지 못하게 되었다. 이로 인해서 자체 국방비 지출이 대폭 증가되었으며, 이는 곧장 경제적인 압박요인으로 작용하였다.

그러나 북한정권은 경제적 압박에도 불구하고 국방력 증강을 서둘렀다. 김일성은 국방비의 대폭적인 증가가 "경제발전을 일정하게 지연시키지 않을 수 없을 것"[10]이라는 것을 알면서도 군비증강을 재촉하였다. 결국 이러한 긴장과 군사화 경향은 결국 1968년에 있었던 무장게릴라 남파 등과 같은 군사모험주의를 낳았다.

그런데 여기서 우리가 주목할 점은, 60년대 중반 이후 북한은 국방을 강화하는 데는 성공했으나 그들의 또하나의 목표였던 경제의 동시발전에는 실패했다는 사실이다. 1961년부터 시작한 7개년 계획은 국방비 증가와 맞물리면서 부진을 면치 못했다. 북한정권은 7개년 계획을 3년의 연장 끝에 1970년 달성한 것으로 발표했지만 더이상 군사모험주의가 지속된다면 경제가 파탄에 이를 것이라는 것도 명백해졌다.

이러한 상황에서 60년대 말부터 국제정세는 대결보다는 협상을 선택하는 방향으로 전환되었고 70년대에 들어오면서 본격적인 해빙무드가 조성되었다. 더욱이 미국은 남한에서 미군을 원활하게 철수하겠

---

9 이와 관련해서는 이종석 『조선로동당 연구: 지도사상과 구조변화를 중심으로』, 역사비평사 1995, 74~79면 참조.

10 김일성 「현정세와 우리 당의 과업」, 『로동신문』 1966.10.6.

다는 계획을 발표하였다. 바로 이러한 국제적 변화와 대내적 여건이 북한으로 하여금 기존의 군사주의노선을 수정하고 남북대화에 나서 도록 한 것이다.

3. 국제정세 변화에 대한 김일성과 박정희의 대응

과연 남과 북의 지도자인 박정희와 김일성은 70년대 초반 동북아에 불어닥친 데땅뜨에 어떻게 대응했을까? 이 질문에 대한 대답은 남한에서는 전통적으로 남북관계가 국내정치에 중요한 영향을 미쳤다는 점에서 유신체제 성립과 관련하여 중요한 단서를 제시해줄 것이다.

70년대 초반 국제정세의 변화에 대한 박정희와 김일성의 대응양상은 대조적일 만큼 크게 달랐다. 김일성은 정세변화에 대해서 능동적이었으며 중국과 긴밀히 협력하며 정세를 적극 활용해나갔다. 특히 당시 진행되던 주한미군 철수는 그가 오랫동안 꿈꿔왔던 것이므로, 그 분위기를 지속시키기 위해서도 적극적인 평화공세가 필요했다. 반면에 박정희는 정세변화에 소극적이었으며, 미국과의 협력도 긴밀하지 못하여 고립감과 위기의식에 사로잡혀 있었다. 바로 이러한 위기의식은 궁극적으로 안보강화와 체제동원화로 이어지고, 그것은 다시 독재체제의 강화로 연결되었다.

1) 김일성: 북·중 공조 유지와 적극적 대응

김일성은 국제적 해빙무드에 적극 대응하였다. 아마 이러한 대응의 밑바탕에는 경제력과 군사력 등 모든 면에서 북한체제가 남한체제를 압도한다는 우월의식이 깔려 있었던 것으로 보인다. 이와 함께 그가 북한체제를 완벽하게 장악하고 있다는 자신감도 한몫했을 것이다. 더욱이 국제 해빙과 거의 동시에 그동안 대립상태에 있던 북·중 관계가 정상화된 것은 김일성을 용기백배하게 만들었다. 그는 북·중 간의 관계정상화를 발판으로 중국 지도자들과 비공개적으로 긴밀히 협력하며 70년대를 개척해나갔다.

사실 60년대 중반 이후 북·중 관계는 베트남전쟁 지원문제와 중국에서 발생한 문화대혁명을 계기로 심각한 갈등상태에 놓여 있었다. 1965년에 소련은 확대되고 있는 베트남전에 대처하기 위해서 소련과 중국 등 사회주의국가와 북베트남 지도자들이 회합을 갖고 사회주의 진영의 공동대응을 모색하자고 제의하였다. 중국 지도부는 이러한 제의를 소련공산당의 '수정주의'적 자세를 구실로 거부하였다. 그러나 베트남과 같은 처지의 분단국가인 북한은 이 전쟁에 관한 한 전세계 진보세력이 단결하여 대응책을 모색해야 한다는 입장을 취하고 있었다. 중국은 이러한 북한의 입장을 "기회주의" "중간주의" "절충주의"라고 비판하였다.[11] 이러한 비판은 당시 타오르던 문화대혁명의 불길 속에서 중국공산당을 더욱 교조화시켜서 북한에 중국의 노선을 수용하도록 강요하게 되었다. 그러나 북한 지도부는 중국의 요구를 거부하고 중국공산당의 교조주의적 태도를 비판하면서 주체노선을 천명하였다.[12]

이러한 양측의 견해 차이는 곧 심각한 갈등관계로 치달았다. 중국은 김일성을 수정주의자로 몰아붙였으며, 이에 대응해서 북한은 중국을 교조주의자, 종파주의자로 비판하였다.[13] 북한과 중국의 갈등은 1967~68년에 절정을 이루었다. 양국 관계가 다시 풀리기 시작한 것은 1969년 가을에 들어서였다. 1964년 11월 방문을 끝으로 그동안 중국

---

11 같은 글.
12 「자주성을 옹호하자」, 『로동신문』 1966.8.12 사설.
13 이와 관련한 내용은 이종석, 앞의 책 80~82면 및 297~300면 참조.

으로의 발걸음을 끊었던 김일성은 1970년부터 73년까지 비공개리에 매년 한 차례씩 중국을 방문하여 마오 쩌뚱(毛澤東), 져우 언라이(周恩來) 등과 급변하는 국제환경 속에서 공동전략을 모색하였다. 중국도 양국 밀월관계의 복원에 적극적이었다. 1969년에 소련과 국경전쟁까지 치렀던 중국이기에 더이상 북·중 관계가 삐걱거리는 것을 원하지 않았다. 더욱이 미·중 관계의 개선이라는 새로운 동북아질서를 구축하기 위해서는 이 지역에 위치한 북한의 공동이해가 필요했다. 따라서 중국 지도부는 대북관계가 복원되었음을 보여주기 위해서 1970년 4월 져우 언라이를 단장으로 하는 대표단을 평양에 파견하였다. 져우 언라이의 방북에 호응하여 김일성은 1970년 10월 8~10일에 1965년 이후 처음으로 비밀리에 중국을 방문하여 마오 쩌뚱을 만났다. 북·중 화해 행사를 마무리짓는 이 회담에서 마오 쩌뚱은 김일성에게 문화대혁명중의 중국 내 "극좌파"가 일련의 방법에서 오류를 범했다고 스스로 비판함으로써[14] 김일성에 대한 문화대혁명시대의 비판을 사실상 취소하였다.

북한과 중국은 미·중 관계개선 초기부터 밀접하게 협력하며 이를 남북대화와 연결해나갔다. 중국은 1971년 7월 공동성명 발표 전에 비밀리에 져우 언라이를 평양에 보내 키신저 백악관 안보담당특별보좌관의 비밀 북경방문과 닉슨 방중 합의사실을 직접 김일성에게 설명토록 하였다.[15] 이 자리에서 져우 언라이는 김일성에게 중국의 일체 주장은 원래부터 해온 것이며 원칙이 바뀐 것은 없다, 중국은 미국인민에게 희망을 걸고 있다고 강조하였다(王泰平 主編 1999, 40면). 이에 김일성은 중국의 입장을 지지하면서도, 닉슨의 방중은 북한주민들에게 새로

---

14 中共中央文獻研究室 編 『周恩來年譜 1949~1976』(下), 北京: 中央文獻出版社 1997, 400면.
15 져우 언라이는 북한을 방문하기 전에 같은 목적으로 베트남을 방문하였다.

운 문제이므로 조선노동당이 주민교육을 진행해야겠다고 말했다.

사실 닉슨 방중과 져우 언라이-키신저 회담은 북한 지도부에게는 당혹스러운 일이었다. 그동안 미국을 "철천지 원수"로 부각시켜, 체제의 정당성을 찾아온 북한으로서는 주민들에게 변화된 정세를 설명하는 것이 곤혹스러운 일이었으며, 한편으로는 중국이 행여 반제노선을 포기하지나 않을까 노심초사하지 않을 수 없었다. 따라서 북한 지도부는 새로운 정세변화에 대해서 고민하지 않을 수 없었다.

북한 지도부는 내부토론을 거쳐서 중국에 제출할 의견을 집약했다. 그리고 김일 제1부수상이 7월 30일에 이 의견서를 가지고 뻬이징에 가서 져우 언라이를 만났다. 여기서 김일은 "조선노동당 정치위원회에서는 닉슨 방중문제를 지극히 신중하게 토론하였으며, 정치위원 모두는 중국이 닉슨을 초청한 것과 져우 언라이-키신저 회담을 충분히 이해하며, 이것이 세계혁명을 매우 유리하게 추동해나갈 것이라고 생각한다. 그리고 중국당의 반제 입장은 결코 변화가 없으며, 이에 대한 북한당의 믿음도 변함이 없다"는 뜻을 전달하였다(王泰平 主編 1999, 40면).

동시에 김일은 중국 측에 미국과의 회담시 전달해줄 여덟 가지 북측 주장을 다음과 같이 제시하였다. ①남한에서 미군 완전철수, ②미국의 남한에 대한 핵무기, 미사일, 각종 무기 제공 즉시 중단, ③북한에 대해 진행되고 있는 미국의 침범 및 각종 정탐, 정찰행위 중지, ④한·미·일 군사공동훈련 중지, 한미연합군 해산, ⑤일본군국주의가 부활하지 못하도록 미국이 보증하고 남한에서 미군 혹은 외국군대 대신에 일본군을 대체하지 않겠다고 보증할 것, ⑥유엔한국통일부흥위원단(UNCURK) 해체, ⑦미국은 남북한의 직접 협상을 방해하지 말며, 조선문제의 조선인민의 자체 해결을 방해하지 말 것, ⑧유엔에서 한국문제 토의시 북한대표가 마땅히 참여해야 하며, 조건부 초청을 취소할 것(王泰平 主編 1999, 40면).

한편 김일성은 미·중 화해의 충격을 흡수하기 위한 주민용 내적 논리로 "미국 백기론"을 들고 나왔다. 그는 "닉슨은 지난날 조선전쟁에서 패배한 미제침략자들이 판문점에 흰 기를 들고 나오듯이 뻬이징으로 흰 기를 들고 찾아오게 된 것"이라며 "닉슨의 중국방문은 승리자의 행각이 아니라 패배자의 행각이며 (…) 중국인민의 큰 승리이며 세계 혁명적 인민들의 승리"라고 규정하였다.[16] 그러나 닉슨의 중국방문과 관련하여 "대외정책을 크게 변동시켜야 되겠다고는 생각하지 않고 있다"면서도 "국제정세의 변화에 따라 대외정책이 변화될 수도 있다"는 점을 분명히 하였다.[17] 이와 함께 이 자리에서 북한은 종전과는 달리, 조건 없는 남북대화를 제의하였다.

키신저의 두번째 중국방문은 1971년 10월 20~26일에 이루어졌다.[18] 닉슨 방중 문제를 협의하기 위한 이 자리에서 양국은 타이완, 한반도 문제 등에 대해서도 의견을 나누었다. 져우 언라이는 김일 부수상이 전한 북한의 여덟 가지 요구를 미측에 전달하였다. 그러나 이에 대해 키신저는 반응을 보이지 않았다(王泰平 主編 1999, 40면).

김일성은 회담 결과를 빨리 알고 싶어했다. 뿐만 아니라 10월에 중국의 유엔 가입이 실현되었기 때문에 북한의 대외관계 개선과 남북대화문제에 대해서도 논의하고 싶어했다. 따라서 그는 키신저가 중국을 떠난 뒤 1971년 11월 1~3일에 비밀리에 뻬이징을 방문하여 마오 쩌뚱, 져우 언라이를 만나 비밀회담 경과와 북한 요구에 대한 미측의 반응을 직접 청취하였다.[19] 아마 이 자리에서 김일성과 져우 언라이는 닉슨독

---

16 김일성「미제를 반대하는 아세아 혁명적 인민들의 공동투쟁은 반드시 승리할 것이다」,『김일성저작집』 26, 225면.
17 김일성「조선로동당과 공화국정부의 대내외 정책의 몇가지 문제에 대하여」(1971.9.25, 10.8),『김일성저작집』 26, 306면.
18 中共中央文獻研究室 編『周恩來年譜 1949~1976』(下), 490~91면;『동아일보』1971.10.25.

트린에 의한 미군철수를 현실화하면 남북대화라는 가시적인 긴장완화 조치가 필요하다는 데 인식을 같이했을 것으로 짐작된다. 실제로 김일성 방중 보름 후인 1971년 11월 20일에 남북적십자 예비회담 대표로 파견되어 있던 양측의 당국자들이 최초로 접촉했다.

한편 1972년 1월 26일에는 박성철 내각 제2부수상이 뻬이징을 방문하여 저우 언라이, 리 셴녠(李先念) 등과 회담을 가졌다.[20] 이때 논의된 구체적인 내용은 알려지지 않았으나, 닉슨 방중을 앞둔 시기였기 때문에 필경 미·중 회담에서 다루어질 한반도 문제에 대한 양측의 입장 조율이 있었을 것이다. 이렇게 볼 때 미·중 정상회담 결과 발표된 공동성명에서 한반도 문제에 대한 중국의 입장[21]은 북한과의 긴밀한 논의 아래 나온 것이라고 할 수 있다.

중국의 북한에 대한 배려는 특별했다. 1972년 2월 28일 닉슨 방중 결과가 샹하이 공동성명으로 발표된 직후인 3월 7~9일에도 저우 언라이는 평양을 방문하여 미·중 회담의 경과와 결과를 김일성에게 설명하였다.[22] 이 자리에서 저우 언라이는 공동성명에 나타나진 않았으나 닉슨이 "일본이 타이완에 진입하는 것을 허용하지 않을 것이며, 남한에 진입하는 것도 지지하지 않는다"는 의사를 일종의 묵계로서 밝혔음을 알려주었다(王泰平 主編 1999, 41면). 이는 1971년 7월 말 김일이 중국 측에 전한 대미요구 8개 사항 중 다섯번째 항에 대한 답변의 성격을 띠는 것이었다. 이와 함께 저우 언라이는 공동성명에서 밝힌 "양국이 제3국을 위해서 협상하지 않는다"라는 조항은 미국이 적극 주장해서

---

19 같은 책 493면.
20 같은 책 511면.
21 중국이 1971년 4월 12일 북한이 제기한 통일을 위한 8개 항목과 유엔한국통일부흥위원단 해체를 지지한다고 한 것을 말한다. "중화인민공화국과 미국 간의 공동콤뮤니케가 발표되었다"(『로동신문』 1972.2.29).
22 『周恩來年譜』(下), 515면. 저우 언라이는 평양방문에 앞서 하노이를 방문하였다.

합의한 것인데, 중국 측은 미국 측에 이것은 한반도에도 적용되기는 하나 "군사정전위원회상에서 중국은 북한과 한편이며, 정전위원회에서의 중국의 이 지위를 잊어서는 안된다"는 점을 설명했다며 북한을 안심시켰다(王泰平 主編 1999, 41면). 김일성도 중국이 중·미 회담에서 보여준 한반도 문제에 대한 특별한 관심에 대해서 고마움을 표시하였다. 이 회담이 있은 지 20일 후 남북비밀접촉은 한층 진전되어 정홍진의 비밀 북행이 이루어지기에 이르렀다.

한편 김일성은 남북대화를 시작하면서 이를 합리화하기 위한 명분과 논리를 발굴하였다. 여기서 그 명분은 남한사회와 당국에 대한 인식 확립으로, 논리는 상층통일전선의 강화로 나타났다. 먼저 북한 지도부는 박정권과의 외형적 대화 명분으로 남한측에서도 "자주"라는 용어를 즐겨 사용하는 것을 들었다. 김덕현은 정홍진과의 첫 만남에서 "서울 남대문에 자주라는 간판이 붙어 있다는데요"라고 물었다.[23] 비밀 북행에서 이후락은 박정권을 미국과 일본의 "앞잡이"로 인식했다는 김영주의 말에 남한은 "자주노선"을 취하고 있음을 강조했으며, 김영주도 여기에 이해를 표시했다. 이후락은 "우리 쪽도 정부의 기본방침이 자주, 자립, 자위이고 언젠가는 남의 힘을 빌리지 않겠다는 것"이라고 설명하였다.[24] 김일성도 외국기자들을 만나서 "최근 남조선 위정자들도 말로나마 '자조'요 '자립'이요 '자위'요 하면서 나라를 자주적으로 통일하여야 되겠다고 하는데, 이것을 좋게 해석하면 우리가 주장하는 자주, 자립, 자위의 사상과 어느정도 류사한 점이 있다고 볼 수 있습니다. 만일 우리가 이러한 공통점을 하나하나 찾고 그것을 발전시켜나간다면 민족적 단합을 이룩하기 위한 합의에 도달할 수 있을 것입니

---

23 『남북대화사료집』제7권, 26면.
24 같은 책 90면.

다"[25]라고 주장하였다.

당시 북한은 남한을 완전한 자본주의사회로 보지 않았다. 남한에는 대독점자본이 존재하지 않으며, 약간의 매판자본가들만이 있는 것으로 보았다. 따라서 '민족경제'를 발전시키는 데 있어서 매판자본가들은 반대하지만 남한 산업체의 주류를 이루고 있는 민족자본가나 중소자본가는 반대하지 않는다는 것이다.[26] 바로 여기서 북한은 남한의 '지배층'과 상층통일전선을 구축할 명분과 논리를 찾았으며, 그 일환으로 남북대화를 추구하였다.

이러한 북한의 의도는 남북 비밀대화의 발언에서도 나타나고 있으며, 김일성과 중국 지도부의 대화 내용에서도 명시적으로 나타나고 있다. 김영주는 북행한 이후락에게 "남조선에는 독점자본가가 없으며, 절대 다수의 자본가는 민족자본가"라며 박대통령이나 이후락 부장은 자본가가 아니기 때문에 자신들의 "투쟁대상"이 아니라고 말했다. 상층통일전선을 말한 것이다.[27]

7·4 남북공동성명 발표 직후인 1972년 8월 22~25일에 중국을 비밀리에 방문한 김일성은 저우 언라이와 이 문제와 관련하여 의견을 교환하였다. 당시 미국과 화해를 추구하던 저우 언라이는 남한과의 대화를 택한 김일성에게 중국공산당의 통일전선 경험을 들려주며 "자산계급과 결렬시에는 좌적 착오를 범하기 쉬워 투쟁은 하지만 연합하지 않으며, 자산계급과 연합시에는 우적 착오를 범하기 쉬워 연합은 하나 투쟁하지 않는다"며 원칙있는 통일전선의 운용을 강조하였다.[28]

북한은 남북관계에서 상층통일전선을 추구하는 것과 함께, 1970년

---

25 김일성 「미국 『뉴욕타임스』지 기자들과 한 담화」, 『김일성저작집』 27, 228면.
26 같은 곳.
27 『남북대화사료집』 제7권, 96면.
28 『周恩來年譜』(下), 546면.

대 초반부터 국제적 해빙무드를 이용하여 유엔과 비동맹기구를 중심으로 하는 국제통일전선도 강화해나갔다. 이는 국제정세의 변화와 함께 국제사회에서 남한과의 경쟁 가능성이 높아지고 그 영역이 넓어지자 취한 조치였다. 그 결과 북한은 그동안 수정주의로 몰아붙였던 유고와 화해했으며, 서구 자본주의국가들과의 관계개선에도 적극 나섰다. 1973년 4~7월 사이에는 스웨덴, 핀란드, 노르웨이, 덴마크, 아이슬란드 등 북유럽 국가들과 외교관계를 수립했으며, 오스트리아·스위스(1974.12), 포르투갈(1975.4)과도 수교하였다(박태호 1985, 185면). 1972~73년에는 최고인민회의 대표단이 사상 처음으로 북유럽을 방문했으며, 만수대예술단은 1972년 2월 프랑스에서 첫 공연을 시작으로 1973년 봄 영국, 이딸리아 등에서 공연을 하며 대서방 관계개선의 첨병으로 나섰다(박태호 1985, 184면). 북한 당국이 『뉴욕타임스』와 『워싱턴 포스트』 같은 미국의 유력 신문에 김일성 광고를 낸 것도 이때였다. 그동안 서방국가에는 프랑스와 핀란드에 무역대표부만을 가지고 있던 북한[29]으로서는 엄청난 변화였으며 동서해빙에 편승한 기회포착이었다.

특히 북한은 이 시기에 일본과 미국의 비정부 부문과의 관계설정에도 적지 않은 관심을 기울였다. 북한은 미국과 정부간 대화를 원했으며, 중국을 통해서 이러한 의사를 밝혔다. 그러나 미국은 남한을 의식해서 이에 응하지 않았다. 조선노동당은 1970년 8월에 북한을 방문한 일본사회당 대표단과 공동성명을 발표했으며, 김일성도 아사히신문(1971.9.25), 쿄오또통신(1971.10.8), 요미우리신문(1972.1.10) 등 일본의 유력 언론기관과 인터뷰를 가졌다. 1972년 6월에는 조선대외문화연락협회 대표단과 일본공명당 대표단 사이에도 공동성명이 발표되었다(『로

---

29 프랑스와는 1967년 4월에 무역협정을 체결하고 1968년 4월 빠리에 무역대표부를 설치했으며, 핀란드와는 1969년 10월에 무역협정을 체결하고 헬싱키에 무역대표부를 설치하였다.

동신문』 1972.6.7). 김일성은 1972년 5월 26일에는 『뉴욕타임스』의 쏠즈베리 기자와 만나 회견하면서 북·미 관계개선을 위해서는 미국이 먼저 내정간섭, 미군주둔, 일본군국주의 재생 방조 등 그동안 북한에 대해 취해왔던 "비우호적 정책"을 바꾸어야 한다고 주장하였다. 그리고 미국이 미·중 공동성명에서 남북접촉을 지지한다고 한 점을 상기시키며 이를 준수할 것을 강조하였다(『로동신문』 1972.6.2).

2) 박정희: 소외와 불안의 고조와 소극적 대응

김일성과 달리 박정희는 불안과 소외감 속에서 국제적 해빙무드를 맞이하였다. 그는 군사·경제 양면에서 적대적 경쟁세력인 북한에 비해 열등한 상황에서 공산권과의 화해라는 새로운 국제환경을 받아들여야 했으며, 대내 정치적으로도 반공을 국시로 표명하던 상황에서 대북협상을 해야 하는 모순적인 처지에 놓였다. 더욱이 그의 정치적 입지는 김일성과 달리 그리 공고하지 못했다.

그러나 무엇보다도 박정희를 불안하게 한 것은 미국의 홀대였다. 김일성이 중국 지도부와 비밀리에 수시로 만나면서 국제정세와 남북관계를 상의했던 것과는 달리, 박정희는 미군철수와 함께 다가온 국제 해빙무드를 두려움과 고립감 속에서 바라보았다. 박정권은 닉슨 방중을 알리는 키신저의 뻬이징 밀행에 대해서 발표 전에 통보받지 못했음은 물론이거니와 사후에도 이 일은 로저스 국무장관이 주미대사에게 설명해주는 것으로 끝났다. 1972년 3월에 미·중 정상회담 결과를 한국정부에 설명하기 위해서 서울을 방문한 사람은 마샬 그린 미국무성 아태담당 차관보였다(『동아일보』 1972.3.2). 박정희는 닉슨 방중 전에 그와 회담하기를 원했으나 거부당했다(오버도퍼 1998, 29~30면). 1971년 7월부터 1972년 3월 사이에 이 문제를 논의하기 위해서 겨우 언라이 수상이 두 차례 평양을 방문하고 김일성이 뻬이징을 한 차례 방문했으며,

김일 제1부수상과 박성철 부수상이 각각 한 차례 뻬이징을 방문했던 것과 비교한다면 박정권이 얼마나 미국에 소외되어 있었는지 쉽게 알 수 있다.

실제로 박정희는 미·중 관계개선에 상당한 불안과 소외감을 느꼈다. 미국은 박정권을 불안하게 만들었다. 예컨대 1970년 8월에 애그뉴 미 부통령은 박정희와의 회담에서 주한미군 2만명 이상의 감군을 하지 않겠다고 약속했으나, 서울에서 타이완으로 가는 기내에서 미국 기자단에게 "한국군의 현대화가 완전히 이루어질 때, 아마도 5년 이내에 주한미군은 완전 철수될 것이다"라고 말함으로써 박정권을 불안하게 만들었다(김정렴 1997, 29면).

1971년 7월에 청와대 비서실장 김정렴이 워싱턴과 뻬이징에서 발표된, 닉슨 방중을 알리는 키신저-져우 언라이 공동발표문을 보고하자 박정희는 "긴장하는 표정"이었다고 한다(김정렴 1997, 51면). 박정희는 중국에 대해서도 적대감과 경계의식을 가지고 있었다. 1960년대 그의 담화를 보면 "북괴가 호전적인 중공의 사주를 받아 언제 재침"해올지 모른다거나[30] 당시 남한과 대치하고 있는 세력을 "북한괴뢰 또는 중공"[31]이라고 말할 정도로 중국과 북한을 동등 수준의 직접적인 위협을 가할 수 있는 적으로 보았다. 따라서 박정희의 충격은 컸다. 김정렴에 따르면 박정희는 이때부터 격동과 긴장완화의 국제정세에 어떻게 대처해나갈 것인가를 골똘히 생각하기 시작했다고 한다(김정렴 1997, 151면). 결국 이러한 사실들은 김일성이 국제정세 변화에 능동적으로 대처한 데 비해, 박정희는 왜 수동적·방어적으로 임했는지를 설명해주는 일단의 근거를 제공하고 있다.

---

30 박정희 「한일협정비준서 교환에 즈음한 담화문」(1965.12.18), 전자도서관 정치·외교/어록.
31 박정희 「서울함 명명식 유시」(1968.7.19), 전자도서관 국방/어록.

한편 박정희가 변화된 상황에 대응하면서 성취하려고 했던 것은 안보강화와 정권강화였다. 그리고 이를 위해서 국방력 강화를 서두르고, 안보를 빌미로 정권의 독재적 성격을 강화하거나 역으로 통일을 구실로 새로운 정권형태를 모색하는 이중정책을 구사하였다.

먼저 국방력 강화 문제부터 살펴보자. 박정희의 가장 큰 두려움은 자주국방 태세가 갖추어져 있지 않은 상태에서 주한미군이 철수한다는 사실이었다. 그는 베트남에 한국군 2개 사단을 파견한 상태에서 1970년 7월 주한미군 1개 사단 철수방침을 일방적으로 통고받았다. 그리고 철수문제를 협의하기 위하여 내한한 애그뉴 부통령으로부터 미7사단의 철수를 양해하는 대신에 ①한국군 장비의 현대화, ②장기 군사원조, ③2만명 이상 철군하지 않는다는 약속을 받아냈다. 한·미 양국은 이 약속사항을 구체화하기 위해서 1971년 1월 중순까지 수개월 동안 군사외교회담을 진행했으며, 그 결과 '한국군 현대화 5개년'을 위해 미국이 한국에 15억달러를 지원하기로 합의하였다.[32] 물론 이 지원도 처음에는 무상으로 하기로 했으나 뒤에 유상으로 바뀌었다.[33]

박정희는 미국의 군사지원을 약속받는 한편 다른 쪽에서는 더욱 소리높여 자주국방을 제창하였다. 그는 "일면 국방" "일면 건설"의 구호 아래 국방력 강화에 적지 않은 힘을 쏟았다. 당시 그가 추구한 한국군 현대화계획의 목표는 남북간의 군사력 격차를 줄여서 북한군 남침시 국군이 방어할 수 있는 능력을 갖추는 것이었다.[34]

한편 박정권이 남북대화에 임하게 된 최초의 계기에는 분명히 국제 정세의 변화와 그에 따른 미국의 희망이 놓여 있었다. 그러나 박정권은 대화를 하면서도 끊임없이 위기를 강조하며 정권강화를 도모했으

---

32 오원철 「율곡사업 출발, 박정희·김일성 오기싸움」, 『신동아』 1995.6, 482면.
33 선우휘 「박정희의 육성증언」(上), 『월간조선』 1993.3, 176면.
34 오원철, 같은 글 483면.

며, 다른 한편 남북협상을 궁극적으로 장기집권의 길을 열어줄 히든카드로 활용할 계획을 세웠다.

이미 알려진 것처럼 박정권의 위기는 3선개헌이라는 무리수를 거쳐서 관권·금권을 동원하여 치른 1971년 4월 27일 대통령선거에서 야당후보 김대중에게 불과 94만여 표의 근소한 차로 신승할 때부터 시작되었다. 이 위기를 증명이나 하듯이 뒤이어 치러진 5·25총선에서 공화당은 개헌 정족수인 3분의 2에 훨씬 못 미치는 113석(전체의석 204석)을 얻는 데 그친 반면 야당인 신민당은 서울·부산·대구를 거의 휩쓸면서 89석을 차지하였다.

여권의 실질적인 패배로 결론이 난 양대 선거 직후인 1971년 하반기부터 박정권을 위태롭게 하는 일련의 사태가 발생하기 시작하였다. 8월에 들어서면서 서울 철거민들의 집단 이주지역인 광주(廣州) 대단지(현재의 성남시)에서 정부정책에 저항하는 소요사태가 발생했으며, 곧이어 실미도 특수병들의 난동사건과 일부 시장상인들의 조세저항이 잇따랐다. 2학기 개강을 한 대학가에서는 교련반대 움직임이 거세어졌으며, 이 움직임은 박정권의 치부인 부정부패 척결 요구로 비화되었다. 이 와중에 신민당이 제출한 '3부장관 해임안' 중에서 오치성 내무장관에 대한 해임안이 공화당 내의 항명표로 통과되는 사태(10·2 항명파동)까지 발생하였다. 박정권은 일련의 위기에 대처하기 위해서 1971년 10월 대학에 위수령을 발동했으며 '10·2 항명파동'의 주역들을 가혹하게 다스렸다.

그러나 위기는 쉽게 종식되지 않았다. 위기는 구조적인 것이었기 때문에 그 극복은 민주주의의 실현과 경제정의의 실천 이외에는 달리 방법이 없었다. 그러나 그는 장기집권에 뜻이 있었으므로 이러한 순리적인 방법을 통한 문제해결은 안중에 없었다.

결국 박정희는 그동안 위기 때마다 전가의 보도처럼 사용해왔던 안보논리를 내세워 1971년 12월 6일 국가비상사태를 선언하였다. 당시의 상황을 '준전시상태'로 규정한 비상사태선언은 헌법 제68조에 규정된 대통령 취임선서 중 "나는 국가를 보위하고"라는 구절로부터 궁색하게 정당성을 찾으려고 하였다. 박정희는 "북한괴뢰의 남침준비에 광분하고 있는 제 양상 등을 정부는 예의 주시 검토해본 결과, 현재 대한민국은 안전보장상 중대한 차원의 싯점에 처해 있다고 단정하기에 이르렀다"면서 국민들에게 "최악의 경우 우리가 향유하고 있는 자유의 일부도 유보할 결의"를 가질 것을 요구하며(『한국일보』 1971.12.7) 비상사태를 선언하였다.

결국 박정희는 반공을 구실로 대국민 테러를 가하는 한편 역설적으로 미국의 지원을 받아가며 7·4 남북공동성명을 향한 비밀 남북협상을 진행하였다. 구태여 인식론적으로 따진다면 '12·6 비상사태선언'과 7·4 남북공동성명은 전혀 상반되는 성격을 지니고 있다. 그러나 애초에 북과의 공존이란 상상할 수도 없었던 박정희에게 그것은 별로 문제가 되지 않았다.

4. 7·4 남북공동성명과 유신체제의 출현

1) 7·4 공동성명과 준비과정

1972년 7월 4일 오전 10시. 정부의 중대발표 예고에 많은 사람들이 라디오와 텔레비전 주위에 모여들었다. 미국의 유력 일간지 『워싱턴 포스트』도 서울에서의 발표가 특종일 것이라고 확신하고 이를 싣기 위해 1면을 비워놓은 채 발표를 기다리고 있었다. 발표에 나선 사람은 이후락 중앙정보부장이었다.

그는 "평양에 갔다 왔다"라는 말로 말머리를 꺼냈다. 실로 충격적이었다. 발표 서두에서 받은 충격은 계속되는 이후락의 발표 속에서 흥분과 환희로 변해갔다. 남북한이 27년간 묵혀온 오해와 불신을 풀고 조국을 자주적·평화적으로 통일하자는 데 합의한 7·4 남북공동성명 이 발표된 것이다.

이후락 중앙정보부장과 김영주 조선노동당 조직지도부장 사이에 "서로 상부의 뜻을 받들어" 합의된 이날의 공동성명은 서울과 평양에 서 동시에 발표되었다. 이 공동성명은 자주적 통일, 평화적 통일, 제도 와 이념을 초월한 민족대단결이라는 통일 3원칙을 천명하고, 상대방 에 대한 중상·비방 금지, 무장도발 금지, 남북간 다방면적인 교류 실 시, 이산가족 재회를 위한 남북적십자회담의 조기성사 등의 합의사항 을 담고 있었다. 이후락은 남북 사이의 제반 문제를 개선·해결하며 또 합의된 조국통일 원칙에 기초하여 나라의 통일문제를 해결할 목적으 로 자신과 김영주 부장을 공동위원장으로 하는 남북조절위원회를 구 성, 운영하기로 했다고 발표하였다(『중앙일보』 1972.7.5).

이상의 합의내용이 보여주듯이 남북공동성명은 긴장과 대결로 일 관했던 기존의 남북관계에서 볼 때 일대 전환을 의미하는 것이었다. 특히 남북간의 합의사항을 실천할 남북조절위원회의 설치는 이 공동 성명에 무게를 더해주었다. 일부 대북 강경론자들이 불만을 표시하기 도 했으나, 국민 대다수는 공동성명을 진심으로 환영하였고 통일의 날 이 그리 멀지 않았다는 희망 섞인 기대들도 표명하였다.

그런데 국민은 7·4 공동성명을 크게 환영했지만, 다른 한편 당혹해 했다. 박정권은 남북공동성명이 발표되기 불과 6개월 전인 1971년 12 월에 "북괴의 남침야욕"에 대비한다는 명분으로 헌법을 위배한 비상 사태를 선언하고 국가보위법을 제정한 바 있었다. 그리고 불과 6개월 후에 느닷없이 남북간의 대화해를 공표하는 공동성명을 발표한 것이 다. 이 곤혹스러운 문제를 풀기 위해서 이후락은 남북공동성명 발표장에서 비상사태선언과 남북공동성명을 인과적으로 연결하는 다음과 같은 묘한 논리를 전개하였다.

"작년 연말의 그 비상조치가 없었던들 과연 그들이 오래 전부터 말해오던 '수령의 환갑은 서울에서' 하던 그 무모한 시도가 없었으리라고는 아무도 단정적으로 부정할 수는 없을 것입니다. 그러나 비상사태 선포로 총력안보의 체제를 굳힌 지 반년, 휴전선의 북과 남은 한쪽은 전력강화, 또 한쪽은 그에 대응하는 전력강화 등으로 휴전선의 긴장은 더욱 고조되어가고 있었으며 일촉즉발, 무슨 사태가 언제 어디서 돌발적으로 터질지 아무도 예상할 수 없는 사태로 진행되어가고 있었음을 정부는 직감해왔던 것입니다"(『중앙일보』 1972.7.5).

한마디로 이 말은 1971년 말의 비상사태선언으로 북한의 남침 가능성을 봉쇄하는 데는 성공했으나 불과 몇달 사이에 남북한 사이의 긴장이 더욱 고조되어 전쟁을 막기 위해서 남북공동성명이라는 구국적인 결단이 필요했다는 것이다. 즉 6개월 전에는 북한의 공격에 대비해서 비상사태를 선언했으며 지금은 전쟁을 막기 위해서 북한과 손을 잡는 남북공동성명을 발표한다는 것이다.

한편 7·4 남북공동성명을 향한 남북간의 비밀대화가 쌍방의 상호 방문으로까지 진전된 것은 닉슨 방중 직후인 1972년 3월 말이었다. 3월 7일 정홍진은 제5차 비밀접촉에서 고위급비밀접촉의 양측 책임자를 이후락 중앙정보부장과 김영주 노동당 조직지도부장으로 하자고 제안하였으며, 북측은 3월 10일 제6차 비밀접촉에서 이 제의를 받아들였다.[35] 본래 남과 북은 이후락과 김영주가 신임하는 고위급 인물로 평양과 서울을 교환방문하도록 하였다. 이에 따라 정홍진은 3월 14일 제7차 비밀접촉에서 이후락 정보부장의 신임장을 휴대하고 북한을 방문

---

35 『남북대화사료집』 제7권, 31~33면. 이하 본문에 면수만 표시함.

할 인사가 장기영이라는 점을 북측에 알렸다. 이와 함께 사적 의견임을 전제로 하여 양 정권의 실세들인 이후락과 김영주의 제3국 직접회동을 제안하였다(34~36면). 그뒤 몇차례의 추가협상을 거쳐 3월 20일에 열린 제10차 접촉에서 북측이 남의 제안을 받아들임으로써 이후락·김영주의 회담이 추진되었다(39~40면).

이 고위급회담을 성사시키기 위해서 정홍진이 3월 28~31일 평양을 방문하여 김영주와 두 차례 면담하였으며, 김덕현은 4월 19~21일 서울을 방문하여 두 차례에 걸쳐서 이후락 부장과 면담하였다. 그 결과 이후락 부장의 평양방문이 확정되었다(43면).

1972년 5월 2일 이후락은 성홍신을 대동하고 3박 4일의 일정으로 판문점을 넘어 평양으로 향했다. 국가정보기관의 최고책임자였던 그는 만약의 사태가 발생할 경우 자결하기 위해서 극약을 휴대한 채 평양에 들어갔다. 그러나 북한 지도부는 그를 따뜻하게 맞이하였다. 그는 평양에 머무는 동안 두 차례 김일성을 만났다. 두 사람은 면담에서 공식대화를 위해 쌍방이 교환할 양보사항으로 남측의 "외세배격" 수용과 북측의 "남침포기" 약속을 확정하였다. 즉 김일성은, 박대통령은 "외세배격하고 외세에 의해서 통일문제 해결하지 않는다고 생각하고 있으니, 우리는 그러한 우려가 없어졌고, 또 남조선은 '우리가 남침한다'고 우려했는데, '내가 전쟁하지 않는다'고 했으니 그런 우려는 없어졌고"라는 식으로 이 문제를 정리하였다(108면).

이후락의 북행이 성공적으로 끝나자 이번에는 5월 29일 박성철 제2부수상이 '식물신경불화증'이라는 희귀한 병을 앓고 있는 김영주를 대신해서 서울을 방문하였다. 그는 이후락과 두 차례의 회담을 해서 남북조절위원회 구성에 합의하였으며(140~59면), 5월 31일에는 청와대로 박정희를 예방하였다. 이로써 7·4 남북공동성명을 위한 준비와 그 실행기구로서 남북조절위원회 구성이 최종적으로 합의되었다.

그렇다면 7·4 공동성명으로 박정희와 김일성이 각각 정치적으로 얻고자 한 것은 무엇이었을까? 통일이라는 민족적 대의를 표명하며 발표된 7·4 공동성명이었지만, 그 이면에서 박정희와 김일성이 노렸던 것은 따로 있었다. 즉 박정희는 통일담론을 이용해서 정치적 위기를 극복하고 독재권력을 공고히할 수 있는 대내적인 정통성을 강화하려 했으며, 김일성은 남북관계의 극적인 발전을 대내외에 과시함으로써 남한혁명의 전제조건인 주한미군 철수에 유리한 조건을 만들려고 하였다.

2) 유신체제 대 유일체제: 적대적 쌍생아의 탄생

7·4 남북공동성명은 남한국민들에게 한반도 평화와 통일에 대한 기대를 한껏 부풀게 하였다. 그러나 이 성명은 평화를 향한 남북간의 신뢰체계가 전무하였고 국내적 조건도 미성숙된 상태에서 나온 것이기 때문에 그 실효성도 그만큼 의심스러울 수밖에 없었다. 실제로 7·4 남북공동성명에 대한 배반은 공동성명 발표 직후 도처에서 나타나기 시작했다. 거리에서는 남북공동성명을 듣고 흥분한 시민이 "내가 김일성 만세를 부르면 누가 잡아가겠나"라는 말을 한 혐의로 구속되었으며(『조선일보』 1972.7.6), 정부에서는 7월 5일 김종필 국무총리가 "7·4 공동성명은 북한과의 공존을 뜻하는 것은 아니다"라며 공동성명 제1항의 원칙을 부정하였다. 7·4 남북공동성명으로 처형 연기가 예상되었던 유럽거점 간첩단 사건의 김규남이 7월 13일 처형되었으며, 케임브리지 대학 유학생 박노수에 대한 사형도 7월 28일 집행되었다. 이외에도 30여명의 사상범들이 남북공동성명을 전후해서 처형된 것으로 알려졌다.

어쨌든 7·4 남북공동성명으로 박정권은 정치적 위기의 우회돌파라는 하나의 목적을 어느정도 달성하였다. 이제 남은 것은 "통일시대의 대비"를 부각하면서 자신의 종신집권 씨나리오를 현실화하는 일이었다. 이를 위해서 그는 7·4 공동성명을 계기로 한국전쟁 이래 처음 형성된 통일에 대한 국민적 열망과 오랜 관성이 되어버린 대북경계심(반공심리)을 교묘히 결합해서 유신체제라는 새로운 정치체제를 만들고자 하였다.

그는 남북공동성명에 입각해서 구성된 남북조절위원회가 온 겨레의 염원 속에서 남북조절위원회 공동위원장 제1차 회의를 갖는 10월 12일보다 닷새 늦은 10월 17일로 D데이를 선택하였다. 1971년 12월의 비상사태 선언이 안보를 구실로 내세웠으며, 7·4 공동성명이 통일열기를 이용했다면, 이번에는 국민들의 들뜬 통일열기와 반공의식을 결합한 교묘한 담론을 내세웠다. 1972년 10월 17일 박정희는 비상계엄령으로 모든 헌정기능을 중단시키면서 다음의 내용이 담긴 특별선언을 발표하였다.

"민족적 사명을 저버린 무책임한 정당과 그 정략의 희생물이 되어온 대의기구에 대해 과연 그 누가 민족의 염원인 평화통일의 성취를 기대할 수 있겠으며 남북대화를 진정으로 뒷받침할 것이라고 믿겠습니까. (…) 우리 헌법과 각종 법령 그리고 현체제는 동서 양대 체제하의 냉전시대에 만들어졌고 하물며 남북의 대화 같은 것은 전연 예상치도 못했던 시기에 제정된 것이기 때문에 오늘과 같은 국면에 처해서는 마땅히 이에 적응할 수 있는 새로운 체제로의 일대 유신적 개혁이 있어야 하겠습니다."(『동아일보』 1972.10.18)

박정희는 유신체제를 만들면서 그 대의를 "통일시대의 대비"에서 찾아냈다. 그는 이 선언에서 '통일'이라는 말을 열여덟번이나 사용하였다(『동아일보』 1972.10.19). 이를 증명이나 하듯이 통일주체국민회의를 비롯한 각종 통일 관련 어용기구들을 양산해냈다. 이와 함께 그는 "줄기찬 예지와 철통 같은 단결"을 요구하며 군인들을 주요 국가기관에 배치하였다. 이렇게 해서 유신헌법이 탄생되고 박정희는 종신집권의 길로 들어섰다.

그런데 유신체제의 성립 원인에 대해서는 다양한 논의가 있다. 그러나 어떤 논의이든 이 체제의 형성에 분단이 미친 영향을 간과하고 논의를 진전시킬 수는 없다. 그만큼 분단이 이 체제 형성에 미친 영향은 크기 때문이다. 이 분단상황에서 남북대화는 그 자체로도 유신체제의 성립에 큰 영향을 미쳤다. 박정희 측근인사들은 대체로 유신체제의 발상이 남북대화에서 크게 영향을 받았다고 회고하고 있다. 당시 대통령비서실장을 지낸 김정렴은 박정희가 유신을 하게 된 결정적 요인을 남북적십자회담 과정에서 찾고 있다. 즉 "북의 예비회담 대표일행이 처음 서울에 왔을 때, 우리측 대표나 만찬 등에 초대된 우리측 인사들은 기탄없이 자기 의견을 제시하며 서로 다른 목소리를 내는 데 비해서, 북측 대표들은 누구를 막론하고 하는 얘기가 똑같았다. (…) 북측 대표단이 서울에 왔을 때, 국민들 일부는 환영하였으며, 일부는 불안해했고, 일부는 경계하는 등 민심의 동향이 혼미스러웠다"(김정렴 1997, 166면)는 것이다. 또 박대통령도 비밀리에 청와대를 방문한 북한의 박성철 부수상이 수첩을 꺼내놓고 적혀 있는 대로 끝인사말까지 낭독하는 것을 보고 북한의 유일성이 얼마나 강한지 체험했다는 것이다(김정렴 1997, 166~67면).

바로 이렇게 유일성이 강한 "북한공산정권과의 남북한 대화나 협상을 국가적으로 유리하게 끌어가려면 국내결속이 필요하고 국내결속을 다지기 위해서는 체제를 강화해야 한다는 체제개편의 필요성이 중앙정부에서 제기되었으며, 박정희는 이후락의 이 건의에 찬의를 표했다"고 한다(김정렴 1997, 168면). 한편 김정렴은 박정희가 유신체제의 준비를 지시한 때가 정홍진이 북한을 다녀온 직후 혹은 이후락이 북한을 다녀온 직후로 기억하고 있는데, 이로 미루어보아 그 시기는 1972

년 4~5월중이었던 것으로 보인다(김정렴 1997, 377면). 이러한 사실들로 볼 때 박정희의 장기집권 구상은 오래 전부터 있어왔지만, 그것이 통일담론을 명분으로 한 유신체제로 구체화된 것은 역시 남북대화로부터 크게 영향을 받았다고 할 수 있다.

결국 이렇게 해서 수립된 유신체제의 명분은 분단상황일 수밖에 없었다. 그리고 분단을 이용하는 방식은 통일담론과 반공담론의 교묘한 결합을 통한 반공독재체제의 강화였다. 따라서 통일을 명분으로 한 유신체제에 대해서 뒷날 박정희는 "공산침략자들로부터 우리의 자유를 지키자는 체제"로 규정했으며, "큰 자유를 지키기 위해서는 작은 자유를 일시적으로 희생할 줄노 알고, 노는 설제할 술노 아는 슬기"를 가져야만 한다고 주장하였다.[36]

한편 1972년 12월 남북한에서는 각각 기존 헌법이 '폐지'되고 새로운 헌법이 만들어졌다. 그리고 그 헌법에 따라서 일인절대권력을 보장한 새로운 국가체제가 세워졌다. 남한의 유신체제와 북한의 유일체제[37]가 수립된 것이다.

유신체제와 유일체제는 자본주의와 사회주의, 남과 북이라는 상극적이며 적대적인 체제 위에 각각 성립되었다. 따라서 이 두 체제는 그 성격과 본질에서 상당한 차별성을 보이고 있다. 그리고 그 형성과정에서도 유신체제가 전격적인 억압조치를 통해서 등장한 반면, 유일체제는 이미 1967년에 발생한 북한사회의 사회·문화적 공간의 굴절이동[38]

---

36 박정희 「국군의 날 유시」(1974.10.1), 전자도서관 국방/어록.
37 유일체제는 사회주의라는 기초 위에서 북한적 현상을 특징적으로 나타내는 개념으로 최고지도자인 수령을 중심으로 전체사회가 일원적으로 편제되어 있는 체제를 말한다. 유일체제는 구체적인 현실에서 권력의 일인집중이 어느 체제보다도 강도 높게 나타나며, 사회적으로 동원화되고 군사화된 사회체계를 자신의 강력한 재생산 기반으로 삼고 있다. 문화적으로 이 체제는 전면적이고 광범한 개인숭배현상을 동반하기도 한다. 바로 이 유일체제가 북한에서 법적 제도로 성립한 것은 1972년이었다. 이종석 (1995b), 51~87면 참조.

때부터 형성되어왔다. 따라서 1972년 제정된 북한의 사회주의헌법에서 신설된 주석제는 이 체제의 법적 완성에 불과했다. 즉 유신헌법의 성립은 유신체제 형성의 출발이지만 북한의 신헌법제정은 유일체제의 완성을 의미한다. 이처럼 두 체제는 여러 면에서 차별성을 지닌다. 그러나 전례가 드문 독재체제라는 점에서 둘은 유사성을 지닌다.

대칭적인 상극적 체제에서 비슷한 시기에 공히 독재체제가 등장했다는 사실은 과연 무엇을 의미하는가? 왜 유신쿠데타가 발생했을 때 국민은 이 가혹한 독재체제의 성립 앞에서 항거 한번 제대로 못하고 몸을 낮추어야 했을까? 그들로 하여금 저항의 권리를 행사하지 못하게 한 것은 무엇일까?

이 문제 역시 우리는 분단과 연결해서 살펴볼 필요가 있다. 남한은 분단을 공격적인 자기 삶의 조건으로 만든 북한과는 대조적으로 방어적 측면에서 자기조건화하였다. 남한에서는 북한의 '남침' 가능성에 대한 실제적인 두려움이 있었고, 정치권력은 그것을 사회동원화에 이용하고 나아가 권력의 안정화에 이용하였다. 특히 북한이 주도한 남한에서의 통일혁명당 건설, 1968년에 발생한 일련의 무장게릴라 침투사건 등은 남한사회의 동원체제화에 결정적인 영향을 미쳤다. 이러한 일련의 충격과 그 반응과정을 통해 분단이 방어적으로 자기조건화되어 있는 남한사회에서, 폭력적 권력이 별 저항 없이 수용될 수 있는 사회적 정서가 형성되기 시작한 것이다.

예컨대 북한의 도발적 군사모험주의에 직면하여 남한사회에서는 1968년 4월 1일에 있었던 향토예비군의 결성을 시발로 사회적 동원화가 이루어지기 시작하였다. "1·21 공비침입사건과 푸에블로호 피납

---

38 '1967년 북한사회의 사회·문화적 공간의 굴절이동'이란 일인절대권력의 공고화와 개인숭배의 전면화, 기계적 집단화의 진행 등이 폭발적으로 나타난 1967년 북한사회의 현상을 일컫는 말이다. 이와 관련해서는 이종석(1995b), 296~315면 참조.

사건을 계기로"(『동아일보』 1968.4.1) 민방위체제의 강화 필요성이 제기되면서 만들어진 향토예비군제는 정치·사회사적으로 볼 때 단순히 군사적 의미를 넘어서 사회체계 동원화의 중요한 지표로 볼 수 있다. 향토예비군제도의 설립과 함께 1969년 3월부터는 고등학교 이상의 각급 학교 학생들에게 군사교육이 부과되었다. 이에 앞서 1968년 12월에는 사상체계의 동원화를 의미하는 국민교육헌장의 선포가 있었다.

바로 이러한 사회체계의 동원화를 진행하는 가운데 박정희는 1971년 12월에 정권위기의 탈출을 위하여 국가비상사태를 선포하였으며, 이것이 10월유신으로 이어졌다. 따라서 10월유신 당시 국민은 불의에 저항할 수 있는 민주적 동력을 지녔던 1960년대 중반까지와는 달리, 상당 부분 피동화의 과정에 놓여 순치되어가고 있었다고 할 수 있다. 바로 여기서 우리는 당시 국민들이 왜 10월유신에 저항하기 어려웠는가 하는 의문의 일단을 풀 수 있다.

결국 유신체제는 권력이 통일지향적 언술과 남북한의 적대적 갈등을 동시에 이용해서 성립시킨 체제라는 점에서 모순된 이중적 토대 위에서 태어났다. 즉 박정희는 분단을 이용해서 구축한 사회체제의 동원화 위에서, 분단 때문에 생겨난 국민적 통일염원을 이용해서 유신체제를 만들어낸 것이다.

그런데 남한이 방어적 측면에서 분단을 자기조건화하기는 했으나, 남한 역시 북한의 유일체제 형성에 일정하게 영향을 미쳤다. 예컨대 1960년대 북한체제가 유일체제로 이행하고 자주성을 강하게 주장한 데는 대외적으로 남한사회의 정치적 변동이 적지 않은 영향을 미쳤다. 5·16 군사쿠데타 이후 1962년부터 재개된 한일회담과 1965년의 한일협정 조인, 그리고 한국군의 베트남 파병 등이 북한체제를 긴장시키고 이 체제의 동원화를 촉진했으며, 나아가 김일성 절대권력체제의 성립을 용이하게 하였다. 즉 적대적인 일방에서 일으킨 긴장유발 행위가 다른 쪽의 체제경직화를 유발하고 그것이 정권의 독재화를 강화한 것이다.

이러한 양상은 1990년대까지도 지속되었다. 예컨대 한미간에 실시되는 팀스피리트 군사훈련은 끊임없이 북한을 긴장시키며 북한정권의 강압통치를 합리화해주었다. 북한 지도부는 그동안 남쪽에서 팀스피리트 군사훈련이 실시되면 사회 전체에 전투태세 명령을 하달하고, 지역마다 팀스피리트 군사훈련을 규탄하는 대규모 군중집회를 열게 하였다. 이러한 전쟁태세의 강조와 군중집회가 북한사회를 더욱더 병영체제로 몰아가게 되고, 결국 북한 지도부에게 정당성을 부여하게 된다는 것은 두말할 나위가 없다.

남한체제의 대외의존적 성격도 북한이 60년대에 자립적 성격의 체제로 발전하는 데 큰 영향을 미쳤다. 즉 북한은 60년대 초반부터 경제적 자립과 정치적 자주성을 강력하게 주장하였는데, 그 배경에는 남한경제의 대외의존과 그에 따른 정치적 종속이라는 대남인식이 그들의 반면교사로 자리잡고 있었다.

한편 남한에서 박정희의 장기집권과 유일적 권력강화를 제도적으로 보장한 유신헌법이 탄생되어 정식으로 공포된 날인 1972년 12월 27일, 북한에서도 최고인민회의 제5기 1차회의가 열려 권력구조의 재편이 포함된 새로운 헌법이 제정되었다. 과연 이것을 어떻게 보아야 할까? 단순히 우연의 일치일까? 아니면 남한 내의 정치변동과 상관성을 가지고 있는 것일까?

북한은 1948년에 제정한 인민민주주의적 성격을 갖는 헌법을 그대로 사용하고 있었기 때문에, 본격적으로 사회주의적 내용을 담은 새로운 헌법의 제정을 필요로 하고 있었다. 김일성 역시 새로운 헌법의 제정 준비가 이미 1970년 11월에 있었던 조선노동당 5차대회 전부터 진행되어왔음을 밝힌 바 있다.[39] 당시 대부분의 사회주의국가들이 사회주의로의 이행이 진행되면서 헌법을 개정(혹은 제정)하는 추세였기 때문에 북한의 '조선민주주의인민공화국 사회주의헌법' 제정도 크게 보아 이 틀에서 벗어난 것이 아니었다. 그러나 문제는 새로운 헌법에서 권력구조의 개편 내용이었다. 권력구조 면에서는 새로운 헌법의 핵심은 주석제를 신설하여 그에게 국가운영의 절대적 권한과 임무를 부여한 것이다. 새로운 헌법에 따르면 주석은 최고인민회의에서 선거는 되나 어떤 경우에도 소환되지는 않는다. 주석은 거의 무소불위의 최고 국가기관으로 설정되어 있다. 물론 이러한 주석제의 신설은 새로운 권력기구의 창출이라기보다는 이미 북한사회의 수령으로서 유일지도체계의 정점을 구성하고 있는 김일성의 지위와 역할을 헌법으로 명문화한 것에 불과하다. 즉 주석제는 기본적으로 북한정치체제의 내재적 전개과정의 귀결로 볼 수 있는 것이다. 북한의 이론서들은 주석제를 당시 체계화되고 있던 혁명적 수령관을 제도화한 것으로 설명하고 있다.[40]

이런 맥락에서 북한 지도부는 새로운 헌법에 규정된 김일성 절대권력의 제도화가 남한의 정치변동과 전혀 무관하다는 것을 보여주기 위해서 세심한 신경을 썼다. 새로운 헌법제정과 이에 따른 국가기관의 선출을 위해 소집되었던 최고인민회의 제5기 1차회의에서 "우리나라 사회주의제도를 더욱 강화하자"라는 제목으로 연설을 한 김일성과 새로운 헌법토론에 나선 27명 모두 남한에서 일어난 10월유신과 유신헌법 제정이라는 중대한 정치변동에 대해서 이례적으로 침묵을 지켰다.[41] 뿐만 아니라 당시 『로동신문』에서도 유신 비판기사는 눈에 띄지

---

39 김일성은 이 헌법 제정작업이 "정세의 변동과 여러가지 사업상 관계로" 계속되지 못하고 중단되곤 했다고 밝힌 바 있다. 김일성 「조선로동당 중앙위원회 제5기 5차 전원회의에서 한 결론」(1972.10), 『김일성저작집』 27, 467면.
40 『조선민주주의인민공화국헌법해설』, 인민과학사 1973, 89~90면 참조.
41 『북한최고인민위원회의 자료집』 제3집, 서울: 국토통일원 1988, 485~621면 참조.

않았다.[42]

그러나 이같은 남한 정치상황에 대한 이례적인 침묵은 역설적으로 주석제의 신설이 유신체제와 어느정도 상관성이 있음을 나타내는 것으로 볼 수 있다. 즉 1인 권력독점을 명기한 유신헌법이 한층 강력한 주석제의 신설에 상승요인으로 작용했음에 틀림없다. 이런 점에서 우리는 법적으로 남북한의 유신체제와 유일체제가 성립하는 1972년 12월 27일을 '적대적 쌍생아의 탄생일'이라고 부를 수 있을 것이다.

5. 거울영상효과: 유신체제에 스며든 북한적 요소들

분단은 유신체제의 형성에 지대한 영향을 미쳤다. 박정희는 갑자기 밀어닥친 국제적 해빙무드 속에서 국가생존을 위해서 군사력 강화와 사회체계의 동원화를 강도높게 시도하였다. 그는 분단상황을 이용하여 때로는 안보강화론으로, 때로는 통일지향적 언술을 통하여 유신체제의 밑바탕을 닦아나갔다. 그리고 분단구조 자체가 이러한 박정희의 절대권력을 향한 주관적 의지를 현실화하는 작용을 하기도 하였다.

뿐만 아니라 분단은 유신체제가 추구한 경제구조, 즉 방위산업과 중화학공업 구조를 만들어내는 데도 중요한 영향을 미쳤다. 박정권은 주한 미7사단의 철수와 데땅뜨 등에 대비해서 자주국방을 달성하기 위한 방위산업 육성을 추진하였다. 박정희는 적어도 북한의 단독 남침에 대응할 수 있는 남한의 자체 군사력이 필요하다고 보았다. 이러한 그의 정책의지를 실현하기 위해서 1972년 10월에 열린 제2차 방위산

---

42 물론 이러한 사실은 당시 7·4 남북공동성명에서 합의한 상대방에 대한 중상비방 중지와도 관련이 있을 것이다.

업육성회의에서 방위산업과 이를 뒷받침하기 위한 중화학공업의 동시추진방안을 채택하였다(김정렴 1997, 289면). 김정렴에 따르면 당초 중화학공업육성계획은 경제개발 5개년 계획에 포함되어 있지 않았으나, 급변하는 정세 속에서 자주국방을 달성하고 "북한의 공업력, 특히 중화학공업을 압도" 하기 위해서 추진되었다고 한다. 당시 중화학공업에서 북한에 뒤져 있다고 판단했기 때문에 박정권은 이러한 계획을 결국 "우리나라가 모든 면에서 우위를 점하게 되며 나아가서는 북한의 도발을 원천적으로 봉쇄할 수 있게 되는 것" 으로 인식하였다(김정렴 1997, 289면). 이밖에도 이 계획은 "미국이 중화학공업국가를 절대 포기하지 않을 것" 이라는 또다른 안보상의 이유를 가지고 있었다고 한다.[43]

한편 분단은 남북한 간의 적대적 경쟁을 유발하면서도, 양체제가 상당 부분 거울영상효과를 통해서 닮아가도록 했으며, 이로 인해서 담론체계에서도 상당 부분 유사구조를 만들어냈다. 1970년대의 양 체제는 전시동원체제를 방불케 하는 동원체제를 추구했으며, 외세에 대항해서 자주노선을 강하게 주장하였다. 그러다 보니 상당 부분의 구호가 유사하게 제창되었다.

특히 이러한 거울영상효과는 유일체제와 치열하게 대결한 유신체제로 하여금 북한적 요소를 적지 않게 자신의 특징으로 내화하도록 하였다. 박정권은 자주, 자립, 자위, 주체, 국방·경제 병진건설 등 60년대 북한정권이 즐겨 사용했던 말들을 60년대 말부터 빈번히 사용하기 시작했으며, 유신체제 형성 뒤에는 더욱 일반화해서 사용하였다.

1968년부터 "일하면서 싸우고, 싸우면서 일하자" 는 구호가 제창되었으며, 이는 곧 "일면 국방, 일면 건설" 이라는 정부 지표로 나타났다. "국방과 경제는 말은 다르지만 그 뜻은 서로 같습니다. 국방이 잘돼야

43 「김정렴의 '청와대' 正史」, 『월간조선』 1991. 5, 397면.

경제발전도 잘되고 건설이 잘되야 국방력이 강해지는 것입니다" "지금은 옛말대로 부국강병을 해야 할 때입니다"(『동아일보』 1971.4.12)라는 그의 말에서 이 병진노선의 의미를 읽을 수 있다. 북한이 1962년부터 테제화해서 제창해온 "국방·건설 병진노선"에 다름아닌 구호가 남한에서도 등장한 것이다.

박정희는 이미 1969년에 "일면 국방·일면 건설, 자주국방과 자립경제 달성, 이것이 오늘에 우리가 해야 할 지상과제요, 지상목표"라고 규정하였다.[44] 그가 이렇게 자립경제를 강조하고, 자주국방을 외쳤던 가장 큰 이유는 "북괴에 비해 절대 우위의 힘을 증강비축"하기 위해서였다.[45] 그는 1970년대에 들어서서도 "자주·자립에의 의지와 자조·자위의 노력"을 지속적으로 강조하였다.[46] 특히 그가 항상 말하는 정신은 "자주·자립·자조"였으며 이것은 새마을운동의 지표가 되었다.

김일성이 전가의 보도처럼 사용해온 주체에 대한 강조도 부분적이지만 박정희에게 나타났다. 박정희는 미국이 푸에블로호 나포사건에서 자신의 뜻과는 달리 대북협상노선을 취하자 매우 실망하였다. 그래서 그후에는 "남이 우리를 대신해서 지켜주기를 기대해서는 안된다"며 "국방의 주체성"을 강조하였다.[47] 그는 자주국방을 강조하면서 군인들에게 "국방에 대한 주체가 우리가 되도록 노력하자"고 격려했으며, "자주적인 역량의 구축과 주체의식의 확립"을 제창하였다.[48] 뿐만 아니라 북한이 사상을 강조하는 것과 유사하게 북한에 대항해서 "국

---

44 박정희 「국군의 날 유시」(1969.10.1), 전자도서관 국방/어록.
45 박정희 「지역별 해외공관 수출진흥회의」(1970.2.9), 전자도서관 산업·경제/어록.
46 박정희 「해외동포에게 보내는 메시지」(1970.1.1), 전자도서관 정치·외교/어록.
47 박정희 「서울대학교 졸업식 치사」(1968.2.26), 전자도서관 교육/어록; 「육군사관학교 졸업식 유시」(1968.2.27), 전자도서관 국방/어록.
48 박정희 「1970년도 국방대학원 졸업식 및 제14기 합동참모대학 졸업식 유시」(1970.7.23), 전자도서관 국방/어록.

민정신력"을 강조했으며 "투철한 자주의식과 민족주체의식이 뒷받침하는 국력이 아니면 사상누각"이 될 것이라며 자주, 주체를 강조하기도 했다(『동아일보』 1971.4.12.).

이렇듯 유신체제는 북한과 대결하고 북한을 반면교사로 삼으면서 성립되었지만 결과적으로 북한체제와 닮아가는 적대적 쌍생아의 성격에서 벗어나지 못했다. 북한을 능가하기 위해 추진되고 시행되었던 전략과 조치들이 결과적으로 북한을 닮아가게 만든 것이다. 그리고 이 "닮아가기"의 밑바탕에는 적대적 의존관계와 거울영상효과로 설명되는 이 체제와 분단구조가 지닌 특별한 인과관계가 있었던 것이다.

■이종석

베트남 파병과 병영국가의 길

1. 머리말

미국에서는 한국전쟁을 '잊혀진 전쟁'(the Forgotten War)이라 부른다. 그런데 한국에서는 베트남전쟁이 잊혀진 전쟁이었다. 연인원 32만여명이 파병되어 평균 5만여명이 상시 주둔했고, 전사자 5천여명, 부상자 1만여명이라는 대규모의 인명피해를 기록했음에도 불구하고 베트남전쟁은 우리 현대사에서는 잊혀진 전쟁이었다. 1999년 가을 『한겨레21』이 베트남전에 파병된 한국군에 의한 민간인학살 의혹을 대대적으로 보도하기까지.

베트남전쟁은 한국군이 깊숙히 개입한 전쟁이지만, 치열한 전투의 현장은 멀리 베트남 땅이었다. 전국민의 대다수가 베트남전쟁을 직접 체험하지 않았고, 또 한국이 지원한 남베트남 정권이 '패망'하였다는 점은 베트남전쟁이 잊혀진 전쟁으로 되는 데 일정하게 작용했을 것이다. 그러나 청일전쟁이나 러일전쟁의 전장은 비록 일본 땅 밖에 위치했지만, 이들 전쟁은 일본 역사의 진행방향에 중대한 영향을 미쳤다.

마찬가지로 베트남전쟁은 우리 현대사의 색깔을 바꿔놓았다고 할 수 있을 정도로 우리의 삶에 지울 수 없는 흔적을 남겼다. 그러나 우리는 베트남전쟁을 잊고 살았다. 그런 집단적 기억상실은 어쩌면 우리 군대가 베트남에 첫발을 내딛는 순간부터 시작되었는지도 모른다. 왜냐하면 수만명의 젊은이들을 머나먼 전장으로 보내면서 우리는 베트남전쟁의 성격에 대해 심각한 질문을 던지지 않았으니까. 그 대신 우리는 우리 민족은 단 한번도 남을 침략해본 적이 없는 평화를 사랑하는 백의민족이라는 이데올로기로 자신을 세뇌시켰다.

1964년 9월 이동 외과병원과 태권도 교관단의 파견에서 1973년 3월 주월 한국군사령부의 철수에 이르기까지의 10년은 우리 현대사에서 대단히 중요한 변화가 일어난 시기였다. 이 변화는 비단 휴전선 이남의 한국사회에만 국한되지는 않았다. 이북 역시 한국군의 베트남 파병으로 상징되는 한미군사동맹의 강화와 한국사회의 반공군사행동, 병영국가화로 인해 중대한 변화를 겪었다. 그러나 베트남전쟁이 한국현대사의 전개에 어떤 영향을 미쳤는가에 대한 연구는 놀라울 정도로 빈약하다. 최근 박정희시대의 재평가를 둘러싸고 학계에서 많은 논란이 벌어졌지만, 이 과정에서도 베트남 파병이 박정희시대의 성격을 어떻게 규정하였는가에 대해서는 응당한 관심을 기울이지 못했다.

이 글은 베트남전쟁이 미국 다음으로 많은 군대를 파견하여 군사적으로 적극 개입한 한국에 어떤 영향을 미쳤으며, 박정희정권은 전쟁을 수행하고 있는 동안 국민들을 어떻게 통제하고 동원하였는가에 대해 시론적으로 검토하려는 것을 목적으로 하고 있다. 2절에서는 베트남 파병을 결정할 당시 박정희정권이 놓인 상황을 검토할 것이고 3절에서는 한국군의 대규모 파병이 한국사회 자체, 한미관계, 남북관계에 어떤 영향을 미쳤는가를 분석하고, 4절에서는 베트남 파병과 이에 따라 초래된 남북관계의 긴장이 한국사회를 어떻게 하나의 병영으로 만들어갔는가를 분석할 것이다.

2. 베트남 파병을 전후한 시기의 박정희정권

박정희는 1961년 5월 16일 군사반란을 일으켜, 선거로 선출된 정통성있는 민주정부를 전복하고 정권을 장악했다. 그 무렵에 세계 각처에서 민주정부를 전복하고 출현한 군사정권들처럼 박정희정권도 정통성의 부재는 출발부터 발목을 잡는 문제가 아닐 수 없었다. 민주주의의 파괴, 이는 박정희정권의 지울 수 없는 태생적 한계였다. 박정희정권이 그 어떤 민주주의에 관한 수사를 동원하거나 몇가지 전시적 조치를 취한다고 해서 이런 한계를 지울 수는 없는 일이었다. 때문에 박정희정권은 어차피 얻을 수 없는 민주적 정통성 대신 경제발전을 들고나와 대중적 지지를 창출하려 했다.

한편 박정희일당을 출발부터 괴롭힌 또다른 문제는 박정희 등 군사반란 핵심인물들의 좌익경력이었다. 남로당 군사부가 군에서 포섭한고급 프락치였던 박정희는 여순사건 이후 신분이 노출되자 숙군과정에 적극 협력하여 살아남았다. 그러나 그는 자신의 좌익경력을 의식하지 않을 수 없었다. 군사반란을 주도한 세력들이 반공을 국시(國是)로 한다는 것을 혁명공약의 첫머리에 내세운 것도 이와 무관하지 않다.

군사반란으로 집권한 박정희의 당면 과제는 미국의 신임을 얻는 일이었다. 미국의 신식민지적 지배를 받고 있는 나라에서 쿠데타로 집권한 군부인사들로서는 미국의 지원을 얻는 것이 사활적인 이해가 걸린일이었지만, 박정희의 경우는 그 이해의 정도가 남달랐다. 왜냐하면 박정희의 좌익전력 때문이었다. 쿠데타 성공 후 박정희는 자신의 좌익경력을 의심하는 미국의 신임을 얻는 데 전력을 경주했고, 마침내 미국의 초청을 받아내어 케네디와 정상회담을 갖게 되었다. 그런데 이 회담을 코앞에 둔 1961년 10월 박정희에게 뜻하지 않은 사건이 발생했다. 김일성이 이북정권의 무역성 부상을 지낸 황태성을 박정희에게 밀사로 파견한 것이다. 그렇지 않아도 한미정상회담에서 미국에 내밀 카드가 없어 고심하던 박정희에게 황태성의 등장은 악재 중의 악재가 아닐 수 없었다. 이런 상황에서 박정희가 케네디에게 제안한 것이 한국군의 베트남 파병이었다. 이때는 아직 미국이 베트남전에 대규모 개입한다는 방침을 결정하기 이전이었다. 그러니 파병에 대한 미국의 압력이란 있을 수 없는 때였다. 그런 때에 박정희는 "미국이 혼자 많은 부담을 지고 있다"면서 "자유세계의 일원으로서 미국의 과중한 부담을 덜어준다"는 명목으로 한국군의 베트남 파병을 제안한 것이다. 이 뜻밖의 제안에 케네디는 박정희가 자기를 아주 기분좋게 해주었다고 치하했다. 박정희는 케네디와 면접시험을 성공적으로 치른 것이다.

미국의 지원을 획득하는 데 사활적인 이해를 걸고 있던 박정희는 이승만과는 달리 미국의 한일국교정상화 요구를 받아들였다. 박정희가 자신이 표방한 '민족적 민주주의'라는 이데올로기의 중대한 손상을 감수하면서 한일국교정상화를 추진한 것이 꼭 미국의 압력 때문만은 아니었다. 박정희로서도 민주적 정통성의 부재를 상쇄하기 위해서는 경제발전을 이루어야 했는데, 자본도 기술도 부족한 상황에서 경제발전을 추진하기 위해서는 일본과 국교를 재개해야 했던 것이다.

한편 박정희는 미국의 감군 압력이라는 문제를 풀어야 했다. 한국군을 재정적으로 지탱하고 있던 미국이 방대한 규모를 유지하던 한국군의 감군을 요구한 것은 이미 1955년부터였다. 그런데 당시는 주로 미국의 재정적자를 줄이고 균형예산을 확보하기 위해 감군을 요구한 것이었다면, 1960년대 케네디정부의 감군 요구는 경제발전을 위한 것이었다. 60년대 초반 아시아·아프리카에 신생독립국들이 대거 출현하면서 미국은 동서냉전에서 우위를 점하기 위해 경제원조를 확대해야 했다. 경제원조의 확대를 위해서는 군사원조의 감축이 불가피했는데, 미국은 한국에서 60만이라는 방대한 규모의 소비집단에 막대한 물적 자원을 쏟아부으면서 경제발전을 추진한다는 것은 불가능하다고 판단하면서 한국군의 감군을 추진했다. 그러나 박정희는 미국의 감군 요구를 받아들일 수 없었다. 꼬리를 물고 일어난 이른바 '반혁명' 사건들에서 알 수 있듯이 1960년대 전반까지만 해도 아직 박정희의 군부에 대한 장악력은 확고한 것은 아니었다. 이런 상황에서 한국군의 감군이 단행된다면 군부의 불만은 통제불가능한 상태로 빠져들 것이 명약관화했다.

　한국군이 베트남에 파병된 것과 관련하여 많은 사람들은 미국의 압력을 이야기한다. 미국에 절대적으로 의존하던 당시의 한국 상황에서 미국의 압력을 거절할 수 없었다는 것이다. 그러나 최근 공개된 미국의 비밀문서를 토대로 이루어진 연구들은 한국군의 베트남전 파병을 처음 요청한 것이 미국이 아니라 한국측이었음을 밝히고 있다. 사실 한국군의 파병이 미국의 압력 때문에 이루어진 것으로만 볼 경우, 한국이 발벗고 나서 30만이 넘는 병력을 파견한 사실을 충분히 설명할 수 없다. 더구나 한국은 당시 — 지금도 마찬가지지만 — 독자적으로 국방문제를 해결하지 못하고 외국군대에 의존하고 있는 처지였다. 한국군의 베트남 참전을 미국의 강요에 의한 불가피한 선택으로 보는 일부의 견해는 잘못된 것이다. 파병에 관한 결정은 강대국의 요구에 의한 약소국의 불가피한 참전이라는 기존의 시각을 벗어나 박정희정권의 명백한 필요에 의해 개발되고 적극적으로 추진된 정책의 결과로 보아야 할 것이다.

3. 베트남 파병과 국민동원

1) 파병과정과 국내여론

비전투부대의 파병

1964년 말부터 신문은 정부가 모종의 중대문제를 논의하고 있다는 보도를 내놓았다. 당시 국방부 등 정부당국이 실시한 보도관제로 인해 그 내용은 알려지지 않았다. 그러나 해가 바뀌어 1965년 1월 8일 정부는 베트남에 의무부대 파견에 이어 수송부대와 공병부대 등 2천여명을 2차로 파병하기 위한 동의안을 국회에 제출한다고 발표했다. 그동안 미국 국무부 대변인의 발표나 외신의 빈번한 보도를 통해 전세계는 다 알고 있었지만, 정작 당사자인 한국민들만 모르고 있던 '어처구니 없는 사례'인 베트남 파병 구상이 국내에서도 본격적으로 보도되기 시작한 것이다. 국회에 파병동의안이 제출될 당시에는 이미 베트남에 파병될 비둘기부대 2천여명은 편성을 완료하고 비밀리에 경기도 일원에서 훈련중에 있었다.

흥미있는 것은 당시 여당인 공화당 내에서는 초기에는 신중론 또는 반대론이 우세한 반면 야당 진영에서는 원칙적인 찬성론이 우세했다는 점이다. 당시 문제의 핵심은 두 가지였다. 하나는 비전투병인 수송과 공병부대라고는 하지만 전후방이 따로 없는 게릴라전 형태로 진행되는 베트남전에서 이들 비둘기부대 2천여명의 파병은 곧 전투부대의 파병으로 이어질 것이라는 우려였고, 다른 하나는 특히 야당이 문제삼은 것으로 한국군의 베트남 파병이 미국의 '간곡한 요청'에 의한 것이냐, 아니면 박정희정권이 자청한 것이냐였다. 당시 민정당의 정성태 총무는 "월남파병이 우리 정부의 자의에서 나온 것이라면 반대하고 미국측의 요청에 의한 것이라면 미국과의 관계를 생각해서 찬성을 고려할 것"이라는 태도를 보였다. 이 때문에 미대사관 측이 야당 지도자들을 찾아가 파병에 찬성해줄 것을 설득하는 광경이 연출되기도 했다.

2차파병 동의안은 1965년 1월 26일 국회 본회의에서 찬성 106, 반대 11, 기권 8표로 통과되었다. 당시 찬성토론에 나선 공화당 의원조차 "외교적으로나 군사적으로나 경제적으로나 우리에게 이로운 것은 하나도 없다"던 베트남 파병이 압도적 다수표를 얻어 통과된 것에 대해 『조선일보』는 사설에서 "그간의 논란"이나 "월남파병 문제를 에워싸고 벌어진 국민의 회의적 태도"를 고려해볼 때 이같은 결과는 "약간 의외"라고 평가했다. 이렇게 일반 여론이나 의원들의 애초의 분위기와는 다른 결과가 나온 것은 브라운 대사의 야당 설득이 주효했던 까닭이었다.

국회에서 파병동의안이 통과되자 박정희는 「월남파병에 즈음한 담화문」을 발표했다. 이 담화문에서 박정희는 "자유월남이 공산화하는 경우 자유세계의 대공전선에 차질"이 빚어지며 "월남을 출로로 하는 공산세력은 한반도를 포함하는 전태평양 지역의 자유국가들에 대해서 노골적이며 급진적인 도발행위로 나올 것"인데 이 문제를 "앉아서 기다릴 것인가 아니면 미리 일어나서 막을 것인가를 결정해야" 한다고 주장했다. 그는 베트남 파병의 논거를 다음과 같은 세 가지로 정리했다. 첫째, 전아시아의 평화와 자유를 수호하기 위한 집단안전보장에 대한 도의적 책임의 일환이다. 둘째, 자유월남에 대한 공산침략은 한국의 안전에 대한 중대한 위협이며 우리의 월남 지원은 바로 우리의 간접적 국가방위를 수행하는 것이다. 셋째, 과거 16개국 자유우방의 지원으로 공산침략군을 격퇴할 수 있었던 우리는 우리의 눈앞에서 한 우방이 공산침략에 희생되는 것을 좌시할 수 없다.

이미 준비되어 있었던 비둘기부대의 파병은 일사천리로 이루어졌다. 1965년 2월 9일 하오 2시, 서울운동장에서는 3만여명의 군중이 운집한 가운데 베트남 파병 환송국민대회가 성대하게 거행되었다. 박정희는 "건국 이래 처음 있게 되는 이 역사적 장거"의 길에 오르는 "자유의 십자군"들에게 "5천년 역사를 통해서 우리 민족은 수많은 외적으로부터 침략"을 당했지만 "우리가 남을 침략한 일은 단 한번도 없었"다고 강변했다. 무학여고생의 환송의 노래와 만세 3창에 뒤이어 파월부대는 시가행진에 들어갔다.

전투부대 파병

전투부대의 파병에 대한 논의는 비둘기부대가 베트남으로 떠난 직후부터 제기되었다. 당시 언론은 "비록 월남에 전투사단을 파견하지 않더라도 이미 보낸 비전투부대의 파견으로써 우리가 할 수 있는 가능한 지원을 했다고 볼 수 있다"면서 회의적인 태도를 보였다. 전투병의 파견은 박정희정권으로서도 부담스러운 일이었으나 5·16 군사반란 이후 대미관계의 개선을 위해 베트남 파병을 카드로 써왔기 때문에 발을 뺄 수도 없었다. 1965년 5월 미국을 방문하여 극진한 환대를 받고 돌아온 박정희는 7월 2일 국무회의에서 국군 1개 사단 및 이에 필요한 지원부대의 파월을 의결했고, 12일에는 파병동의 요청서를 국회에 제출했다.

휴전선에서 북한과 대치하고 있던 우리의 열악한 안보환경 때문에 전투부대의 파병에 대해서는 비둘기부대의 파병 때보다 반대여론이 거셌다. 이승만정권 시절 국방장관을 지낸 손원일은 수송이나 공병대를 보내는 데에는 찬동하지만, 전투부대의 파견에는 찬동할 수 없다고 반발했다. 언론이나 의원들 사이에서는 현재의 열악한 안보환경 때문에 현역군인을 보낼 것이 아니라 제대군인들 중에서 지원을 받아서 의용군을 파견하자는 이야기도 나왔다. 그러나 이 안은 한편으로는 국제사회에서 '용병'이라는 비난을 받을 것이라는 우려에서, 다른 한편으로는 미국 입장에서 볼 때 민간인 신분인 제대군인들로 부대를 편성할 경우 이들의 급여를 민간인 군속 수준으로 지불해야 한다는 점 때문에 실현되지 않았다.

전투부대 파병에 대해서는 뒤에 박정희와 함께 사살된 공화당 의원 차지철 같은 사람은 반대한 반면, 야당인 민중당의 조윤형 의원이나 김준연 의원은 아주 적극적으로 찬성론을 폈다. 조윤형은 "중공이나 소련이 월남에 개입할지라도 미국이 3차대전을 각오하고 월남전에 몰입하고 있는 것을 아는 우리는 민족의 숙원인 남북통일의 기회가 온다는 전제하에 월남에 참전하여야 할 것"이라면서 당시 논란이 되고 있던 파월한국군의 처우문제와 관련해서도 "지나친 상업적 계산은 오히려 고차적인 대의명분과 문제의 핵심을 흐리게 하지 않는가 염려" 된다고 주장했다. 그는 미국에 대해 파월한국군의 처우개선이나 한국의 확고한 안전보장 약속을 요구하는 여당의원들에 대해 "근시안적인 여당의원들의 언동은 반미감정을 야기시켜 후세에 줄 반공의식과 멸공전선의 전의를 상실케 하지 않을까 염려" 된다고 하면서 전투병을 파견하여 이를 "국위선양과 멸공통일의 좋은 기회"로 삼아야 한다고까지 주장했다.

국회에 3차파병 동의안이 제출된 당시는 한일기본조약의 비준 문제를 둘러싸고 여야간에 첨예한 대결이 벌어지고 있던 상황이었다. 1965년 7월 14일 밤 국회에 한일협정 비준안과 파병동의안이라는 극히 민감한 두 안건이 발의되자 의사당은 아수라장으로 변해 10여분간 난투극이 벌어지기도 했다. 3차파병 동의안에 대한 반대여론이 2차파병에 비해 강하게 제기되었던 하나의 이유는 당시 한국이 전투부대 파견을 통해 경제적으로 얻을 수 있는 이익이 별로 없을 것이라는 외신의 보도가 있었기 때문이다. 정부는 파병이 이루어지면 한-미-월 3각 무역을 통해 베트남전에서 소용되는 군수물자를 수출할 수 있을 것을 기대했으나 외신은 미국이 일본에게 군수물자를 발주하기로 했다고 보도한 것이다. 이 때문에 재주는 곰이 넘고 돈은 일본인들이 벌게 된다는 비판여론이 들끓게 되었다. 이에 미국대사 브라운은 또다시 야당을 상대로 한 막후접촉에 나섰고, 전투사단 파병 동의안은 8월 13일 국회에서 야당이 불참한 가운데 찬성 101, 반대 1, 기권 2표로 통과되었다.

전투부대 파병 동의안이 비록 공화당 단독이지만 국회를 통과하자 정부는 해병 청룡연대를 모체로 해병 제2여단을 창설하고 육군 수도사단인 맹호부대를 파월부대로 선정했다. 비둘기부대 2천여명에 이어 2만여명의 전투부대가 베트남에 파견되게 된 것이다. 당시 한국의 국력이나 병력 수에 비한다면 엄청난 규모가 아닐 수 없었다. 10월 12일에는 파월 맹호부대에 대한 환송식이 여의도에서 비둘기부대 환송식에 모인 군중의 10배가 넘는 30만 군중이 운집한 가운데 성대하게 거행되었다. 당시에는 마포대교가 부설되기 전이었는데, 정부는 이 행사를 위해 급히 마포와 여의도를 잇는 가교를 설치하였다. 박정희는 파월장병들을 "화랑의 후예"로 추켜세우면서 "대한남아의 기개"를 만방에 떨치라고 치하했다. 300마리의 비둘기가 날고 최은희 등 여배우들이 꽃다발을 바치는 가운데 3만여개의 풍선이 하늘을 수놓았다. 여의도 행사장 주변 30리는 오색의 플래카드와 애드벌룬이 수없이 펄럭이고 있었다. 맹호부대가 분열행진을 시작하자 그 대열은 무려 1천 미터에 달했다. 막 일반가정에 보급되기 시작한 텔레비전을 켜면 "자유통일 위해서 조국을 지킵시다, 조국의 이름으로 님들은 뽑혔으니, 그 이름 맹호부대, 맹호부대 용사들아"를 외치는 「맹호의 노래」와 얼룩무늬 번뜩이며 정글에 가서 귀신을 잡는 해병들을 찬양하는 「청룡의 노래」가 끊임없이 흘러나왔다.

1965년 10월 무려 2만여명의 전투부대가 파병되었으나, 많은 사람들이 우려했던 것처럼 이것이 전투부대 파병의 끝이 아니었다. 한국군

2만명의 추가 파견문제는 당장 다음달인 11월 말부터 논의되었다. 그리고 미국 부통령 험프리는 1966년 1월 1일과 2월 두 차례에 걸쳐 서울을 방문했다. 험프리가 두번째 서울을 다녀가고 닷새 후에 국무회의는 4차파병안을 의결했다. 그리고 3월 20일 국회는 증파 동의안을 통과시켰다. 당시 『조선일보』는 이호철, 신동문, 박경리 등 문인들로 하여금 국회에서 파병동의안이 처리되는 과정을 방청토록 하고 그 방청기를 실었다. 이 방청기에서 이호철은 국회는 지극히 의례적으로 안건을 심의하고 있을 뿐이며, 국민들은 추가파병이라는 중요한 문제에 대해 "엄청난 무관심"을 보이고 있다면서 이렇게 개탄했다. "문제의 중요성에 비하여 이건 너무하지 않은가, 정말 이건 너무하지 않은가." 박경리는 파병안에 반대하는 의원들도 파병안의 국회통과가 뻔하기 때문에 "깨끗이 체념한 듯한 인상"이며, 의원들이 자리를 떠 텅 비고 그나마 남아 있는 의원들도 졸고 있는 것을 보면 국회의원들이 "국민보다 더한 무관심"에 빠져 "의사봉 칠 시간"만 기다리는 것 같았다고 전했다.

4차파병 문제가 제기되었을 때 사람들은 놀라울 정도로 무관심하고 덤덤해했다. 기왕에 발을 들여놓았으니 계속할 수밖에 없지 않느냐 하는 체념의 태도는 적극적인 파병반대론이 제기되는 데 중대한 장애물이 되었다. 과연 한국이라는 조그만 분단국가, 자체 방위도 힘겨워 미군이 지켜주고 있는 나라가 이미 2만 2천여명의 전투병력을 보낸 데 이어 추가로 2만여명을 더 보내야 하는 현실, 그 현실을 보고 박경리는 "우리 젊은이들의 피는 거룩하기보다 눈물겹다"고 표현했다.

4차파병 과정에서 반대론은 뜻밖에 여성계 쪽에서 제기되었다. 그동안 한국군의 파병이 이루어지는 과정에서 박정희는 한국군의 처우 문제에 대해서 미국측에 강력하게 요구하지 않았다. 당시 외무장관 이동원은 "월남은 전장터이지만 한편으로는 시장"이라며 미국으로부터 경제적 실리를 취할 것을 건의했다. 이에 대해 박정희는 "미국이 어려운 틈을 타서 우리가 타산적으로 나간다면 너무 야박하지 않은가"라는 입장을 보였다. 이러다 보니 한국군이 베트남에서 받는 월급은 미군의 6분의 1, 필리핀이나 태국군의 4분의 1 정도밖에 안되고, 사병들은 심지어 자기 나라 땅에서 싸우는 남베트남 정부군보다도 못한 보수를 받는 형편없는 조건이었던 것이다. 이에 한국부인회는 험프리가 방한중이던 1966년 2월 22일 미군 수준의 "처우개선이 완전보장되지 않는 한 월남전선에 국군증파는 절대로 반대한다"고 1천5백만 한국여성의 이름으로 성명을 발표했다. 한 신문의 여성면에 기고한 글에서 작가 강신재는 "무보수로 자기 나라에 충성을 다하고 있는 군대는 남도 무보수로 사용해도 좋다는 이론"은 성립되지 않는다면서 목숨을 걸고 어려운 전투를 수행하는 한국군의 보수가 다른 나라 군대의 보수에 비해 월등히 적다는 사실을 도저히 납득할 수 없다고 주장했다.

2) 파병의 논리

박정희정권이 근 5만명에 달하는 방대한 규모의 "반공십자군"을 파병하면서 내세운 명분은 대체로 ①보은론, ②제2전선론, ③국위선양론 등이었다. 사실 야당뿐 아니라 여당인 공화당도 한국군의 베트남파병은 명분이 약하다는 점을 잘 알고 있었다. 당시의 언론들도 한국군의 파병이 유엔 등 국제기구의 결의에 의한 것도 아니고, 한국과 남베트남이 지역의 집단안전보장체제에 속해 있는 것도 아니고, 한국과 남베트남 간에 상호방위조약이나 군사동맹이 체결된 것도 아니기 때문에 뚜렷한 명분이 없다고 파병이 처음 거론될 때부터 주장했었다.

이에 대해 박정희정권은 한국전쟁 당시 한국을 도와준 '자유우방 16개국'의 은혜에 보답하기 위해 우리도 어려움에 처한 남베트남을 도와야 한다는 보은론을 들고 나왔다. 그러나 비둘기부대 2천여명의 파견으로 우리도 우리의 국력이나 안보환경을 고려할 때 할 만큼 했다는 분위기가 고조되면서 이 보은론의 설득력은 떨어졌다.

당시 전세계적으로 유행하고 있던 냉전의 논리 가운데 하나는 도미노 이론이었다. 남베트남이 공산화되면 차례로 인접 국가들이 공산화될 것이며 한국도 예외는 아니라는 것이다. 박정희정권이 내세운 제2전선론은 도미노 이론의 한국판이라 할 수 있다. 박정희는 1965년 10월 12일 「맹호부대 환송식 유시」에서 "우리가 자유월남에서 공산침략을 막지 못한다면 우리는 멀지 않은 장래에 동남아세아 전체를 상실하게 될 것이며, 나아가서 우리 대한민국의 안전보장도 기약할 수 없다고 나는 단언합니다"라고 강조했다. 그는 또 1965년 2월 9일 「월남파병 환송국민대회 환영사」에서 "이웃집에 강도가 침입한 것을 보고 그대로 방치해둔다면 이웃집을 털고는 다음에 우리 집에 침입할 것은 뻔한 일이 아닙니까?"라고 반문한 것이나 1965년 9월 20일 청룡부대 결단식에서 "이웃집에 불이 났을 때 온 힘을 다하여 소방작업을 하는 것과 마찬가지로 월남을 도와 승리로 이끌어야" 한다고 강조했는데, 이는 도미노 이론을 대중적으로 표현한 대표적인 사례였다. 이런 논리에 입각하여 박정희는 "자유월남의 반공전선은 우리의 휴전선과 바로 직결되고 있는 것"이라고 주장했고, 나아가 베트남은 한국전의 제2전선이라는 표현까지 사용하게 된다.

제2전선론과 관련하여 한 가지 흥미로운 점은 박정희가 공산중국을 비난하면서 이를 파병의 정당성을 뒷받침하는 논거로 활용했다는 점이다. 박정희는 베트남전의 성격을 "중공의 지원을 받은 월맹게릴라의 악랄한 침공"이라고 설명하면서 "오늘날 월맹게릴라를 뒤에서 조종하고 지원하고 있는 것은 중공"이며, "6·25동란 때 북괴를 뒤에서 조종하고 지원한 것은 바로 중공"이라면서 한국전쟁 당시에 싸웠던 중공과 베트남전에서 다시 맞붙게 되는 것이라고 한국전쟁과 베트남전이 불가분의 관계에 있다고 강조했다. 그러나 남베트남 민족해방전선이나 북베트남 정권이 중국의 사주를 받았다는 박정희의 주장은 사실이 아니다. 1965년에 빈번하게 사용되던 중공의 사주론은 1966년 8월 백마부대 파병(4차파병) 당시에는 중공을 지칭하지 않고 "베트콩과 월맹군을 조종하고 지원해주는 평화파괴의 원흉은 1950년 북괴를 사주하여 우리를 공격케 했던 바로 그 국제공산주의자들"이라고 표현함으로써 박정희정권 스스로 폐기하였다.

'국위선양론'은 박정희가 파병의 첫 단계부터 즐겨 사용한 논리였다. 그는 1965년 1월 26일 「월남파병에 즈음한 담화문」에서 "이제 우리도 남의 관여나 도움을 받던 피동적 위치에서 주요 국제문제에 대해서 일난의 책임을 질 수 있는 전진적 자세를 취해야" 한다고 주장했다. 이 논리는 1965년 12월 25일 「주월한국군 장병에게 보내는 성탄절 및 신년 메시지」에서는 "월남파병을 통해서 우리는 월남을 비롯한 전 자유우방의 안전보장을 위해서 지원국의 위치에 서게 되었으며, 이것은 남의 지원만을 받아왔던 지난날의 역사를 박차고 영광된 새 역사를 창조하는 새로운 전환점에 서게 된 것"이며, "월남에서 투쟁하는 장병 여러분이야말로 침체와 퇴영의 역사에서 결연히 벗어나 번영과 영광으로 통하는 새 역사를 창조하려는 우리 민족의 전위"라는 찬사로 이어졌다. 1966년 10월 남베트남을 방문하고 돌아온 박정희는 "우리는 이제 새 시대 새 역사의 무대에서 영광스러운 주역"으로 "과거의 인종과 굴욕에서 탈피, 어엿한 주권 성년국가로서 발전"했다고 흐뭇해했다. 이런 언사는 2년 뒤인 1968년 12월에 제정된 「국민교육헌장」의 분위기를 예고하는 것이기도 했다.

그러나 우리의 역량의 범위를 넘어선 파병으로 이어진 보은론, 휴전선의 안보를 우려할 정도로 많은 병력을 파견한 뒤의 제2전선론이나 중공위협론, 그리고 추상적인 자화자찬만 가득한 채 제3국가로부터 손가락질받게 된 현실을 감춘 국위선양론의 약효는 오래 지속되지 않았다. 1967년 대통령선거를 앞두고 야당의 윤보선 후보는 베트남 파병이 미국의 청부전쟁이라고 비판하면서 기세를 올리고 있었다. 이에 박정희는 여태까지 베트남 파병을 정당화하기 위해 사용하던 여러가지 논리들을 제쳐두고 미군철수론을 들고 나왔다.

1967년 4월 17일 5·3 대통령선거 대전 유세에서 박정희는 "정부가 그동안 우리가 과거에 남의 신세를 진 나라니까 신세를 갚아야 된다든지, 또 동남아시아가 적화가 되면 당장 우리에게도 영향이 있다든지 등등, 여러가지 그러한 얘기는 우선 생략을 하고 더 솔직한 얘기를 여러분들에게 하나 말씀드리겠습니다"라며 입을 열었다. 박정희는 "만약 그 당시에 월남정부나 미국정부가 우리 한국군을 보내달라고 그랬을 때에 물론 우리가 보내기 싫으면 안 보낼 수도 있습니다. 우리 한국군을 보내지 않았을 때에는 여기에 있는 미군 2개 사단이 갔을 겁니다. 갈 때에 우리가 우리 병력은 보내지 않으면서 미군을 붙잡을 수 있습니까? 붙잡을 수 없을 것입니다"라면서 "우리나라의 국방을 위해서도 한국군이 월남에 가지 않을 도리가 없지 않습니까?"라고 반문했다. 박정희는 미군이 철수하면 "이북에 있는 공산주의자들이 다시 침략할 수 있는 그런 찬스"를 제공하는 것으로 정치적·심리적 불안이 일어날 뿐 아니라 외국인들의 투자가 위축되고 차관을 들여오는 길도 여의치 않으리라는 것이다. 그렇기 때문에 베트남 파병은 불가피한 것이었는데, 야당은 "다 알면서 공연히 생떼를 써서 정부의 입장을 곤란하게 만들기 위해서 무슨 청부전쟁을 했다"거나 "젊은 청년들의 무슨 피를 팔아서 어떠니" 하는 갖은 "악담"을 늘어놓고 있다는 것이다.

그런데 당시 모든 야당이 베트남 파병에 반대한 것은 아니었다. 제1야당 민중당 대표 박순천은 1966년 9월 베트남을 시찰하는 중 "파월 반대를 철회"한다고 밝힌 뒤 당책으로는 반대했지만 개인적으로는 지지한다고 밝혔다. 그는 "일단 국가에서 파병을 했으면 국민으로서는 복종하는 것이 옳은 일이 아니겠느냐"면서 "나도 군복을 입었으면 여기서 살고 싶다"고까지 말했다.

앞에 인용한 조윤형이나 박순천, 김준연 등의 발언에서 보듯이 당시의 야당은 어떤 의미에서는 여당보다 더 보수적이고, 더 반공적이며, 더 친미적이었다. 베트남전 파병에 대해서도 전쟁의 기본 성격을 묻거나 남베트남 정부가 정말 민중의 지원을 받는 정통성있는 정부인가를 묻지 않았다. 당시 박정희정권은 "싸우면서 건설하자"라는 구호를 내걸었는데, 베트남전은 전장은 비록 머나먼 남쪽 나라에 있었지만, 우리 국민들이 "싸움"을 느낄 수 있는 곳이었다. 청일전쟁이나 러일전쟁 때 일본국민들과 같은 전생에 대한 열광은 없었다지만, 그렇다고 전쟁에 대한 철학적 입장을 분명히한 반대입장도 찾아보기 힘들었다. 1966년에는 한때 베트남전에서 한국군이 받는 전투수당이 다른 나라 군대의 4분의 1 정도밖에 안되는 형편없는 것이라는 논란이 일기도 했지만, 당시 사병들이 받는 50달러 정도의 돈은 한국 형편에서 적은 돈은 아니었다. 베트남에 갔던 장병들이 귀국길에 사들고 오는 텔레비전, 라디오, 카메라, 녹음기 등은 베트남을 기회의 상징으로 만들었다. 또 경부고속도로가 건설되면서 이 도로가 베트남에서 피땀을 흘린 장병들이 송금한 돈, 베트남에 파병한 댓가로 얻어온 차관으로 건설되었다는 이야기는 우리 국민들에게 베트남 전쟁의 본질을 물을 기회를 앗아갔다.

베트남전에 대한 국민들의 반대가 낮았던 이유의 하나는 베트남전에서 한국군의 희생자가 적다고 잘못 알려진 때문이었다. 가수 김추자의 흥겨운 가락에 맞춘 「월남에서 돌아온 새까만 김상사」는 파월장병들이 모두 건강하게 살아 돌아오는 듯한 환상을 불러왔다. 그러나 아무도 돌아오지 못하는 수많은 김상사들에 대해서는 별다른 관심을 갖지 못했다. 한국군의 피해는 정부로서는 가장 신경이 쓰일 수밖에 없으며, 가장 직접적으로 반전 여론을 불러올 수 있는 문제였다. 1965년 만 해도 한국군의 전사자 수가 정기적으로 신문에 보도되었지만, 한국군의 사망자 수가 300명을 넘어서면서부터 이런 기사는 슬그머니 신문에서 사라졌다. 그 대신 한국군이 거둔 혁혁한 전과들만 대서특필되었다.

4. 파병의 영향

1) 한국사회

베트남 파병의 성과로 가장 많이 거론된 것은 이른바 '베트남 특수'이다. 우리는 '베트남 특수'를 통해 대략 10억달러 내외의 외환수입을 얻었으며, 이밖에 미국으로부터 무역특혜·차관 등의 혜택을 얻을 수 있었다. 당시 한국경제의 규모에서 10억달러란 결코 적은 돈이 아니었으며, 고도성장으로 이어지는 시기에 한국경제의 부양력으로 작용하여 한국경제가 도약하는 데에서 중요한 디딤돌이 되었다고 할 수 있다. 또한 베트남은 초기 단계의 수출에서 중요한 돌파구가 되었다. 그러나 베트남 특수가 미친 영향을 과대평가해서도 안된다. 당시 한국경제의 고도성장을 가능하게 한 요인은 여러가지가 있으며, 베트남 파병으로 비롯된 베트남 특수가 유일한 독립변수는 아니었다.

한국경제의 발전에서 베트남에서 피흘린 참전용사들의 기여는 높이 평가되어야 한다. 그러나 다른 나라의 전쟁이라는 불행한 기회를 틈타서 경제적 이익을 본다는 것이 갖는 도덕적 문제는 잠시 미루어두더라도, 한국군의 참전으로 얻은 경제적 이익에 대해서는 우리가 치른 댓가와 기회비용, 즉 대규모 병력을 파견하지 않았더라도 얻을 수 있던 이익을 고려하여 냉철한 평가를 내려야 할 필요가 있다. 과연 베트남에 한국군이 파병되지 않았더라면 우리는 베트남 특수에서 완전히 배제되었을까? 미국시장이 열린 것도 베트남 파병이 없었다면 불가능한 일이었을까? 베트남 특수의 최대의 수혜자는 피 한방울 흘리지 않은 일본이었다. 일본은 매년 우리가 베트남 특수의 전기간 벌어들인 금액을 훨씬 넘는 달러를 벌어들였다. 또 베트남의 하늘에 좀더 많은 깃발이 휘날리길 원했던 미국의 요구에 따라 단 20여명의 병력을 파견한 대만, 한 사람의 병력도 파견하지 않은 싱가포르나 홍콩이 베트남 특수를 누리지 못하거나, 냉전의 정치경제적 논리 속에서 선택적으로 개방된 미국시장에서 배제되지는 않았다. 한국이 돈으로 환산할 수 없는 인명피해에, 민간인 학살이라는 멍에에, 미국의 '용병'이라는 손가락질을 받아가며 베트남진에서 얻은 경제석 소득은 겨우 20여명의 병력을 파견한 대만이 얻은 소득을 약간 상회하는 것이었다.

베트남 파병으로 직접적인 영향을 받은 집단은 군부였다. 베트남 파병은 끊임없는 감군 압력에 시달리던 한국군이 일거에 감군 압력으로부터 벗어나는 계기로 작용했다. 베트남 파병은 단순히 한국군이 감군 압력을 벗어난 데 그치지 않고 새로운 기회를 가져다주었다. 군사반란 초기에 박정희정권은 군에 대한 일반 국민들의 부정적 시각을 극복하기 위해서라도 군 내부의 부정부패 척결에 많은 노력을 기울이지 않을 수 없었다. 그러나 베트남전에 파병된 고위장교나 하사관들은 공식적인 전투수당뿐 아니라 미군으로부터 제공되는 엄청난 규모의 물자 일부를 부정 처분하거나 암시장에 내다파는 방식 등을 통해 부를 축적할 수 있었고, 이 돈을 바탕으로 귀국 후 진급과 보직운동을 할 수 있게 되었다. 이 때문에 1960년대 전반기에 많이 완화되었던 군 내부의 부정부패는 다시 성행하게 되었다. 당시 베트남 파병부대의 편성에서 각급 지휘관들은 부대 참모와 예하 부대의 지휘관들을 비공식적으로 선발할 수 있었는데, 이런 방식은 군 내부의 파벌과 사조직의 형성을 조장했다. 1973년 주월한국군의 철수로 별자리가 줄어들게 되었을 때 박정희는 병력은 그대로 둔 채 후방사단, 동원사단 20개를 창설하여 군의 고위직 숫자를 늘려 군부에게 더 많은 선물을 주었다. 이렇게 한국사회에서 특혜를 누린 군은 박정희 사망 이후 두 차례의 군사쿠데타를 통해 정치권력을 장악했다.

베트남 파병이 한국사회에 미친 가장 중요한 영향은 박정희정권이 미국과 군부의 확고한 지지를 바탕으로 독재권력을 행사하면서 한국사회 전체를 병영국가로 만들어갔다는 점이다. 한국이 베트남전에 본격적으로 개입하기 시작한 1965년은 한미관계에서 하나의 전환점을 이룬 해였다. 존슨정부는 군사쿠데타로 집권한 박정희정권의 정통성에 관한 유보조치를 해제하고 박정희의 통치능력에 대해 찬사를 보내기 시작했다. 그리고 1948년 이후 계속해온 한국의 국내문제에 관한 압력을 중단했다. 박정희정권은 베트남 파병으로 인해 미국의 확고한 지지를 받게 되었다고 생각했으며, 또한 베트남 특수와 무관하지 않은 경제성장으로 인해 상당히 고무되었다. 이에 박정희는 3선개헌을 추진하며 장기집권의 길에 들어선다.

그런데 박정희는 3선개헌과 유신체제의 수립 등 독재권력을 구축하는 과정에서 미국의 별다른 제재나 간섭을 받지 않았다. 또한 중앙정보부와 박동선의 로비활동 등에 대해 미국은 효과적인 행동을 취하지 않았다. 주한 미대사 포터는 이를 한국의 베트남전 참전을 참작한 행정부 고위관리들의 관대함 때문이었다고 프레이저 청문회에서 증언했다. 즉 한국군의 베트남 참전으로 박정희정권은 미국의 지지를 얻어 이를 독재권력 강화에 이용한 것이다.

2) 한미관계

미국이 베트남전에 본격적으로 발을 들여놓을 때, 미국은 '좀더 많은 깃발'이라는 정책을 내걸었다. 한국전쟁 때처럼 유엔을 동원한 개입이 불가능하자, 미국은 그 대신 자신의 영향력하에 있는 동맹국들을 가능한 한 많이 끌어들여 국제사회의 지지를 받는 전쟁이라는 명분을 세우고자 했다. 그러나 미국에는 몹시 실망스럽게도 미국이 동참을 요청한 동맹국 25개국 중, 이 정책에 적극적으로 호응한 나라는 한국과 타이완밖에는 없었다. 이 두 나라는 모두 분단국으로 독자적인 방위능력이 의문시된다는 점에서 미국으로서는 달갑지 않은 선택이었다. 특히 타이완이 베트남전에 참전할 경우 중국을 극도로 자극할 우려가 있었을 뿐 아니라 베트남 민중들의 전통적인 반중감정을 자극하리라는 것은 명약관화했다. 이 때문에 타이완은 '좀더 많은 깃발'을 원하던 미국의 뜻에 따라 깃발 하나를 더 들고 있을 정도의 20명 남짓한 병력을 보내는 데 그쳤다.

이렇게 되자 베트남전에서 한국군의 역할은 증대될 수밖에 없었다. 특히 베트남전에 개입하면서 이 전쟁이 백인종의 황인종에 대한 '인종침략전쟁'이 아니라 공산주의의 팽창을 막기 위한 '이데올로기 전쟁'이라는 허상을 만들고자 했던 미국에게 베트남민족과 같은 아시아인종인 한국군의 참전은 아주 중요한 문제였다. 처음 박정희가 미국에게 한국군의 베트남 파병을 제안할 때에는 생색내기의 측면이 강했다. 그러나 동맹국들의 저조한 참여 때문에 한국군의 역할은 증대될 수밖에 없었고, 한국은 미군을 제외하고 베트남전에 참전한 오스트레일리아, 뉴질랜드, 태국, 필리핀, 타이완, 스페인 등 6개국의 파병병력 총합의 약 3배에 달하는 5만여명의 대부대를 파견하게 된다. 그 결과 적어도 베트남전에 관한 한 한국의 위치는 미국을 실질적으로 도와주는 전략 파트너로 격상되었다. 물론 한국은 민족주의의 열풍이 불고 있던 제3세계 국가들로부터 미국의 앞잡이라는 따가운 눈총을 받게 되었지만.

연인원 30만명의 대군을 파병하면서 박정희는 미국과의 교섭에서 실상 많은 것을 얻어내지는 못했다. 아니, 박정희는 오히려 "우리가 타산적으로 나간다면 너무 야박하지 않은가"라는 입장을 보였으니 많은 것을 요구하지 않았다고 하는 것이 옳을지도 모른다. 정작 인색한 것은 미국이었다. 미국의 젊은이들이 흘려야 할 피를 대신 흘려주는 댓가로 미국은 모호한 표현으로 가득찬 「브라운각서」와 부통령 험프리의 립써비스만을 남발했을 뿐이다. 1966년 2월 한국을 방문한 험프리는 "우리는 우방이며 우리는 친구다. 오늘의 한국은 미국과 한국을 합친 것만큼이나 강하고, 오늘의 미국은 한국과 미국을 합친 것만큼이나 강하다. 북한이 남침을 강행하면 우리는 이것을 미본토에 대한 침공으로 간주하여 즉각 응징할 것이다"라는 성명을 남기고 귀국했다. 1970년 2월 미상원 외교위원회의 싸이밍턴 청문회에서 상원 외교위원장이던 풀브라이트 의원은 이 성명을 가르켜 "미국 역사상 일찍이 들어본 적이 없는 미사여구로 가득찬 것"이라고 비아냥거렸다. 당시 한국이 미국으로부터 얻어낸 것 중 특기할 것은 지금은 불평등협정으로 비판이 가득하지만, 1967년에 SOFA, 즉 흔히 한미행정협정이라 불리는 협정이 만들어졌다는 점이다. SOFA가 제정되기 전까지 7만명에 달하는 미군은 그들의 범죄행위를 규제할 아무런 법률도 없는 그야말로 무법천지에서 활개치고 다녔던 것이다. 그러나 당시 정부가 가장 중요하게 여겼던 주한미군의 계속 주둔 및 한국에서 북한의 침공이 있을 때 미국의 자동개입 문제 등은 전혀 성과를 거두지 못했다.

3) 남북관계

한일 국교정상화를 한미일 군사동맹의 강화로, 그리고 일본군국주의 부활의 상징으로 보아온 이북은 한국군의 베트남 파병에 대해 극히 예민하게 반응했다. 김일성은 "월남문제에 대한 태도는 혁명적 입장과 기회주의적 입장, 프롤레타리아 국제주의와 민족이기주의를 갈라놓는 시금석"이며, 조선로동당은 "월남인민의 투쟁을 자신의 투쟁으로 인정"하고 있으며, "월남 민주정부가 요구할 때에는 언제나 지원병을 파견하여 월남형제들과 함께 싸울 준비"가 되어 있다고 강조했다.

베트남 인민들의 투쟁을 돕겠다는 김일성의 발언은 곧 군사분계선에서의 긴장고조로 나타났다. 1965년과 1966년 각각 88건과 80건이었던 군사분계선에서의 충돌은 1967년 784건, 1968년 985건으로 급격히 늘어났다. 그리고 1968년 1월에는 청와대 습격사건과 푸에블로호 납북사건이라는 초대형 사건이 연달아 일어났다. 워싱턴과 서울의 당국자들은 이런 움직임이 베트남에 대규모 병력을 파견하고 있는 한국에 대한 압력이라는 것을 놓치지 않았다. 실제로 한국군을 베트남에 증파하려던 논의는 한반도의 급격한 긴장고조로 인해 사그러들었다.

한국군의 베트남 파병은 한국에 유신체제라는 권위주의체제를 성립하게 했을 뿐 아니라 북한의 체제 역시 고도로 경직되게 만들었다. 1967년 4월 조선로동당 4기 15차 중앙위원회 전원회의를 계기로 북한체제는 그전과는 질적으로 전혀 다른 유일사상체계로 변질되었다.

5. 맺음말

1968년은 세계적으로 반전운동과 사회혁명의 기운이 크게 고조된 시기였다. 그러나 한반도의 1968년은 남에서는 병영국가화가, 북에서는 김일성 유일지배체제가 강화되던 시기였다. 전세계를 휩쓴 반전운동은 한국을 비켜갔다. 시인 김수영 같은 이도 "당당하게 월남파병에 반대하는 자유"를 이행하지 못하고 "바람아, 먼지야, 풀아 나는 얼마큼 적으냐"를 되뇌었을 뿐이다.

그로부터 30년 세월이 흘러 우리는 베트남전이 남긴 상처와 '새삼스럽게' 대면하고 있다. 베트남 중부지방의 도처에 우리가 만들어낸 베트남의 수많은 '노근리'들만이 아니다. 박정희는 6·25전쟁 당시 민간인 학살의 경험을 가진 군대를 비정규전의 경험이 풍부한 군대라면서 베트남전에 보냈고, 베트남에서 민간인들에게 총을 겨누었던 지휘관들은 부메랑이 되어 돌아와 광주의 비극을 일으켰다. 또 이유 없이 아프고, 피부에 반점이 돋고, 자식들이 픽픽 쓰러지는 고엽제 후유증만이 우리의 상처는 아니다. 물론 이런 외상들은 우선적으로 치유되어야 하겠지만, 베트남전쟁이 우리 사회에 미친 영향은 참으로 광범위하다. 베트남전쟁과 한국군의 개입은 한국의 민주주의를 파괴했고, 한국의 대미종속을 심화시켰으며, 한국사회를 군사주의가 지배하는 병영국가로 만들었다. 지난 10년간의 민주화는 겨우 베트남전쟁이 한창이던 시절 박정희에 의해 짓밟힌 절차적 민주주의를 회복한 것에 지나지 않는다. 군사독재는 사라졌다 해도 상명하복의 군사주의는 우리 사회의 구석구석을 지배하고 있으며, 민족의 자주권을 회복하는 일은 아직도 요원하다. 우리는 단 한번도 전쟁의 상처를 제대로 드러내고 치유해본 적이 없다. 대신 전쟁을 '기념'했을 뿐이다. 1960년대 중반, 단 한번의 반전운동 없이 우리는 베트남의 우방이 아니라 미국의 우방으로 남의 전쟁에 잘못 끼여들었다.

2003년 이라크 파병을 둘러싸고 벌어지는 논란은 한국이 베트남 파병으로부터 아무런 경험도 얻지 못했음을 보여준다. 베트남 파병 이후 한국은 걸프 전쟁, 앙골라 내전, 소말리아 내전, 아프카니스탄 전쟁에 이어 미국의 이라크 침공에 이르기까지 군대를 보내야 했다. 수많은 미국의 동맹국 중에서 한국처럼 미국이 벌인 모든 전쟁에 불려간 나라는 없다. 베트남전 당시의 '보은론'은 그래도 조금이나마 근거가 없었던 것은 아니다. 그러나 미국이 벌인 전쟁에 불려가 5천명의 목숨을 바쳤음에도 여전히 한국사회에는 '보은론'의 아류인 '한미혈맹론' '공짜점심론' 등이 판을 치고 있다. 연인원 30만이 넘는 대군을 보내 미국을 도왔음에도 불구하고, 베트남전 당시 미국은 주한미군을 철수시켰다. 미국이 주한미군을 베트남으로 이동시켰다면 당시의 어려운 상황 때문이라고 볼 수도 있겠지만, 주한미군은 미국으로 돌아갔을 뿐이다. 한반도 유사시 주한미군의 자동개입을 보장할 수 있도록 한미상호방위조약을 개정하는 작업은 박정희의 최대 관심사였음에도 불구하고 30만 대군의 파병으로도 이루어지지 않았다. 그런 상황에서 이라크 파병을 통해 북핵문제의 해결에 유리한 상황을 조성한다는 것은 기대할 수 없는 일이다. 그럼에도 불구하고 현재 한국은 천박한 국익론에 빠져 젊은이들의 목숨을 확실하지도 않은 경제적 이익과 바꾸려 하고 있다.

베트남전에 한국이 대규모 병력을 파견한 것도, 그후 미국이 개입한 거의 모든 전쟁에 병력을 파병한 것도 모두 한국군이 필요 이상으로 많기 때문이다. 베트남 파병 이후 급속히 병영국가로 변해간 한국은 일정한 수준의 민주화를 이루었다는 오늘날에도 병영국가의 구조를 벗어나지 못하고 있으며, 현대전의 양상과는 무관하게 많은 병력을 보유하고 있다. 그러다 보니 미국으로부터 끊임없는 파병 압력을 받게 되는 것이다. 불행했던 베트남전의 역사에서 아무런 교훈을 얻지 못한다면, 한국은 몇년 후 미국이 혹시 어떤 나라를 상대로 전쟁을 일으켰을 때 다시금 영순위로 파병 압력에 시달리게 될 것이다.

■ 한홍구

* 이 글은 『역사비평』 2003년 봄호에 수록된 글을 수정보완한 것이다.

폭압적 근대화와 위험사회

1. 머리말

공업력은 근대화의 핵심 구성부분이다. 근대화는 대단히 복잡한 사회적 변화를 가리키는 것이고, 그런 만큼 그것은 거대한 역사적 전환이라는 성격을 갖는다. 그러나 이 모든 변화의 바탕에는 물질적 변화가 자리잡고 있다. 역사는 인간이성의 발달만으로 변하지 않는다. 인간이성 자체도 물질적 변화에 바탕을 두고 발달해간다. 이런 점에서 근대를 이전의 다른 역사적 시기와 구분해주는 가장 근본적인 변화는 공업력이라는 새로운 생산력의 개발과 이용에서 찾을 수 있다. 근대화의 핵심에는 공업력이 자리잡고 있다.

근대화를 통해 나타난 새로운 사회를 일반적으로 공업사회 혹은 산업사회라고 부른다.[1] 더 일반적으로는 근대사회라는 용어를 사용하기도 하는데, 요컨대 근대사회는 대체로 공업사회 혹은 산업사회와 같은

---

1 물론 둘다 industrial society의 번역어이다. 공업력에 바탕을 둔 변화를 강조하고자 한다면 공업사회라는 용어가 좀더 적절한 용어라고 할 수 있겠다.

것으로 여겨진다. 이렇게 근대사회의 특징을 공업력의 개발과 이용에서 찾게 된 이유는 그것이야말로 인류가 세상을 바꾸어놓을 수 있게 한 거대하고 실질적인 생산력이었기 때문일 것이다. 이 힘을 이용해서 인류는 말 그대로 이 세계의 패자가 될 수 있었다.

그러나 이 힘은 생산력일 뿐만이 아니라 살상력이기도 했다(김진균·홍성태 1996). 이러한 사실은 두 차례의 세계대전과 최근의 생태위기에서 잘 드러났다.[2] 그리고 특히 80년대에 들어와 더욱 심각해진 생태위기의 현실을 배경으로 '위험사회'(Risikogesellschaft)라는 개념이 나타나게 되었다. 독일의 사회학자인 울리히 벡(Ulrich Beck)은 근대화에 내새뀐 본실석 눈제늘에 초점을 맞추기 위해 이 개념을 고안했으며, '근대화가 위기에 처한 결과가 아니라 성공한 결과'로 공업사회가 위험사회로 바뀐다고 주장한다(Beck 1992, 45면).

벡의 논의는 '근대 이전의 사회→고전적 근대화→하나의 근대사회(고전적 공업사회→새로운 공업사회=위험사회)→성찰적 근대화→또다른 근대사회'로 요약될 수 있다. 그는 공업사회를 근대사회와 같은 것으로 보는 데 반대한다. 고전적 근대화가 성공한 결과로 경제적 평등이 핵심적 가치였던 고전적 공업사회는 사회적 안전이 핵심적 가치가 되는 새로운 공업사회인 위험사회로 바뀌게 된다. 이런 변화에 올바로 대응하기 위해서는 고전적 근대화 자체를 근대화의 대상으로 삼아야 한다. 이것이 바로 성찰적 근대화이며, 이로써 새로운 근대사회가 나타나게 된다.

위험사회론은 선진공업국인 독일을 배경으로 구성된 것이다. 따라서 그것을 개발도상국이나 후진공업국에 그대로 적용하기에는 여러

---

2 세계대전이 『계몽의 변증법』(1947)을 낳았다면, 생태위기는 『위험사회』(1986)를 낳았다고 할 수 있다. 두 책은 근대의 어두운 면을 집중적으로 다루고 있으며, 저자들이 모두 독일인이라는 공통점을 가지고 있다.

모로 어려운 점이 있다. 그러나 그것이 '고전적 근대화'에 내재되어 있는 본질적 문제를 지적한다는 점에서, 근대화의 길에 들어선 모든 사회에 대해 위험사회론은 적지 않은 설명력을 가질 수 있다. 바로 이런 점에서 지금의 한국사회는 말할 것도 없고 1961년부터 1979년까지 전개된 박정희의 개발독재도 위험사회론을 적용해서 살펴볼 수 있을 것이다.

벡은 과학에 관한 신념과 개인주의화의 진척이라는 틀을 중심으로 위험사회론을 전개한다. 같은 틀을 박정희의 개발독재나 지금의 한국사회에 적용할 수는 있어도 그 세부내용은 많이 달라질 것이다. 예컨대 벡이 개인주의의 진척에서 다루고 있는 양성관계의 변화, 가족관계의 약화, 직업의 불안정화는 사실 신자유주의의 창궐과 밀접하게 연관된 것으로서, 한국에서 이러한 현상들은 90년대 중반을 지나며 뚜렷하게 나타나게 되었다. 이런 점에서 서독이 70년대 초부터 위험사회로 옮아가기 시작했다면(Beck 1992, 54면), 한국은 90년대 중반부터 확실히 위험사회로 옮아가게 되었다고 할 수 있다.

그러나 이러한 비교는 근대화의 성과로서 위험사회가 나타난다는 큰 맥락에서 외형적인 유사성을 강조한 것이기 때문에, 근대화의 구체적인 전개과정이나 방식이 다른 데서 빚어지는 커다란 내용적인 차이를 올바로 반영하지 못한다는 문제를 안고 있다. 이런 차이에 대해 좀더 살펴보도록 하자.

2. 박정희시대와 폭압적 근대화

벡의 위험사회론은 고전적 근대화를 통해 빈곤의 문제가 해결되면서 이에 대한 관심이 줄어드는 반면에, 그로부터 비롯된 위험의 문제들에 대한 관심이 새롭게 커진 서구의 '선진사회'를 직접적인 대상으로 삼고 있다. 또한 벡의 위험사회론은 위험사회의 등장을 고전적 근대화의 비정상적 결과가 아니라 그 정상적 결과로 설명한다. 요컨대 위험사회란 부패와 비리의 산물이 아니라 사회가 정상적으로 운영된 결과로 나타난다는 것이다. 이런 설명에서 알 수 있듯이 위험사회는 일반적으로 말하는 바로 그 '선진사회'를 가리킨다. 벡의 위험사회론은, 이런 '선진사회'가 과학에 대한 맹신의 지배를 받고 있으며 가족과 직업으로 구성된 공업사회의 조정체계가 무너진 사회로서, 결국 사람들이 고전적 근대화를 통해 정상적으로 생산된 엄청난 위험을 감수하고 살아가야 하는 사회라고 주장한다.

우리의 경우에 이러한 위험사회론을 그대로 적용하는 것은 이론적 무리를 넘어서 정치적 오류로 이어질 수도 있다. 왜냐하면 벡의 설명에서 쉽게 알 수 있듯이 위험사회는 우선 '선진사회'를 뜻하는 것이기도 하기 때문이다. 박정희시대는 물론이거니와 지금의 한국도 '선진사회'로 여겨질 수 없으며, 따라서 그것이 '선진사회'라는 뜻을 가지는 한 위험사회라고 할 수도 없다. 이와 관련해서 양자의 구조적 차이에 주의할 필요가 있을 것이다.

'선진사회'와 한국의 구조적 차이는 크게 두 가지로 볼 수 있다. 하나는 세계체계상의 지위로서, '선진사회'에 비해 한국은 여전히 종속적 지위에 가깝다(종속성). 따라서 한국은 '선진사회'가 주도하는 외적인 변화에 취약하며, 이러한 취약성 자체가 한국의 중요한 위험이라고 할 수 있다. 다른 하나는 고전적 근대화의 핵심인 정치적 민주화를 실현한 정도로서, '선진사회'와 달리 한국은 독재상태에서 고전적 근대화가 시작되고 강력하게 추진되었다(억압성). 따라서 한국은 다양한 견해를 조정하고 소수자를 돌보는 데 미숙하며, 이러한 미숙성 자체가 한국의 중요한 위험을 이룬다. 이런 명백한 차이를 무시하고 한국에 위험사회론을 그대로 적용할 수는 없을 것이다.

위험사회론으로 보았을 때, 과학에 대한 맹신은 '선진사회'보다 한국이 더 심하고, 공업사회의 조정체계는 한국보다 '선진사회'가 잘 구축되어 있다. 그 결과 한국은 '선진사회'보다 훨씬 더 위험한 사회가, 다시 말해서 위험사회보다 훨씬 더 위험한 사회가 되었다. 한국은 과학의 위험을 통제할 사회적 장치가 매우 미약하고, 또한 공업사회의 조정체계를 떠받치는 사회안전망이 크게 부족하기 때문이다. 이렇게 된 요인은 물론 '선진사회'와 한국의 구조적 차이(종속성과 억압성)에서 찾아야 할 것이다. 그런데 이런 구조적 차이는 역사적으로 보아서 고전적 근대화의 전개에서 비롯되었다. 한국의 고전적 근대화는 일제에 의한 식민지근대화에 이어 박정희의 폭압적 근대화에 의해 추진되었고, 이로 말미암아 종속성과 억압성을 강화하는 형태로 전개되었으며, 그 결과 고전적 근대화가 진행될수록 서구의 '선진사회'보다 훨씬 크고 빠르고 다양한 위험을 생산하게 되었던 것이다.

한국에서는 박정희에 의해서 고전적 근대화가 본격적으로 추진되었다. 잘 알다시피 박정희는 '조국 근대화'라는 구호를 내걸고 근대화를 강력하게 추구하였다.[3] 울리히 벡의 위험사회론을 따른다면, 그것은 바로 '고전적 근대화'를 한국에서 실현하고자 하는 국가적 차원의 노력이었다. 그 방법은 서구를 모방하는 것이었고, 그 목표는 서구를 따라잡는 것이었다. 이 과정은 아주 빠르게 진행되었기 때문에 흔히 '압축적 근대화'라고 불린다. 그러나 그렇게 빠르게 진행될 수 있었던 까닭은 박정희정권이 폭력적으로 사람들을 근대화의 길로 내몰았기 때문이다. 이 점에서 그것은 단순히 '압축적 근대화'가 아니라 '폭압적

---

3 그는 1970년 1월 9일의 연두기자회견에서 '70년대는 조국 근대화 달성을 위한 사명의 시대'라고 규정했다(청사편집부 편 1984, 9면).

근대화'였다(홍성태 2000a, 55~56면). 박정희의 '조국 근대화'는 단순히 빠른 시간 안에 전개되어서가 아니라 폭압적으로 전개되었기 때문에 그토록 많은 문제를 낳게 되었던 것이다.

　폭압적 근대화란 무엇보다 근대화를 주도하는 국가권력의 폭력성을 강조하는 개념이다.[4] 이것은 벡이 말하는 고전적 근대화와 다른 것이 아니라 바로 그것을 폭력적인 방식으로 빠른 시간 내에 실현하는 것을 가리킨다. 요컨대 서구의 경우에 시민혁명을 동반하는 방식으로 고전적 근대화가 이루어졌다면, 한국의 경우에는 무엇보다 폭력적 방식으로 그것이 이루어졌다는 뜻이다. 폭압적 근대화에서 가장 중요한 것은 정치적 민주화가 폭력을 통해 억압된다는 점이다. 그런데 이념적으로 보아서 정치적 민주화는 근대화의 핵심이다. 따라서 폭압적 근대화란 결국 근대화의 핵심을 억압하고 왜곡하는 근대화라는 성격을 갖게 된다. 물론 이 세상에 이념적 근대화를 온전히 실현한 나라는 하나도 없을 것이다. 아무리 발전된 나라라고 해도 이념적 근대화와 비교해서는 차이를 보이지 않을 수 없다. 요컨대 모든 근대사회는 저마다 왜곡된 근대사회이다. 그러나 합의적 근대화를 통한 서구의 근대사회가 정치적 민주화를 좀더 이념에 가깝게 실현했다면, 폭압적 근대화로 이루어진 한국의 근대사회는 분명히 그로부터 훨씬 멀리 떨어진 사회일 것이다. 박정희시대는 물론이고 지금의 한국사회를 평가하는 데서도 이러한 차이는 충분히 강조될 필요가 있다.

　아무리 이념에 가깝게 실현된다고 해도 고전적 근대화는 본질적으로 한계를 지니고 있다. 위험사회론은 무엇보다 이 점을 강조한다. 그런데 폭압적 근대화는 폭력을 주요한 수단으로 고전적 근대화를 실현

4　사실 모든 국가는 폭력적이다. 폭력은 권력의 물리적 기초이다. 이 점에서 국가는 폭력의 합법적 전담자가 되어야 한다. 그러나 정당성을 잃어버린 국가권력은 가장 센 폭력일 뿐이다. 요컨대 정당한 권위를 잃어버린 국가는 가장 센 폭력집단일 뿐이다.

하려는 것이다. 이 과정에서 고전적 근대화의 여러가지 한계들은 종종 무시되며, 따라서 폭압적 근대화는 고전적 근대화의 한계를 더욱 크고 빠르게 드러내는 과정이 될 수밖에 없다.[5] 이런 점에서 폭압적 근대화를 추구하는 개발독재는 결국 '파괴적 개발'의 독재가 된다. 여기서 파괴적 개발이란 파괴하지 않고는 개발할 수 없다는 뜻이 아니라 개발의 이름으로 많은 것들을 말 그대로 파괴해 없애버리는 것을 뜻한다. 파괴도 개발도 모두 박정희정권의 뜻에 따라 이루어졌고, 그 결과는 자연과 사회의 급격한 파괴로 나타났으며, 또한 서구 위험사회보다 더욱 위험한 사회의 등장으로 이어졌다.

폭압적 근대화의 '파괴적 개발'은 무엇보다 폭력을 통해 이루어졌다. 박정희의 뜻에 따르지 않는 사람들은 반정부를 넘어서 반체제를 지향하는 것으로 여겨졌으며, 이에 따라 고문이나 투옥은 물론이고 때로는 목숨까지도 포함하는 혹독한 댓가를 치러야 했다. 물론 모든 사회적 변화는 단순히 폭력만으로는 지탱될 수 없다. 파괴적 개발은 대체로 두 가지 방식으로 합리화되었다. 하나는 과학적 논리를 동원하는 것이다. 요컨대 파괴적 개발은 '선진사회'가 되기 위한 과학적 선택이라는 것이다. 그 대표적인 예로 '원자력 발전'을 들 수 있다. 다른 하나는 탈식민의 논리를 이용하는 것이다. 요컨대 낡은 의식에서 벗어나지 못해 일제의 식민지가 되었는데, '조국 근대화'를 통해 이제 '선진사회'가 될 수 있다는 것이다. 이른바 '엽전의식'에 대한 논란은 이런 맥락에서 올바로 이해될 수 있는 '식민지담론'의 대표적인 예라고 할 수 있을 것이다.[6]

---

5 이 사회가 '토목공화국'이자 '사고공화국'이 된 것은 이런 사정에서 비롯된다. 폭압적 근대화는 멀쩡해 보이는 커다란 다리며 건물이 갑자기 무너지도록 하는 방식으로 고전적 근대화를 실현하는 것이다.
6 한국의 록음악을 선도한 신중현이 자신의 밴드 이름을 '신중현과 엽전들'로 했던 것은 이렇게 '엽전'으로 표현되는 식민지담론에 대한 정면공격이었다. 그는 단순히 미국의

박정희의 개발독재는 물론 경제성장이라는 성과를 거두기도 했다. 이 점을 중요하게 여기는 사람들은 흔히 50년대와 70년대를 '폐허의 시대'와 '개발의 시대'로 대비해서 박정희가 이룬 것을 강조하려고 한다.

우리가 1953년의 서울 거리와 1970년의 서울 거리를 걸어간다고 상상 해본다면, 우리는 두 시기 사이를 갈라놓는 극심한 차이를 쉽게 발견하게 될 것이다. (⋯) 20년이라는 시간적 격차를 두고 나타났던 변화에서 우리 는 두 개의 사회적 양상 — 침체된 절망과 활기찬 성장 — 을 발견하고는 70년대가 던져주는 역사적 의미를 곰곰이 되씹게 된다. (⋯) 확실히 70년 대는 한국사회가 기다란 역사의 변화를 일으키기 시작했던 때였으며, 많은 신화와 이야깃거리를 만들었던 홍미진진한 시기였다. 마치 한국판 천일야 화가 펼쳐지듯 70년대 이 땅에는 무궁무진한 변화가 일어났다가는 사라지 고 또 새로운 변화가 우리 모두를 감싸며 전율케 한 그런 시대였다. (신한 종합연구소 1991, 25~26면)

확실히 70년대는 '전율의 시대'라고 할 만하다. 그러나 그 '전율'은 박정희정권의 폭력에서 비롯된 것이기도 했으며, 고전적 근대화의 한 계가 아무런 제약 없이 커지는 데서 비롯된 것이기도 했다.

고전적 근대화를 이루는 한 방식으로서 박정희의 폭압적 근대화는 고전적 공업사회에 이르는 것을 목표로 삼고 추진되었다. 위험사회론 에 비추어보았을 때, 그 문제는 외형적 변화에 치중해서 고전적 근대 화조차 제대로 이루지 못했다는 점과 그로 말미암아 고전적 근대화의 한계가 더욱 분명하게 나타날 수 있게 되었다는 점으로 요약될 수 있

록을 배우고 모방하는 데 그치지 않고, 한국적 정서를 록으로 표현하기 위해 많은 애 를 쓴 사람이기도 하다.

다. 폭압적 근대화는 고전적 근대화의 한계를 무시함으로써 그 한계를 극단적으로 밀어붙이는 결과를 빚었다. 개발독재가 파괴적 개발의 독재일 수밖에 없는 이유가 여기에 있다. 박정희의 개발독재는 한국을 위험사회론의 의미에서 위험사회로 만들지는 못했지만, 여러 면에서 서구의 위험사회보다 훨씬 더 위험한 사회로 만들어버렸다. 위험사회론을 그대로 적용할 수는 없지만 그 관점은 우리가 충분히 받아들일 수 있다. 이때 중요한 것은 폭압적 근대화가 성공한 결과로 나타난 여러가지 위험에 대한 분석과 평가일 것이다. 이러한 변화를 '자연의 파괴'와 '사회의 파괴'로 나누어 살펴보도록 하자.

3. 자연의 파괴

자연의 파괴는 선진국과 후진국을 떠나서 근대화의 과정에서 가장 일반적으로 나타나는 근대적 위험이다. 자연의 파괴는 이미 고대부터 나타난 현상이지만, 근대의 그것은 시·공간적인 영향의 면에서 고대의 그것과는 크게 다르다. 박정희의 폭압적 근대화는 자연의 파괴를 댓가로 경제성장이라는 성과를 거둘 수 있었다. 공업화와 자연관으로 나누어 이에 대해 살펴보도록 한다.

1) 공업화

공업력이 근대화의 물질적 핵심이라는 점에서는 합의적 근대화와 폭압적 근대화 사이에 아무런 차이도 없다. 아마 성찰적 근대화에서도 고전적 근대화에서처럼 공업력이 그 물질적 핵심일 것이다. 그러나 공업력은 위험사회의 물질적 핵심이기도 하다. 그러므로 위험사회에서 벗어나기 위한 성찰적 근대화의 핵심적인 목표는 공업력에 대한 새로운 통제방식을 이루는 것이다.

박정희의 개발독재는 급속한 공업화를 근대화의 가장 중요한 수단으로 추구했다. 전국 곳곳에 발전소와 공단이 들어서고, 고속도로를 비롯해 많은 자동차 도로들이 새로 닦였다.

지상파 전파를 타고 연일 대역사의 소식이 전해졌다. 경부고속도로와 포항종합제철의 준공을 비롯하여 갖가지 기념비적 성과들이 전해질 때마다, 사람들은 흥분된 마음과 함께 강한 자신감을 얻어나갔다. 근대적 도로들과 교통망 그리고 거대한 규모의 댐·발전소·공장·공단 등이 이 시기에 이르러서 꼬리를 문 듯 잇따라 만들어졌거나 준비되었다. (신한종합연구소 1991, 27면)

그러나 이렇게 거창한 성과가 이루어지는 과정은 엄청난 자연의 파괴가 이루어지는 과정이기도 했다. 여기서 위험사회론과도 직접적으로 연관될 수 있는 가장 중요한 변화는 핵발전정책이 채택되어 핵발전소가 들어서기 시작했다는 것이다.

핵발전은 1953년 12월 8일 당시 미국 대통령 아이젠하워가 유엔총회에서 '원자력의 평화적 이용'에 관해 연설을 한 뒤에 세계적으로 보편화되기 시작했다. 이 연설에 따라 1954년 국제원자력기구(IAEA)가 만들어졌고, 미국은 원자력법을 개정하여 다른 나라와의 원자력협정을 체결할 수 있게 되었다. 이에 근거하여 1954년 7월에 미국은 한국에 대해 '원자력의 비군사적 목적 이용에 관한 한미쌍무협정'을 제안했다. 한국은 1956년 2월에 이 제안을 받아들였으며, 1957년 8월에는 미국이 주도하는 국제원자력기구의 정식 회원국이 됐다. 1958년 8월에는 연구용 원자로를 구입하기 위해 대표단을 미국에 파견했으며, 1959년 7월에 기공식을 가져서 예정된 1년을 훌쩍 넘겨 1962년 3월에 가동하였다. 1962년 11월에 원자력원 내에 원자력발전대책위원회가 설치되고 '원자력발전추진계획안'이 만들어졌다. 1969년 3월에는 원자력학회가 결성되고, 1970년 12월에는 한국원자력산업회의가 발족되었다. 한편 1967년 12월에 열린 원자력발전조사위원회에서 최초의 원전건설예정지로 경남 고리를 선정했다. 1969년 2월까지 현지조사가 완료되었고, 같은 해 10월부터 부지를 사들이기 시작했다. 주민들의 완강한 반대를 설득과 회유로 무마하고 162세대의 주민을 이주시켜서 12만평의 부지를 확보했다. 공사는 1971년 3월에 시작되었으며, 1978년 7월 20일에 완공되었다. 이렇게 해서 한국은 세계에서 스물두번째로 핵발전국가가 되었다(仁科健一 外 1989).

울리히 벡의 위험사회론은 1986년 4월 26일에 소련의 우끄라이나에서 발생한 '체르노빌 핵발전소 폭발사건'을 배경으로 하고 있다. 이 사건을 계기로 서구에서는 핵발전에 대한 사람들의 생각이 근본적으로 바뀌었다. 사실 핵발전은 오랫동안 '선진사회'의 한 상징이었다. 예컨대 1956년에 방영된 '인류가 발견한 제2의 불'이라는 텔레비전 프로그램은 이런 사실을 잘 보여주었다. 특히 한국처럼 에너지자원이 부족한 개발도상국에서 핵발전은 '선진사회'의 척도로 다루어졌다. 그러나 한국에서도 체르노빌 사건을 계기로 이런 상황은 빠르게 바뀌어갔다. 사실 핵발전의 위험성은 이미 오래 전부터 알려진 상태였다. 예컨대 1957년에 영국의 윈드 스케일 원전에서 반경 100킬로미터 이상의 지역을 방사능에 오염시키는 사고가 일어났으며, 미국에서는 1956년에 방사능 낙진이 정치적 문제로 등장하고 1958년에는 핵문제를 다루는 과학자의 운동이 시작되기도 했다(이항규 1993, 38면; Commoner 1971, 57~58면). 이렇게 오래 전부터 알려진 위험성에도 불구하고 핵발전을 계속해서 추구하다가 마침내 바로 체르노빌 사건이 터지게 되었던 것이다.[7]

한국의 경우는 자체 개발한 핵무기[8]를 보유하고 싶은 박정희의 욕심까지 겹쳐 대단히 강력하게 핵발전정책이 추진되었다. 핵발전에 반대하고 저항하는 것은 아주 어려운 일이었다. 그러나 핵발전소가 들어선 곳에서는 전에 볼 수 없었던 여러가지 새로운 일들이 잇따라 일어났다. 기형 물고기, 기형 송아지, 그리고 마침내 기형아까지도 나타나게 되었다. 그중에서 가장 잘 알려진 것은 1980년대 말에 전라남도 영광의 핵발전소 부근에서 일어났던 '무뇌아와 대뇌아 사건'이다. 핵발전소에서 근무했던 노동자들이 '무뇌아'와 '대뇌아'를 낳았던 것이다. 이에 대한 '전문가'들의 조사결과는 '과학적으로' 핵발전소와 무관하다는 것이었다. 그러나 미국의 생물학자이자 환경운동가인 코모너(Barry Commoner)는 이미 오래 전에 "방사선에 절대로 '해롭지 않은' 노출이란 있을 수 없다는 것이 밝혀졌다"고 했다(Commoner 1971, 57면). 이 상반되는 '과학적 진술' 중에 어느 것이 맞는 것일까? 핵발전소가 들어서고 나서 이런 일들이 일어났으며, 피해자들은 모두 사회적 약자라는 사실을 우리는 어떻게 보아야 할까?

박정희정권은 정치적 정당성을 가지고 있지 않은 잘못 태어난 정권이었다. 이런 정권은 한편으로 폭력을 통해 시민들을 억누르고 통제하며, 다른 한편으로 겉으로 쉽게 드러나는 변화를 통해 시민들을 현혹하려 한다. 1970년에 접어들 무렵의 한국사회는 아직 극빈상태를 벗어나지 못하고 있었다.[9] 박정희정권은 이 사실을 잘 이용했다. 결과적으

---

7 이 사건을 계기로 핵발전에 대한 태도는 '새로운 선진사회' 혹은 '성찰적 선진사회'의 기준이 되었다고 할 수 있다. 핵발전에 매달리지 않고 새로운 대안에너지를 적극적으로 개발하고 이용하려는 사회만이 '선진사회'가 될 수 있는 시대가 열린 것이다.

8 박정희의 개발독재시대에 미국의 핵무기는 이미 한국에 배치되어 있었다. 1970년 3월 10일에 미군이 다섯 가지 핵무기를 한국에 배치하고 있다는 사실이 보도되었다(청사편집부 편 1984, 13면).

9 이른바 '보릿고개'의 시대였다. 당시 사정을 알려주는 통계가 있다. 1969년의 보건사회부 조사에 따르면, 1969년의 국민 1인당 1일 평균 영양섭취량은 기준량인 2400칼로리보다 300칼로리가 모자란 2105칼로리였다(청사편집부 편 1984, 9면).

322

로 박정희정권은 국민들에게 '우리도 잘살 수 있다'는 목표를 심어주는데 성공했지만, 그것은 민주주의를 희생했을 뿐만 아니라 근대적 위험의 체계적 생산을 댓가로 이루어진 것이었다. 박정희의 폭압적 근대화를 통해 "근대화=경제개발=공업화라는 공식이 어느새 사회 전체의 지배적인 생각으로 굳어져버렸"으며(신한종합연구소 1991, 28면), 그 이면에서 고전적 근대화에 내포된 위험은 완전히 무시되고 이에 대한 국민의 자발적 대응은 철저히 진압되었다. 공업화가 진행될수록 '금수강산'은 더욱더 '공해강산'으로 변해갔으며, 자연적 존재로서 우리의 삶은 더욱더 큰 위험에 처하게 되었다.

2) 자연관

공업화를 통해 무너진 것은 '금수강산'만이 아니었다. 더 큰 공격을 당한 것은 '금수강산' 속에서 길러진 우리의 전통적 자연관이었다. 우리나라는 면적이 좁은 대신에 산과 내가 많아서 대단히 다양한 생태상을 가지고 있다. 우리의 전통적 자연관은 이러한 자연적 조건 속에서 오랜 세월 동안 많은 사람들이 살아오면서 다듬어진 것이다(이숭녕 1985; 최창조 1992; 조석필 1993; 박희병 1999). 그것은 이 땅을 이해하고 보호하며 살아가기 위해 꼭 필요한 슬기라고 해야 옳은 것이다. 자연을 훼손하지 않고 자연과 어울려 잘살기 위해서는 무엇보다 우리의 전통적 자연관을 소중히 여기고 그 슬기를 잘 배워야 했다.

그러나 박정희의 폭압적 근대화는 바로 이러한 슬기를 크게 훼손하였다. 그가 '직접' 노래까지 지으며 열심히 추진했던 '새마을운동'은 그 좋은 예이다. 그는 초가집을 없애고 마을 길도 넓혀서 부자가 되자고 했지만, 이런 방식으로 부자가 되는 것은 결국 자연의 순환을 깨고 고전적 근대화에 따르는 위험을 사회 전체로 퍼뜨리는 것이기도 했다. 초가지붕을 없애고 울긋불긋한 양철지붕을 올리고, 흙담을 없애고 시멘트담을 세우고, 좁은 마을 길을 넓힌 결과는 무엇인가? 그로부터 한 세대도 지나기 전에 농업은 무너지고, 농민은 사라졌으며, 농촌은 망가졌다. 박정희는 이런 변화를 어떻게 설명할까? 이런 변화들보다 더 근본적인 변화는 농업의 자연적 성격이 크게 훼손되었다는 것이다.

본래 농업은 사람과 자연이 어울려 사는 길이었으나, 박정희정권이 적극 장려한 화학농법으로 말미암아 또하나의 공업으로 전락했다. 개발독재에 의해서 화학비료와 화학농약과 비닐은 금세 농업의 필수재가 되었다. 박정희정권은 이런 식의 변화에서 생겨날 위험에는 거의 주의를 기울이지 않았다. '사람은 자연보호, 자연은 사람보호'라는 구호는 박정희정권의 날기에 생겨난 것인데, 이 구호는 박정희정권이 더 이상 부인할 수 없을 정도로 자연의 파괴가 심각해졌다는 것을 보여주지만, 박정희정권이 실제로 이 구호의 내용을 열심히 실천하려고 했던 것은 결코 아니었다. 이미 70년대 초에 이런 문제를 체계적으로 분석하고 비판한 논문이 발표되기도 했지만(유인호 1973), 외형적 성장에 눈이 먼 박정희정권에게 이런 논문은 그저 훼방꾼의 외침 정도로만 여겨졌을 뿐이다.

이렇게 농업이 무너지고 농촌이 망가지게 된 배경에는 박정희정권의 공업화 전략이 자리잡고 있다. 사실 '선진사회'에서는 60년대 중반부터 크게 퍼져나가기 시작한 환경운동에 힘입어 1970년을 경계로 공업의 파괴성을 바로잡으려는 움직임이 커져갔다.[10] 그러나 박정희정권의 공업화 전략은 이런 변화와는 거리가 먼 것이었다. 세계사적인 안

---

10 1962년에 레이첼 카슨의 유명한 『침묵의 봄』이 발간된 것을 계기로 서구에서 환경문제는 대중적 관심사로 떠오른다. 이런 변화에 힘입어 다시 서구에서는 환경운동의 대중화가 빠르게 전개된다. 그 결과 1970년에 당시 미국 대통령이었던 닉슨은 '무기개발에 수백만 달러를 투입하는 사회는 분명히 병든 사회'이며 '환경오염은 이제 미국 제일의 문제'가 되었다고 말했다(김명자 1991, 341면).

목으로 보았을 때, 그 전략은 분명히 낡은 것이었다. 물론 일반적으로 개발도상국은 자연의 파괴를 댓가로 급속한 경제성장을 추구한다. 박정희정권의 공업화전략은 그 대표적인 예라고 할 수 있다. 그러나 큰 성과를 거둔 만큼이나 그 전략은 자연적으로도 사회적으로도 큰 문제를 낳았다. 그런데도 박정희정권이 낡은 공업화전략을 강행했던 것은 빠른 시간 안에 큰 성과를 낼 수 있는 변화를 통해 자신의 업적을 과시하려는 정치적 속셈이 자리잡고 있었기 때문이다.[11]

60년대 중반까지 작은 어촌이었던 울산은 박정희정권의 공업화전략을 통해 빠른 시간에 한국을 대표하는 공업도시가 되었다. 울산에는 '공업탑'이 서 있고 거기에는 박정희의 연설이 새겨져 있는데, 그중에는 다음과 같은 구절이 있다.

공업 생산의 검은 연기가 대기 속에 뻗어나가는 그날엔 국가 민족의 희망과 발전이 눈앞에 도래하였음을 알 수 있는 것입니다.

선진국에서는 이미 시대착오적인 것으로 판명되어 없어지기 시작한 "공업 생산의 검은 연기"에서 그는 "국가 민족의 희망과 발전"을 보았던 것이다. 그의 집착은 대단했다. 1973년 2월 22일에 대법원 민사부는 최초의 공해소송에서 피고측인 영남화학에 패소판결을 내렸다. 며칠 뒤인 3월 2일에 박정희는 쌍용시멘트를 시찰하던 중에 '공업발전을 위해서는 너무 공해문제에 신경쓰지 않는 것이 좋다'고 말했다(청사 편집부 편 1984, 141~42면). 이것이 그의 확고한 신념이었다면 그는 '확신

---

11 아마도 이른바 '빨리빨리'와 '대충대충' 문화는 박정희정권에 의해 추구된 외형적 성장주의의 필연적 산물일 것이다(홍성태 2001). 군사작전을 치르듯이 목표기일을 정해 놓고 밀어붙이는 군사적 성장주의야말로 '빨리빨리'와 '대충대충' 문화의 산파가 아니겠는가.

범'이 되는 것이겠지만, 그렇다고 해도 그의 신념이 잘못된 것이었다는 사실이 바뀌지는 않는다. 나아가 자신의 신념을 유일하게 올바른 것으로 여기고 다른 수많은 사람들에게 강요하는 잘못을 저질렀다는 사실도 결코 바뀌지 않는다. 박정희정권의 공업화전략에는 일본에서 '공해산업'으로 여겨져 폐업을 해야 할 처지에 놓인 공장들을 마구 받아들이는 것도 포함되었다. 그리고 이런 공장들에서 일할 '노동노예'들을 대량으로 값싸게 공급하는 것도 그 전략의 주요 내용이었다.

이런 공업화전략의 바탕에는 공업중심의 자연관, 곧 자연은 인간의 목적을 이루기 위한 대상일 뿐이라는 자연관이 자리잡고 있다. 그러므로 박정희정권의 공업화전략은 우리의 자연만이 아니라 자연관도 파괴하는 것이었다. 이러한 파괴는 폭력과 과학의 결합을 통해 이루어졌다. 박정희 정권의 폭압적 근대화는 '힘에 대한 숭배'를 널리 퍼뜨렸다. 이 힘의 원천은 군사력이며 공업력이었다. 군사력은 노골적인 폭력이지만 공업력은 그렇지는 않다. 박정희정권은 폭력과 과학을 동시에 이용했다. 이렇게 해서 폭력에 대한 복속이 과학에 의한 설복이라는 모습을 띨 수 있게 되었다. 박정희정권의 폭압적 근대화에 이바지한 폭력과 과학의 키메라(chimera)는 전통적 자연관이 단순히 약한 것이 아니라 과학적으로 잘못된 것이기 때문에 약한 것이라는 생각을 널리 퍼뜨렸다.[12]

그러나 박정희정권이 폭력을 합리화하기 위해 내세운 과학은 사실 또다른 폭력이었다. 위험사회론에서 잘 설명되고 있듯이, 그것은 전문가체계에 의한 지식의 독점을 통해 위험을 합리화하고 정당화하는 구

---

12 전통과 근대의 긴장은 박정희정권의 독특한 특징이기도 하다. 그 바탕에는 전통＝한국, 근대＝서구라는 미국산 이분법이 작동하고 있는데, 박정희정권은 근대＝서구를 추구하면서도 그 정치적 핵심인 민주화를 결코 실현하려 하지 않았다. 이것이야말로 박정희정권의 정치적 기본모순이었다.

실을 한다. 이렇게 독점된 지식으로서 근대과학은 생태적 사고를 미신적인 것으로 여기고, 자연의 파괴를 위대한 문명으로 여기도록 하는 '미개한 과학'이었다. 박정희정권은 전문가체계에도 강력한 영향력을 미쳤고, 그런 만큼 '미개한 과학'은 더욱더 강력한 힘을 발휘할 수 있게 되었다. 마치 일제가 우생학이라는 '사이비과학'을 통해 식민지통치를 합리화했던 것처럼, 일제의 우등생이었던 박정희는 '미개한 과학'을 통해 폭력과 파괴를 정당화했던 것이다. 이런 식으로 우리의 슬기마저 오염되고 훼손될 수밖에 없었던 데에서 폭압적 근대화의 더욱 깊고 큰 위험을 찾을 수 있을 것이다.

4. 사회의 파괴

좋게 말해서 폭압적 근대화는 오로지 경제성장을 이루기 위해 강력한 국가폭력을 멋대로 휘두르며 이루어진 고전적 근대화를 뜻한다. 세계사적 차원에서 고전적 근대화는 피할 수 없는 하나의 역사적 추세였다. 이런 점을 염두에 두고 좀더 사실적으로 말하자면, 폭압적 근대화는 박정희정권의 정치적 야욕과 그에 야합한 세력들의 이권을 실현하기 위해 고전적 근대화의 추세를 이용한 야만적인 변화의 과정이었다. '사회의 파괴'란 이로부터 나타난 가장 큰 위험이다. 위험사회론에서는 고전적 근대화가 성공한 결과, 사람들을 공업사회에 묶어두었던 여러가지 사회적 관계들이 크게 바뀌게 되고, 이로 말미암아 커다란 사회적 위험이 나타나게 된다고 설명한다. 폭압적 근대화의 목표는 고전적 공업사회에 이르는 것이었지만, 이 과정에서 사회의 파괴가 자행됨으로써 위험사회보다 더 위험한 사회가 나타나게 된다.

1) 지역주의

폭압적 근대화가 한국사회에 미친 해악의 첫번째로 꼽아야 할 것은 바로 지역주의이다. 지역의 분할이 전근대사회의 특징이라면, 지역의 통합은 근대사회의 핵심이다. 근대국가란 이렇게 통합된 지역들의 정치적 구현체라고 할 수 있다. 지역주의는 지역의 통합을 막고 근대사회의 형성을 가로막는다. 그것은 국민을 지역주민들로 나누어놓고 서로 싸우게 해서 국가의 잘못을 통제할 수 없도록 한다. 지역주의가 횡행하는 사회에서 국민은 주권자가 될 수 없으며, 국가권력은 사실상 지역권력으로 타락하지 않을 수 없다.

지역적 차이가 없는 사회는 없다. 문화적으로, 생태적으로 시역색은 대단히 중요하다. 그것은 한 사회를 더욱더 다양하고 생기있게 만드는 중요한 기초이다. 그러나 지역주의는 근대국가를 전근대적 지역의 차원에 머물게 한다는 의미에서 근대사회의 암종이다. 박정희정권은 이러한 지역주의를 이용해서 정당성을 지니고 있지 못한 정권의 초석을 다지고자 했다. 박정희정권이 조장한 지역주의의 물질적 기초는 지역불균등발전이었다. 그러나 지역불균등발전은 자본주의의 본성에 속하는 것이다. 그리고 영남지역에 대한 넘치는 투자는 일본과 연계해서 공업화를 이루려 했던 박정희정권으로서는 어쩔 수 없는 선택이기도 했다. 그러나 영남사람들로 정·관·군을 지배하도록 했던 것은 박정희정권의 정치적 한계를 그대로 반영한 것이었다. 이러한 정치적 차별로 보자면 박정희정권은 명백히 '영남정권'이었으며, 지역불균등발전은 이와 연관된 대단히 의도적인 것이었다.

오늘날 한국사회가 망국적 지역주의에 시달리고 있다는 사실은 박정희의 폭압적 근대화가 엄청나게 큰 성공을 거두었다는 뜻이기도 하다. 잘 알다시피 그 축은 영남과 호남의 대립이다. 그러나 이 대립은 불의한 정권의 지배를 통해 얻은 기득권을 잃지 않으려는 영남의 잘못된 욕심에서 비롯된 것이다. 호남은 신민당 후보 김대중이 박정희를 사실상 이긴 1971년의 제7대 대통령선거를 계기로 영남의 대항세력으로 여겨지게 된다. 이 선거를 계기로 호남은 박정희정권에 의해 요주의 지역으로 여겨지고, 이로부터 영남과 호남의 대립이라는 환상이 나타나게 된 것이다. 그 실상은 영남을 이용하고 호남을 차별해서 자신의 불의한 권력을 계속 유지하려는 박정희의 야욕이었다.

양반은 사라졌으나 오늘날에도 우리는 조선의 양반문화 속에서 살아가고 있다. 양반은 본래 전 인구 중에서 한줌도 안되는 사람들이었으나, 언제부터인가 이 나라의 국민은 모두 양반의 후손이 되었다. 그와 비슷하게 박정희는 죽었으나 그가 남긴 지역주의는 아직도 굳세게 살아 있다. 박정희는 죽었으되 그의 망령은 아직도 이 사회를 지배하고 있다. 지역주의를 혐오하고 그 잘못을 바로잡으려는 사람들조차 지역주의에서 벗어나 살아갈 수 없는 실정이다. 지역주의는 박정희가 이 사회의 발전을 가로막고 자신의 권력을 유지하기 위해 이 사회에 걸어놓은 강력한 주술이다. '우리가 남이가'의 욕심과 '전라도 깽깽이'의 차별을 넘어서지 않고 이 사회가 발전할 수는 없다. 박정희의 망령을 멀리 쫓아버리는 것은 이 사회가 발전하기 위한 관건이다.

2) 난민사회

박정권은 마치 경제성장으로 모든 잘못을 바로잡을 수 있다는 듯이 경제성장을 집요하게 추구했다. 이를 위해 자연의 파괴를 조장했고, 노동자들을 공장의 노예로 만들었으며, 아무렇지 않게 폭력을 휘둘렀다.[13] 이 정권은 1980년을 목표연한으로 정하고 '수출 100억불, 국민소

---

13 1970년 11월에 청계천의 노동자 전태일이 분신자살하고, 1979년 8월에 YH무역의 노동자 김경숙이 살해당한 사건은 우연히 발생한 것이 아니었다.

득 1000불'을 끊임없이 되뇌었다. 그 결과 목표는 더 일찍 달성되었다.

이러한 성장의 열기에 따라 1978년의 GNP는 1970년의 81억 500만달러보다 무려 여섯 배가 넘는 513억 4100만달러로 증가하였고, 1인당 국민소득 또한 1970년의 252달러에서 1977년에는 마침내 1000달러 선을 넘어섰다. 그리고 수출은 1972년의 16억 달러에서 1977년에는 100억 달러를 돌파하여 급기야 당시의 국가적 꿈이었던 수출 100억불, 국민소득 1000불의 목표가 달성되기에 이르렀다. (신한종합연구소 1991, 27면)

그러나 과연 이런 식의 목표달성만으로 충분한 것이었을까? 이것은 어디까지나 총량을 기준으로 한 목표달성이기 때문에 국민 각자가 이런 목표달성을 통해 어떤 변화를 맞게 되었는가에 대해서는 제대로 설명해주지 않는다. 박정희정권의 간택을 받은 사람들은 큰 성공을 거두었지만, 그렇지 않은 사람들은 새로운 사회적 상황에 적응하기 위해 안간힘을 써야만 했다.

박정희는 직업군인답게 군사적 목표를 정하고 저돌적으로 돌진하듯이 경제목표를 정하고 그 목표를 향해 국민들이 뛰어가도록 했다. '산업전사'라는 새로운 용어가 이 시대의 분위기를 웅변해준다. 국민들은 전투를 벌이듯이 일을 해야 했다. 이 과정에 제대로 적응하지 못하는 사람은 자연스럽게 사회의 낙오자가 되었다. 많은 국민들이 혹독한 자본주의적 경쟁이라는 새로운 사회적 상황 속으로 내몰렸다. 얼마 전까지도 그들은 농민으로서 자신의 노동시간을 스스로 통제하고 땅과 어울려 생산하던 존재였으나, 이제는 자본의 이윤노예로서 기계의 리듬에 맞추어 자신의 생체리듬을 통제해야 하는 타율적 존재로 변하고 말았다. 많은 사람들이 이런 식으로 '자기 땅에서 유배당한 자'들이 되고 말았다.

공업화와 함께 수많은 사람들이 도시로 내몰렸다. 1960년에 240만 명 수준이던 서울의 인구가 1972년에는 600만명, 그리고 1970년대 말에는 800만명을 넘어서게 되었다(신한종합연구소 1991, 40면). 모든 사람과 자원이 서울로 몰리는 국토의 기형적 이용구조가 나타나고, 서울은 공업화와 함께 땅에서 쫓겨난 '산업난민'들로 득시글거리는 곳이 되었다. 1950년대가 전쟁으로 말미암아 생겨난 '전쟁난민'의 시대였다면, 1970년대는 공업화로 인해 나타난 새로운 '산업난민'의 시대였다. 난민은 모든 것을 잃은 사람이며, 불신은 난민의 생존본능이다. 종종 '최선'이라는 이름으로 포장되는 무자비한 경쟁은 난민의 생존비결이었다.

지역주의는 난민사회와 밀접한 연관을 맺고 있다. 졸지에 난민이 된 사람들은 어떻게든 살아남기 위해 모든 인연을 다 이용하고자 하고, 그중에서 가장 널리 그리고 흔히 사용된 것은 '고향'이었다. 이 정겹고 향수어린 낱말 안에는 이 사회를 나락으로 떨어뜨릴 수도 있는 무서운 힘이 담겨 있는 것이다. 이로부터 또다른 위험이 나타나게 된다. 난민사회 속에서 누구나 무자비한 경쟁을 벌이고 있다는 사실을 모든 사람들이 잘 알고 있기 때문에 법은 물론이고 잘 아는 사람조차 쉽게 믿지 않게 되는 것이다.

3) 불신사회

사람들이 서로 믿지 않을 뿐만 아니라 공식적으로 제정된 법은 더욱더 믿지 않는 사회가 바로 불신사회이다. 난민사회가 경제지상주의로 말미암은 것이라면, 불신사회는 권력지상주의 때문에 나타난 것이다. 박정희정권의 폭압적 근대화는 한편으로 경제지상주의를 통해 사람들을 서로 물어뜯는 상황으로 내몰고, 다른 한편으로 권력지상주의를 통해 사람들이 살아남기 위해서라도 정권에게 의존하도록 만들었던 것이다. 박정희는 사실상 '신과 동기동창'인 존재였다. 그리고 그의

주위에는 이 신과 맞먹는 존재를 보필하는 많은 자들이 똬리를 틀고
있었다. 이들과 이권관계를 맺는다는 것은 큰 성공이 보장된다는 것과
같은 뜻이었다. 공식적인 제도는 불신의 대상이었으나 권력은 그 그림
자조차도 커다란 신뢰의 대상이었다. 불신사회의 이면은 나름대로 신
뢰사회인 것이다. 이런 이중성은 아직까지도 크게 변하지 않고 있는
불신사회의 큰 특징이다.

이승만시대에 '모두가 도둑놈'이라는 말이 유행했다는 데서 알 수
있듯이, 불신사회는 박정희 때에 만들어진 것이 아니다. 계속 정권을
잡기 위해 헌법을 계속해서 제멋대로 뜯어고치고 깡패를 비롯한 물리
력을 이용했다는 섬에서 이승만은 박정희의 중요한 선배였다.[14] 그러
나 박정희는 여러 면에서 선배를 훌쩍 뛰어넘는 능력을 보여주었다.

첫째, 그의 일본 이름은 '타까끼 마사오(高木雄夫)'로서, 그는 나름
대로 독립운동을 했던 이승만과 달리 철저한 일제부역자였다. 그는 일
제의 군사학교를 두 군데나 우수한 성적으로 졸업하고 만주의 관동군
으로 배치되어 독립군을 토벌하는 데 앞장선 '훌륭한 일본인'이었다.
이런 자가 권력을 잡았으니 누가 세상의 이치를 믿겠는가? 그는 입만
열면 '반공'을 외쳤지만, 그 자신이 바로 '빨갱이'의 전력을 가지고 있었
다. 또 그는 다시는 대통령에 입후보하지 않겠다고 해놓고 거듭 선거
에 나섰고, 폭력과 돈을 이용해서 계속 권력을 움켜쥐었다. 사람들은
그의 말을 믿을 수 없었고, 오직 그의 힘을 무서워할 뿐이었다.[15] 이것

---

14 그러므로 박정희를 영웅시하는 일단의 무리들이 이승만까지 덩달아 '근대사의 거인'
으로 칭송하는 것은 논리적으로 아주 일관된 것이다. 그들의 논리는 역사의 쓰레기통
에서 장미꽃을 피워보자는 것이겠으나, 역사는 그들의 논리가 일관성은 있지만 타당
성은 없다는 것을 잘 보여준다. 다시 말해서 그들의 주장은 틀렸다는 점에서 논리적으
로 일관된다는 것이다.
15 그는 군복을 벗으며 "다시는 나같이 불행한 군인이 나타나지 않기를 바란다"고 말했
다. 그의 '희망'은 그가 아끼던 후배들에 의해 배신당했다. 전두환과 노태우 일파가 그
들이다. 이들은 '불행한 군인'은커녕 권력을 잡은 기념으로 샴페인을 터뜨리고 파티를

이 폭압적 근대화를 버티고 살아가는 슬기였다.

둘째, 이승만이나 박정희는 청렴했다고 전해진다. 부패와 관련해서 욕을 먹는 것은 언제나 이기붕과 차지철이다. 그렇다면 이승만과 박정희는 땅을 파서 권력을 잡았다는 말인가? 조직을 관리하고 선거에서 이기기 위해 필요한 그 많은 돈은 도대체 어디에서 생겼다는 말인가? 그들은 권력의 수장이었고, 따라서 부패의 수장이었다. 이승만과 박정희의 차이는 그 크기와 방식에 있다. "박정희정권에서 부패는 중요한 의미에서 국유화되었다고 말할 수 있다. 국가는 부패가 발생할 수 있는 범위를 설정했으며, 그 결과 부패는 발전과정의 역동적 부문으로 기능했다"는 분석은 이러한 사실을 충분히 엿볼 수 있다(Moran 1999, 571면; 정성진 2000, 45면의 주11에서 재인용).

박정희의 철권통치는 권력을 빼고는 어떤 것도 믿지 못하도록 하는 상황을 만들었다. 역사란 승자의 역사이므로 수단과 방법을 가리지 않고 이기는 것이 중요할 뿐이라는 약육강식의 사상을 그 누구보다 널리 퍼뜨렸다. 근대적 법과 제도는 만들어졌으나, 그것은 권력의 부패와 비리를 감추기 위한 포장용으로 흔히 이용되었다. 불신사회는 사회의 체계가 무너진 무체계의 사회가 되고 말았다.

4) 병영사회

박정희는 폭압적 근대화의 문제를 숨기기 위해 분단이라는 비극적 상황을 철저하게 이용했다(박상환 2000; 홍성태 2000b). 이승만이 만든 국가보안법에 덧붙여 박정희는 반공법이라는 것을 만들었다. 이런 법을 이용해서 정치적 반대자들을 흔히 공산주의자로 몰았다. 시도 때도 없

열었으며, 재임기간에는 엄청난 금액의 돈을 빼돌렸고, 여전히 지역주의를 이용해서 정치적 영향력을 행사하며 그 자손들까지 떵떵거리며 잘살고 있다. 역사의 복판에 정의가 없으니, 사회의 핵심에 신뢰가 없는 것이다.

이 간첩사건이 일어나기도 했다. 이런 일들은 반공주의를 빙자해서 정권을 유지하려는 정치적 술책과 밀접한 연관을 맺고 있었다. 공산주의나 간첩이라는 말만으로도 사람들의 간담은 서늘해지곤 했다. 그 말은 곧 적을 뜻했고, 적은 법에 의하지 않고 '학살'해도 좋은 대상이었다. 적은 '사람'이 아니었다. 그리고 누군가를 적으로 규정할 권리는 바로 박정희가 독점하고 있었다. 그에게 반대하는 것은 궁극적으로 죽음을 각오해야 하는 것이었다.

부정선거를 통해 김대중 후보를 누르고 어렵사리 권력을 쥐게 된 박정희는 1971년 12월에 '국가비상사태선언'을 발표했다. 그중에는 '모든 국민은 안보위수의 새 가치관을 확립해야 한다'는 내용도 있었다. 이에 따라 대중예술에도 안보우선의 새 가치관을 취할 방침이 발표되기도 했다. 이어서 대통령에게 광범위한 비상대권을 부여하는 '국가보위에 관한 특별조치법(안)'이 발표되었다. 그러다가 1972년 7월 4일에 느닷없이 남북공동성명이 발표되었다. 그러고는 1972년 10월 17일에 전국에 비상계엄을 선포해서 영구집권을 향한 본색을 드러냈다. 이어서 1972년 12월 13일에 그는 멋대로 법을 바꿔서 꾸린 통일주체국민회의에서 대통령으로 선출되는 장난 같은 짓을 벌였다.

분단상황과 반공주의는 폭압적 근대화를 합리화하는 가장 강력한 근거였으며, 또한 박정희의 영구집권 야욕을 정당화하는 가장 강력한 근거이기도 했다. 박정희는 온 나라를 병영으로 만들고, 모든 사람들을 반공투사로 만들고 싶어했다. 어린이들은 교육을 통해, 어른들은 폭력을 통해 길들여졌다. 박정희는 자신이 어떤 일을 하건, 그것은 이 나라를 적으로부터 구하기 위해 하는 것이므로 반대해서는 안된다는 생각을 모든 사람들의 머릿속에 심어놓으려 했다. 그리고 그 시도는 상당히 큰 성공을 거두었다. 아직도 이 나라에는 반공주의의 주술에 걸린 사람들이 얼마나 많은가?

5) 폭력사회

흔히 '한강의 기적'으로 불리곤 하는 박정희정권의 고도성장 신화는 무엇보다 폭력적으로 이루어진 것이었다. 박정희는 폭력의 전문가였다. 그는 폭력을 잘 이용했으며, 그래서 오랫동안 권좌를 누릴 수 있었다. 모든 국민이 그 폭력의 대상이었다.

김대중은 일본에서 납치되어 한국으로 몰래 호송되던 중 현해탄에서 물고기 밥이 될 뻔했다. 재야의 지도자였던 장준하는 서울 근교의 등산길에서 변사체로 발견되었다. 이른바 '의문사'이다. 서울대학교 법대 교수였던 최종길도 '의문사'했다. 30년이 지나서야 중앙정보부 요원의 살해였다는 증언이 나왔다. 중앙정보부 요원이 그를 정보부 건물의 7층 비상계단에서 아래로 밀어버렸다는 것이다.[16] 고문에 지친 그의 몸은 몇초 만에 콘크리트 바닥에 부딪혔고 머리가 깨진 그는 그 자리에서 죽고 말았다. 끔찍한 시대의 참혹한 죽음이 아닐 수 없다.

중앙정보부장으로서 박정희의 심복 구실을 했던 김형욱은 나중에 사이가 틀어져 결국 그를 '배신'하게 되었다. 그뒤 김형욱은 빠리에서 실종되었는데, 여전히 생사조차 알 수 없는 상태이다. 일설에는 청와대로 납치해서 지하실에서 고문하고 살해한 뒤, 왕산으로 시체조차 녹여 없앴다고 한다. 마피아 방식의 살해기법이다. 사실 여부를 떠나서 이런 식의 풍문이 떠돌았다는 것 자체가 중요하다. 사실이 아니라 하더라도 사람들이 박정희정권을 어떻게 생각했는가, 이 정권이 얼마나 폭력적이었는가를 보여주는 좋은 예라고 할 수 있기 때문이다. '군사 깡패'라는 말이 있거니와 박정희의 통치는 폭치 그 자체였다.

16　당시에 은밀히 나돌았던 '타도'라는 제목의 유인물에 따르면, 최종길 교수는 고문으로 살해되었고, 자살을 가장하기 위해 5층 화장실 창 밖으로 시체를 내던졌다고 한다 (『한겨레』 2002.2.16).

박정희는 이승만처럼 나랏님이나 '국부'로 행세할 수 없게 되자, 한술 더 떠서 자기를 '메시아'로 떠받들게 하는 대중조작을 했다. 68년 영구집권 의 발판으로 삼선개헌을 합리화하는 공작에 그는 '역술인'이란 직업을 가 진 무당, 점쟁이, 관상가 등을 대대적으로 조직·동원했다. 그들은 전국조 직망을 거미줄처럼 얽어 박정희가 '정도령'이고 민중 대망의 '진인'이며 '미 륵불'의 현신이고 도래한 '메시아'라고 떠들어댔다. 그것이 어느정도 뜸을 들였다고 보자, 당시 공화당 의장인 친일파 윤치영은 광주에서 '반만년 만 에 나타난 위대한 지도자 박정희'만이 난국을 타개한다고 개헌 선동에 나 섰다. 이런 대중조삭과 대중농원에는 성지깡패 능 마피아의 협조가 필수 불가결했다. (…) 정치에 정의가 없으면 정치집단이 아무리 합법을 가장해 도 마피아와 동류가 된다. (…) 우리는 쿠데타를 한 '군사마피아'에게서 신 물이 나도록 지겹게 그런 꼬락서니를 봐왔다. (한상범 2002)

그러므로 박정희가 마피아적인 죽음을 당한 것은 참으로 그의 삶에 어울리는 것이었다고 할 수 있겠다. 그러나 그렇기 때문에 전두환과 노태우라는 또다른 '군사마피아'들이 등장할 수 있었던 것인지도 모른 다. 이런 점에서 보자면, 그의 죽음은 대단히 잘못된 것이었다. 그는 역사의 심판을 받아야 했던 것이다.

폭력에 시달리면 폭력에 길들게 된다. 오랫동안 계속된 국가폭력은 그것을 당연한 것으로 여기는 사람들을 만들어낸다. '폭력의 문화화' 가 이루어지는 것이다. 폭력이 없으면 권력도 없다는 사실을 익힌 사 람들에게 폭력은 성공을 위한 자원으로 여겨지기 십상이다. 박정희는 폭력을 경원시하기보다 필요한 것으로 여기는 사회풍조를 만들어냈 던 것이다. 박정희는 '조폭신드롬'의 원조이다.

5. 맺음말

울리히 벡은 빈곤의 문제가 해결되고 위험에 대한 관심이 커지면서 위험사회가 나타난다고 주장한다. 다시 말하자면 위험 자체는 훨씬 전부터 만들어지고 있었으나, 이에 대한 사회적 관심은 그보다 뒤에 나타났다는 것이다. 환경오염이나 교통문제 같은 이른바 '현대적 빈곤'에 관한 논의들은 하나의 사회체계 내에서 정상적으로 생산된 이러한 위험의 문제들을 비판적으로 다루는 또다른 방식이기도 하다. 벡의 위험사회론을 염두에 두고 말하자면, 한국에서도 90년대를 지나며 '위험사회의 현상'을 모두 볼 수 있게 되었으나, 한국에서는 아직 위험사회가 나타나지 않았다고 얘기할 수도 있다. 위험에 관한 공적 관심은 여전히 형식적인 차원을 크게 벗어나지 못했으며, 시민사회의 관심도 마찬가지 수준을 크게 벗어나지 못했기 때문이다. 또한 정치적 민주화의 수준에서 우리는 아직도 서구에 크게 미치지 못하고 있기 때문이다.

울리히 벡의 주장에 따르자면, 고전적 근대화가 성숙해가면서 고전적 공업사회는 새로운 공업사회=위험사회로 바뀌게 된다. 박정희의 폭압적 근대화는 고전적 근대화가 추진되는 하나의 방식, 그러나 합의적 근대화에 비해 당연히 열등한 방식이었다. 외형적인 효율로 보자면, 합의적 근대화보다 훨씬 우월한 성과를 거둔 것으로 보이지만, 폭압적 근대화는 엄청난 '자연의 파괴'와 '사회의 파괴'를 낳으면서 고전적 근대화에 내장되어 있는 위험을 극단적으로 강화하는 결과를 빚고 말았다. 멀쩡해 보이는 다리와 건물이 무너진 사건들은 폭압적 근대화의 필연적인 결과라고 할 수 있다. 요컨대 폭압적 근대화가 너무나 큰 성과를 거둔 결과로 그처럼 비정상적인 일들이 버젓이 나타나게 된 것이다. 이런 점에서 폭압적 근대화는 비정상적인 것을 정상적인 것으로 강요하는 과정이었다고 할 수 있을 것 같다. 우리는 이러한 폭압적 근대화의 문제를 하루빨리 바로잡아야 한다. 그렇지 않으면 위험사회보다 더 위험한 사회 속에서 살아갈 수밖에 없을 것이기 때문이다.

이를 위해서는 무엇보다 정치가 바로서야 한다. 정의롭지 못한 권력은 세상에서 가장 세고 무서운 폭력이 되고 만다. 박정희는 무려 18년간에 걸쳐 이 사실을 잘 보여주었다. 그러나 정치를 바로세우는 것은 나라를 바로세우는 것과 거의 같은 일이다. 너무나 어려운 과제가 아닐 수 없다. 우리는 박정희정권의 폭압적 근대화가 남긴 다양한 부정적 유산들과 맞서 싸워야 한다. 그러나 일제부역자의 청산이라는 뚜렷한 명분을 가지고 있는 싸움조차 국가적 차원의 지원을 받기 어려운 것이 우리의 현실이다.[17] 잘못된 역사가 되풀이되고, 이로 말미암아 살못이 옳은 일로 여겨지는 새로운 잘못이 또 되풀이된다.

울리히 벡은 시민이 주체가 되는 비제도적 정치의 활성화를 통해 성찰적 근대화가 전개되고 이로써 위험사회의 문제를 넘어서는 새로운 근대사회가 나타날 수 있다고 주장한다. 우리가 놓인 상황은 '선진사회'와 많이 다르지만, 그러나 바로 그렇기 때문에 비제도적 시민정치가 더욱더 활성화될 필요가 있다. 올바른 역사의식과 강력한 실천의지를 가지고 역사를 바로잡기 위해 노력할 때, 비로소 위험사회를 넘어서는 길이 나타나게 될 것이다.

■홍성태

---

17 박정희야말로 이러한 문제의 한 상징이다. 일제의 군사학교를 두 군데나 우수한 성적으로 졸업하고 독립군 토벌전을 벌였던 자를 국가적 차원에서 기념하고자 하는 발상은 도대체 누구의 머리에서 나온 것일까? 박정희는 역사를 거의 죽였고, 그래서 죽어서도 아직 살아 있다. 그러므로 역사를 살리기 위해서는 박정희를 분명하게 죽여야 한다. 정부적 차원에서 박정희기념관을 짓는 것은 그가 거의 죽인 역사를 확실하게 죽이는 것이다.

죽은 독재자의 사회

박정희 신드롬의 정신분석학

1. 머리말

1) 어떻게 접근할 것인가?

박정희와 그의 시대는 이제 과거에 속한다. 기념관 건립을 둘러싸고 벌어졌던 열띤 다툼도 실은 그의 그림자의 처리를 놓고 벌어진 맥빠진 논쟁일 뿐이다. 우리 사회의 정치적·경제적·문화적 발전은 이미 오래 전에 박정희와 그가 이끌던 지배집단의 지도(?)를 받는 한계를 넘어섰다. '한국적 민주주의'라는 정치체제, '개발독재'라는 발전전략을 요체로 한 박정희시대는 이제 다시 돌아올 수 없다는 것을 누구나 안다. 심지어 그를 찬양하는 열성적 지지자들도 적어도 이 사실에는 동의한다. 일시적인 반동과 후퇴가 있어도 본디 역사의 발전은 불가역적인 것이다. 그래서 맑스는 역사는 두 번 반복된다고 했다. 한 번은 비극으로, 또 한 번은 희극으로. 역사는 왜 또 한 번 희극으로 반복되는가? 그것은 과거와 명랑하게 작별하기 위해서라고 한다.

한때 신문과 잡지의 지면을 떠들썩하게 했던 박정희 소동도 이제

한마당 희극으로 끝난 듯하다. 그 소동은 일부 언론에서 일으키고, 몇몇 정신나간 지식인들이 부추기고, 정치권에서 정략적 이유로 확산시킨 일시적 소극이었다. 이제 몇몇 사람들이 어떤 정치적 이유에서 일으킨 이 우스꽝스런 소극은 끝나고 이제 우리는 맑스의 말대로 박정희 시대라는 "과거와 명랑하게 작별" 할 수 있게 된 듯하다. 하지만 문제는 그렇게 간단하지가 않다. 이 소동은 단지 소수의 정략가나 비양심적인 지식인들만의 작품이 아니었기 때문이다. 왜 이런 시대착오적인 독재자 찬가가 울려 퍼질 수 있었을까? 왜 수많은 사람들이 군사독재자를 찬양하는 일에 공감을 표하고, 나아가 그의 기념관 건립에 적극 나섰던 것일까?

2) 담론, 세론, 습속

소위 '박정희 신드롬'은 단지 몇몇 사람이 정략적 이유에서 만들어낸 일시적 발작이 아니다. 그것은 어떤 만성질환, 즉 우리 사회의 무의식 깊숙한 곳에 아직까지 남아 있는 증상이 특정한 조건을 만나 발병한 것으로 보아야 한다. 그런 의미에서 이 '신드롬'은 그저 하나의 해프닝으로 보아 웃어넘길 가벼운 현상이 아니다. 몸에 나타난 조그만 증상을 근거로 신체 내부의 병을 추론하는 의사처럼, 이 증후군 안에서 우리는 우리 사회 내부가 어떻게 속속들이 병들어 있는지 읽어내야 한다. 독재는 그것이 존재할 때에만 인간의 정신에 해를 끼치는 게 아니다. 그것이 무너진 뒤에도 오랫동안 정신적 외상으로 남아 인간을 괴롭히는 것이다. '박정희 신드롬', 그 속에서 우리는 군사독재가 우리 사회에 남긴 눈에 보이지 않는 그 끈질기고 집요한 후유증을 확인할 수가 있다.

박정희 군사독재에 관한 정치학적 연구는 그동안 나올 만큼 나온 것으로 안다. 하지만 군사독재가 우리 개개인의 몸과 정신에 남긴 외

340

상, 그것이 어떻게 한국의 사회심리를 규정하고 있으며, 어떻게 우리의 인성을 왜곡하고, 어떻게 사회적 소통을 교란하고 있는지를 밝히는 연구는 이제까지 거의 이루어지지 않았다. '박정희시대를 과연 파시즘 체제로 규정할 수 있느냐' 하는 이론적 문제보다 실천적으로 더 긴급하고 중요한 것은 '그 체제가 현재 우리 자신과 우리 사회를 어떻게 규정하고 있느냐' 하는 물음에 답하는 것이다. 이는 이 현상에 대한 사회심리학적 연구를 요한다. 박정희와 그의 시대는 이제 역사책 속으로 들어갔으나, 사회심리의 관점에서 볼 때 그 시대는 유감스럽게도 아직 현재이다.

박정희시대와 그의 군사파시즘에 대한 정치학적 접근은 많았다. 하지만 내가 아는 한 그것에 대한 멘탈리티적 접근은 이제까지 만족할 만큼 이루어지지 않았다. 친일파에서 좌익으로, 좌익에서 우익으로 어지럽게 움직였던 박정희의 사상, 집권 당시에 그가 폈던 정책, 그리고 그가 평소에 갖고 있었던 정치적 이상이 어떤 이념적 근원을 가졌는지, 그게 미국 지배하의 한국상황에서 어떻게 굴절되다가 10월유신으로 귀결되었는지 밝힐 필요가 있다. 하지만 이런 작업보다 더 중요하고 긴급한 과제가 있다. 그것은 소위 '박정희사상'이라는 것이 그 시대에 이념 세례를 받은 기성세대, 그 시대에 교육을 받은 젊은 세대의 몸과 정신에 어떻게 기입되어 오늘날 어떻게 발현되는지를 밝히는 것이다. 호모 코레아니쿠스, 즉 평균적인 한국인은 닥터 박정희가 만들어낸 프랑켄슈타인의 괴물이기 때문이다.

'박정희 신드롬'은 일시적 현상이 아니라 지속성을 가진 하나의 이데올로기이다. 이데올로기에는 세 가지 차원이 있다. 첫째는 담론(談論)의 차원이다. 여기에서는 모든 주장이 근거를 갖추고 비교적 합리적으로 행해진다. 그래서 담론의 수준에서 죽은 독재자를 찬양하는 사람들을 찾기란 매우 어렵다. 그들은 극소수에 불과하다. 둘째는 장바

닥이나 인터넷에 떠도는 세론(世論)의 차원이다. 여기에서는 대중들의 정치적 리비도가 숨김없이 적나라하게 드러난다. 사회를 움직이는 진짜 이데올로기는 바로 이 세론 속에 들어 있다. 담론은 세론 속에서 비로소 정치적 '힘'으로 전화한다. 박정희 이데올로기 역시 대부분 감정과 본능을 토대로 한 세론의 형태로 존재한다. 마지막은 습속(習俗)의 차원이다. 박정희 이데올로기는 글이나 말로 존재하는 데에 그치지 않고 우리 몸 속에 기입된 코드로, 그리하여 특정한 사회적·정치적 실천을 낳는 육체적 알고리듬(algorithm)으로 존재한다.

그 육체적 실천의 알고리듬이 불행히도 오늘날까지 우리 사회의 곳곳에서 사회적 소통에 장애를 일으키고 있다. 그런 의미에서 박정희를 논한다는 것은, 거시 파시즘이 물러간 후에도 우리 사회 곳곳에 똬리를 틀고 있는 미시 파시즘들의 존재·영역·기제를 드러내어, 그것을 사회적 의식의 층위로 끌어올려 치료하는 실천적 과제가 되어야 한다. 그 영향이 부정적이든 긍정적이든, 박정희시대는 오늘날의 산업사회와 그 속에 들어 있는 한국인의 인성이 형성된 시대이다. 박정희체제는 한국인의 인성구조를 바꾸어놓은 생체권력이었다. 그런 의미에서 지금 이 싯점에서 박정희시대를 조망한다는 것은, 승하한 군주의 공과를 따지는 이조시대 사관의 임무가 아니라, 오늘날의 우리를 만든 그 생체권력이 우리의 몸과 마음에 깊이 각인해놓은 '바이오코드'를 찾아내어 청산하는 치유적(therapeutic) 과제가 되어야 할 것이다.

2. 박정희 신드롬의 사회심리

1) 신드롬의 원인

박정희 부활의 배경이 된 것은 1990년대 한국경제의 호황이었다.

1990년대에 한국의 기업은 "세계는 넓고 할 일은 많다"며 세계로 뻗어나가 구동구권 국가 여기저기에 자동차공장을 세우고 프랑스 톰슨사 같은 선진국 기업의 인수에 나서는 등 외형적으로는 비약적으로 성장하고 있었다. 이 근거없는 자신감이 마침 김영삼정권의 '세계화'라는 구호와 맞물리면서 당시 한국인들은 당장이라도 세계를 잡아먹을 듯이 한껏 부풀어 있었다. 한국경제의 성장잠재력에 대한 낙관은, 때맞춰 닥친 사회주의의 몰락 및 북한경제의 파탄과 함께, 좌파의 이론적 에피스테메였던 '민족경제론'의 논지를 무색하게 만들어버렸다. 잠깐이나마 "박정희는 옳았다". 근거없는 허황된 자신감에 들뜬 사람들은 정복해야 할 세계를 바라보며 1970년대에 박정희가 외치던 구호를 기억해냈다. "하면 된다." 비참하게 몰락한 독재자로 무덤에 들어갔던 박정희는 이렇게 민족의 장래를 내다본 선각자의 모습으로 우리의 감사를 받으러 돌아왔던 것이다.

'신드롬'의 또다른 배경이 된 것은 경제위기가 도래하기 직전의 어지러운 경제상황이었다. 경제가 작동하지 않고, 여기에 대처해야 할 정치권에서 기아자동차 처리를 놓고 당리당략을 내세워 이전투구를 하는 혼란스런 상황. 대중들은 이 지루한 논란 속에서 명쾌한 '결정'을 내려줄 지도자, 즉 강력한 정치적 카리스마를 찾고 있었다. 원래 대중은 경제문제에 대한 전문적 논의보다는 '황금가지' 식의 해결, 즉 모든 문제를 '왕'의 문제로 투사하여 간편하게 설명해주는 정치적 도식을 선호하게 마련이다. 또 경제가 어려운 시기에는 경제가 가장 중요한 문제로 떠오르는 법이다. 그리하여 '문민정권'의 경제적 실정은 소위 '민주화 세력'에 대한 불신으로 이어지고, 이것이 소위 '근대화세력', 특히 그 지도자였던 박정희의 카리스마에 대한 향수로 나타났던 것이다. 정치적 자기결정 능력이 없는 대중들은 '자기소외의 정치학'을 통해 박정희를 민족의 구세주로 여기게 된 것이다.

정치권은 이런 분위기를 자기들의 정략적 이해를 위해 적극 활용했다. 마침 일어난 박정희 부활풍조에 편승하여 어느 대통령후보는 선거전에서 재림 박정희쇼를 연출했다. 자기가 "유신본당"이라고 떳떳하게 주장하는 또다른 후보는 자기가 박정희의 적통이라는 사실을 강조했다. 또다른 후보는 자기 당이 박정희를 도와, 말하자면 그에게 목표를 던져 근대화를 이루는 데에 공헌한 영남 보수층을 대표하는 정당임을 암시했다. 한편 지역정당의 한계를 벗어나지 못하던 어느 후보는 보수적인 영남의 민심을 끌어안기 위해 '박정희기념관 건립'을 공약으로 내세우며 영남의 보수층에게 화해의 손을 내밀었다. 이 정치적 제스처에는 물론 '박정희는 한국 경제발전의 아버지, 자신은 민주화의 아버지, 그리하여 두 사람은 오늘날의 한국을 만든 두 기둥'이라는 개인적 이데올로기도 엿보인다. 박정희 증후군을 증폭시키는 데에 이렇게 정치권도 큰 역할을 했던 것이다.

2) 신드롬의 이념화

적어도 학적 담론의 세계에서 '박정희 신드롬'은 존재하지 않았다. 하지만 학적 담론에 따르는 객관성 및 보편성 요구가 몇몇 지식인이 '박정희 신드롬'을 확산, 증폭시키는 것을 막지는 못했다. 소설가 이인화는 『영원한 제국』을 통해 개혁군주 정조에 박정희의 상을 오버랩시켰고, 곧이어 『인간의 길』을 통해 노골적으로 박정희를 찬양, 미화하고 나섰다. 한편 조선일보의 우익 논객 조갑제 기자는 신문지면을 빌려 박정희의 전기를 연재하는 한편, 『월간조선』의 여러 기획기사를 통해 박정희 신드롬을 기괴한 몽골리즘, 즉 황색인종주의 및 아류 제국주의론으로까지 발전시켰다. 재미있는 것은 박정희 우상화에 동원된 수단이 통속문학이나 저널리즘과 같이 세론에 직접적으로 영향을 끼치는 글쓰기였다는 것이다. 이것은 학계와 지성계의 냉정한 검토를 거치지 않고 대중의 정치적 본능과 정서에 직접 호소하는 전형적인 파시스트적 소통양식으로 볼 수 있다.

조선일보 지면에서 이루어진 박정희 찬양은, 앞에서 언급한 대중적 정서를 정치적 지형 속에 배치하려는 우익의 전략과 관계가 있다. 현실 정당정치의 맥락 속에서 '박정희 신드롬'은 일종의 통합 이데올로기로 활용되었다. 말하자면 박정희 향수를 자극함으로써 그에게 몰표를 던졌던 영남의 보수층을 통합해 다시 특정 정당에 대한 지지층으로 굳히려는 정략의 효과적인 수단이 되었던 것이다. 실제로 영남의 보수층("영남 남인"—이인화) 사이에는 '박정희를 도와 한국의 근대화를 이룩했다'는 기묘한 자부심이 존재한다. 그러나 박정희가 '독재자'로서 불명예스럽게 죽은 후 군사정권에 의해 의도적으로 주입된 이 자부심은 커다란 상처를 받지 않을 수 없었다. 이때 박정희를 민족의 구세주로 복권함으로써 이들에게 자신들이 과거에 내렸던 정치적 결정이 역사적으로 올바른 것이었다는 확신을 심어주며, 박정희에 대한 향수를 이들 사이에 집단적 연대감을 형성하는 고리로 활용했던 것이다. 그리하여 박정희 신드롬은 한국정치의 고질병인 지역감정을 고착시키는 이데올로기가 되었던 것이다.

그외에 박정희 신드롬은 세계관적 활용을 갖고 있었다. 박정희는 글자 그대로 한국 우익의 "아버지"다. '국부'인 이승만은 비록 독재자이기는 했으나 적어도 정치적 신념의 측면에서는 미국식 자유주의의 가치를 신봉하던 이였다. 이 때문에 일제 군국주의 이데올로기의 세례를 받고, 또 그들에게 협력했던 친일파들의 정서와는 동떨어진 면이 있다. 반면 박정희는 만주군과 일본육사에서 제대로 된 일본정신을 배우고, 소위 '박정희 철학'이라는 통치이데올로기를 만들어 남긴 한국 우익의 적통이다. 게다가 박정희의 개인사, 즉 생존하기 위해 보여준 그 기회주의적 행태는 곧 우익들 모두의 역사이기도 했다. 따라서 박정희를 부활시킨다는 것은 이들에게 자기들의 부끄러운 과거를 미화하고, 나아가 자기들을 한국사의 정통으로 자리매김하는 의미가 있었다. 박정희가 부활해야 한국 우익은 역사에 사죄해야 할 '의무'를 벗고, 오늘의 한국을 만든 은인으로서 오히려 감사를 받을 '권리'를 얻게 되는 것이다.

박정희를 경제건설의 신화적 존재로 끌어올림으로써 그 과정에서 그가 저지른 온갖 죄악들을 '시행착오' 정도로 상대화하는 것. 이를 통해 우익의 역사적 정당성과 정통성을 확보하는 것. 나아가 이 논리를 아류 제국주의적인 몽골리즘으로 발전시켜, 강대국 건설의 청사진으로 대중의 정치적 의식을 마비시키고 이를 자기들에 대한 정치적 지지로 전화하는 것. 이것이 박정희 신드롬을 한국의 우익들이 정치적 좌표 속에 배치한 방식이다. 이 과정에서 박정희 신드롬은 몇몇 우익 이데올로그들에 의해 비교적 체계적인 형태로 이념화되었다. 그동안 한국 우익은 반공이라는 네거티브한 이념을 갖고 있었을 뿐 포자티브한 형태의 이데올로기를 갖고 있지 못했다. 그러던 차에 박정희 신드롬이 한국 우익 멘탈리티의 적극적 이념화를 위한 계기가 되었던 것이다. 말하자면 박정희 신드롬은 사회주의의 몰락으로 반공이데올로기의 효과가 현저히 감소하는 상황에서 한국 우익이 자신을 이념적으로 재정립하는 수단으로 활용되었던 것이다.

3) 파시스트 이념의 등장

사실 한국에서 보수우익의 이념은 광신적 '반공'이데올로기로 무장한 일종의 처세술이었다. 마침 불어온 박정희 신드롬을 이념화함으로써 그것이 비로소 하나의 세계관으로서 이론적 표현을 얻게 된 것이다. 한국 우익의 정치적 리비도가 적나라하게 드러난 것도 그 과정에서다. 이 맥락에서 특히 소설가 이인화와 기자 조갑제의 텍스트가 중

346

요한데, 이들의 텍스트는 박정희 신드롬에서 담론과 세론의 영역을 잇는 가교의 노릇을 한다. 그것은 한편으로는 세론의 형태로 떠도는 이야기들을 모아 담론의 형태로 가다듬은 것이자, 대중적 글쓰기로써 그 담론을 대중들 사이에 세론화하기 위한 것이다. 다시 말하면 한편으로 그것은 대중들의 정치적 정서와 본능을 담고 있기에, 그 안에서 우리는 이 사회를 실제로 지배하고 움직이는 이데올로기의 벌거벗은 모습을 생생하게 볼 수가 있고, 다른 한편 한국 우익의 정치적 지향성을 언어적으로 분절화한 것이기에, 그것을 통해 한국의 우익이 대중들을 어떤 정치적 목표로 이끌려 하는지 분명히 확인할 수 있다.

서로 영향을 주거니 받거니 하면서 박정희 우상화 소동을 주도한 이 두 사람의 텍스트는 정표로 교환하던 깨어진 거울의 두 쪽처럼 서로 보족적인 관계에 있다. 그리하여 그 둘을 짜맞추면 비교적 체계적인 하나의 세계관이 얻어진다. 재미있는 것은 그렇게 얻어진 한국 우익의 세계관은 제3제국 시절 보이믈러(A. Baeumler) 같은 삼류 나찌 철학자들이 만들어낸 파시스트 철학과 거의 완벽하게 일치한다는 사실이다. 가령 지도자의 영웅주의와 대중의 금욕주의, 반지식인 캠페인과 군인적 인간형의 찬양, 인식의 반지성주의와 직관주의, 사이비 생철학과 정치적 행동의 맹동주의, 황색인종주의와 반인간주의, 정치신학과 세속적 천년왕국론, 가부장주의와 허구적 공동체주의, 생물학적 정의론과 전쟁의 문화이념, 광신적 반공주의와 팽창적 민족주의……

시간과 공간을 격하여 반복적으로 회귀하는 이 현상은 파시스트 망딸리떼(méntalite)가 모든 사회에 잠재되어 있는 어느정도 초역사적인(?) 정치이념의 원형임을 암시한다. 보수적 성향을 가진 사람이라면 앞에서 열거한 스무 가지 요소 중 몇가지는 갖고 있을 게다. 하지만 그 스무 가지 중 거의 대부분을 받아들이고 주장하는 사람이 있다면, 그 사람은 마땅히 파시스트라 불러야 할 것이다. 평소에 그 스무 가지 요소들은 서로 연결되지 못하고 마치 퍼즐의 조각처럼 대중의 정치적으로 후진적인 층위들 사이에 이리저리 흩어져 있다. 파시스트운동은, 이렇게 분산되어 있던 요소들이 한곳에 모여 체계적으로 조직되어 하나의 세계관이 되고 그것이 매체를 통해 대중들에게 조직적으로 선전되는 싯점에 발생하는 것이다. 그런 의미에서 이인화, 조갑제 두 사람의 텍스트는 우리 사회에서 본격적인 파시스트 이념의 이론적 표현 및 대중선동의 최초의 예라고 할 수 있다.

이 파시스트 선동이 한바탕 소극으로 끝난 것은, 그들이 선전의 근거로 삼은 카리스마가 산 사람이 아닌 죽은 사람의 것이었다는 사실과 관계가 있다. 대중이 파시스트로 조직되려면 언제라도 대중 앞에 임재할 인신(人神)이 필요하나, 당시에 우리 사회에는 이 신비극에 출현할 정치광대가 존재하지 않았다. 다만 그를 닮은 어느 대통령후보의 어설픈 흉내내기가 존재했을 뿐이다. 그리하여 경제위기가 터지고 한국 경제발전의 허상이 적나라하게 드러나면서 그 신기루를 쌓아올린 박정희의 신화도 무너지고, 이로써 죽은 자의 카리스마마저 허무하게 사라지고 만 것이다. 이런 파시스트 선동이 한갓 해프닝으로 끝난 것은 우리 시민사회 내에 이미 극우이념에 대한 내성과 저항력이 충분히 존재하기 때문이기도 하지만, 무엇보다도 마침 찾아온 경제위기가 신화의 허구성을 대중들의 눈앞에 적나라하게 드러내주었기 때문이다.

이인화는 뚜렷한 이유 없이 "필생의 업"이라고 자랑하던 전기소설 『인간의 길』의 집필을 중단한 것으로 보이고, 조갑제의 박정희 위인전 '내 무덤에 침을 뱉어라'는 『조선일보』 지면에서 『월간조선』으로 후퇴했다. 하지만 중요한 것은 이 시대착오적인 해프닝이 아니다. 박정희에 대한 향수라는 공통분모를 바탕으로 파편처럼 흩어져 있는 이 파시스트 망딸리떼의 조각들이 여기저기에 여전히 미시권력으로 남아 있어, 우리 사회의 건전한 정치적 소통을 가로막는 장애물로 작용하고 있다는 사실이다. 박정희는 죽었지만 '인간개조'라는 구호를 내걸고 시민을 제 형상대로 만들려고 했던 그의 생체권력의 흔적은 우리의 몸과 정신 깊숙한 곳에서 지워지지 않은 채, 그리고 의식되지도 않은 채 그대로 남아 있다. 그리고 그것은 습속이라는 실천의 생산기제를 통해 우리 사회의 소통에 강력한 영향력을 행사하고 있다. 바로 이 때문에 우리는 죽은 박정희를 논하는 것이다.

3. 박정희와 일본우익

1) '파시즘'의 외연

군부독재 시절 학생들은 열심히 '파쇼 타도'를 외쳤다. 하지만 이 구호 속의 '파쇼'는 실은 엄밀한 학적 개념이 아니라 독재자들에 대한 경멸어(pejorative)일 뿐이다. 문제는 경멸어가 아닌 엄밀히 규정된 학적 개념으로서 파시즘이 한국에 존재한 적이 있는가 하는 것이다. 이 문제는 간단하지가 않다. 파시즘이라는 낱말을 어떻게 규정하느냐에 따라 대답이 달라지기 때문이다. 그 의미를 좁게 잡으면 '파시즘'은 오직 이딸리아 무쏠리니 정권만을 가리킨다. 이 경우 독일의 히틀러 정권은 파시즘이 아닌 '나찌즘', 일본의 경우는 '군국주의'라 불러야 할 것이다. '파시즘'의 외연을 좀더 넓게 잡으면 2차대전의 추축국을 이루던 세 나라를 모두 가리킨다. 더 나아가 제3세계에서는 이 개념이 확장되어 자기 나라의 군부독재 정권을 가리키는 것이 일상적 용례가 되어 있다.

한국에 존재하는 파시스트적 요소는 모두 일본에서 건너온 것이다. 한국의 근대화가 주로 일제 식민통치하에 이루어졌다는 사실을 생각하면 이는 너무나 당연한 일이리라. 하지만 대전 당시의 일본은 유럽적 의미에서 파시즘이라 보기에는 힘들다. 유럽의 파시즘이 무엇보다 도 대중의 적극적 반란이라면, 아직 봉건적 사고방식을 벗어버리지 못 한 당시 일본의 대중은 정치적으로는 소극적이었다. 말하자면 서구의 파시즘이 정치적 마조히즘(=수동성)이 그 반대인 공격적 싸디즘(=능 동성)으로 전화한 것이라면, 일본의 군국주의는 무엇보다도 대중의 마 조히즘의 단계에 머물러 있었기 때문이다. 때문에 일본 군국주의자들 은 급조한 천황 이데올로기를 통해 겨우 대중을 동원할 수 있었다. 하 지만 그때조차도 카리스마의 상징이었던 천황은 지도자나 두체(이딸리 아어로 지도자라는 뜻)와 달리 전혀 실권이 없었고, 군부가 실권을 장악했 을 때조차 내라온 청식적으로 존재했다. 또 일본의 파시스트 맹몽주의 자들은 거듭되는 쿠데타에도 불구하고 정권을 잡는 데에는 결코 성공 하지 못했다. 그저 이들의 망동이 군부가 전권을 장악하는 기회로 활 용되었을 뿐이다. 따라서 일본의 군국주의는 넓은 의미에서만 파시즘 이라 부를 수 있다.

　우리나라에 파시즘이 있었다면, 그것은 박정희정권에서 시작되는 것으로 보아야 할 것이다. 하지만 5·16에서 10·26에 이르기까지 3공 화국 전체를 파시즘 체제로 규정하는 것은 무리다. 물론 10월유신 이 후로 전국토의 병영화, 정치의 파시즘화가 본격적으로 진행되나, 그 이전에는 박정희 자신이 자유민주주의 자체를 공공연히 부정하지도 않았고, 탄압 속에서도 언론의 저항이 살아 있었으며, 강한 정치적 반 대세력과 함께 의회도 돌아가고 있었다. 그런 의미에서 박정희 개인의 정치적 이념과 그가 만든 체제의 성격은 구별할 필요가 있다. 박정희 자신은 만주군과 일본육사 출신이라는 경력으로 보나 위인전, 영웅전, 무협지, 나뽈레옹 전기와 히틀러의 『나의 투쟁』이 뒤범벅이 된 교양의 성격으로 보나 파시스트였음에 틀림없다. 하지만 그의 체제는 미국식 자유민주주의체제와 파시즘의 일본적 형태 사이에서 동요하고 있었다. 유신체제는 야당 총재를 제명함으로써 의회정치를 부정하는 순간에 종말을 고했다. 그런데 당시 대중은 그의 체제를 지지하기보다는 외려 거기에 저항을 하고 있었다.

2) 박정희와 키따 잇끼

박정희는 파시스트 정치이념을 대체 어디서 습득했을까? 이 물음에 대한 대답을 주는 유일한 텍스트는 '박정희 전문가' 조갑제가 『조선일보』에 연재한 후 단행본으로 출간된 『내 무덤에 침을 뱉어라』이다. 이 책에는 수많은 취재를 통해 이제까지 밝혀지지 않은 박정희의 전기적 사실들이 담겨 있어, 앞으로 박정희 연구에 귀중한 자료가 될 것으로 보인다. 다만 그 풍부한 '사실'들이 박정희를 거의 종교적으로 숭배하는 저자의 정치적 이념에 의해 과도하게 주관적으로 해석되어 있어, 이 책을 사료로 사용하려면 저자의 해석을 세탁해서 벌거벗은 사실들만을 간추려내야 한다. 이렇게 객관적 사실을 주관적 해석과 어지럽게 섞어, 그 주관적 해석의 터무니없는 오류를 객관적 사실들을 기록하는 정확성으로 은폐하는 것은 일본 우익문학의 특징이다. 통속문학의 형식으로 역사에 대한 왜곡된 관점을 대중들에게 선전하는 글쓰기 형식도 일본에서 건너온 것이다.

다시 박정희의 사상이 어떻게 형성되었는가 하는 문제로 돌아가자. 『내 무덤에 침을 뱉어라』에는 이런 구절이 나온다. "2월 26일 토오꾜오에서 발생한 청년장교들의 쿠데타 기도. 이들은 곧 진압되었는데 박정희는 나중에 2·26사건을 연구하여 5·16거사 때 참고했다." 당시 일본에서는 이런 유의 우익 쿠데타와 테러사건이 연쇄적으로 일어나 커다란 사회적 혼란을 불러일으키고 있었다. 물론 이는 독일의 브라운 셔츠단과 이딸리아의 검은 셔츠단의 행패와 그 성격이 유사한 것이었다. 히틀러 역시 일찍이 파시스트 쿠데타에 가담했다가 실패한 적이 있다. 이때 투옥되었던 그는 이런 실력해결주의 노선에서 벗어나 합법적이고 민주적인(?) 방식으로 권력을 장악하게 된다. 일본에서도 이 파시스트 맹동분자들의 쿠데타 기도는 실패로 끝났다. 하지만 이들이 후에 선거로 권력을 장악하지는 못했다. 다만 앞에서도 말했듯이 청년장교들의 이 연쇄 쿠데타 사건은 일본군부가 실권을 쥐는 계기로 활용되었을 뿐이다.

일본 신우익의 상징 미시마 유끼오(三島由紀夫)에 의해 문학적으로 미화되기도 한 2·26사건. 그 사건의 주역이었던 파시스트 청년장교들에게 사상적 영향을 끼친 것은 키따 잇끼(北一輝)라는 자였다. 박정희가 이 청년장교들의 행동에서 김명을 빌었다면, 그의 사상에 키따 잇끼가 어떤 식으로든 영향을 끼쳤음에 틀림없다. 내가 아는 한, 이 젊은 파시스트가 박정희의 사상의 형성과 유일하게 관계있는 인물이다. 중국의 신해혁명에 참여하다가 귀국하여 우익의 사상적 지주가 되는 등, 좌에서 우로 오락가락하며 사상적 혼란을 개인적으로 극복하지 못했던 이 젊은이가 작성한 것이 「일본개조법안대강(日本改造法案大綱)」이라는 문건인데, 이 안에는 이 파시스트 맹동분자들이 쿠데타를 일으켜 일본사회를 어떻게 개조하려고 했는지 일목요연하게 정리되어 있다.

① 계엄령을 선포해 의회를 해산하여 천황에게 실권을 넘겨주고, ② 일본국민 한 가족이 취득가능한 재산을 100만엔, 개인기업의 자본총액을 1천만엔으로 한정하고 그 한도를 넘는 기업은 국가에 집중하며, ③ 부당하게 억압받는 타민족을 구원하기 위해 전쟁을 개시할 권리를 갖는다.

여기서 첫째 조항은 일본의 정치구조를 천황을 중심으로 한 파시즘체제로 재구성하는 것을, 둘째는 재벌 우대정책에서 벗어나 소시민 위주의 경제정책을 펴는 것을 의미한다. 그리고 셋째, "부당하게 억압받는 타민족을 구원하기 위해 전쟁을 개시할 권리"란 당연히 대동아전쟁의 구상을 의미한다. 오늘날까지도 일본 우익은 태평양전쟁을 서구 제국주의로부터 아시아 민족을 구원하는 '해방전쟁'이라 부르고 있다. 이렇게 이 문건에는 당시의 부패한 정치가와 무능한 의회정치에 대한 혐오, 중산층을 수탈하는 재벌경제에 대한 증오, 일본의 아시아 진출을 제지하는 '귀축영미(鬼畜英美)'에 대한 민족주의적 반감이 표출되어 있다. 이 가운데 재미있는 것은 두번째, 즉 사적 경제활동의 자유를 제한하는 국가주의적 정책인데, 여기에서 우리는 심지어 사회주의적 요소까지 볼 수 있다. 하지만 바로 이 사이비사회주의는 파시즘의 본질적 특성에 속한다. 가령 나찌의 경우에도 자신들을 '국가사회주의'라 불렀으며, 이 법안을 만든 키따 잇끼는 자신의 정체성을 '순정사회주의자(純正社會主義)'로 이해하고 있었다.

박정희의 망딸리떼 형성에 깊은 영향을 끼친 것은 바로 이 순정사회주의자였다. 좌익에서 우익으로 어지럽게 옮겨다녔다는 점에서 이 두 사람의 개인사에는 공통점이 있다. 그리고 파시스트 이념 자체가 일종의 '보수혁명론'으로, 그 안에 좌익적 요소와 우익적 요소가 어지럽게 혼재한다는 특징이 있다. 가령 혁명(?) 초기에 행한 연설에서 박정희는 "민중사관" 운운하며 이렇게 말한 바 있다. "전체 국민의 1% 내외의 저 특권지배층의 손을 보았는가. 고운 손은 우리의 적이다. 보드라운 손결이 얼마나 우리의 마음을 할퀴고 살을 앗아간 것인가." 언뜻 보기에 좌익적으로 보이는 이 언사의 바탕에 깔려 있는 것은 실은 '민중사관'이 아니라 키따 잇끼의 '순정사회주의'다. 또 기성 정치인들의 무능과 부패를 질타하며 "이제 그러한 정객에 대하여 증오의 탄환을 발사하여 주자"고 외쳤을 때, 거기서 우리는 2·26 당시에 일본의 의회정치에 실망하여 부패한 정치가들을 암살하던 우익청년들의 망딸리떼를 엿볼 수 있다.

박정희의 정치이념은 이렇게 일본 우익의 것을 빌려온 것이다. 가령 그의 '새마을운동'은 우가끼(宇垣) 총독이 조선의 농촌에서 좌익이 준동하는 것을 막기 위해 도입한 '농촌진흥운동'을 베낀 것이다. 자신의 권력을 유지한 채로 자유민주주의 정체를 혁파(?)한 '10월유신'은 그 이름에서 이미 볼 수 있듯이 국체를 바꾸지 않은 채로 근대화에 필요한 개혁을 했던 '메이지유신'(明治維新)에서 아이디어를 얻은 것이다. 또 철학자 박종홍에게 쓰도록 시킨 '국민교육헌장'은 메이지 천황의 '교육칙어'를 모방한 것이며, 학생들에게 군사훈련을 시키는 교련은 식민지 시절 그가 학교에서 배웠던 일본군국주의 교육에서 비롯된 것이다. 박정희가 사범학교 시절 유일하게 높은 점수를 받았던 과목이 바로 교련이었다고 한다. 쿠네타 초에 그가 했던 언설을 통해 종종 보였던 조선시대에 대한 부정적 평가 속에는 일제 식민사관의 영향이 엿보인다. 그가 작곡했다는 몇몇 찬가는 일본 음계를 바탕으로 한 것이었다. 이렇게 창씨개명을 두 번이나 했던 박정희는 정신뿐 아니라 그 감성까지도 철저하게 일본적이었다.

박정희가 군대를 국가개조의 수단으로 보게 된 것은 일제 관동군의 영향이었다고 한다. 말하자면 관동군이 만주에 마지막 황제 푸이(溥儀)를 수반으로 한 괴뢰정권을 세우는 것을 보고, 군대가 하나의 국가를 만들 수도 있다는 생각을 하게 되었다는 것이다. 군대를 정치적 수단으로 간주하는 소위 '정치군인'의 경향은 해방후 귀국하여 한국군에 편입된 만주군맥을 통해 우리 군 내부의 전통으로 자리잡게 된다. 4·19 당시 우리 군은 최소한 정치적 중립을 지켰다. 그것은 우리 군이 그때까지만 해도 '민간통제'라는 미국적 이념에 의해 통제되고 있었음을 의미한다. 하지만 이 전통은 5·16 쿠데타에 의해 깨지고, 그 결과 우리는 1987년까지 군사독재 정권하에서 살아야 했던 것이다. 패전 후 일본사회는 점령군에 의해 평화주의 내지 자유주의적으로 개조되었고, 정작 일본에서 실패로 돌아간 그 2·26 쿠데타, 즉 청년장교들의 국가개조운동이 한국 땅에서 성공을 거두었다. 오늘날 군국주의의 잔재가 그 본거지인 일본보다 외려 한국에 더 많이 남아 있는 것은 그 때문이다.

4. 우익의 계보

1) 구우익, 전후우익, 신우익

패전 후 일본에는 미군이 진주한다. 미점령군은 파시트적인 일본사회를 자유주의화하기 위해 대대적인 국가개조 작업에 들어간다. 천황을 인간의 자리로 내리고, 평화헌법으로 일본의 무장을 해제하고, 군수산업으로 전쟁을 지원했던 재벌을 해체하고, 대표적인 전범들을 처단하는 한편, 군국주의 시절에 조직된 각종 우익단체들을 해산한다. 이렇게 점령 초기에 미군은 전쟁을 일으킨 일본사회를 탈군국주의화, 탈파시즘화하기 위해 우익을 탄압하고, 이들과 균형추를 이루도록 그동안 탄압받아왔던 좌익을 복권하는 정책을 폈다. 하지만 이미 당시는 한때 반(反)파시즘 전선을 결성하여 함께 싸웠던 미국과 소련이 세계질서의 재편을 놓고 서로 냉전적 대결을 하는 상황이었다. 말하자면 더이상 파시즘이 아니라 공산주의가 새로운 위협으로 떠오르고 있었던 것이다. 이런 상황에서 1950년 한반도에서 발발한 한국전쟁은 일본의 상황을 급변시킨다. 미 점령군이 우익에 대한 탄압을 중단하고, 좌익을 단속하기 시작한 것이다.

근근히 명맥을 이어가던 일본의 '구(舊)우익'은 이렇게 한국전쟁 덕에 기사회생했다. 이때부터 일본의 우익은 '전범'이나 '파시스트'가 아니라 자유민주주의를 수호하는 '반공투사'로 간주되고, 또 자신들이 그렇게 처신해나간다. 이와 유사한 변신의 과정은 이미 한국에서 이루어진 바 있다. 일본에서 이런 일이 일어나기 전에 한국의 우익은 이미 좌

익의 확산을 막으려는 미군정과 이승만정권의 비호하에 '친일파'의 딱
지를 떼고 '반공투사'로 변신을 완료한 상태였다. 그리하여 일본과 한
국의 우익에게 '반공'은 생존을 위해 필사적으로 붙들어야 할 지고의
가치가 된 것이다. 태평양전쟁을 일으켰던 일본의 구우익은 미국의 점
령하에서 '반공'의 대의 아래 자유민주주의의 수호자로 거듭난다. 극
우적 성향의 우익단체들의 이름에 어울리지 않게 '자유'라는 말이 붙게
된 것은 미군에 점령된 일본과 한국의 역사적 특성을 반영하는 현상
이다.

　미군의 점령하에 부활한 일본의 우익을 '전후(戰後)우익'이라 부르
는데, 이들은 미군의 점령이라는 객관적 조건하에서 ①자유민주주의
체제의 우월성과 ②세계질서 속에서 미국의 헤게모니를 인정한다는
특징을 갖고 있었다. 그전에 가졌던 파시스트로서의 특성은 그저 극성
스런 반공주의에만 그 흔적을 남기고 있을 뿐이다. 태평양전쟁 시절의
구우익은 서구 자유민주주의를 외래문화라 배척하면서, 일본정신을
수호하기 위해 그것을 동양적 정치이념, 즉 천황절대주의로 대체해야
한다고 주장했다. 아울러 서세동점(西勢東漸)의 세계질서 속에서 일본
이 아시아 여러 국가를 "귀축영미"라 부르는 백인세력들의 식민지배
에서 해방시킬 사명이 있다고 주장한 바 있다. 하지만 패전이라는 객
관적 조건하에서 일본 우익이 살아남는 길은, 이 파시스트적 제국주의
적 주장을 접고 미국이 강요한 가치관과 미국의 헤게모니를 얌전히 인
정하는 것뿐이었다. 그것은 생존을 위해 강요된 선택이었다. 이 시기
에 거리를 질주하던 우익 차량에 나란히 걸린 일장기와 성조기는 당시
일본 우익의 처지를 잘 보여주는 예이다.

　전후우익이 미군의 점령이라는 객관적 조건하에 이념적으로 미국
이 제시한 자유민주주의에 얌전히 길들어 있었다면, 소설가 미시마 유
끼오의 할복을 계기로 등장한 '신우익'은 이와 전혀 다른 면모를 보인

다. 1970년대에 일본은 산업발전에서 이미 서구적 수준을 달성한 상태였다. 세계 속에서 차지하는 일본경제의 위상이 높아질수록 자체의 군사력조차 제대로 갖지 못한 일본의 정치적·외교적 위상에 대한 불만은 높아갔다. 이 불만은 당연히 미군철수와 재무장의 요구로 나타날 수밖에 없었다. 한편 일본인에게 자유민주주의는 미국에 의해 강요된 외래의 정치문화였다. 어떤 일본인들에게 자유민주주의 체제는 패전의 굴욕을 의미했다. 그리하여 미시마 유끼오로 대표되는, 과감하게 천황절대주의로 복귀하자는 비현실적인 정치적 수사를 구사하게 된다. 전후 소비사회에서 자란 신세대는 오로지 물질적 이익만을 추구하는 이기적인 사회 속에서 산문적 "무료함"(미시마 유끼오)을 느끼고 있었고, 이것이 구우익의 이념에 대한 다분히 낭만주의적인 시적 동경으로 나타난 것이다.

패전 후 미군점령하에서 억눌려 있던 잠재된 파시즘은 이런 정치적·경제적·문화적 배경 속에서 새로이 부활한다. 이렇게 등장한 '신(新)우익'은 미국에 얌전히 길들어 있었던 '전후우익'과는 전혀 다른 면모를 보여준다. 이들은 ①자유민주주의 체제를 공공연히 부정하면서 천황제의 복구를 주장하고, ②일본의 군사적 잠재력을 거세한 미국에 노골적인 적대감을 표현하며, 재무장과 교전권을 되찾을 것을 주장한다. 한마디로 '신우익'은 그 정신과 감성을 보아 명백한 파시스트들이며, "귀축영미"를 외치면서 대동아공영권을 꿈꾸던 과거의 천황절대주의자들과 이념적 측면에서는 크게 다를 바가 없다. 한마디로 신우익은 전쟁 전 구우익의 재판(再版)이라고 할 수 있다. 근래의 교과서 왜곡은 단지 몇몇 정신 나간 극우파들의 소행으로 볼 것이 아니라, 일본 사회 자체에 내재되어 있는 이 신우익의 잠재성향이 서서히 나타나고 있는 현상으로 봐야 한다.

2) 박정희의 적자들

앞의 논의를 배경으로 하면 박정희가 처한 상황이 일목요연하게 눈에 들어온다. 소위 '박정희 전문가' 조갑제의 기록이 옳다면, 박정희 개인은 확신에 찬 파시스트였음에 틀림없다. 하지만 미군점령하의 일본 우익처럼 그의 정치적 야심의 실현은 기본적으로 미국의 존재에 제약을 받고 있었다. 5·16 쿠데타 이후 그의 좌익경력을 의심하는 미국을 안심시키기 위해 조용수를 비롯한 혁신계 인사들을 말살하는 등 투철한 '반공주의자', 철저한 '친미주의자'로 처신했다. 그러나 유신헌법을 통해 자유민주주의의 핵심원리들을 차례로 부정해나가기 시작함으로써 마침 등장한 미국의 민수당정권과 갈등을 빚고, 마침내 카터 행정부에서 미군철수라는 카드를 내놓는 수준으로까지 한미관계가 악화되자, 그는 노골적으로 반미성향을 드러내기 시작한다.

조갑제의 전기에 따르면 ①박정희는 썩어빠진 서구식 자유민주주의 체제를 공공연히 부정했으며, ②미국의 부당한 간섭에 맞서 자주국방의 길을 걸으려 했다고 한다. 이렇게 보수우익이 갑자기 자유민주주의를 부정하고 반미구호를 외칠 때, 아시아의 정치상황에서 그것은 곧 파시즘의 전조를 의미한다. 독재의 전일화를 "자주적 정치제도의 창건"이라 부르고, 반미를 "민족자주성의 수호"라 부를 때, 이때의 우익은 더이상 단순히 자유민주주의의 규칙을 위반한 군사독재자가 아니라 그 독재를 포지티브한 이념의 형태로 제시하는 파시스트가 된다. 조갑제의 표현대로 "남북분단과 주한미군의 존재라는 제약만 없었다면" 박정희는 자신의 파시스트로서의 야심을 맘껏 펼칠 수 있었을지도 모른다. 실제로 그는 미국의 간섭을 배제하고 이 땅에 '한국적 민주주의'라는 이름의 파시즘 체제를 구축하느라 부단히 애를 썼다. 그것은 단지 한 독재자의 종신집권 야욕 이상의 것이었으리라.

하지만 사사건건 한국정치의 관건을 쥐고 있는 미국의 간섭에 부딪

혀야 했던 박정희정권은, 미국의 헤게모니라는 조건하에서 얌전한 전후우익의 길을 걸을 것이냐, 극성스런 신우익의 길을 갈 것이냐를 놓고 방황하고 있었다. 바로 이것이 제3공화국을 간단하게 파시즘 체제라 규정하기 힘든 이유다. 한마디로 '구우익'의 망딸리떼를 갖고 있던 박정희는 미군의 점령하에서 자신의 구우익적 잠재성향을 억누르고 얌전히 '전후우익'의 길을 걷다가, 독재를 강화하는 과정에서 미국과 갈등을 일으키면서 다시 '구우익'의 성향을 노골적으로 드러냈던 것이다. 바로 이것이 제3공화국이 얌전히 전후우익의 길을 걸으며 경제의 영역에서나마 자유주의 정책을 폈던 전두환정권과는 다른 점이다. 제5공화국은 국내적으로는 가공할 테러와 폭력을 행사하는 강성정권이었지만, 대미관계에서는 얌전히 길들여진 우익, 즉 철저하게 친미·반공주의 노선을 걸었던 전후우익이었다.

그런 의미에서 박정희의 적자는 이렇다 할 정치이념 없이 오직 물리력에 의존했던 전두환정권이 아니라, 대중들 사이에 '박정희 향수'를 불러일으키고 이를 이념화하는 세력이다. 가령 박정희 전기의 저자 조갑제는 서구의 자유민주주의를 외래사상으로 규정하고 동양적 정치체제 운운하면서, 남한이 북한을 무력선제 공격하는 것을 미국이 방해한다면, 박정희처럼 "주인의 발을 물어라"라고 말한다. 이렇게 좌익이 아닌 우익에서 느닷없이 반미자주화를 외칠 때, 그것은 곧 미국으로부터 '국권'을 되돌려 받는 것, 말하자면 미국의 간섭 없이 무력행사를 할 개전권(開戰權)을 확보하자는 주장이다. 그런 의미에서 일제식민지 경험을 직접 체험하지 못한 전후세대에 속하는 조갑제의 『내 무덤에 침을 뱉어라』와 이인화의 『인간의 길』은 한국판 '신우익'의 최초의 문학적 표현이라고 볼 수 있다. 그런 의미에서 바로 이들이야말로 박정희의 이념적 적자라고 할 수 있다.

일본에서는 '미군철수'라는 주제를 놓고 우익과 좌익이 사이좋게 쎄

미나를 연다고 한다. 말하자면 우익국가주의와 좌익민족주의가 사이 좋게 만나는 지점이 바로 '미군철수'라는 의제인 것이다. 한국의 경우 '신우익'의 경향이 강하게 나타나지 못하는 것은 우익국가주의와 좌익 민족주의가 적대적으로 대립하는 정치지형 때문이다. 하지만 신우익의 잠재력은 충분히 존재한다. 가령 박정희의 핵개발을 '민족자주성'의 표현으로 찬양하는 『무궁화꽃이 피었습니다』 같은 소설의 대중적 성공을 생각해보라. 소위 '한국소설'이라는 이름으로 서점의 가판을 뒤덮었던 이 공격적 민족주의의 문학적 표현들은 이렇다 할 정치적 야심이 없는 비교적 순수한(?) 열정에 바탕을 둔 우익문학의 또다른 흐름인네, 언젠가 이 흐름이 조갑제나 이인화류의 국가주의사상과 만나 합류할 때, 한국에서도 일본에 버금갈 만한 신우익이 등장할 것이다. '박정희 신드롬'에서 정말로 위험한 것은 바로 이 부분이다.

최근에 어느 철학자는 과감하게 '미국이 핵을 갖고 있다면, 우리도 핵을 가질 권리가 있다'며 핵무장의 당위성을 주장했다. 이는 신우익적 정서의 철학적 표현으로 볼 수 있을 것이다. 도대체 철학자가 핵무장을 주장하는 경우는 아마 전세계에서 대한민국이 유일할 것이다. 서로 모순되는 자유주의적 요소와 우익적 요소가 어지럽게 뒤범벅이 된 그의 책이 심지어 대학가에서까지 읽히고 있다고 한다. 문제는 이런 정신 나간 소리를 하는 사람이 있다는 것이 아니라, 이런 사람이 하는 얼빠진 얘기가 제법 진지한 담론으로 받아들여지는 우리 사회의 분위기에 있다. 흔히 일본사회를 우경도 87%라 하나, 우리 사회의 우경도는 그보다 더 심할 것이다.

3) 신우익의 용도
일본과 달리 한국에는 아직 단체로 조직된 파시스트 세력은 존재하지 않는다. 다만 박정희 신드롬과 일본 우익문학의 영향으로 몇몇 우익 이데올로그에 의해 파시스트적인 신우익의 사상이 이론적 표현을 얻었을 뿐이다. 한국의 우익이 전후우익에서 신우익으로까지 발전(?) 하지 못하는 것은 남북분단이라는 독특한 상황 때문이다. 위협적인 군 사력을 가진 북한의 존재로 인해 한국의 우익단체들은 친미반공노선을 굳게 지킬 수밖에 없다. 좌익민족주의자들이 '미군철수'를 외치는 것 역시 한국의 우익들이 친미반공노선을 벗어나지 못하게 압박하는 요인이다. 조직적인 파시스트 신우익이 등장하려면 우익국가주의(조갑제, 이인화), 우익민족주의(소위 핵무장을 주장하는 '한국소설'의 저자들), 그리고 좌익민족주의자(NL)들이 하나로 합류해야 하는바, 우리의 상황에서 이는 현실화하기 어려운 조건이다.

일본에는 '우요꾸(右翼)', 그러니까 신우익적 성향을 가진 여러 단체의 성원이 20만명에 달한다고 한다. 그 성원들 중에서 상당수는 야꾸자 조직에도 가입되어 있다고 한다. 봉고차에 확성기를 달고 늘 자기들의 존재를 요란하게 알리고 다니지만, 현실정치 속에서 이들이 갖는 위상은 그다지 높지 않다. 일본 보수주의의 주류는 그 속내야 어떻든 여전히 친미반공이라는 전후우익의 노선을 걷고 있고, 신우익은 의회 밖에서 압력을 행사하는 재야세력으로 남아 있기 때문이다. 문제는 의회 내의 전후우익과 의회 밖의 신우익 사이에 모종의 커넥션이 존재한다는 데에 있다. 말하자면 보수적인 정치가들이 한편으로는 '쓰레기'로 여겨지는 이 맹동주의자들과 분리의 선을 그으면서도, 다른 한편 이들을 은밀하게 일본사회의 보수화를 위한 기동대로 활용하고 있다는 것이다.

1999년 토오꾜오 도지사로 당선된 이시하라 신따로오(石原愼太郎) 같은 정치가의 성공은 재야의 신우익이 정계로 진출한 사건으로, 이는 일본사회가 점차 우경화할 것임을 예고하는 불길한 조짐이다. 하지만 더 큰 위험은 외회 밖의 이 맹동주의자들이 아니라 의회 내의 '전후우익'들이다. 의회민주주의를 인정하는 전후우익이 일본 우익의 '타떼마에(立前)'라면, 의회 밖의 신우익은 일본 우익의 '혼네(本音)'다. 근래의 교과서 왜곡사건은 전후우익이 의회나 정부기관 밖에서 움직이는 신우익을 활용해 점차 혼네를 드러내는 현상으로 볼 수 있다. 이렇게 신우익은 그 자체로서 위험하다기보다는 일본사회에 잠재된 극우성향을 담는 그릇으로서 기성 정치권에 의해 일본사회를 보수화·수구화하는 도구로 적절히 활용되고 있기 때문에 문제가 있는 것이다.

이에 반해 한국의 우익단체들은 남북이 군사적으로 대치한 상황 속에서 여전히 친미반공노선을 고집하고 있다. 게다가 그동안 이루어진 사회의 민주화와 자유주의화의 결과, 과거에 정부나 의회에 행사하던 압력단체로서의 영향력도 서서히 잃어가고 있다. 이들에게 남은 역할은 서서히 사문화되어갈 '국가보안법'을 옹호하는 것 정도이다. 사회주의의 몰락과 북한의 급속한 쇠퇴로 친미반공의 이념은 더이상 과거에 그것이 가졌던 원시적 위력을 잃어가고 있다. 한국 우익에게 이런 이념적 공백을 메워줄 유일한 수단으로 등장한 것이 바로 '박정희 신드롬'이다. 박정희에 대한 대중들의 향수는 앞으로 일본에서 신우익이 담당하는 것과 같은 역할을, 말하자면 우리 사회를 우경화·수구화하는 이념의 역할을 할 것이다.

'박정희 신드롬', 적어도 그것의 문학적 표현은 일본 신우익의 영향을 받은 것으로 보인다. 가령 조갑제는 조선시대의 관념적인 주자학을 격렬하게 비난하면서 실천을 강조하는 양명학의 우월성을 주장한다. 유학의 이 두 흐름 중 조선에서 지배적인 것은 주자학이었고, 양명학은 명분보다 실질을 숭상하는 일본의 무사계급에게 받아들여져 후에 일본 우익의 이념으로 흡수된다. 이것은 조갑제의 박정희 찬양이 일본 우익의 이념, 특히 조선의 문화적 성취를 간단히 부정하는 일제 식민사관의 영향을 받았음을 보여주는 증거다. 그에 따르면 주자학이 망친 한국사회에 양명학을 도입하여 이 나라를 구원한 이는 물론 박정희다. 박정희 찬양론의 맥락에서 명분보다 실질을 숭상하는 '양명학'은 곧 군사정권을 의미하고, 명분에 집착하여 실질을 무시하여 조선을 패망으로 이끈 '주자학'은 문민정권을 상징한다. 이런 식으로 '박정희 신드롬'은 민주화 세력이 위선자 혹은 무능한 명분론자임을 암시하면서 과거의 군사정권과 거기에 협력했던 현재의 수구세력을 정당화하는 데에 활용된다.

5. 맺음말

한국정치의 지형에서 '박정희 신드롬'은 두 가지로 부정적으로 사용된다. 하나는 보수적인 영남의 유권자들을 이념적·정서적으로 결집시킴으로써 이들을 영호남의 지역대결 구도에 몰아넣어 변함없이 보수당을 지지하게 만드는 것이다. 다른 하나는 오랫동안 한국 우익의 생명선 역할을 했던 반공이데올로기의 효력이 약화된 상황에서 한국사회를 다시 우경화·수구화하는 데에 필요한 일종의 대체이념으로 활용하는 것이다. 전자가 현실정치의 맥락에서 특정 정당의 집권을 보장하려는 정략적 활용이라면, 후자는 우리 사회 전체의 분위기를 보수적으로 묶어두려는 이념적 활용이라고 할 수 있다. 어느 경우든 이는 우리 사회의 정치적·사회적 소통을 왜곡하여 기득권 세력의 헤게모니를 유지하는 데에 기여할 뿐이다. '박정희 신드롬'은 시민들로 하여금 기득권 세력을 위해 그릇된 정치적 결정을 내리게 하는 자기소외의 정치학이다.

하지만 이것보다 더 큰 문제는 박정희체제가 몸과 마음에 남겨놓은 지울 수 없는 흔적이다. 박정희는 대단히 성공적으로 수행된 '인간개조' 작업을 통해 한국인을 제 형상대로 찍어냈다. 그는 자신의 파시스트적 사상과 정치로 그 시대에 살거나 그 시기에 교육을 받았던 한국인들의 인성을 심각하게 왜곡했다. 하지만 우리는 자기 인성이 얼마나 왜곡되어 있는지 의식조차 하지 못한다. 그가 한국인의 몸과 정신에 새겨놓은 습속은 지금도 우리 사회 곳곳에서 미시파시즘의 실천을 낳고 있다. 박정희는 죽었어도 이 사회 곳곳에는 새끼 박정희들로 가득차 있다. '박정희 신드롬'은 우리 몸과 마음에 기입된 파시스트 습속을 강화하고, 곳곳에서 미시파시즘의 실천을 확대한다. 그 모든 폐해 중에서 가장 심각한 것이 바로 이 인성의 왜곡이다. '박정희 신드롬'의 정치적 폐해는 눈에 보이고 금방 의식되지만, 우리 인성의 왜곡, 우리 자신의 괴물성은 좀처럼 눈에 들어오지 않는다.

■ 진중권

민주화시대의 '박정희'

박정희 신격화 담론과 일상적 파시즘 담론에 대한 비판적 고찰

1. 한국 현대의 취약한 민주주의에 대한 '새로운 옛 대안'

연대기적으로 1961년 5·16부터 1979년 10·26까지 만 18년 6개월 11일간, 처음에는 국가재건최고회의 의장으로, 나머지 시기에는 대통령으로 대한민국 국가를 지배했던 박정희의 통치기간중에 농업국가에서 산업국가로 급격한 사회변동이 일어났음을 부인하는 이는 전혀 없을 것이다. 이런 변화는 '민족중흥'을 목표로 한 '조국근대화'라고 부른 일련의 국가사업들을 통해 박정희에 의해 — 즉흥적으로든 계획적으로든 — 의도적으로 추진되었다.

그런데 이 사회변동을 주도하기 위한 박정희식 국가기구나 통치방식이 그 당대에 '파시스트적'이라고 비판받은 적은 없었다. 당시 일인통치 방식을 핵심으로 하는 그의 정치적 행태에 대해서는 주로 '(군사)독재적'이라든가 '권위주의적'이라는 개념이 사용되었고, 외채를 통한 자본조달과 해외시장으로의 수출에 절대적 역점이 두어졌던 경제에 대해서는 '매판적'이라든가 '대외의존적'이라는 개념이 적용되었다. 그

러나 어떤 경우에도 박정희체제를 놓고 공적인 담론 상황에서 사회과학적 이론성이나 실천적 진지성을 갖고 '파시스트적'이라는 규정과 비판이 제기되지는 않았다.[1] 그런데 1997년 봄, 당시 김영삼 대통령의 문민정부가 정치·경제·사회 등 모든 정책분야에서 부실함과 취약성을 드러내면서 이른바 '박정희 신드롬'이 전개되자, 박정희가 집권한 기간만큼의 시간이 흘러간 싯점에 박정희와 관련해 새삼 '반(反)파시즘 담론'이 집중적으로 제기되었다.

박정희 신드롬은 일단 대중적 현상으로 감지되었다. 시작은 상당히 '장난'스러웠다. 1997년 3월 고대생 180명을 상대로 '가장 복제하고 싶은 인물'을 물은 『고내신문』의 설분조사에서 1위인 김구 선생(113표), 2위인 테레사 수녀(7표)에 이어 박정희 전 대통령이 6표라는 하찮은 숫자이기는 하지만 3위에 올랐다. 반면 '가장 복제하고 싶지 않은 인물'에 당시 김영삼 대통령이 39표로 1위를 기록하였다. 이 결과는 "현직 대통령에 대한 신뢰가 급속히 약화되고 있음에 반해 이제까지 별반 주목되지 않았던 박 전 대통령이, 그것도 그에게 가장 심한 거부감을 보여왔던 대학생들 사이에서" 지지를 얻었다는 사실로 주목을 받았다. 그러나 박정희가 그해 4월의 『동아일보』 창간 77주년 기념 여론조사에서 "직무를 가장 잘 수행한 대통령"(75.9%)으로, 전년도 12월의 공보처 여론조사에서 "역사상 가장 존경하는 인물"(23.4%)로 선정됨

---

1 보통 '박정권'으로 불리던 유신시대의 박정희 지배체제하에서 '긴급조치 제4호' (1974.4.3) 발포의 계기가 된 '전국민주청년학생총연맹'(민청학련) 사건에서 당시 군검찰부가 "북괴의 위장 선전구호를 그대로 인용했다"며 학생들의 용공성을 입증한다고 했던 민청학련 '민중·민족·민주선언'에서도 박정권은 "부패특권체제"라고만 규정되었다(한국기독교교회협의회 인권위원회 1987, 355면). 이때 국민정치 차원의 논쟁전선이나 박정희 경제정책에 대한 비판적 담론은 '자유민주주의 대 독재' '자립경제 대 매판경제'의 이항구도로 전개되었는데, 그 어디에도 박정권의 성격을 파시스트적이라고 단정한 곳은 없다. 박정희와 연관된 당시의 파시즘 담론은 단지 그의 폭압적 행태를 히틀러나 스딸린과 비유한 대중연설 차원의 수사적 언행 정도에 국한되어 있었다.

으로써 "과거에는 은밀하게 추진되던 박정희 관련 각종 사안들이 이 제는 공개적이고 당당하게 추진되기 시작했다." 이 신드롬의 분위기 속에서 '박정희 대통령과 육영수 여사를 좋아하는 사람들의 모임'이 생겼고, 인터넷에 박정희 홈페이지가 개설되었다(정해구 1998, 52~54면).

박정희 신드롬이라는 대중적 동향은 순전히 자연발생적이라기보다는 한국정치권이 민주화 국면에 들어서면서 본격적으로 시행되기 시작한 개혁정책에 대해 노골적인 반감을 가지고 있던 언론권력들에 의해 인위적으로 조장된 측면이 있었다.[2] 당시 언론권력체들은 문민정부의 부실한 개혁과정에 조금씩 환멸을 느끼기 시작한 대중을 배경으로 박정희에 대한 문화담론을 개시하였다.

박정희라는 인물을 주제로 한 이인화의 대하소설과 조갑제의 전기는 새로운 경지의 '박정희 신격화 담론'을 개발하였다.[3] 이 새로운 박정희 담론은, 주로 역사적으로 실존했던 대통령 박정희의 공적인 통치행적을 중심으로 그의 체제와 입장을 합리적으로 옹호하고 선전하는 것에 치중했던 과거 친(親)박정희 계열 어용지식인들의 '박정희 정당화 담론'을 뛰어넘는 것이었다. 신격화 담론은 박정희를 자료인물로 삼아바로 '시민사회의 대중'을 직접 상대하여 민주화시대에도 견디낼 수 있

---

2 여론조사라는 방식이 박정희 추종세력을 고무시키는 측면이 있음은 이 박정희 신드롬 이전에도 확인된다. 1994년 6월 23일 미디어리서치가 당시 현직 김영삼 대통령을 제외한 역대 대통령을 대상으로 전국적으로 실시한 여론조사에서 박정희(75.3%)는 이승만(4.7%), 전두환(3.8%), 노태우(1.9%)보다 훨씬 높은 비율로 대통령 임무를 가장 잘 수행한 대통령으로 선정되었으며, 그보다 2년 전 같은 기관이 실시한 여론조사에서도 박정희(88.3%), 전두환(3.0%), 이승만(2.8%), 노태우(2.2%) 순으로 나왔다고 한다. 아직 민주화 국면의 대통령들이 비교대상으로 떠오르지 않았던 싯점이고 당시 강력하게 민주개혁을 추진하던 김영삼의 인기가 올림픽 금메달리스트 황영조를 능가하던 시기였음에도 불구하고 이 조사결과는 박정희 추종세력들을 자위적(自慰的)으로 고무시켰다. 이 조사결과는 박정희시절 문공부장관을 역임한 김성진(1994)이 편집한 『박정희시대, 그것은 우리에게 무엇이었나』 머리말에 자랑스럽게 인용되고 있다.
3 이인화(1997) 및 『조선일보』에 매일 연재되었던 박정희 전기를 순차적으로 단행본으로 묶은 조갑제(1998, 1999) 참조.

는 우상을 만들려고 했다는 점에서 순수한 정당화 수준을 벗어난다.

　박정희를 비판하는 입장에 선 이들은 이렇게 공적 논의가 가능한 수준까지 발전한 '박정희 신드롬'을 일차적으로 과거 박정희체제의 부활을 기도하는 복고적 시도로 간주하였다. 이런 문제의식은 "역사적 평가 없이 되살아난 독재자"라는 과거의 면모대로 박정희를 재현시킴으로써 대중들의 비역사적 망각증을 지식인들의 역사적 기억력 재생으로 대처하는 일종의 '치유담론'을 발전시켰다.[4] 그러나 역사적 박정희의 부정성에 대한 기억의 회복을 통해 박정희 신드롬을 치유하겠다는 평면적 발상은 사회적으로 별다른 효력을 발휘하지 못했다. 박정희 신드롬은 단지 대중민 사로잡은 섯이 아니라 이 신드롬에 영합하는 정치인들에 감염되었고(정해구 1998, 56~59면), 급기야 박정희에 의해 정치적으로 치명적 피해를 입은 그의 정적까지 영합시켰다. 1997년 대통령 후보 김대중은 대선 유세기간 자기가 집권할 경우 국가예산으로 박정희기념관의 건립을 지원하겠다고 공약하였으며, 대통령이 되자 서울 마포구 상암동 월드컵 경기장 옆의 국유지를 기념관 부지로 내놓고 기념관 건립을 위한 민간모금을 허용하였다. 이에 한국사회는 박정희를 단순한 역사적 박정희가 아니라 민주화의 대세를 역류시킬 수 있는 경쟁력 있는 '새로운' 옛 대안으로 체험하게 되었다.

4　한국정치연구회가 편찬한 책(1998)에서는 '박정희 신화의 진실' '민주주의의 파산과 반체제운동' '한강의 기적, 그 빛과 그림자' '대외관계, 종속과 밀착의 새로운 시작' 등의 주제를 설정하여 박정희시대의 정치와 경제에 대한 사실적 분석을 바탕으로 그 역사적 공과를 비판적으로 부각시켰다. 이것은 대중의 망각증에 대한 역사적 계몽의 구도에 입각한 일종의 실증담론이라고 할 수 있다.

2. 박정희의 파시스트화에 담긴 3중패륜과 시민사회에 대한 냉소

'박정희 신드롬'이 일었던 1997년 봄의 한국사회는 참으로 기묘한 상황에 처해 있었다. 1996년 12월 노동법 날치기개정과 그에 항의하는 노동자 총파업으로 임기 1년 이상을 남겨둔 문민정부의 국가운영 잠재력은 일찌감치 바닥에 도달하고 있었다. 1997년 봄의 '박정희 신드롬'은 민주화를 통해 이제 막 박정희체제와 그 후속시대에서 벗어나려고 하는 대한민국의 국가적·민족적 미래와 연관하여 한국현대사에서 축적해왔던 정치적·사회적 선택가능성의 폭이 불필요하게 넓다는 점을 분명히 인식시켜주었다.

즉, 한국이 백년 전의 '봉건적 왕조체제'로 돌아갈 가능성은 전혀 없다. 하지만 지구화의 진전에 따라서는, IMF사태에서 볼 수 있듯이, '식민지에 준하는 상태'로 다시 전락할 잠재적 위험성은 완전히 불식되지 않았다. 그런데 '박정희체제'라면 다시 선택할 여지가 있다고 확신하는 실질적 사회세력과 그에 대한 동조의 분위기는 뿌리깊게 현존한다. 반면에 '진정한 민주주의'의 완성가능성은 사회적으로 여전히 유보상태에 있는 것이다.

이런 민주적이고 다원적인 사회 맥락 안에 나타난 1997년 봄의 '박정희 신드롬'은 한국사회를 전혀 새로운 모습의 박정희와 마주치게 만들었다. 즉 박정희는 단지 예전 그대로 재생한 것이 아니라 일종의 신화적 인물로 재림하였다. '신화로서의 박정희'는 그의 집권기간 동안 한국사회가 직접 체험했던 그 '역사적 박정희'가 아니었다는 데서 두 박정희는 결정적으로 구별된다.

박정희를 국가적 영웅으로 만들려는 시도는 그가 살아 있는 동안(정진기 1977), 그리고 그가 죽고 나서도 끊임없이 이어져왔다.[5] 그러나 박정희 신드롬 이전의 박정희 영웅화 작업은 대한민국 국가 운영의 측면에서 역사적 박정희 개인의 영도자적 위상과 구체적 실적을 어느정도 합리적으로 정당화하는 실증적·논증적 담론틀 안에서 진행되었다. 이러한 정당화 담론은 박정희시대를 전후하여 '어용학자'라고 불렸던 철학을 비롯한 인문학 및 사회과학 분야의 지식인들에 의해 준(準)논리적으로 수행되었으며, 대체로 공격받는 박정희를 방어적 입장에서 옹호하는 특징을 갖는다. 이 '박정희 정당화 담론' 안에서 박정희는 '근대화=공업화를 통해 국가발전의 치적을 쌓은 개발도상국가의 영도자적 지도자'로 평가되었다.[6] 그리고 박정희는 그 자신 서민에게 친근하려고 노력하는 '서민적' 인간으로 부각된다.[7] 이런 방식의 서술에서 박정희사상은 한국 국민 정치의 요구에 상응하는 순기능을 가진 것으로 정당화된다. 이에 따르면 그의 사상적 성장은 "'민족주의'와 '민주주의'라는 두 가지 차원에서 이해되어야 할" 성질의 것이다. 이때 박정희의 민족주의는 주로 그의 경제사상을 가리키는 것으로서, "한국민족을 경제적 빈곤과 속박으로부터 해방시키고자 했던 소망"이었으며, 그의 민주주의는 "한국인을 [서양 민주주의에 대한] 정치적 모방의 굴레에서 벗어나게 하고자 했던 염원"의 정치적 표현으로 옹호되었다 (정재경 1991, 서문).

정당화 담론은 박정희와 직접적으로 이해관계를 같이한 집권세력의 자기정당성 확인 차원에서 진행되었으며, 그 자체 이제는 색이 바

---

5 박정희 사후에 이루어진 가장 방대한 치적 정리작업으로 필자가 찾아낸 것으로는 그의 집권기간 행적을 날짜별로 상세하게 복원한 총 642면 분량의 정재경(1994)과 총 742면에 달하는 같은 저자의 책(1991)이 있다. 그런데 이 저자는 서문에서 뒤의 책이 1979년 발간된 자신의 『한민족의 중흥사상』의 보완임을 밝히고 있다.
6 대표적인 것으로는 구범모(1978)를 들 수 있다.
7 대표적으로 박원탁 『역사의 점화, 박정희대통령의 정치와 철학』, 제14장 「박정희 대통령: 그 인간과 철학」, 태양문화사 1978, 584~671면.

랜 과거의 치적에 대한 회고와 정리의 형식으로 진행되었기 때문에 작업의 양적 방대함에 비해 대중적으로 별다른 주목을 받지 못했다. 그리고 이와 같은 정당화 담론은 박정희의 긍정적 치적만 열거하는 방식으로 진술되는 가운데, 그러한 치적과 뚜렷이 대조되는 박정희의 부정적 행태를 밝히는 출판물이 출간되고 그의 정당성을 압도하는 부당성의 입증 사례들이 다수 폭로·유포되면서, 의도했던 만큼의 정치적 성과를 거둘 수 없었다.[8]

반면에 1997년 봄의 박정희 신드롬을 주도한 것은 지식전문가들보다 대중 접촉면이 훨씬 넓은 문화계와 언론계였다. 작가이기도 한 이인화 이화여대 교수는 대하소설 『인간의 길』을 통해 "단도직입적으로 박정희를 영웅화"함으로써 그 자신 유력한 언론들의 집중적인 주목을 받는 한편,[9] "박 전 대통령에 대한 대중적 관심을 불러일으켰다." 이인화는 학창시절 반독재 민주화투쟁의 최전선을 담당했던 이른바 386세대와 동시대인인데, 자기 세대의 시대의식에서 완전히 이탈한 위치에서 구상된 그의 박정희 담론은 '민주화시대의 박정희' 상을 역점적으로 대변하는 것이었다. 조선일보에 연재된 조갑제의 『내 무덤에 침을 뱉어라』 연작물이 아우라를 제공하고, 중앙일보에 연재된 박정희의 최측근 비서실장 김정렴의 『아, 박정희』를 통하여 박정희의 생활태도에

8 박정희의 심복으로 중앙정보부장 재직시절 삼선개헌을 진두지휘했던 김형욱이 정보부장직에서 물러났다가 유정회 의원 신분으로 미국으로 도피한 이후 근본적으로는 박정희에 대한 협박용으로 구술해놓았던 김형욱·박사월(1985)이 대표적인 박정희 비리 및 부패 폭로문서이다. 이 책은 박사월이 문민정부 이래 국회의원을 역임한 김경재 의원으로 공개되면서 1991년 전예원에서 복간되었다. 그밖에 이상우(1984), 이한두(1986) 등이 박정희 이후 5공치하에서 발간되었다.
9 거의 모든 신문에서 이 소설의 출간을 기사화했다. 『중앙일보』 1997.4.3, 『한국일보』 『조선일보』 1997.4.6, 『동아일보』 1997.4.8, 『문화일보』 1997.4.10, 그리고 『한겨레』 1997.5.13자는 「박정희 유령이 떠돌고 있다」는 전면특집을 마련하여 박정희 신드롬을 다루는 가운데 이인화의 기고문을 실었다.

대해 대중의 공감을 살 만한 자료들이 선택적으로 부가되면서(김정렴 1997), 자신이 집권한 시기와 거의 동일한 시간이 흐른 20세기 말에 와서 박정희는 그의 동시대인들이 가장 가까운 거리에서 체험했던 생전 모습과는 전혀 다른 형상으로 다가왔다.

신드롬 속의 박정희는 단지 커다란 실적을 쌓은 유능한 국가지도자 정도가 아니라 "비장한 혼을 가진 근대화 혁명가"로서 자기 삶을 다해 한국민중의 한을 대변하고자 "서민적 반골정신을 민족자주정신으로 승화시킨" "정의감의 화신"이었으며, 가장 신임하던 심복이 저지른 암살로 인한 그의 죽음도 일종의 혁명적 순교로 신성하게 미화되었다 (조갑제 1998, 1권 140면). '박정희 신격화 담론'의 새로운 접근법은 내용 면에서는 긴밀히 연관되어 있는 정당화 담론의 작업과 그 담론작동의 구조 측면에서 뚜렷이 구별되는 특색이 있었다.

우선 신격화론자들은 국가지도자로서 대통령 박정희의 치적이 아니라 혁명가로서 박정희 개인의 초인적 생애를 중심으로 박정희체제에서 정점에 달했다고 본 한국현대사 전체를 개인의 의지와 결합된 민족운명사로 재편성한다는 점에서 정당화론자들보다 훨씬 야심찬 기획을 전개한다. 그리고 이 신격화론자들의 작품 속에서 박정희는 생전에 그토록 갈망했으면서도 결코 안심할 수 없었기 때문에 항상 역사에다 구하고자 했던 대중의 열광적 숭배를 획득한다. 그리고 이런 지도자와 대중의 일체화라는 구도 속에서 진행되는 파시스트적 박정희 담론은 세 겹의 패륜망 안에서 초인이 서슴없이 자행하는 도덕적 강간을 통해 시민사회라는 구질구질한 일상에 잠겨 있는 대중들에게 단번의 초월을 유혹한다.

우선 신격화론의 맥락 안에서 박정희의 언행은 그 자체 주술적으로 체계화된 '이데올로기적 메씨지'가 되며, 그 개인의 영웅적 생애는 대중의 열광적 숭배와 직접적으로 연결된 '이데올로기화의 구심적 인물자료'로 수용된다. 생전에 박정희는 자신의 행위를 변명하기 위해 여러가지 개념들을 구차하게 손수 조달해야 했지만, 죽어서 우리 앞에 재림한 박정희는 이 신격화론자들의 작품을 통해 자신이 조달하고 조작한 개념 이상으로 이상화되었다. 다시 말해서 박정희는 여러가지 문화사업을 통해 이순신이나 세종대왕을 민족사의 성웅으로 이상화했지만, 이제 그 자신이 문학적 필체를 통해 이 성웅들과 동일한 대우를 받는 위치로 격상된 것이다.

특징적인 것은 이 신격화론자들이 박정희의 생애를 다룰 때 일체의 합리적 정당화를 거부한다는 것이다. 그들이 생각하는 박정희는 그를 중심으로 자기 개인 인격의 운명적 성스러움과 대중의 숭배심이 일체화되어 나타나는 일종의 종교적 신격으로서, 그 안에서는 그의 모든 약점과 실책도 이 신격이 발휘되기 위해 예정된 일종의 인간적 일화(逸話)로 간주된다. 박정희가 일관되게 투쟁적으로 상대했던 민주주의는 작가에 의해 과소평가되고, 박정희 개인의 운명적 비중은 과대평가되는 작업이 선행되지 않는다면 이런 신격화를 아무 주저없이 밀고 나갈 수는 없을 것이다.

신격화의 출발점은 "깜짝쇼와 세몰이로 점철된 부패타락한 정당정치가 민주주의라고 강변되는 오늘"에 대한 나름대로 이유가 있는 환멸이다. 여기에서 문제는, 이 환멸 속에서, 민주주의는 결코 부패타락한 정당정치로 볼 수 없다는 인류 정치사와 정신사의 역사적 통찰과 이념적 건강성을 아무 미련이나 주저 없이 지적으로 깨끗이 떨어버린다는 것이다. 따라서 박정희에 대한 파시스트 담론이 가장 먼저 자행하는 패륜은 한국사회의 취약한 민주주의적 현대성을 일관되게 냉소하고 능멸하는 정치적 패륜과 연결된다. 여기에서 정치적 패륜은 곧 대한민국의 '민주공화국으로서의 국가정체성'을 근본적으로 부정하고 의문시하는 정신태도, 그리고 폭력적이고도 반인류적 방식의 초(超)민주주의적 정치행태를 불가피한 것으로 옹호하는 것이다.

그러나 이렇게 출발점에서 한쪽 눈을 빼고 간 편향된 시선은 누추한 민주주의를 떠나 위대한 개인 박정희로 향한다. 이 눈에 박정희는, "비로소 눈을 비비고 (…) 진정 위대했던 한사람의 국가지도자로서 바로 보게 되는" "선악을 초극한 인간 운명의 한 전형"으로 부각된다. 굴절 심한 박정희의 인생역정, 즉 스물여덟살에 일본 육사를 나온 만주군 중위, 서른두살에 숙군대상자로 사형 구형을 받은 남로당 군사부 비밀당원, 마흔다섯살에 자유민주주의 헌정질서를 짓밟는 군사쿠데타 주모자 등의 "씻을 수 없는 죄과, 이 도덕적인 오점들"은 "이 국가에 내한 성선수의와 숭고한 자기희생의 의지를 낳았"으며, "그(박정희)의 영혼에 암세포처럼 번져갔던 죽음의 힘"으로 승화된다. 이 "죽음의 힘은 그를 채찍질하여 국익에 이르는 좁고 험한 길로 앞뒤를 가리지 않고 달려가게 만들었"고, "오직 민족을 번영으로 이끌 절박한 시대적 과업만이 자기구원에 이르는 길"이었으며, "모든 면에서 압도적 우위를 자랑하던 북한의 전쟁도발을 막으며 경제발전을 이룩해야 한다는 지상명령이 늙고 탈진해 쓰러질 때까지 그를 괴롭혔다"(이인화 1997). 이렇게 '죽음의 형이상학'을 배경으로 한 초인적 초월성 맥락에서 정당성에 대한 이성적 관심은 사실상 조소의 대상일 뿐이다.[10]

역사적 현재로서 박정희시대와 그의 체제를 살았던 세대들에게 전혀 낯선 이런 박정희 형상은 바로 이 죽음을 배경으로 한 종교적 초월성의 맥락 안에서만 이해될 수 있다. 박정희와 연관시키는 한 분명히 역사적 사실과 부합하지 않는 이런 초인성에 대한 진술들은 현대사회에서 예술가에게 부여한 미적 자율성을 자의적으로 악용한 데서 나온

---

10 죽음의 형이상학에 기반한 죽음의 지배체제로서 박정희체제를 비판적으로 분석한 철학적 논고로는 홍윤기(1997), 150~70면 참조.

다. 그러나 그런 예술적 자율성의 미적 악용은 박정희가 실제로 행했던 정치적 패륜에다 인륜적 패륜, 도덕적 불합리성의 신성한 운명화라는 또하나의 층을 더하고 있는 것이다.

그러나 현재적 관심과 연관하여 가장 중요한 것은 이 파시스트적 박정희 담론이 박정희의 운명을 대중의 자발적 순응과 동원에 연관시키면서 이제 막 현대적 의미에서의 자율적 주체로 성장하려는 시민사회에 대해 자행하는 인간적 능멸이다. 박정희에 대한 신격화론자들은 우리가 역사적으로 경험하지 못한 박정희 '개인'의 인생역정을 자료로 '가공의 개인'을 만들어냄과 동시에 우리의 역사적 기억이나 기록에서 확인할 수 없는 '가공의 대중'을 만들어냈다. 박정희와 동시대를 살았던 사람들은 그의 집권기간 내내 끊임없이 정치적 위기에 내몰리고 죽는 그날까지 민중봉기를 두려워했던 '대통령' 박정희에 익숙해 있지만, 이 신격화된 박정희는 철저하게 민중의 추종을 받아 운명이 정한 자기 길을 따라간 천재적이고 비극적인 '초인'으로 묘사된다. 조갑제와 마찬가지로 이인화는 박정희를 "한 인간의 평생을 통해 불타오르는 영원한 모반정신"을 소유한 "천성적인 모반자"로 규정한다. 이때 모반은 "평범한 반항으로부터 구별된다. 모반은 처음부터 인간들의 연대를 전제하며, 그 인간들을 죽이지 않기 위해 승리하고자 몸부림친다." 분명히 이 모반으로 인한 "승리의 혜택이 사회의 모든 성원에게 돌아간다 해도 모반자는 결코 용서받을 수는 없지만" "죄와 배신과 불의의 타락에 몸을 적시며 결단코 이상을 향해 매진했던 그 고독과 우수의 마키아벨리즘을 통해" 작가는 "인간이라는 존재에 전혀 있을 것 같지 않았던 힘과 용기를 발견"했다고 진술한다(이인화 1997, 7면).

마치 죄의 유혹을 뿌리치는 도덕적 용기보다 감연히 앞장서 스스로 죄를 범하는 만용이 인간적으로 더 바람직하다는 메씨지로 들리는 이 발언이 결코 이인화의 내밀한 독백이 아님은 그가 명시적으로 염두에 둔 청중을 살펴보면 분명해진다. 그는 이 윤리적으로 전도된 행동 비전을 갖고 "나라 전체가 나락에 떨어져 무력감에 사로잡혀 있는 지금" "사실이 아니라 어떤 가능성을 향해" "자신의 운명을 밟고 일어설 것"을 요구한다. 그리고 "하면 된다. 이렇게 한번이 가능했다. 지금은 훨씬 더 선하고 훨씬 더 다행스러운 방식으로 다시 한번 할 수 있을 것이다"라고 용기를 고취한다(이인화 1997, 8면). 더 선하고 더 다행스러운 방식이 있다 하더라도, 이인화가 절대화한 그 영웅만큼 성공은 하지 못했을 경우에도 같은 정도의 칭송을 받을 수 있을지 의문이지만, 그의 대중적 메씨지가 그 자체 간과할 수 없는 도덕적 모순과 정치적 위험을 남고 있음은 분명하다.

우선 그는 박정희 없는 박정희식 파시스트적 현대화가 과연 나락에 빠진 이 나라 전체를 구하여 한국사회의 영속적 발전을 보장하는가라는 질문에 답하여야 한다. 그러나 이런 문제제기에 그가 별다른 관심을 보이지 않아도 될 충분한 이유가 있다. 이인화가 부각시키는 박정희식 파시즘적 현대화의 구도는 한국 민주화과정의 초대정권인 문민정부의 부실한 민주개혁을 합리적으로 비판하는 것이 아니라 단지 그것을 감정적으로 혐오한다. 이런 감정적 혐오는 역시 문민정부에 불만을 느끼는 대중의 공감을 이끌어낸다. 이럼으로써 이인화는 박정희를 끌어들인 일차적 목적, 즉 박정희를 인물자료로 한 반민주적 이데올로기의 정립에 어느정도 성공하고 있는 것이다. 이데올로기화의 맥락에서 보면 박정희는 살아 있을 필요가 없을 것이다. 어느 면에서 그는 살아서 계속 대중적 압박 아래 혼란스럽게 정치적으로 방황하는 모습을 보이는 것보다 죽어 있는 것이 신격화 작업에 더욱 유리할 것이다. 만약 박정희가 전혀 존재한 적이 없었더라도 이인화는 그에 상응하는 유형의 작중인물을 창작할 수도 있었을 것이다.

그리고 이런 이데올로기화에 유리한 전형적인 정치적·경제적 지형은 문민정부와 그 뒤의 국민의 정부 시기에도 완전히 없어지는 것은 아니다. 우선 부실한 민주화에 대한 대중적 욕구불만이라는 '심정적 분위기 토양'이 있었고, 이 불만에 대체형상을 부여할 '이데올로기 제작자'가 활동하고 있으며, 이런 요인들을 다시 사회 전반에 대량으로 보급할 능력이 있는 언론권력이라는 '이데올로기적 사회기구'가 작동된다. 그리고 이 이데올로기적 사회기구 주변에는 이데올로기화한 박정희 형상을 통해 민주화의 사회과정을 억제 또는 말살함으로써 '자신의 이익관계를 관철시킬 강력한 의도'를 담지한 실질적 사회세력이 그 응집물을 발견할 가능성을 갖고 포진하였다.

이런 박정희는 분명히 "가공(架空)의 개인"이다(류상영 1998, 18면). 그러나 이렇게 죽은 박정희를 가공(加工)해 나온 민주화시대의 박정희는 단지 유령이 아니라, 현존하는 사회세력을 결집시켜 가공(可恐)할 위력을 지니게 될 구심적 인물자료로 실체화된다. 하지만 표현과 창작의 자유가 보장되어 있는 민주주의적 자유사회에서 '과거'의 특정 개인을 역사적 사실에 반하면서까지 허구적으로 평가하여 부각시키는 문학적 영웅담론 그 자체를 막을 수는 없을 것이다. 문제는 이런 과거에의 호소가 가지고 있는 '현재적' 함축이다. 이데올로기화의 산물로서 '민주화시대의 박정희'는 과거의 자기 시대를 변론하거나 정당화하는 수준을 넘어 민주화 국면에서 지지부진하게 진행되는 한국 시민사회의 성장을 냉소한다. 따라서 현재의 파시스트적 박정희 담론에서 중요한 것은 역사소설적 영웅으로 표현된 '가공의 개인'뿐만 아니라 명백히 현재상황을 겨냥할 때 그 전제가 되고 있는 '가공의 대중'이다. 영웅에의 종속이나 순응을 벗어나 자율적인 담론주체로 성장하는 한국 시민사회에 대해 박정희에 관한 파시스트 담론은 영웅에 비해 한없이 초라한 한국 시민 자신들의 분수를 자각(?) 또는 자인하라고 권하고 있다. 그리고 이렇게 불확실하고 아직 정착되어 있지도 않은 자유에의 역정을 힘들게 걸어갈 것이 아니라 신뢰할 만한 영웅에 투항하고 그를 모방하는 것이 "인간에게 있어 진보의 유일한 요소"이다. 이인화에 따르면, "우리는 보다 실질적이고 즉각적인 지침에 따라 살아간다. 그것은 우리가 진실로 위대하다고 생각하는 인간을 보고 배우는 것이다. 그의 생각과 행동을 모방하는 것이다. 어쩌면 이것이 인간에게 있어서 진보의 유일한 요소인지도 모른다. 어떤 천재성을 지닌 개인이 길을 제시하고 모범을 보이면 다른 많은 사람들이 그 길을 선택하고 그 뒤를 따르는 것이다"(이인화 1997, 6면).

박정희 신격화론자들은 1979년 10·26 이후 전국의 행정기관, 사찰, 교회, 향교 등에 마련된 빈소에 연일 끊이지 않았던 조문행렬, 그리고 11월 3일 거행된 그의 국장 때 중앙청 광장에서 국립묘지에 이르는 길을 메웠던 200만 군중들을 염두에 두었는지 모른다(정재경 1991, 639면). 아니면 구미에 있는 그의 생가 방문객이 1995년 29,400명에서 1996년 42,000명으로 증가하고 1997년 당시 1일 내방객이 평균 300명에 이른다는 사실에 큰 의미를 두었을 수도 있다(정해구 1998, 54면). 그러나 "사랑과 미련, 그 모든 나약한 감정들이 지긋지긋하고" "그것들은 모두 치욕스런 삶을 이어가기 위한 약자의 생리"라고 했을 때, 작가는 분명히 약자에게 너무 가혹한 규정을 너무 성급하게 일반화하고 있는 것이다. 이런 비하의식이 아무리 "인간〔이라고 할 만한 것들〕이 다 죽었다"고 보이는 식민지 조선을 배경으로 한 소설적 발언에서 나온 가상적인 것이라고 하더라도, 바로 그런 가상현실을 전제로 한 조건문 전체가 주인공이 진정으로 의도한 것이라면 그 결론, 즉 "속속들이 천민근성에 찌들린 이 땅을 벗어나 거칠고 단순하고 강인한 신을 만나고 싶다"는 소망은 그 어떤 경우라도 작가의 단언적인 자기주장이다. 여기에서 거칠고 단순하고 강인한 신은 "운명의 마지막 섭리인 힘이 모든 것을 광포하게 지배하는 비정한 광야의 신"으로도 표현된다. 그 신은 "인간적인 감성을 초극하여 세상에 맞서는" "강인한 야성적 생명과 의지"를 속성으로 한다(이인화 1997, 308~309면).

작가가 그 어떤 의도를 가졌든 이 야성이라는 것이 문명적인 것이나 문화적인 것보다는 야만에 더 가깝다는 사실은 속일 수 없다. 따라서 이 조건을 벗어나는 방식은 철저하게 약자경멸적이다. 분명한 것은 이 신이 작가가 경멸해 마지않는 약자만큼이나, 아니 그보다 더 권력지향적 체질이라는 것이다. 이렇게 되면 약자가 비록 그 피압박 상태에서 벗어날 수 있다 하더라도 인간의 길을 인간으로서 걸어가기는 틀린 일이다. 그가 피압박상태에서 해방되는 길은 지금보다 강한 지배권력에 순응하여 그 자신이 지배권력을 획득하면서 권력자, 그것도 지금의 지배자보다 더 야만적인 권력지배자가 되는 것뿐이다.

하지만 패배의 현실적 조건을 없애지 않은 상태에서 승리할 수 있는 길은 바로 '이 패배의 조건 속에서 패배한 자들'을 외면하고 '승리자의 편에 가담하는 것'뿐이다. 이때 승리자들을 상대로 벌일 수 있는 유일한 모반은, 이 승리자들의 힘이 소진되어 그 진영에 균열이나 틈새가 생겼을 때, 버려진 채 땅에 뒹구는 승리자의 검을 잽싸게 집어들어 아직 승리자의 발길질에 차인 상처가 아물지 않아 얼떨떨한 상태에 있는 과거의 약자들이 정신 차리기 전에 약자들의 등 위에 올라타는 것, 즉 권력기회주의밖에 없는 것이다.

파시스트적인 박정희 담론을 개발한 이들은 현재 대한민국 시민사회를 향해 이 권력기회주의에 동참하라는 선무방송을 하고 있는 것이다. 바로 한국사람 전체를 권력중독자로 만든 박정희의 권력정치, 아니 한국사람 전체를 경제중독자로 만든 그의 성공한 경제개발을 자기 어깨 너머로 뒷손질하면서. 이런 식의 탈-약자(脫弱子) 전략은 사실상 시민사회 주체들에게 약탈자(掠奪者)에 투항하라는 전단 살포나 다름이 없다.

그토록 억압했던 민주화과정이 자신의 사후 10여년이 지나 본격적으로 진행되는 과정에서 역사적 박정희가 파시스트로 명예롭게(?) 재탄생하는 계기를 갖게 된 것, 그것도 자신을 신격화하기 위한 담론들에서 선택적으로 강조한 박정희의 면면들이 그에 대항한 패러디에서 일관되게 정리되면서 그렇게 될 수 있었다는 것은 참으로 역설이다. 박정희 텍스트들이 아니라, 박정희의 생애를 자료로 한 이인화와 조갑제의 이데올로기화 작업물들에서 진중권이 묶어낸 '박정희 철학'(진중권 1998, 1권 145~64면)은 완연히 파시즘 그 자체이다.

박정희가 죽고 근 20년이 지나서야 비로소 우리 사회는 박정희가 파시스트인 줄 알게 되었다! 그러나 더 놀라야 할 점은 박정희를 파시스트로 부각시켜도 충분히 이 사회를 영속적으로 발전시킬 수 있다고 믿는 파시즘 세력이 박정희가 없어진 이제야 — 아니면 이제라도 — 형성될 수 있다는 사실이다! 하지만 진짜 놀라운 것은 이미 박정희가 통치하던 당시의 한국사회에 파시즘을 내면화하고 열렬히 지지한 대중세력이 굳건하게 형성되어 있었다고 주장된다는 것이다!

3. 박정희에 대한 파시즘 담론의 완성: '우리 안의 파시즘' 담론의 논리 굴절

박정희적인 것과 관련된 역사, 사고방식, 정치전략, 그리고 대중적인 생활의식 등을 새삼스러이 파시즘으로 규정하게 된 것은 박정희 신드롬의 성격에 대한 새로운 자각에서 기인한다. 박정희 신드롬은 단순히 과거 박정희가 이룩한 위업에 대한 복고적 향수가 아니다. 그것은 명백히 공론장에서 현재적인 사회과정의 맥락을 배경으로 이루어진 '이데올로기화' 작업의 소산이다. '민주화시대의 박정희'는 암실에서 은밀하게 제작된 것이 아니라 수많은 독자들이 출입하는 공론장에서 공개적으로 진행된 각종 이데올로기적 담론들이 씨너지 효과를 일으키며 창출한 문화적 합작품이다. 따라서 현재의 '박정희 상'은 과거의 박정희가 연출했던 역사적 사실 차원과 층위를 달리하는 현시대 대중의 사회정치적 불만 연관이 새로이 혼합되어 이루어졌다는 점을 감안할 때, 민주화시대에 재림한 박정희에 대해 실증담론에 입각한 계몽적 비판이라는 대응방식은 대중적 효력이라는 측면에서 한계를 가진다. 왜냐하면 이 경우 아무리 '현재의 박정희는 과거 우리가 겪었던 그 박정희가 아니다'는 증거를 제출하더라도 지금 대중에게 제시되어 있는 '현전하는 박정희 상'에서 '과거 역사적 박정희의 행적'을 빼고 나면 '여전히 미성숙한 민주화가 진행중인 현재의 사회과정에 대한 대중적 불만요인'은 그대로 남기 때문이다.

박정희가 더 완벽하게 파시스트가 되고 박정희체제가 진정 파시즘체제라야 한다면, 박정희와 자신들을 동일시하면서 그와 마찬가지로 이 나약하고 비루한 민주주의를 혐오하며 박정희를 내면에서부터 열렬하게 지지하고 추종하는 대중이 있어야 했다. 앞에서 검토했던 문화담론에서 이런 대중은 '가공의 대중'으로서, 단지 상정되거나 인공적으로 창작되었을 뿐이었다. 그런데 이 문제는 참으로 엉뚱한 방향에서 해결되었다.

문화전선에서 박정희 신격화 담론이 한바탕 지나간 후, 이미 박정희시대에 그의 파시즘을 열렬하게 지지한 파시스트적 대중이 현존했었다는 증언성 추정이 진보권의 비판적 독자층을 배경으로 제기되었다. 1990년대 한국 민주주의 공고화 단계 초기에 제기된 박정희 신격화 담론은 박정희 추종자에 관한 파시즘적 패러디를 거치고 나서, 같은 연대 후반기에 참으로 기대하지 않은 파시즘 담론, 좀더 명시적으로 얘기하면, '우리 안의 파시즘' 또는 '일상적 파시즘' 담론으로 이어진다.[11]

진보권이 거대 조직을 바탕으로 한 계급전선에서 한걸음 더 나아가 일상생활의 정치화를 추진하면서, 문제는 단순히 운동의 악세서리 차원을 급속하게 벗어나기 시작했다. 1990년대 후반기부터 그전에는 사회변혁적 활동의 장으로 여겨지지 않았던 시민생활의 다양한 현장들이 실천현장으로 대거 유입되었다. 그러면서 기존 진보권 내부에서 의식되지 않고 통용되던 낙후된 성향과 미성숙한 활동방식 또는 무감각한 처신들이 계급보다 넓은 외연을 가진 시민 차원에서 수행될 사상적 자기표현과 실천적 자기변혁의 대립적 표적으로 부각되기 시작하였다.

이런 퇴행적 행태들은, 오랜 독재기를 거치면서 미처 반성의 기회를 갖지 못한 상태에서 극복되지 못한 지난 시기의 잔재와 그 잔재적 재생산 기제에 상당 부분 기인한다는 자각을 명료하게 부각시킬 필요가 있었다. 다시 말해 진보권을 '우리'라는 말로 기호화했을 때 그 '우리'의 적은 우리에게 압박을 가하는 보수수구세력이 아니라 정작 '우리 자신 안'에 있는 그 무엇이었다. 그것이 우리의 진로를 왜곡하고, 경우에 따라서는 결정적으로 좌절시킬 가능성이 무시할 수 없이 커졌다고 느껴졌다.[12]

"우리 안의 파시즘"이라는 표제 개념 아래 1999년 후반 『당대비평』이 제기한 문제들은 그 내용의 기조에 있어서는 사실상 "한국사회의

---

11 본 필자도 창간에 참여했던 『당대비평』은 1999년 후반기부터 진보권 내부에 침윤되어 있는 실천적 퇴행성 문제를 정면으로 다루기 위해 '우리 안의 파시즘'이라는 화두를 제기하고 그것을 자기반성의 준거 개념으로 제출하였다. 이 화두를 제기할 당시의 기획 동기는 분명히 실천적이었다. 당시 진보권의 실천적 부진은 단지 수구보수권의 강압이나 반격으로만 설명될 수 없는 진보권 내부의 요인에서 기인한다는 자기반성이 상당할 정도로 확산되고 있었다.

12 『당대비평』은 바로 그런 요인들을 반공주의·주민등록제·군사주의 등에서 특히 전형적으로 나타나는 '반공규율사회의 집단의식', 성차별과 외국인노동자 차별 등에서 첨예하게 분출되는 '가부장적 혈통논리의 배제논리', 일상언어·교회·건축 등에서 나타나는 '파시즘의 일상문화' 등 크게 3가지로 범주화했다.

성역과 금기에 도전한다"는 모토 아래 진행되었던 강준만의 비판활동과 질적으로 전혀 구별되지 않았다. 그런데 강준만은 당면의 개별 사안을 저널리스틱한 감수성으로 선별하고 방대한 종합적 정보에 입각하여 그 허구성과 입장의 비일관성을 다면적으로 폭로하는 데 중점을 두었던 반면, 『당대비평』은 강준만의 노력까지 포함한 그런 종류의 작업들을 배경으로 놓고, 비판의 대상이 된 한국사회의 부정적 성역과 금기들을 '파시즘'으로 범주화하여 비판의 논지를 개념적으로 선명하게 부각시킴으로써 비판의식의 통일성과 집중성을 급격히 제고했다는 장점이 있었다. 『당대비평』이 진보와 보수를 막론하고 한국사회에서 나타나는 각종 실천의 부정적 양상 전부를 '우리 안의 파시즘' 또는 '일상적 파시즘'이라는 선명한 개념으로 축약할 수 있었던 배경에는 강준만의 인물비평이 깔아놓은 무제한 비판작업의 성찰적 성과와 당대 극우작가들의 요설에 대한 진중권의 파시즘 패러디가 진보권 독서대중 사이에 불러일으킨 엄청난 반향이 있었다.[13] 『당대비평』의 파시즘 비판기획은 자기의 장기기획이었던 권력비판의 선언적 정점이었음과 동시에, 비판적 지성과 실천을 기조로 한 진보대중의 자기반성적 의식을 압축적으로 요약하는 개념적 완결점이었다.

그런데 문제는 강준만 비판작업의 실질적 동기였던 '조선일보 문제'를 두고, 『당대비평』의 편집위원들, 즉 임지현과 문부식 두 사람의 견해가 심하게 굴절하고 있었으며, 바로 이 때문에 선명한 개념어를 통해 파시즘 비판의 실천적 전화에 크게 기여했을 '일상적 파시즘' 또는 '우리 안의 파시즘' 담론 모양새가 아주 이상하고도 우스꽝스럽게 되어갔다는 점이다.[14]

---

13 진중권의 파시즘 패러디에 대한 분석으로는 이 글의 원본에 해당되는 졸고 「다극적 현대성 맥락 속의 미완의 파시즘과 미성숙 시민사회」, 사회와철학연구회 『사회와 철학』 제2집(이학사 2001), 57~103면 참조.

파시즘 비판의 논리적 굴절이란, 파시즘 비판이 응당 비판되어야 할 파시즘의 실체를 향하는 것이 아니라, 오히려 정반대로 파시즘을 비판하는 쪽에다 파시즘의 혐의를 씌우는 방향으로 논지가 전개되는 현상을 가리킨다. 이런 논리 굴절 과정의 최정점은 특정 지식인이나 그 집단 또는 이미 한국사회에서 무시할 수 없는 세력권을 형성해간다고 보이는 이른바 진보적 운동권을 일상적 파시즘의 감염자 또는 묵시적 동조자로 모는 정도가 아니라, 한국사회의 저변층으로 인지되어온 민중 자체를 한국 파시즘의 자발적·능동적 주체로 상정하는 임지현의 합의독재론에서 찾을 수 있다.

『당대비평』 2000년 가을호의 '민중, 희생자인가 공범자인가'의 종론격인 임지현의 「파시즘의 진지전과 '합의독재'」는, 만약 그가 비판작업 자체를 자기방어적인 타자 비난의 도구로 오용하지 않았더라면 한국사회의 이해와 변혁운동에서 과학적으로나 실천적으로 매우 중요한 의의를 가졌을 쟁점 하나를 묵시적으로 함축하고 있었다. 그것은 현대 사회 특유의 정치적·사회적 현상으로서 파시즘의 성격과 그 작동구조에 대한 일반론적 파악, 그리고 그 한국적 현출에 관한 문제였다. 여기에서 임지현은 철저하게 현대적인 현상으로서 파시즘을 다음과 같이 규정한다.

> 정치체제로서 독재(Dictatorship)가 전제정(Despotism)과 뚜렷이 구별되는 역사적 특징은 그것이 갖는 현저한 근대성이다. 잘 짜여진 관료적 행정기구, 강제와 동의를 적절히 배합한 동원과 통제의 메커니즘, 지배의 대

---

14 특히 임지현의 일상적 파시즘 비판이 논리적으로 심하게 굴절되고 있다는 명시적 징후는, 임지현이 조선일보 기고자라는 이유로 강준만이 임지현 자신을 바로 그 일상적 파시즘의 감염자라고 지적한 비판(강준만 2000)을 두고, 임지현이 강준만의 수준을 넘어서는 인신공격을 가한 반격(임지현 2000a)에서 감지되었다.

중적 기반을 제도적으로 정당화하는 대중정당, 피지배자의 의식 깊숙이 침투하여 일상적 사고와 행동을 지배하는 이데올로기 등은 독재의 근대성을 단적으로 드러내준다. 태양왕 루이 14세의 위엄이나 러시아 짜르의 무자비하고 잔인한 지배, 역대 중국 황제들이 휘두른 무소불위의 권력은 근대성으로 무장한 나찌즘이나 스딸린주의의 독재에 비하면 한낱 에피소드적 권력에 불과하다. (…) 파시스트 독재의 근대성은 이처럼 고도화된 지배기술에서 일차적으로 드러난다. 그러나 인민의 지배라는 형식을 취한다는 점에서 그것의 근대성은 더욱 돋보인다. 역사의 역설이지만, 파시스트의 독재는 인민이 정치무대의 전면으로 나선 근대의 역사적 성과를 전유할 때 비로소 가능한 것이었다. 대다수의 국민이 지지하고 옹호한다는 이유로 파시즘을 여타의 반동적 운동과 구분한 라이히(Wilhelm Reich)의 지적은 이 점에서 타당하다. 파시즘이 18세기의 인민주권설에 기초한 "새로운 정치"의 정점이었다는 모스(George I. Mosse)의 대담한 주장도 같은 맥락에서 이해된다. 그것은 부르주아적 의회정치와 대의제 정치에 대한 인민의 실망과 불만을 담보로 한 대중운동이자 대중민주주의였다는 것이다. 한걸음 더 나아가 이딸리아의 파시즘 연구자인 데 펠리체(Renzo De Felice)는 무쏠리니에 대한 7권의 전기 중 넷째 권에 '합의의 세월들, 1929~1936'이라는 제목을 붙임으로써 파시즘에 대한 중간계급의 적극적 지지가 국민적 합의의 수준에까지 이르렀다고 주장하였다. (강조는 인용자, 임지현 2000b, 24~25면)

서구현대의 파시즘 이해에서 "파시즘의 근대성과 대중성, 나아가 국민적 합의를 강조하는 논의들"(임지현 2000b, 25면)을 전제하는 가운데,[15] 임

---

15 같은 면에서 임지현이 인용한 이 논의들의 전거는 다음과 같다. 라이히(W. Reich), 오세철·문형구 옮김 『파시즘의 대중심리』(현상과 인식 1987), 18면; G. I. Mosse, *The Nationalization of the Masses* (New York, 1977), 1~4면; C. F. Delzell, "Introduction," R. D. Felice, *Interpretation of Fascism* (London, 1977), vii면.

지현은 "파시즘의 민중적 기반에 대한 이들의 문제제기는 박정희시대의 기억을 둘러싼 역사의 내전을 어떻게 치루어야 할 것인가에 대해 귀중한 시사점을 던져준다"는 유추논법에 의거하여, "저항하고 투쟁하는 민중의 신화에서 벗어나 지배 헤게모니에 포섭되어 권력에 갈채를 보내는 민중의 또다른 존재방식에 대한 이해"를 요구한다(임지현 2000b, 26면).

임지현에 의해 "지배 헤게모니에 포섭되어 권력에 갈채를 보내는 민중의 또다른 존재방식"으로 거듭 지적되는 것은 파시즘체제가 "지배블록의 헤게모니에 기초한 자발적 동원체제"로서 "기본적으로 합의독재의 외양"을 띠며, "권력의 억압과 민중의 희생이라는 단순한 이분법으로 결코 포착할 수 없는" "'우리'의 공범자적 측면"이 밝혀져야 그것이 어떻게 가능했는지 파악할 수 있는 것이다(임지현 2000b, 27면). 그러나 임지현은 민중을 단순히 파시즘체제의 공범자적 측면에서만 보지 않는다. 파시즘체제하의 민중은 결코 파시스트 집권층의 지배기술이나 헤게모니의 피동적 동원 또는 조작 객체가 아니라, 파시즘체제에 "압도적 지지를 보내면서" 그 체제 안에서 "희망에 부풀어 (⋯) 내면으로부터 우러나오는 기쁨을 감추지 못하는" 지극히 정상적인 일상인이다(임지현 2000b, 29면).

그런데 파시즘체제 안에서 이 정상적 일상인들이 보여준 체제친화적 태도가 민중의 주체적이고 능동적인 동의에서 나온 것인지 아니면 파시스트 집권층의 성공적인 통치에서 나온 조작적인 결실인지에 대해서는 서술이 상당히 애매하다. 한편, 아니 압도적인 측면에서 그는, 민중 자신이 "자발적인 동원체제"를 통해 마치 파시즘의 능동적 주체인 것처럼 기술한다(임지현 2000b, 36면). 그러면서 다른 한편으로, 민중의 이런 반응이 노동자계급을 비롯한 사회 각 계급에 대한 "전체주의국가의 통합능력"에서 나온 것처럼 서술한다(임지현 2000b, 31면).

그러나 국가권력과 피지배민중 사이의 이런 애매한 관계는 그런 관계가 형성되는 동기의 유형을 분별력있게 인식하는 것과는 무관하게 "합의독재"라는 말 안에서 일종의 야합으로 단정된다. 즉 "결국 국가 권력의 헤게모니가 배후에서 작동하는 민중의 자발적 동원체제는, 그 것이 강압에서 촉발되었든 자기기만적 확신의 메커니즘을 전제로 하든, 권력과 민중의 타협과 합의를 기반으로 하는 합의독재의 성격을 띤다"고 최종적으로 판결된다(임지현 2000b, 36면). 그리고 이런 "아래로 부터의 자발적 통합"은 "집단적 기억에 각인된 지배담론과 그것이 행사하는 헤게모니의 메커니즘"이라는 형태로 "파시스트 독재의 민중적 기반"을 이루면서, 파시스트 독재가 정치적으로 무의미해진 뒤에도 "민중의 일상생활에 깊이 침투된" 채 파시즘의 진지전을 가능하게 한다.

파시즘을 일종의 적극적 민중혁명으로 보는 이런 시각은 한국의 박정희체제에 그대로 전이되어, 새마을운동 같은 관주도의 동원 양식을 일종의 민중적 수동혁명으로 보고, 거기에 농촌민중이 "자발적으로 참여했다"는 증거를 내세워 박정희체제를 파시즘체제, 아니 적어도 "유사파시즘"(quasi fascism)으로 이해하는 논법이 제출된다(황병주 2000, 46~68면). 황병주가 제출한 이 논법은 상당히 파격적으로 새마을운 동을 "일종의 사회혁명적 경험"으로 규정한다. 왜냐하면 "새마을운동 과정에서 농민은 부족하지만 개발자원을 제공하는 국가에 선택적이고 결정적으로 결합하게 되었고, 이러한 관계 속에서 국가를 반대의 대상이 아니라 제공자로 인식하게 되었으며" "강한 경제적 상승욕구와 함께 의미있는 사회적 존재가 되고 싶다는 하층농민의 열망이 박정희정권의 농촌정책과 만나게 되었"고, 나아가 "많은 농민의 경험에서는 오히려 경제적 상승보다 의미있고 중요한 존재로 대우받은 사실이 강렬한 기억으로 남아 있음"을 볼 수 있기 때문이라는 것이다(황병주 2000, 58~59면).

그러나 그의 논법이 상당 부분을 공유했을 임지현의 발상과는 결정적으로 다르게, 황병주는 농민이 박정희체제에 전일적으로 포섭되었다기보다는 정확한 손익계산의 원칙에 따라 자신의 이익을 극대화하는 "기회주의"에 더 경도되어 있었다는 점을 지적한다(황병주 2000, 65면). 다시 말해 박정희가 의도했다고 생각되는 파시즘 구상은 자본주의와 정치적 생존을 삶의 더 본질적인 조건으로 파악한 민중의 계산주의에 추월당한 것이다. 따라서 박정희체제를 한국판 파시즘으로 해석하려는 의도 아래 새마을운동을 실증적으로 분석한 황병주의 논문을 끌어들인 임지현의 의도는 반만 성공했다. 즉 황병주의 논문은 파시즘의 시각에서 박정희체제를 조망한 시도이긴 했지만, 임지현의 의도와는 달리 지배권력과 민중의 '합의' 및 그에 따른 지배권력의 완전한 내면화를 입증해주지는 않았다.

임지현의 한국판 파시즘론에 힘을 실어준 것은 그 어떤 학술적 연구가 아니라 결국 조선일보에 기고하는 일까지 똑같이 할 정도로 그와 행보를 같이한 『당대비평』 문부식 주간의 문학적 에쎄이였다. 부산 미문화원 방화사건이라는 장대한 쾌거가 일회적이었다면, 그에게 닥쳐온 잔혹한 고문과 수감은 긴 세월 동안 계속되면서, 그가 개인적으로 겪어야 했던 대중으로부터의 격리와 무관심과 소외는 민중들이 독재자와 합의했다는 의구심을 자아내기에 충분했다. 그리고 이것은 그의 개인적 경험에 그친 것이 아니라 그가 항상 자신과 동일시하는 5·18의 광주민중에서 확증된 것으로 여겨진다. 그에 따르면,

계엄해제와 민주화를 요구하던 광주시민들 앞에 계엄군이 나타났다. 전두환은 그들에게 발포를 명령했다. 광주시민들을 폭도라고 생각한 병사들은 아무런 의심도 없이 총을 쏘고 칼을 휘둘렀다. 광주시민들은 궁지에 몰리고 공포에 질려 총을 들었다. 이제 그들이 의지할 수 있는 것은 두 가지 가느다란 희망뿐이었다. 무자비한 야만의 총구 앞에서 인간으로서 최

소한의 의무는 저항해야 한다는 것, 그리고 조금만 더 버티면 같은 피를 나눈 동포들이 자신들을 돕기 위해 달려올 것이라는 것, 그러나 그날 그곳에 그들을 돕기 위해 달려온 사람은 아무도 없었다. 5월 27일 새벽 진압군의 마지막 살육이 자행되던 그날 그 시간 광주의 형제들은 서로를 도울 수조차 없었다. (…) 아무도 그해 5월에 광주로 달려가지 않았다는 것, 광주 외의 어느 지역 어느 도시도 광주시민들의 절규에 호응하지 않았다는 것, (…) 무엇보다 이제 우리 모두가 광주를 기억하기 싫은 과거의 역사로 취급하려 한다는 것. (문부식 2002, 23~24면)

따라서 이런 극적인 한계상황을 증거로 한국 민중과 사회는 치유할 수 없을 정도로 파시즘 코드를 내면화하고 있는 것으로 단정된다.[16]

4. 박정희체제는 파시즘체제인가: 신화로서의 박정희와 역사로서의 박정희

1) 의중에 머문 파시즘: 파시즘의 완성 조건보다 앞선 파시즘 시도의 한계

한국사회가 공적인 운동 맥락에서 역사적으로 체험한 당대의 박정희는 정확한 의미에서 파시스트가 아니었으며, 5·16에서 10·26에 이르는 기간에 그가 꾸렸던 국가 및 사회 체제도 전반적으로 파시즘체제라고 할 수 있는 것은 아니었다. 동시대인으로서 박정희는 사상적으로 대단히 불투명한 인격이었다. 언설은 민족주의자였고, 행실은 매판적이었으며, 민주주의를 얘기하면서도 온갖 반민주적인 통치방식을 해

---

16 문부식의 이 책에 대한 비판적 서평으로는 졸고 「반쪽의 기억, 그리고 살아남은 사람들을 존중하는 법에 대하여」, 『월간 인물과 사상』 2002년 10월호.

마다 새로이 공포하였다. 국부는 축적되고 국민소득은 상승하였으나, 생존의 권리 자체는 항상 국가테러에 노출되어 있었다.

정치적으로 그는 파시즘적 정치를 공동적으로 수행할 신뢰성있는 항상적 지배집단을 세력화하는 데 철저하게 실패함으로써 "그 자신만 제거되면 그의 '정치적' 대표권은 정치적 위기시에 '대체가능한' 것이었다." 왜냐하면 "김일성과는 달리 박정희는 생사를 같이할 전우가 없었다. 그의 추종자들은 일단의 정치적 동료나 충성파들뿐만 아니라 이전의 군대동료, 쿠데타 동지, 동창, 지역 및 혈연에 기초한 부하 등으로 구성되었다. 이들에게는 피상적인 충성심 이외에는 공통의 유대가 없었다"(양성철 1987, 326면).

따라서 박정희의 최후도 결코 대중투쟁이나 국가투쟁 속에서 지도적 파시스트들이 맞게 마련인 영웅적 장렬함과는 거리가 멀었다. "10·26의 원인은 상당부분 대통령 박정희의 사생활 문란으로 인한 판단력 미비와 그것에 대한 측근들의 환멸감에 있었다. 유신독재에 대한 비판의식만으로는 그 체제의 실질적 2인자인 중앙정보부장이 대통령을 살해한 동기를 다 설명할 수가 없다"(김재홍 1998, 20면). 그리고 박정희는 자신에 도전하는 세력들을 파시스트의 입장에서 사회적으로 원천봉쇄할 대중 차원의 전폭적 지원이나 지지를 자신이 안심할 정도로 명시적이고 조직적인 수준까지 확보하지 못했다.

파시즘이라는 용어의 용례는 너무나 다양하여 정의하기가 대단히 애매하다. 20세기 초반기에 정치적으로 중요했던 각종 사상 중에 그 적대자들로부터 파시스트적이라는 비난을 받지 않은 사상은 거의 없었다. "보수주의를 비롯하여 자유주의, 사회민주주의, 사회주의, 공산주의에 이르기까지 갖가지 형태의 거의 모든 정치적 입장, 집단, 체제들이 지금까지 이미 각기 적대측으로부터 파시즘이란 판결 내지는 적어도 그 혐의를 받았다"(프릿체 1984, 226~27면). 그러나 적어도 관념 진행이 일관되고 경험적으로 확증가능한 정치현상으로서 파시즘을 적시하고자 하면 무엇보다 거기에서는 자기 위기에 대해 즉흥적으로 대응하기 위해 광범위하게 활성화된 대중운동과 정치적 동감이 확인되어야 한다.[17] 박정희에게는 바로 이런 운동하는 대중이라는 사회적 담보물이 철저하게 결여되어 있었기 때문에, 그 자신 개인적으로 파시스트적 성향이 농후했음에도 진정한 파시즘체제의 구축을 시도할 수 없었다.

박정희는 민주주의에 대한 냉소를 결코 은폐하지 않았지만, 민주주의 그 자체의 정당성이나 효용성을 전면 부인할 정도로, '객관적 위기에 빠진 민주주의'를 자기 독재의 합리화 근거로도 제시할 수 없었다. 그가 대중에게 보여줄 수 있었던 것은 단지 4·19 이후 이제 막 그 운영 골격을 갖춰가던 미완의 민주주의가 과도기적으로 노출한 취약성이었는데, 그것이 붕괴된 원인은 민주주의 자체에 대한 대중적 불신과 거부가 아니라 이 불신이 커가는 것조차 기다리지 못하고 쿠데타를 감행했던 박정희 자신이었다.

민주주의 자체가 위기에 빠질 정도까지 진전된 적이 없는 상황에서 오히려 박정희 자신이 제도적 민주주의 정도로도 항상 정치적 위기에 빠져야 했다. "박정희는 자신의 집권에 도전해오는 세력들에 대해〔대중동원이나 선동이 아니라〕일관되게 힘으로 맞서왔다. 그는 위험수위에 도달한 민중의 저항에 정치적 타협이나 양보가 아니라 한결같이 군대를 동원하여 위기를 돌파하였다. 박정희 집권기간 계엄은 3번 선

---

17 프릿체(1984, 296면) 참조. 그에 따르면, "파시즘운동은 그 기원에 있어 독점자본주의 시대의 심각한 동요에 대한 소시민의 저항운동이다. 이 운동은 사회적으로 야기된 좌절감과 공격성을 낡은 질서를 파괴하고 새로운 질서를 수립하는 데로 돌리게 하려는 시도이다. 이러한 시도는, 사회화를 통해 주입된 복종과 억압이라는 행동유형에 상응하여, 또 사실상 시민사회의 지배관계에 힘입어 만들어진 주관적인 이데올로기의 세계상을 척도로 하여 이루어진다. (…) 그렇기 때문에 파시즘운동은 기실, (객관적으로나 주관적으로나 파시즘운동의 사회경제적 기반을 이루는) 체제를 대신할 만한 내용을 전혀 갖지 않고 있다."

포되어 합계 31개월 동안이나 지속됐다. 같은 기간중에 위수령이 3번에 합계 5개월 동안 발동됐고, 각종 비상조치가 9건 69개월 동안 지속됐다. 이들 비정상적인 기간을 합치면 105개월로 박정희 집권기간인 220개월의 약 절반에 해당된다. 박정권정권은 5·16 쿠데타에 따른 비상계엄으로 시작되어, 부마항쟁으로 인한 위수령으로 마감됐다. 이처럼 박정권은 언제나 아래로부터의 도전과 압력에 무력대응으로 대처하여왔던 것이다"(정해구 1998, 90면).

따라서 박정희를 둘러싼 파시즘 담론상황에서 진정 중요한 것은 현재의 가공된 박정희상을 과거의 박정희와 역사사실적으로 평면비교하는 것이 아니라 그것의 현재적 함축을 좀더 분명하게 인식하는 일이다.

2) 파시즘 비판의 입지점 선정의 문제

임지현이 제기한 파시즘 비판논리가 일종의 희극으로 끝난 결정적 원인은 비판에 임하는 그 자신이 비판의 입지점을 잘못 선택한 데서 찾을 수 있다. 그의 파시즘 비판은 본래 "이념의 진보성과 삶의 보수성"이 무자각적으로 공존하는 운동권 학생들에 대한 이유있는 비판에서 출발했다. "우상파괴적이기보다 우상숭배적인 이들의 고답적 권위주의, 봉건적 가부장주의, 폐쇄적 민족주의 등"(임지현 1998)은 결코 한국의 운동권 학생들에게서만 찾아볼 수 있는 것은 아니기에, 그의 표적은 현존사회주의 경험의 부정성과 반혁명적 낙후성이 그대로 남아있는 과거 동유럽권의 교조적 맑스·레닌주의자들을 거쳐, 급기야 한국의 진보운동권으로 확대되었다.

이 과정에서 그는 비판의 균형을 잡는 데 결정적으로 실패한다. 즉 애초 '우리 안의 파시즘'을 적출하는 반성적 작업으로 출발한 그의 파시즘 비판은 '우리가 바로 파시스트'라는 뉘앙스의 무차별 비난으로 급전하는데, 그 결정적 계기는 자신의 조선일보 기고행각을 일상적 파시즘이 청산되지 못한 작태로 단정하고 들어오는 사방의 비난에 대해 원색적으로 대응한 그의 태도였다. 참으로 이해할 수 없을 정도로 그는 조선일보의 파시스트적 속성에 대한 비판은 극력 삼갔는데, 그에 반해 조선일보를 비판하는 쪽에 대한 역비판은 참으로 가열했다. 그는 박정희 신격화 담론을 주도한 조선일보의 지면에 출입하면서 조선일보 비판자들을 파시스트라고 비판함으로써 자신이 행하는 비판의 신뢰성을 자기 손으로 무너뜨리는 결과를 빚었다. 그러나 이런 실천적 부정합성은 그의 파시즘관이 가지고 있는 개념적 몰이해에 비하면 파시즘 이해에 끼친 해악의 정도에 있어 경미하다고 할 수 있다.

3) '병리적 근대의 병든 대중에 의한 불합리한 야합'으로서의 파시즘

파시즘이 철저하게 근대적 현상이며 대중운동에 의해 권력을 장악하였고, 밑으로부터의 동의에 의해 그 체제가 유지된 측면이 있다는 임지현의 파시즘관은 파시즘 규정을 위한 개념적 윤곽선을 정확하게 그려내고 있다. 역사적 현상으로서 파시즘이 단순한 신화적 과거로의 회귀나 광기어린 독재자의 카리스마, 그리고 지배권력의 강제와 억압만으로 설명되지 않는다는 것은 파시즘의 역사적 원산지인 이딸리아와 독일에서는 이제 거의 상식이 된 견해이다. 그러나 임지현이 단지 자기 생각을 인상적으로 표출하는 데 그치는 수필가가 아니라 엄정한 과학적 태도를 견지해야 하는 역사학자라면, 역사적 파시즘을 성립시킨 근대성과 대중성, 그리고 밑으로부터의 동의 등이 보여준 양상을 연구자로서 좀더 세밀하게 천착했어야 했다.

역사적 파시즘이 단지 근대의 이념전형적 표출인 근대성과 대중성, 그리고 국민적 합의의 산물이 아닌 원인은 왜 파시즘이 20세기 전반 1차대전과 2차대전의 간전기(間戰期)에 독일과 이딸리아, 그리고 일본에서 출현하여 이들 국가에서 현실권력을 장악할 수 있었는가를 면밀하게 고찰하면 명확하게 드러난다. 즉 이 시기에 전세계 자본주의적 제국주의 국가들을 휩쓴 체제위기는 (파시즘을 비롯해) 여러가지 방식으로 해법을 찾아가는데, 유독 이 세 나라에서만 파쇼적 해법이 성공을 거두었던 것이다.

코민테른에서 제시했던 고전적 맑스주의의 설명에 따르면 이 세 국가의 국가독점자본이 악의적 음모에 따라 파시스트 집단에게 독점적 권력을 넘겨준 결과 유례없는 독재권력이 성립하게 된 계기가 마련된다. 그러나 이런 설명은 이 세 국가 못지않게 (아니 그보다 더 강력하게) 국가독점자본이 자리잡았다고 인정되는 다른 선진자본주의국가에서는 왜 파쇼적 해법으로 위기를 탈출하지 않았는가를 해명할 수 없다(포이케르트 2003, 33~34면).

파쇼적 해법이 선택된 결정적 원인은 두 방향에서 부각된다. 우선 하나는, 자본주의 공황에 직면하여 이들 국가들, 특히 독일에서, 부르주아 헤게모니를 지탱하던 기존의 정치적 도구들, 즉 정당과 이익단체들을 비롯한 각종 기관들이 이들 후발자본주의국가에서 급속히 진행되던 근대화의 각종 문제들에 충분히 대처할 만큼 강력한 사회적·문화적 기반을 확보하지 못한 데서 찾아진다(포이케르트 2003, 36면). 그리고 더욱 결정적인 것은 "노동자들을 희생시킴으로써 경제위기를 해결하려던 기업가들의 전략이나 음모"가 아니라 "사무직, 공무원, 자영업자, 농민 등의 사회적 중간계층들이 전통적 충성관계에서 벗어나" 사회민주당을 비롯한 각종 부르주아정당에서 이탈하면서 나찌운동을 비롯한 각종 파쇼적 움직임에 대거 가담했다는 점이다. 나찌당을 비롯해 각종 파시즘적 움직임은 바로 "그 덕분에 대중운동으로 발전할 수 있었는데, 이는 상당수의 기업가들이 나찌당을 우호적으로 대하기 이전에 발생했다"(포이케르트 2003, 42면).

문제는 이런 파시즘적 대중운동에 가담한 대중의 성격이다. 임지현이 인용한 빌헬름 라이히의 대중심리학적 접근이나 에리히 프롬의 사회심리학적 입장에서부터 프랑크푸르트 학파의 좀더 구조론적인 접근에 이르기까지 파시즘에 가담한 '대중'의 정신적 태도는 한마디로 "병리적 불합리성"으로 요약된다.[18] 나찌를 비롯한 전형적 파시즘운동에 가담한 대다수는 "자신의 사회적 존재가 대단히 위태로웠거나 혹은 아예 좌절해버린 사람이 많았다." "경제적인 이유로 인한 점포의 포기, 패전 이후 사회복귀의 실패, 직장이나 직종의 잦은 변경, 반복되거나 장기화된 실업상태 등이 초기 나찌당원들의 특징이었다." "모든 나찌가 그러한 사회적 동요와 갈등과정을 직접 체험하지는 않았지만 일부에게 닥친 일은 다른 일부에게도 닥쳐올 수 있는 일로 받아들여졌다." (이런 계층과 상황에 있던) 청년들이 위기의 일상에서 잃어버린 전망과 의미를 나찌운동에의 적극적 참여를 통해 객관적으로 회복할 수 있었던 것은 아니었지만, 그러한 참여는 삶을 보다 견딜 만한 것으로 만들어주었다. 그들은 끝없이 반복되는 투쟁과 운동을 통해 공허한 시간을 채울 수 있었고, 스스로를 거대한 기계의 필수적인 부품으로 인식할 수 있었으며, 당의 사무를 보조한다거나 행진대열에 서는 것에 고귀한 의미를 부여해 그것이 지도자를 위한 희생이며, 운동의 최후 승리를 위한 기여라고 생각할 수 있었다. 그리고 그 승리의 순간에 그 모든 노고는 공적인 인정과 고소득의 직책으로 보상될 것이었다" (Reich 1993, 44~45면). 분명히 이런 양상은 그야말로 자발적 동원상태를

---

18 W. Reich, *Die Massenpsychologie des Faschismus* (1933, 31면)에 그 유명한 '가위 테제'가 나온다. 즉 "경제적 토대에서의 발전은 좌파혁명이 가능한 쪽으로 움직이는데, 광범한 계층의 이데올로기는 우파 쪽으로 쏠린다"고 함으로써 토대와 이데올로기의 추이가 가위처럼 벌어지기만 하는 간전기 독일의 사회현상을 요약한다. 이것은 1905년 혁명적 권력을 잡고도 원한의 대상이었던 상급자만 처형하고 자발적으로 해산해버린 러시아 군인들의 봉기에서 나타난 "이상한" 현상들을 보고한 레닌의 관찰과도 일치한다(44면).

보여주지만, 그것을 움직이는 멘탈리티는 어느모로 보더라도 일상적으로 결코 온당하다고 할 수 없는 병적 요인과 징후들을 내장하고 있는 것이었다.

그러나 이런 대중 멘탈리티의 불합리하고도 병적인 양상이 파시즘에서 구상하는 지배구조와 이데올로기의 형태 그 자체를 불합리하게 만드는 것은 아니었다. 어느 면에서 자발적 순응의 의지에 가득한 이런 대중 멘탈리티는 그 어떤 목적에 대해서도 기꺼이 스스로를 적응시킴으로써 목적합리적인 도구적 효율성은 극대화할 수 있는 이점이 있었다. 따라서 파시즘 이데올로기에는 전근대적이고도 불합리한 신화적 목표가 설정되었지만, 그것을 실현에 옮기는 실천기제는 근대의 도구적 합리성 기준에 조금도 떨어지지 않을 수준으로 지극히 합리적으로 기획될 수 있었다. 따라서 파시즘은 불합리한 목적을 고도로 합리적으로 추구하는, 욕구 충족과 목표 달성의 가장 사악한 방식들을 채택할 수 있었다. 따라서 파시즘을 단지 "근대성과 대중성, 국민적 합의"로 특징짓는 것은 사태를 호도하는 것이다. 파시즘은 '병리적 근대의 병든 대중에 의한 불합리한 야합'에 의해 추진된 "근대의 병리"(Reich 1993, 11면) 바로 그 자체였다.

5. 한국판 파시즘은 가능했는가

진중권의 파시즘 패러디는 물론 박정희를 파시스트로 상정하고 있지만, 그것은 '역사적 박정희'라기보다는 주로 박정희 신격화 담론의 자료로서 취사선택되었던 '가공된 박정희'를 대상으로 한 것이었으며, 과연 역사적 박정희체제가 파시즘체제였느냐 하는 점은 질문되지 않은 물음으로 남았다. 그러나 박정희체제를 파시즘체제 그 자체로 보고, 그 안에서 살았던 국민들이 거의 완벽하게 파시즘 코드를 내면화했다고 보는 임지현은 과연 한국에서 박정희를 통해 파시즘을 성립시킬 만한 근대성과 대중성이 존재했는지를 먼저 물었어야 했다.

만약 임지현의 말대로 — 그리고 내가 동의하는 대로 — 파시즘이 철저하게 근대적 현상이라면, 근대성 자체가 취약하게만 존재했던 한국사회에서 파시즘은 그 초기 성립조건부터 결여된 상태에서 성립했다는 이상한 주장을 펼쳐야 한다. 하지만 그가 '우리 안의 파시즘'이라는 화두를 통해 파시즘적 요소로 부각시킨 한국사회의 구조적 병폐들 가운데 절반은 전근대적 요인들과 결부된 것이며, 나머지 절반은 민족국가적 현대성이 불완전하게 관철된 분단상황과 연관된 것으로서, 그 자체 철저하게 근대적이라는 성격에 의해 설명되기에는 근대성이 상당히 부족한 상태이다.

무엇보다 파시즘 성립에 가장 결정적인 대중성, 그것도 위기에 좌절하여 정신적으로 깊숙이 병든 대중의 존재 자체가 가장 의심스럽다. 박정희가 대중성에 기대어 합의독재를 추구할 수 없었던 가장 중요한 원인은 그의 반공주의 자체가 전쟁의 비극체험에 질린 한국대중을 활성화시키기보다는 공포 속에 얼어붙게 함으로써 자발적 참여를 유도할 수 없었던 데 있었다. 그러나 이런 공포상태에서 유일하게 허용된 의미있는 활동으로서 경제행위가 출구로 열리자 박정희 이후에 본격적으로 전개될 사회적 다원화의 맹아들이 바로 이 경제공간 안에서 급격하게 자라나기 시작했다.

따라서 박정희 개발독재는 아직 병들 여지도 없었던 태생기 한국근대의 취약한 기반을 경제방면에서 정초시킨 노력 정도로 자리매김되어야 한다. 역사적으로 그것은 어느정도 발전된 민주주의 체제를 전제로 하여 적응위기에 빠진 대중을 기반으로 한 파시즘체제가 아니라, 봉건제와 근대자본주의 사이에서, 앞으로 도래할 시민사회를 위한 민족국가의 제도적 틀과 인적·물적 자원의 축적이 이루어진 절대주의 체제에 비견되는 것으로 보인다.

유신시대의 박정희가 파시즘의 고전적 도식에 따라 대중동원과 국민주형(鑄型)의 이데올로기적 기제를 설치하려고 의도했던 것은 분명하다. '국민교육헌장'은 박정희의 이런 단상을 담은 파시즘 문서의 대표적 예로서 사회를 완벽하게 국가화하고 개인을 개별 국민으로 원자화하여, 국가의 총동원태세에 언제든지 자발적으로 응할 자세가 되어 있는 의식형태를 체계적으로 제조하고자 하는 원칙을 요약하고 있었다. 그러나 그 자신이 물질적 기반을 조성한 한국사회 근대화의 전개과정은 그의 경세적 성과물이 그의 정치적 의도를 항상 배제하는 그런 구조 안에서 급속히 진행되었다. 따라서 유신으로 귀결한 박정희체제에서 파시즘은 미숙아 상태에서 곧 유산될 운명이었다. 오히려 사회적 분화가 급격히 진행되고, 지구화 국면의 도래로 위기가 상시화되면서, 파시즘의 대중적 기반이 조성될 가능성은 지금부터 진지하게 논의해야 할 문제로 부각된다는 느낌이다.*

■홍윤기

* 이 글은 사회와철학연구회 『사회와 철학』 제2집(이학사 2001), 57~103면에 실렸던 「다극적 현대성 맥락 속의 미완의 파시즘과 미성숙 시민사회」 가운데서 1990년대 민주화시대 이후에 제기된 박정희 담론들을 중점적으로 부각시켜 전면 수정한 것이다.

| 참고문헌 |

개발독재의 정치경제학과 한국의 경험 ■ 이병천

고성국 (2000) 「진보당의 이상과 한계」, 한배호 편 『한국현대정치론』 1, 오름.

김균·이병천 편 (1998) 『위기 그리고 대전환』, 당대.

김동춘 (1999) 「20세기 한국에서의 국민」, 『창작과비평』 1999년 겨울호.

김영순 (1988) 「유신체제의 수립 원인에 관한 연구」, 『오늘의 한국자본주의와 국가』, 한길사

김용호 (1999) 「1970년대 후반 국내 정치동태」, 『한국 현대사의 재인식』 13, 백산서당.

김정렴 (1995) 『한국경제정책 30년사: 김정렴 회고록』, 중앙일보사.

김종철 (1986) 「종속과 독재와 저항: 1965~72년의 정치 전개과정」, 『해방 40년의 재인식』 2, 돌베개

김형기 (1988) 『한국의 독점자본과 임노동』, 까치.

김호기 (1999) 「박정희시대와 현대성의 명암」, 『한국의 현대성과 사회변동』, 나남.

민족문제연구소 (1995) 『한일협정을 다시 본다』, 아세아문화사.

박은홍 (1999) 「발전국가론 재검토」, 『국제정치논총』 제39집 3호.

박현채 (1987) 「4·19와 5·16의 민족사적 경제사적 조명」, 『한국경제론』, 까치.

백영서 (1993) 「20세기형 동아시아 문명과 국민국가를 넘어서」, 『창작과비평』 1993년 겨울호.

산업연구원 (1997) 『한국의 산업: 발전 역사와 미래 비전』, 산업연구원.

서중석 (1994) 「민주당정부의 정치이념」, 『한국정치의 지배이데올로기와 대항

이데올로기』, 역사문제연구소.

서중석 (1999) 『조봉암과 1950년대』 상·하, 역사비평사.

신광영 (1999) 『동아시아의 산업화와 민주화』, 문학과지성사.

오원철 (1999) 『내가 전쟁을 하자는 것도 아니지 않느냐: 한국형 경제건설 7』, 한국형경제정책연구소.

이광일 (1995) 「한일회담 반대운동의 전개와 성격」, 민족문제연구소 편 『한일협정을 다시 본다』, 아세아문화사.

이광일 (2001a) 「개발독재기 국가 성격과 구조의 변화」, 『경제와사회』 2001년 봄호 특별부록.

이광일 (2001b) 「개발독재시기의 국가-제도 정치의 성격과 변화」, 조희연 편 『한국민주주의와 사회운동의 동학』, 나눔의 집.

이병천 (1996) 「냉전분단체제와 권위주의적 자본주의 산업화: 한국」, 『사회경제평론』 9호.

이병천 (1997) 「한국의 경제발전과 발전국가론」, 『산업과 경제』 7집 2호, 강원대 산업경제연구소

이병천 (1999) 「박정희정권과 발전국가 모형의 형성」, 『경제발전연구』 5권 2호.

이병천 (2000a) 「다시 민족경제론을 생각한다 1」, 한국사회과학연구소 학술대회 논문집.

이병천 (2000b) 「발전국가 체제와 발전 딜레마」, 『경제사학』 28호, 6월.

이병천 (2000c) 「부마항쟁 발전안보국가, 미국헤게모니 그리고 민주주의」, 『한국민주주의의 회고와 전망』, 한가람.

이병천 (2003a) 「개발국가론 딛고 넘어서기」, 『경제와 사회』 57호, 봄호.

이병천 (2003b) 「개발주의 경쟁과 글로벌 스탠더드」, 제10회 지중해연구소학술대회.

이상우 (1987) 『미국이냐 미제냐』, 중원문화.

이상우 (1993) 『제3공화국』 1, 중원문화.

이성훈 외 (1989) 『한국의 산업정책』, 산업연구원.

이원덕 (1996a) 「1965년 한일조약의 문제점과 개정방향」, 『일본의 본질을 다시 묻는다』, 한길사.

이원덕 (1996b) 『한일 과거사 처리의 원점: 일본의 전후처리 외교와 한일회담』, 서울대학교.

이정우 (2003) 「한국의 경제발전 50년」, 『경제학연구』, 한국경제학회 창립50주년 기념호.

이제민 (1995) 「전후세계체제와 한국의 수출지향적 산업화」, 안병직 편 『한국경제: 쟁점과 전망』, 지식산업사.

이종석 (2003) 「유신체제의 형성과 분단구조」, 『개발독재와 박정희시대』, 창비.

이종오 (1988) 「반제반일민족주의와 6·3운동」, 『역사비평』 1988년 여름호.

이종원 (1995) 「한일회담의 국제정치적 배경」, 민족문제연구소 편 『한일협정을 다시 본다』, 아세아문화사.

이준식 (2002) 『박정희시대 지배이데올로기의 형성: 역사적 기원을 중심으로」, 『박정희시대 연구』, 백산서당.

임현진·송호근 (1994) 「박정희체제의 지배이데올로기, 한국정치의 지배이데올로기와 대항이데올로기」, 역사비평사.

전재호 (1998) 「박정희체제의 민족주의 연구: 담론과 정책을 중심으로」, 서강대 박사학위 논문.

정성진 (2000) 「한국전쟁과 영구 군비경제」, 『한국전쟁과 한국자본주의』, 한울.

정윤재 (2001) 「장면총리의 정치 리더십과 제2공화국의 붕괴」, 『장면 윤보선 박정희』, 백산서당.

조갑제 (1998) 『내 무덤에 침을 뱉어라』 2, 조선일보사.

조준현 (2000) 『동아시아 발전모델과 국가』, 신지서원.

조희연 (1998) 『한국의 민주주의와 사회운동』, 당대.

조희연 (2003) 「정치사회적 담론의 구조변화와 민주주의의 동학」, 『한국의 정치사회적 지배담론과 민주주의의 동학』, 함께 읽는 책.

조희연 편 (2001) 『한국민주주의와 사회운동의 동학』, 나눔의 집.

진중권 (1998) 『네 무덤에 침을 뱉으마』 1, 개마고원.

최장집 (1996) 『한국민주주의의 조건과 전망』 나남.

최장집 (2002) 『민주화 이후의 민주주의』, 후마니타스.

한국정치연구회 편 (1998) 『박정희를 넘어서』, 푸른숲.

한배호 (1993) 『한국의 정치과정과 변화』, 법문사.

한홍구 (2003) 『대한민국사』 1, 한겨레신문사.

황병덕 (1990) 「한국자본주의의 현단계」, 『역사비평』 1990년 가을호.

高橋進 (1980) 「開發獨裁と政治體制危機」, 『世界』, 1980年 2月號.

廣田秀樹 (1996) 『テイクオフの經濟政策』, 多賀出版.

今岡日出紀 編 (1985) 『中進國の工業發展: 複線型成長の論理と實證』, アジア經濟研究所.

藤原歸一 (1992) 「'民主化'の政治經濟學: 東アジアおける體制變動」, 東京大學社會科學研究所 編 『現代日本社會』 3, 東京大學出版會.

藤原歸一 (1998) 『ナショナリズム, 冷戰, 開發』, 『開發主義』, 東京大學出版會.

末廣昭 (1994) 「アジア開發獨裁論」, 中兼和津次 編 『近代化と構造變動』, 講座現代アジア 2, 東京大學出版會.

末廣昭 (1998), 「發展途上國の開發主義」, 『開發主義』, 東京大學出版會.

末廣昭 (2000), 『キャッチアップ型工業化論』, 名古屋大學出版會.

木宮正史 (1995) 「1960年代韓國おける冷戰と經濟開發」, 『法學志林』, 696號, 3月. (한배호 편 『한국현대정치론』 2, 오름 1996에 국역 수록.)

木宮正史 (1996) 「ベトナム戰爭ベトナム特需」, 服部民夫・佐藤幸仁 編 『韓國臺灣の發展メカニズム』, アジア經濟研究所.

朴根好 (1993) 『韓國の經濟發展とベトナム戰爭』, 御茶の水書房.

朴一 (1992) 『韓國NIES化の苦惱: 經濟開發と民主化のジレンマ』, 同文館.

朴一 (2001) 「ポストコロニアリズムとしての開發獨裁」, 姜尙中 編 『ポストコロニアリズム』, 作品社.

服部民夫·佐藤幸仁 編 (1996) 『韓國臺灣の發展メカニズム』, アジア經濟硏究所.

徐照彦 (1987) 『土着と近代のニックス·アセアン』, 御茶の水書房.

西川長夫 (1998) 『國民國家論の射程』, 柏書房(윤대석 역 『국민이라는 괴물』, 소명출판 2002)

劉進慶 (1987) 「東アジア新興工業國としての臺灣經濟」, 大板市立大學經濟硏究所 編 『アジア新工業化の展望』, 東京大學出版會.

中村哲 (1994) 「東アジア資本主義論 序說」, 『東アジア資本主義の形成』, 靑木書店.

川上桃子 (2001) 「臺灣經濟おける變化への對應能力」, 宋本厚治·服部民夫 編 『韓國經濟の解剖』, 文眞堂.

川上忠雄 (1991) 「世界史なかの韓國工業化」, 小林謙一·川上忠雄 編 『韓國の經濟開發と勞使關係』, 法政大學出版局.

村上泰亮 (1992) 『反古典の政治經濟學』 上·下, 中央公論社(노재헌 역 『반고전의 정치경제학』, 삼성 1994).

坂本義和 (1998) 『世界市場化への對抗構想: 東アジア地域協力と市民國家」, 『世界』 1998年 9月號.

平川均 (1992) 『NIES-世界システムと開發』, 同文館.

恒川惠市 (1983) 「權威主義體制と開發獨裁」, 『世界』 1983年 7月號.

Beck, U. et al. (1994) *Reflexive Modernization*, Stanford University Press (임현진·정일준 역 『성찰적 근대화』, 한울 1998)

Castells, M. (1998) *The Information Age*, Vol. 3, End of Millennium, Blackwell.

Cox, R. (1987) *Production, Power and World Order*, Columbia University Press.

Cummings, B. (1984a) "The Origins and Development of the Northeast Asian Political Economy: Industrial Sectors, Product Cycles, and Political Consquences," *International Organization*, Vol.38, No.7.

Cummings, B. (1984b) "The Legacy of Japanese Colonialism in Korea," R. H. Myers and M. R. Peattie eds., *Japanese Colonial Empire, 1895~1945*, Princeton University Press.

Diamond, L. & J.J. Linz & S.M. Lipset (1989) *Democracy in Developing Countries: Asia*, vol 3. Lynne Rienner Publishers.

Eckert, C. J. (1991) *Offspring of Empire*, University of Washington Press.

Eckert, C. J. et al. (1990) *Korea Old and New: A History*, Ilchokak Publishers.

Hirschman, A.O. (1968) "The Political Economy of Import-Substituting Industrialization in Latin America," *The Quarterly Journal of Economics*, Vol.82, No.1.

Huntington, S. (1968) *Political Order and Changing Societies*, Yale University Press.

Jessop, B. (1990) *State Theory: Putting the Capitalist State in its Place*, Polity Press (유범상·김문귀 역 『전략관계적 국가이론』, 한울 2000)

Jessop, B. (1999) 「戰後マルクス主義思想おける國家」, 『情況』 7月號.

Jessop, B. (2003) 「발전국가와 지식주도경제」, 김대환 외 지음 『동아시아 경제 변화와 국가의 역할 전환』 한울.

Johnson, C. (1982) *MITI and the Japanese Miracle*, Stanford University Press.

Johnson, C. (1995) *Japan: Who Governs?* W. W. Norton & Company.

Kohli, A. (1999) "Where Do High-Growth Political Economies Come From? The Japanese Lineage of Korea's 'Developmental State,'" M. Woo-Cumings eds., *The Developmental State*, Cornell University Press.

Koo, Hagen ed. (1993) *State and Society in Contemporary Korea*, Cornell

University Press.

Lanzarotti, M. (1992) *La Corée du Sud: Une Sortie du Sous-Développment*, Paris: PUF.

Leftwich (1995) "Bringing Politics Back In: Towards a Model of the Developmental State," *The Journal of Developmental Studies*, Vol. 31, No. 3.

Linz, J. J. (1970) "An authoritarian Regime: Spain," Erik Allard and Stein Rokkan eds., *Mass Politics: Studies in Political Sociology*, New York: Free Press.

Migdal, J.S. (1994) *State Power and Social Forces*, Cambridge University Press.

Rueschemeyer, D. et al. (1992) *Capitalist Development and Democracy*, Polity Press.

Skocpol, T. (1985) "Bringing the State Back In: Strategies of Analysis in Current Research," *Bringing the State Back In*, Cambridge University Press.

Weiss, L. & J.M. Hobson (1995) *States and Economic Development*, Polity Press.

Woo-Cumings (1991) *Race to the Swift: State and Finance in Korean Industrialization*, New York: Columbia University Press.

한국 산업화의 발전양식 ■ 서익진

경제기획원 (1982) 『개발연대의 경제정책: 경제기획원 20년사』, 경제기획원.

경제기획원 (각 연도) 『주요경제지표』.

고정일 (1989)「한국경제 구조분석 시론」, 수슬리나 (고정일 옮김), 『한국경제론』 부록, 솔밭.

고준석 (1989)『한국경제사: 1876~1979』, 박기철 옮김, 동녘.

김일곤 (1986)『한국경제발전론』, 무역경영사.

김정렴 (1990)『김정렴 회고록: 한국경제정책 30년사』, 중앙일보사.

김태일 (1985)「권위주의 정권의 출현 원인에 관한 연구」, 최장집 편『한국자본주의와 국가』, 한울.

김형기 (1990)『한국의 독점자본과 임노동: 예속독점자본주의하에서의 임노동이론과 현상 분석』 제3판, 까치.

김호기 (1985)「경제발전과 국가의 역할: 1960년대와 1970년대」, 최장집 편『한국자본주의와 국가』, 한울.

서익진 (1999)「한국의 위기, 발전모델의 위기」, 경북대학교 경제경영연구소『경상논집』 제27권 제1호.

서익진 (2002)「한국의 발전모델, 위기와 탈출의 정치경제학(1): 현 위기는 어떤 발전모델의 위기인가?」, 『한국의 경제발전: 정치경제학적 성찰』, 사회경제학회 봄 학술대회.

오원철 (1994)「방위산업 건설 비사」, 『월간조선』 1994년 9월호.

이병천 (2000)「한국의 발전모델의 역사와 전망: 미국 패권체제에 종속된 보수적 근대화 모델」, 학술단체협의회 편『전환시대의 한국사회』, 세명서관.

이재희 (1984)「자본축적과 국가의 역할」, 이대근·정운영 편『한국자본주의론』, 까치.

전국경제인연합회 (1978)『민간경제백서』.

정성진 (1990)『한국경제에 있어서 마르크스 비율의 분석』, 서울대 경제학박사논문.

정이환 (1987)「저임금구조에 대한 노동자들의 경제적 적응양식: 생산직 남성노동자를 중심으로」, 서울대 사회학석사논문.

통계청 (1991) 『주요경제통계』.

한국개발연구원 (1982) 「산업정책의 기본과업과 지원조치 개선안」, 연구보고서 82-09호.

한국은행 (해당 연도) 『경제통계연감』 및 『산업연관분석』.

한국정치연구회 편 (1998) 『박정희를 넘어서: 박정희와 그 시대에 대한 비판적 연구』, 푸른숲.

Amsden, A. H. (1989) *Aisa's Next Giant: South Korea and late industrialization*, New York: Oxford University Press.

Boureille, P. (1994) *Relations entre importations et le développement: le cas de l'Inde*, Thèse de Doctorat, Université des Sciences Sociales-Grenoble II.

Cordova, D. (1994) *Succès et échec de l'industrialisation: Corée du Sud et Pérou*, Thèse de Doctorat, Université des Sciences Sociales-Grenoble II.

Coutrot, T. et Husson, M. (1993) *Les destins du Tiers Monde: Analyse, bilan et perspectives*, Paris: Nathan.

Destanne de Bernis G. (1984) "Système de prix et blocage du développement," *Recherches Internationales*, No. 13.

Kim, Linsu (1997) *Immitation to Innovation*, Harvard Business Press(임윤철 · 이호선 역 『모방에서 혁신으로』, 시그마인사이트컴).

Kim, Linsu (2000) "The Dynamics of Technological Learning in Industrialization," Discussion paper series #2007, United Nations University, Institute for New Technology (INTECH), www.intech. unu.edu.

Kim, Jong-Gi (1994) "Urban poverty in the Republic of Korea: Critical Issues and Political Measures," Asian Development Bank, *Asian Development Review*, vol. 12, no. 1.

Kim, K. S. & Westphal L. E. (1976) *Exchange and Trade Policies in Korea*, KDI.

Krugman, P. (1994) "The myth of Asia's miracle," *Foreign Affairs*, Nov/Dec, 1994.

Kuznets, P. W. (1977) *Economic Growth and Structure in the Republic of Korea*, New Haven: Yale University Press.

Lanzarotti, M. (1992a) *La Corée du Sud: Une sortie du sous-développement*, Paris: PUF.

Lanzarotti, M. (1992b), "Taux de change et subventions dans la politique de promotion des exportations: le cas de la Corée du Sud," J.-M. Fontaine(sous la direction), *Réforme du commerce extérieur et politique de developpement*, IEDES, Paris: PUF.

Lee, Hyo-Yung (1985) *Processus d'industrialisation et secteur des biens d'équipement en Corée: Une analyse du mode d'industrialisation*, Thèse de Doctorat du troisième cycle, Université des Sciences Sociales-Grenoble II, IREP.

Lewis, W. A. (1954) "Economic Development with Unlimited Supply," *The Manchester School*, May 1954.

Luedde-Neurath, R. (1986) *Imports controls and export-oriented development: A reassessment of the South Korean case*, Boulder and London: Westview Press.

Ominami, C. (1986) *Le Tiers monde dans la crise: Essai sur les transformations récentes des rapports Nord-Sud*, Paris: La Découverte.

Sagong, I. (1993) *Korea in the World Economy*, Washington: Institute for International Economics.

Salama, P. (1980) "Recherche d'une gestion libre de la force de travail et divisions internationales du travail," *Critiques de l'Economie Politique*, nouvelle série, No.13, Paris: Maspéro.

Salama, P. et Tissier, P. (1982) *L'industrialisation dans le sous-développement*, Paris: Maspéro.

Sen, A. K. (2000) *Development as Freedom*, Random House.

Seo, Ick-Jin (2000) *La Corée du Sud: Une analyse historique du processus de développement*, Paris: L'Harmattan.

Seo, Ick-Jin (2002) "L'expérience coréenne dans le domaine du développement-le modèle et son application," *Quel Développement pour Algérie?*, Algérie: Forum des Chefs d'Entreprises.

Shim, Young-Seop (1992) *Les capitaux étrangers dans le processus d'industrialisation en Corée du Sud: Une interprétation à partir d'une logiaue endogène*, Thèse de Doctorat, Université des Sciences Sociales-Grenoble II, IREP.

Thala, L. (2002) "Théorie de la régulation et développement," Boyer R. et Y. Saillard (sous la direction), *Théorie de la régulation: l'Etat des savoirs*, nouvelle édition complétée, Paris: La Découverte.

Wade, R. (1990) *Governing the Market: Economic Theory and the Role of Government in East Asian Industrialization*, Princeton: Princeton University Press.

Yoo, Hak-Sang (1985) "Le rôle de l'Etat dans le processus d'industrialisation: le cas de l'économie coréenne," Thèse de Doctorat de troisième cycle, Université des Sciences Sociales-Grenoble II.

박정희시대의 산업정책 ■ 이상철

경제기획원 (1968) 『외자도입심의위원회회의록』, 행정자치부 정부기록보존소.

경제기획원 (1981) 『경제백서』.

국가재건최고회의 종합경제재건기획위원회 (1961) 『종합경제재건기획(안)해설』.

기획조정실 (1967) 『제1차 경제개발 5개년계획 평가보고서』.

김광석 (1984) 『한국공업화패턴과 그 요인』, 한국개발연구원.

김낙년 (1999) 「1960년대 한국의 경제성장과 정부의 역할」, 『경제사학』 제27호,
　　1999.12.

김달현 엮음 (1962) 『5개년경제개발계획의 해설: 내용·해설·논평』, 진명문화사.

김대환 (1987) 「국제 경제환경의 변화와 중화학공업의 전개」, 박현채 외 엮음
　　『한국경제론』, 까치.

김정렴 (1990) 『한국경제정책30년사』, 중앙일보사.

대통령비서실 (1972) 「상공관계보고서」, 행정자치부 정부기록보존소.

木宮正史 (1991) 「한국의 내포적 공업화전략의 좌절: 5·16군사정부의 국가자율
　　성의 구조적 한계」, 고려대 박사학위 논문.

박태균 (2000) 「1961~1964년 군사정부의 경제개발계획 수정」, 『사회와 역사』
　　제57집.

변형윤 (1996) 『한국경제론』, 유풍출판사.

오원철 (1995) 『한국형 경제건설: 엔지니어링 어프로치』, 기아경제연구소.

이병천 (1999) 「박정희정권과 발전국가 모형의 형성」, 『경제발전연구』 제5권 제
　　2호, 1999.12.

이상철 (1998a) 「한국에 있어서 화학섬유의 수입대체와 정부의 역할(1965~1972)」,
　　『경제사학』 제25호, 1998.12.

이상철 (1998b) 「한국의 후발산업화와 산업정책: 화학섬유산업의 사례를 중심
　　으로」, 『경제발전연구』 제4권 제1호.

이제민 (1996) 「후발산업화의 역사적 유형과 한국 산업화의 이해」, 『주요국의
　　경제발전경험: 발전모형의 평가와 비교』, 한국경제발전학회.

재무부 (1982) 『재정투융자백서』.

천병규 (1988)『천마초원에 놀다: 동백천병규고희자전』, 동백천병규고희자전간 행위원회.

최상오 (1999)「경제안정의 지향과 한·미간 환율논쟁」,『경제사학』제26호.

한국화섬협회 (1972)『이사회회의록』.

金元重 (1991)「第1次經濟開發5カ年計劃と經濟開發體制の成立」, 小林謙二·川上忠雄(編)『韓國の經濟開發と勞使關係: 計劃と政策』, 法政大學出版局.

石崎菜生 (1996)「韓國の重化學工業化政策: 開始の內外條件と實施主體」, 服部民夫·佐藤幸人(編)『韓國·臺灣の發展メカニズム』, アジア經濟研究所.

石崎菜生 (2000)「韓國の重化學工業化政策と財閥」, 東茂樹 編『發展途上國の國家と經濟』, アジア經濟研究所.

小宮隆太郎 外 (1984)『日本の産業政策』, 東京大學出版會.

Amsden, A. H. (1989) *Asia's Next Giant: South Korea and Late Industrialization*, Oxford University Press(이근달 역『아시아의 다음 거인: 한국의 후발공업화』, 시사영어사 1990).

Gerschenkron, Alexander (1962) *Economic Backwardness in Historical Perspective*: A Book of Essays, Harvard University Press.

Harley, C. Knick (1991) "Substitution for Prerequisites: Endogenous Institutions and Comparative Economic History," Richard Sylla & Gianni Toniolo eds., *Patterns of European Industrialization: the Nineteenth Century*, London: Routledge.

Krueger, Anne O. (1978) The Developmental Role of Foreign Sector and Aid, Harvard Council on East Asian Studies(전영학 역『무역·외원과 경제개발』, 한국개발연구원 1984).

Stern, Joseph J. et al. (1995) *Industrialization and the State: The Korean Heavy and Chemical Industry Drive*, Harvard Institute for International Development.

강광하 (2000) 『경제개발 5개년계획: 목표 및 집행의 평가』, 서울대출판부.

공병호 (1993) 『한국기업홍망사』, 명진출판.

김광석·차동세 편 (1995) 『한국경제 반세기 역사적 평가와 21세기 비전』, 한국 개발연구원.

김기원 (2002) 『재벌개혁은 끝났는가』, 한울아카데미.

김낙년 (1999) 「1960년대 한국의 공업화와 그 특징」, 『1960년대 한국의 공업화 와 경제구조』, 백산서당.

김승석 (1996) 「한국산업은행 대출을 통해서 본 국가자본과 재벌」, 『사회과학논 문집』 6권 2호, 울산대학교, 27~54면.

김윤태 (2000) 『재벌과 권력: 새로운 경제모델을 찾아서』, 새로운사람들.

김정렴 (1990) 『한국경제정책 30년사』, 중앙일보사.

木宮正史 (1992) 「한국의 내포적 공업화전략의 좌절」, 고려대 정치학박사논문.

박동철 (1999) 「1960년대 기업집단의 형성과 구조」, 『1960년대 한국의 공업화 와 경제구조』, 백산서당.

박은홍 (1999) 「발전국가론 재검토: 이론의 기원, 구조, 그리고 한계」, 『국제정 치논총』 제39집 3호, 한국국제정치학회, 117~34면.

박정희 (1963) 『국가와 혁명과 나』, 지구촌.

박태균 (2000) 「1956~1964년 한국 경제개발계획의 성립과정: 경제개발론의 확 산과 미국의 대한정책 변화를 중심으로」, 서울대 사학박사논문.

박희범 (1968) 『한국경제성장론』, 고려대 아세아문제연구소.

신유근 (1992) 『한국의 경영: 그 현상과 전망』, 박영사.

오원철 (1996) 『한국형경제건설』 1~5, 기아경제연구소.

유원식 (1987) 『유원식 5·16비록: 혁명은 어디로 갔나』, 인물연구소.

이병천 (1998) 「발전국가 자본주의와 발전 딜레마」, 『위기, 그리고 대전환』, 당대, 44~71면.

이병천 (1999)「박정희정권과 발전국가 모형의 형성」,『경제발전연구』제5권 2 호, 141~87면.

이성형 (1985)「국가, 계급 및 자본축적: 8·3조치를 중심으로」, 최장집 편『한국 자본주의와 국가』, 한울.

이재희 (1999)「재벌과 국민경제」, 김대환·김균 편『한국 재벌개혁론』, 나남출판.

이한구 (1999)『한국재벌형성사』, 비봉출판사.

장하원 (1999)「1960년대 한국의 개발전략과 산업정책의 형성」,『1960년대 한 국의 공업화와 경제구조』, 백산서당.

전국경제인연합회 (1983)『전경련20년사』.

정병휴·양영식 (1992)『한국 재벌부문의 경제분석』, 한국개발연구원.

정종락 (1989)『기업공개와 기업민주주의』, 대한상공회의소 한국경제연구센터.

조동성 (1990)『한국재벌연구』, 매일경제신문사.

조영철 (1998)「국가후퇴와 한국경제발전모델의 전환」, 이병천·김균 편『위기, 그리고 대전환』, 당대, 137~73면.

조영철 (1999)「차입의존경제와 재벌개혁」,『사회경제평론』제12호, 한국사회 경제학회, 219~50면.

조영철 (2001)「독일의 기업금융과 라인모델의 전망」,『사회경제평론』제16호, 한국사회경제학회, 57~91면.

조희연 (1999)「한국의 경제성장과 정치변동」,『성공회대학논총』13호, 7~78면.

한국산업은행 (1984)『한국산업은행30년사』.

한국정치연구회 편 (1998)『박정희를 넘어서』, 푸른숲.

홍석률 (1999)「1960년대 지성계의 동향: 산업화와 근대화론의 대두와 지식인 의 변동」,『1960년대 사회변화연구: 1963~1970』, 백산서당.

홍장표 (2001)「발전국가와 재벌기업의 대리인 문제」,『사회경제평론』제16호, 한국사회경제학회.

Amsden, A. H. (1989) *Asia's Next Giant: South Korea and Late Industriali-*
zation, Oxford: Oxford University Press (이근달 역 『아시아의 다음 거인』,
시사영어사 1990).

Amsden, A. H. and A. Singh (1994) "Growth in Developing Countries: Lessons
from East Asian Countries," *European Economic Review,* vol. 38, no.
3/4, 941~51면.

Aoki, M., Hyung-ki Kim, and M. Okuno-Fujiwara eds. (1997) *The Role of*
Government in East Asian Economic Development, Oxford: Clarendon
Press.

Chandler, Jr., A. D. (1990) *Scale and Scope-The Dynamics of Industrial*
Capitalism, Cambridge: Harvard University Press.

Chang, Ha-Joon and R. Rowthorn eds. (1995) *The Role of the State in*
Economic Change, Oxford: Clarendon Press.

Davis, E. P. (1992) *Debt, Financial Fragility, and Systemic Risk,* Oxford:
Clarendon Press.

Suzumura, K. (1997) "Industrial Policy in Developing Market Economies,"
E. Malinvaud, J. E. Stiglitz and A. Sen eds., Development strategy and
Management of Market Economy, Vol.1., Oxford: Clarendon Press,
175~222면.

Wade, R. (1990) *Governing the Market: Economic Theory and the Role of*
the Government in East Asian Industrialization, Princeton: Princeton
University Press.

Wade, R. and F. Veneroso (1998) "The Asian Crisis: The High Debt Model
Versus the Wall Street-Treasury-IMF Complex," *New Left Review,*
No.228, March/April, 3~23면.

김진업 편 (2001) 『한국자본주의 발전모델의 형성과 해체』, 성공회대 사회문화 연구소 연구총서 2, 나눔의 집.

김찬진 (1976) 『외자도입론』, 일조각.

박병윤 (1980) 「중화학공업화의 내막」, 『신동아』 189호.

유철규 (1992) 「80년대 후반 내수확장의 성격」, 한국사회연구소 편 『동향과 전 망』, 1992년 겨울호.

후카가와 유키코 (1998) 박찬억 옮김 『대전환기의 한국경제: 그 위기 극복의 청 사진』, 나남출판.

Amsden, A. H. (1991) Big Business and Urban Congestion in Taiwan: The Origins of Small Enterprise and Regionally Decentralized Industry, *World Development*, vol.19, no.9, 1121~35면.

Aoki, M and M. Okuno-Fujiwara and H. Kim eds. (1998) *The Role of Government in East Asian Economic Development: Comparative Institutional Analysis*, Oxford University Press.

Chang, H. J. and C. G. Yoo (1999) "The Triumph of the Rentiers?: The 1997 Korean Crisis in a Historical Perspective," Presented at the Workshops on The World Financial Authority Organized by the Center for Economic Policy Analysis, New York: New School University.

Cho, Yoon Je and Thomas Hellmann (1994) "The Governments Role in Japanese and Korean Credit Markets: A New Institutional Economic Perspective," *Seoul Journal of Economics*, vol.7, no.4, 383~415면.

Dalla, I. and D. Khatkhate (1995) "Regulated Deregulation of the Financial System in Korea," World Bank Discussion Papers, No.292.

Diaz-Alejandro, Carlos F. (1988; first published in 1984) "Good-bye

Repression, Hello Financial Crash," Andres-Velasco ed., *Trade, Dvelopment and the World Economy*, Basil Blackwell.

Fukuyama, F. (1995) *Trust: The Social Virtues and the Creation of Prosperity*, New York: The Free Press.

Gelb, A and P. Honohan (1989) "Financial Sector Reforms in Adjustment Programs," World Bank Policy, Planning, and Research Working Paper No.169.

Haggard S. and Chung H. Lee (1993) "The Political Dimension of Finance in Economic Development," S. Haggard, C. H. Lee and S. Maxfield eds., *The Politics of Finance in Developing Countries*, Ithaca and London: Cornell Unversity Press.

Haggard, S. and S. Maxfield (1993a) "Political Explanation of Fianancial Policy in Developing Countries," Stephan Haggard, Chung H. Lee and Sylvia Maxfield eds., *The Politics of Finance in Developing Countries*, Cornell University Press.

Haggard, S. and S. Maxfield (1993b) "The Political Economy of Capital Account Liberalization," *Financial Opening*, OECD.

Haggard, S and C. H. Lee eds. (1995) *Financial Systems and Economic Policy*, Cornell University Press.

Hellman, T., K. Murdock and J. Stiglitz (1996) "Financial Restraints: Toward a New Paradigm," Masahiko Aoki, Hyung-Ki Kim and Masahiro Okuno-Fujiwara eds., *The Role of Government in East Asian Economic Development*, Clarendon Press.

Jones, L. and Sakong, I. (1980) *Government, Business and Entrepreneurship in Economic Development: the Korean Case*, Havard University Press.

Kozul-Wright, R. and P. Rayment (1997) "The institutional hiatus in economies in transition and its policy consequencies," *Cambridge Journal of Economics*, No.21, 641~61면.

Lee, C. H. and S. Haggard (1995) "Issues and Findings," Haggard, S and C. H. Lee eds., *Financial Systems and Economic Policy*, Cornell University Press.

McKinnon, Ronald I. (1973) Money and Capital in Economic Develop-ment, Washington, D.C.: The Brookings Institute

McKinnon, Ronald I. (1980) "Financial Policies," John Cody et al. ed. *Policies for Industrial Progress in Developing Countries*, New York: Oxford University Press, 93~120면.

Obstfeld, M. (1995) "International Capital Mobility in the 1990s," Peter B. Kenen ed., *Understanding Interdependence: The Macroeconomics of the Open Economy*, Princeton University Press.

Rodrik, D. (1995a) "Trade and Industrial Policy Reform," Behrman, J. and T. N. Srinivasan eds., *Handbook of Development Economics*, V.III. Elsevier Science.

Rodrik, D. (1995b) "Taking Trade Policy Seriously: Export Subsidization As a Case in Policy Effectiveness," Jim Levinsolm, Alan V. Deardorff and Robert M.Stern eds., *New Directions in Trade Policy*, Michigan Unversity Press.

Rodrik, D. (1995c) "Trade Strategy, Investment and Exports: Another Look at East Asia," *NBER Working Paper*, No. 5339.

Shaw, Edward S. (1973) *Financial Deepening in Economic Development*, New York: Oxford University Press.

Stiglitz, J. E. and A. Weiss (1981) "Credit Rationing in Markets with Imperfect Information," *American Economic Review* 71/3, No.3, 393~410면.

Stiglitz, J.E. (1993) "Some Lessons from the Asian Miracle," mimeo, Stanford Univ., www.worldbank.org

Stiglitz, J.E. (1995) "Reform of Capital Markets," *Whither Socialism?* Cambridge, Massachusetts: The MIT press.

Vittas, Dimitri and Yoon Je Cho (1995) "Credit Policies: Lessons From East Asia," Working Paper 95-04, World Bank Reference, The World Bank.

Wade, R. and F, Veneroso. (1998) "The Asian Crisis: The High Debt Model Versus the Wall Street-Treasury-IMF Complex," *New Left Review* 3~4월호.

Willamson, O.E. (1975) *Markets and Hierarchies: Analysis and Antitrust Implications*, New York: Free Press.

Willamson, O.E. (1985) *The Economic Institutions of Capitalism*, New York: Free Press.

World Bank (1989) *World Development Report 1989*, Washington D.C.: World Bank.

World Bank (1990) *Financial Systems and Development*, Washington D.C.: World Bank.

박정희시대의 노동정책과 노사관계 ■ 김삼수

김금수 (1986) 『한국 노동문제의 상황과 인식』, 풀빛.

김삼수 (1998) 「한국의 1997년 개정 노동법: 문제점과 정책과제」, 한국노동경제학회 『노동경제논집』 제21권 제2호.

김삼수 (1999a) 「1960년대 한국의 노동정책과 노사관계」, 한국정신문화연구원 편 『1960년대 한국의 공업화와 경제구조』, 백산서당.

김삼수 (1999b) 「한국 자동차산업의 노사관계」, 한국노사관계학회 『산업관계연구』제9권.

김수곤 (1983) 「노사관계의 현황과 제도개선방안」, 김수곤 편(1983) 수록.

김수곤 편 (1983) 『노사관계 정책과제와 방향: 현행제도 개선을 중심으로』, 한국
개발연구원.

김준 (1993) 『아시아 권위주의 국가의 노동정치와 노동운동: 한국과 대만의 비
교』, 서울대 사회학박사논문.

김준 (1999) 「5·16 이후 노동조합의 재편과 '한국노총체제'의 성립」, 한국사회
사학회 『사회와 역사』 제55집.

김형기 (1988) 『한국의 독점자본과 임노동』, 까치.

김호기 (1999) 「1970년대 후반기의 사회구조와 사회정책의 변화」, 한국정신문
화연구원 편 『1970년대 후반기의 정치사회변동』, 백산서당.

동일방직복직투쟁위원회 엮음 (1985) 『동일방직 노동조합 운동사』, 돌베개.

박영기 (1983) 「한국노동운동의 현황과 개선방안」, 김수곤 편(1983) 수록.

배무기 (1991) 「한국경제의 전환점」, 『한국의 노사관계와 고용』, 경문사(원논문
은 1982년).

송호근 (1991) 『한국의 노동정치와 시장』, 나남.

송호근 (2000) 「박정희 정권의 국가와 노동」, 한국사회사학회 『사회와 역사』 제58집.

신인령 (1985) 『노동기본권 연구』, 미래사.

양병무 외 (1992) 『한국기업의 임금관리』, 한국경영자총협회.

유종일 (1997) 「박정희시대 노동정책의 평가와 노사관계의 개혁방향」, 한국경
제발전학회 『경제발전연구』 제3권.

유종일 (1998) 「노사관계변화의 정치경제학」, 이병천·김균 편 『위기, 그리고 대
전환』, 당대.

이주호 (1996) 『고용대책과 인적자원개발: 제도적 접근』, 한국개발연구원.

정동우·변영욱 편 (1980, 1983) 『노동법령 예규 총람』, 홍문관.

조승혁 (1984) 『한국공업화와 노동운동』, 풀빛.

최장집 (1988)『한국의 노동운동과 국가』, 열음사.

한국기독교회협의회 편 (1984)『1970년대 노동현장과 증언』, 풀빛.

한국노동조합총연맹 (1979)『한국노동조합운동사』, 한국노총.

한국노동조합총연맹 (1981)『1980 사업보고』, 한국노총.

한국산업사회연구회 편 (1994)『산별노조론』, 미래사.

한국전력주식회사 (1981)『한국전력 이십년사(하)』.

金三洙 (1993)『韓國資本主義國家の成立過程』, 東京大學出版會.

隅谷三喜男 (1976)『韓國の經濟』, 岩波書店.

荻原進 (1998)「韓國勞使關係の歷史的展開と現狀の基本問題」, 法政大學大原
社會問題硏究 編『現代の韓國勞使關係』, 御茶の水書房.

清水敏行 (1987, 1988)「朴正熙維新體制と勞動統制の展開」, 北海道大學『北大
法學』第36卷 第5・6號(1987), 第37卷 第4號(1988).

橫田伸子 (1998)「韓國の『都市下層』と勞動市場」, 法政大學大原社會問題硏究所
編『現代の韓國勞使關係』, 御茶の水書房.

Amsden A. H. (1989) *Asia's Next Giant: South Korea and Late Industrialization*,
Oxford University Press.

Hicks, J. R. (1963) The Theory of Wages, Macmillan(內田忠壽 譯『新版 賃金
の理論』, 東洋經濟新報社).

Kerr C., Dunlop J., Harbison F., Myers C. (1960) *Industrialism and Industrial
Man*, Harvard University Press.

Macintyre, S. and Mitchell R. (1989) *Foundations of Arbitration*, Oxford
University Press.

김정렴 (1994)「박대통령의 개발정책은 실패였던가?」, 김성진 편『박정희 시대』, 조선일보사.

김형욱 · 박사월 (1985)『김형욱 회고록』전3권, 아침.

문명자 (1999)『내가 본 박정희와 김대중』, 월간 말 1999.

데이비드 레인 (1983) 이용필 옮김,『소련사회의 불평등구조』교육과학사.

박세길 (1989)『다시 쓰는 한국현대사』1~3, 돌베개.

박찬일 (1979)「소득분배의 현황」, 한국노총『경제개발과 소득분배』(임종철 · 배무기 편『한국의 노동경제』에 전재, 문학과지성사 1980).

박현채 (1982)「한국경제와 민중생활의 변화」,『민중과 경제』, 민중사.

배진한 (1992)「한국의 노동소득분배율 변동」, 한국경제학회『경제학연구』40집, 1992. 12.

사미르 아민 (1985) 한울림 편집부 옮김,『毛澤東주의의 미래』, 한울림.

유승민 (1998)「효율성, 민주주의, 형평성, 그리고 재벌개혁」, 계간『사상』1998년 여름호.

윤기중 (1997)『한국경제의 불평등 분석』, 박영사.

이상우 (1986)『박정권 18년』, 동아일보사.

이정우 (1991)「한국의 부, 자본이득과 소득불평등」,『경제논집』, 서울대 경제연구소 1991. 9.

이정우 (2003)「한국의 경제발전 50년」, 한국경제학회『경제학연구』2003. 2.

이정우 · 황성현 (1998)「한국의 분배문제: 현황, 문제점 및 정책방향」,『KDI정책연구』제22권 1 · 2호.

이준구 (1992)『소득분배의 이론과 현실』, 다산출판사.

이진순 (1993)「한국 토지문제의 정치경제학」, 미간행 원고.

조순 (1989)「한국에 있어서의 형평의 제문제」, 한국경제학회『경제학연구』1989.

12.

조우현 (1985)「임금, 노동생산성, 물가 및 노동자의 생활」,『한국 자본주의와 노동문제』, 돌베개.

주학중 (1979, 1982)『한국의 소득분배와 결정요인』한국개발연구원(상권 1979, 하권 1982).

주학중·윤주현 (1984)「1982년 계층별 소득분배의 추계와 변동요인」,『한국개 발연구』1984. 3.

토지공개념연구위원회 (1989)『토지공개념연구보고서』.

Amsden, A. H. (1981) "An International Comparison of the Rate of Surplus Value in Manufacturing Industry," *Cambridge Journal of Economics*, Sep. 1981.

Amsden, A. H. (1989) *Asia's Next Giant: South Korea's Late Industrialization*, Oxford University Press.

Bhagwati, Jagdish (1966) *The Economics of Underdeveloped Countries*, Weidenfeld and Nicolson.

Bhagwati, Jagdish (1997) "Democracy and Development: New Thoughts on an Old Question," V.N. Balasubramanyam ed., *Writings on International Economics*, Oxford University Press.

Bhalla, Surjit (1979) "The Ditribution of Income in Korea: A Critique and a Reassessment," mime, World Bank.

Choo, Hakchung (1992) "Income Distribution and Social Equity in Korea," paper presented at KDI/CIER Joint Seminar, Apr. 1992.

Fishlow, Albert (1972) "Brazilian Size Distribution of Income," *American Economic Review*, May 1972.

Fishlow, Albert (1975) "Income Distribution and Human Capital: Some Further Results for Brazil," Michael Parkin and A.R. Nobay eds.,

Contemporary Issues in Economics, Manchester University Press.

Fogel, Robert W. and Stanley L. Engerman (1974) *Time on the Cross*, Little Brown.

Hewlett, Sylvia Ann (1980) *The Cruel Dilemmas of Development: Twentieth-Century Brazil*, Basic Books.

Krugman, Paul (1994) "The Myth of Asian Growth," *Foreign Affairs*, Nov-Dec. 1994.

Kuznets, Simon (1955) "Economic Growth and Income Inequality," *American Economic Review*, vol.45, Mar. 1955.

Langoni, Carlos (1977) "Income Distribution and Economic Development: The Brazilian Case," M.D. Intriligator ed., *Frontiers of Quantitative Economics*, vol. 3-B, Amsterdam: North-Holland Publishing.

Leftwich, Adrian (2000) *States of Development: On the Primacy of Politics in Development*, Polity.

Leipziger, Danny M, David Dollar, Anthony F. Shorrocks, and Su-Yong Song (1992) *The Distribution of Income and Wealth in Korea*, World Bank.

Ogle, George E. (1990) *South Korea: Dissent within the Economic Miracle*, Zed Books.

Rodrik, Dani (1999) "Democracies Pay Higher Wages," *Quarterly Journal of Economics*, vol.114, issue 3, Aug. 1999.

Sen, Amartya K. (1981) "Public Action and the Quality of Life in Developing Countries," *Oxford Bulletin of Economics and Statistics*, Nov. 1981.

Sen, Amartya K. (1983) "Development: Which Way Now?" *Economic Journal*, 93, Dec. 1983.

Sen, Amartya K. (1999) *Development as Freedom*, Knopf(박우희 역 『자유로서의 발전』, 세종연구원 2001).

UNDP (1998) *Human Development Report*, Oxford University Press.

Westphal, Larry (1978) "The Republic of Korea's Experience with Export Led Development," *World Development*, vol.6, 1978, 347~82면.

World Bank (1993) *The East Asian Miracle: Economic Growth and Public Policy*, Oxford University Press.

Yanowitch, Murray (1997) *Social and Economic Inequality in the Soviet Union: Six Studies*, Sharpe.

유신체제의 형성과 분단구조 ■ 이종석

국토통일원 (1987a) 『남북대화사료집』 제2권.

국토통일원 (1987b) 『남북대화사료집』 제7권.

국토통일원 (1988) 『북한최고인민위원회의 자료집』 제3집.

김일성 (1966) 「현정세와 우리당의 과업」, 『로동신문』 1966.10.6.

김일성 (1971a) 「미제를 반대하는 아세아 혁명적 인민들의 공동투쟁은 반드시 승리할 것이다」, 『김일성저작집』 26, 평양: 조선로동당출판사.

김일성 (1971b) 「조선로동당과 공화국정부의 대내외 정책의 몇가지 문제에 대하여」, 『김일성저작집』 26, 평양: 조선로동당출판사.

김일성 (1972) 「조선로동당 중앙위원회 제5기 5차 전원회의에서 한 결론」, 『김일성저작집』 27, 평양: 조선로동당출판사.

김일성 (1984) 「미국 『뉴욕타임스』지 기자들과 한 담화」, 『김일성저작집』 27, 평양: 조선로동당출판사.

김정렴 (1997) 『아, 박정희』, 중앙M&B.

돈 오버도퍼 (1998) 『두 개의 코리아』, 중앙일보사(Don Oberdorfer, *The Two Koreas: A Contemporary History*).

박광주 (1990) 「남북대화의 새로운 모색」, 민병천 편 『전환기의 통일문제』, 대왕사.

박태호 (1985) 「조선민주주의 인민공화국 대외관계사」 1, 평양: 사회과학출판사.

선우휘 (1993) 「박정희의 육성증언」(上), 『월간조선』 1993.3.

오원철 (1995) 「율곡사업 출발, 박정희·김일성 오기싸움」, 『신동아』 1995.6.

이종석 (1995a) 『현대북한의 이해: 사상·체제·지도자』, 역사비평사.

이종석 (1995b) 『조선로동당 연구: 지도사상과 구조변화를 중심으로』, 역사비
평사.

이종석 (1998) 『분단시대의 통일학』, 한울아카데미.

王泰平 主編 (1999) 『中華人民共和國外交史 1970~1978』(第三卷), 北京: 世界知
識出版社.

中共中央文獻硏究室 編 (1997) 『周恩來年譜 1949~1976』(下), 北京: 中央文獻出
版社.

Bronfenbrenner, Urie (1961) "The Mirror Image in Soviet-American
Relations: A Social Psychologist's Report," *Journal of Social Issues* 17(3).

폭압적 근대화와 위험사회 ■ 홍성태

김명자 (1991) 『동서양의 과학전통과 환경운동』, 동아출판사.

김진균·홍성태 (1996) 『군신과 현대사회: 현대 군사화의 논리와 군수산업에 관
한 연구』, 문화과학사.

박상환 (2000) 「한국전쟁과 철학/철학자의 선택: 반공이데올로기의 자기검열」,
『문화과학』 2000년 가을호.

신한종합연구소 (1991) 『7089우리들: 1970년부터 1989년까지』, 고려원.

유인호 (1973) 「경제성장과 환경파괴: 성과와 댓가에서 본 고도성장」, 『창작과
비평』 1973년 가을호.

이항규 (1993)「핵에너지 정책, 과연 타당한가?」,『환경운동』1993년 9월호.

정성진 (2000)「부패의 정치경제학: 맑스주의적 접근」, 경상대 사회과학연구소 편『한국의 부패와 반부패 정책』, 한울.

청사편집부 편 (1984)『칠십년대 한국일지』, 청사.

한상범 (2002)「한국정치와 마피아」,『한겨레신문』2002.1.26.

홍성태 (2000a)『위험사회를 넘어서』, 새길.

홍성태 (2000b)「50년 전쟁체제의 사회적 결과: 비정상성의 정상화」,『문화과학』2000년 겨울호.

홍성태 (2001)「군사적 성장주의와 성수대교의 붕괴」, 이병천·이광일 편『20세기 한국의 야만』, 일빛.

仁科健一 外 (1989) 육혜영 옮김 (1991)『한국공해리포트: 원전에서 산재까지』, 개마고원.

Beck, Ulrich (1992) 홍성태 옮김 (1997)『위험사회: 새로운 근대(성)를 향하여』, 새물결.

Commoner, Barry (1971) 송상용 옮김 (1980)『원은 닫혀야 한다: 자연과 인간과 기술』, 전파과학사.

Horkheimer, Max and Theodor Adorno (1947) 김유동·주경식·이상훈 옮김 (1995)『계몽의 변증법』, 문예출판사.

Moran, J. (1999) "Patterns of Corruption and Development in East Asia," *Third World Quarterly*, vol.20, no.3.

죽은 독재자의 사회 ■ 진중권

김진명 (1993)『무궁화꽃이 피었습니다』1~2, 해냄.

박정희 (1997)『국가와 혁명과 나』, 지구촌.

이인화 (1997) 『인간의 길』 1~3, 살림.

조갑제 (1998~99) 『내 무덤에 침을 뱉어라』 1~5, 조선일보사.

松本健一 (1995) 『右翼ナショナリズム傳說』, 東京: 河出書房新社.

新井利男 外 (1990) 『右傾度 87%』, 東京: 徑書房.

猪野健治 (1988) 『右翼』, 東京: 現代書館.

Kühnl, Reinhard (1983) *Der Faschismus*, Heilbronn.

Leske, Monika (1990) *Philosophen im Dritten Reich*, Leipniz.

민주화시대의 '박정희' ■ 홍윤기

강준만 (2000) 「임지현, 당신의 조선일보관이 '일상적 파시즘'이다」, 『월간 인물
　과 사상』 2000년 2월호, 19~35면.

구범모 (1978) 『지도자와 국가발전: 박정희 대통령의 영도력과 관련하여』, 현대
　정치연구회 제3회 세미나 발표논문 및 토론, 현대정치연구회.

김병태 외 (1981) 『한국경제의 전개과정』, 사계절.

김성진 편 (1994) 『박정희시대, 그것은 우리에게 무엇이었나』, 조선일보사.

김재홍 (1998) 『박정희의 유산』, 푸른숲.

김정렴 (1997) 『아, 박정희』, 중앙 M&B.

김지하 (1984) 「풍자냐 자살이냐」, 『민족의 노래 민중의 노래』, 동광출판사.

김형욱·박사월 (1985) 『김형욱 회고록』 1~3, 아침.

류상영 (1998) 「박정희와 그 시대를 넘기 위하여」, 한국정치연구회 『박정희를
　넘어서』, 푸른숲.

문부식 (2002) 『잃어버린 기억을 찾아서: 광기의 시대를 생각함』, 삼인.

박원탁 (1978) 『역사의 점화, 박정희 대통령의 정치와 철학』, 태양문화사.

베버, 막스 (1975) 양회수 옮김(1998) 『사회과학논총』, 을유문화사.

양성철 (1987) 『분단의 정치, 박정희와 김일성의 비교 연구』한울.

유석춘 (1997) 「'유교자본주의'의 가능성과 한계」, 『전통과 현대』 창간호(1997년 여름호), 전통과현대사.

이상우 (1984) 『비록 박정희시대』1~2, 중원문화.

이인화 (1997) 「선악 뛰어넘은 진정한 지도자」, 『한겨레신문』 1997.5.13, 11면.

이인화 (1997) 『인간의 길』 1~3, 살림.

이한두 (1986) 『박정희와 김영삼과 김대중』, 범조사.

임지현 (1998) 「이념의 진보성과 삶의 보수성」, 『1998 지식인 리포트: 한국 좌파의 목소리』(『현대사상』 특별증간호, 1998.)

임지현 (2000a) 「누더기의 슬픈 초상」, 『월간 인물과 사상』 2000년 3월호.

임지현 (2000b) 「파시즘의 진지전과 '합의독재'」, 『당대비평』 2000년 가을호.

정운찬 (1997) 『한국경제 죽어야 산다』, 백산서당.

정재경 (1991) 『박정희사상 서설: 휘호를 중심으로』, 집문당.

정재경 편 (1994) 『박정희 실기(實記): 행적초록』, 집문당.

정정길 (1994) 『대통령의 경제리더십: 박정희·전두환·노태우 정부의 경제정책 관리』, 한국경제신문사.

정진기 편 (1977) 『박정희 대통령의 지도이념과 행동철학』, 매일경제신문사.

정해구 (1998) 「박정희 신드롬의 양상과 성격」, 한국정치연구회 『박정희를 넘어서』, 푸른숲.

조갑제 (1998~99) 『내 무덤에 침을 뱉어라』 1~5, 조선일보사.

조용범 (1973) 『후진국경제론』, 박영사.

진중권 (1998) 『네 무덤에 침을 뱉으마』 1~2, 개마고원.

포이케르트, 데틀레프 (1982) 김학이 옮김(2003) 『나치시대의 일상사: 순응, 저항, 인종주의』, 개마고원.

프릿체, 클라우스 (1984) 홍윤기·김미형 옮김 「파시즘 이론: 비판과 전망」, 프란츠 노이만 엮음 『정치이론과 이데올로기 입문 II』, 돌베개.

한국기독교교회협의회 인권위원회 (1987) 『1970년대 민주화운동』 I.

한국정치연구회 편 (1998) 『박정희를 넘어서』, 푸른숲.

홍윤기 (1997) 「부실권력과 권력의 낭비구조」, 『당대비평』 창간호(1997년 가을호), 당대.

홍윤기 (2000) 「『당대비평』에 못 실린 『당대비평』 창간 기념논문 또는 '원고망명'에 대하여: 「반입장의 입장」 투고의 변」, 『월간 인물과 사상』 2000년 10월호, 80~89면.

홍윤기 (2001) 「다극적 현대성 맥락 속의 미완의 파시즘과 미성숙 시민사회」, 사회와철학연구회 『사회와 철학』 제2집, 이학사, 57~103면.

홍윤기 (2002) 「반쪽의 기억, 그리고 살아남은 사람들을 존중하는 법에 대하여」, 『월간 인물과 사상』 2002년 10월호.

황병주 (2000) 「박정희시대의 국가와 '민중'」, 『당대비평』 2000년 가을호.

Reich, W. (1933) *Die Massenpsychologie des Faschismus* (Köln: Verlag Kiepenheuer 1986).

| 박정희시대 정치·경제 연표 |

연도	정치·사회	경제
1961	▪ 5.16 군사쿠데타 발발. ▪ 6.10 국가재건최고회의법, 중앙정보부법 공포. ▪ 7.27 러스크 미국무장관, 군사정부 지지 공식성명. ▪ 8.28 혁명재판소, 민족일보 사건 관련자 사형선고. ▪ 11.14 박정희·케네디 회담	▪ 6.10 농어촌 고리채정리법 공포. ▪ 6.14 부정축재 처리법 공포. ▪ 6.20 금융기관에 대한 임시조치법 제정. ▪ 7.22 5개년종합경제재건계획 발표(최고회의안), 경제기획원 신설. ▪ 8.7 외자도입촉진법 개정, ▪ 8.8 한미합동경제위원회 복원. ▪ 8.14 근로자의 단체활동에 관한 임시조치법 제정. ▪ 10.14 5개 시중은행 주식환수. ▪ 12.27 산업은행법 개정. ▪ 12.30 부정축재처리위, 부정축재액 최종 통고(30명, 42억2800만환).
1962	▪ 11.12 김종필·오히라(大平) 메모 합의. ▪ 12.26 신헌법 공포(대통령직선제).	▪ 1.15 제1차 경제개발 5개년계획 발표. ▪ 2.3 울산공업지구 설정 및 기공식. ▪ 5.24 한국은행법과 은행법 개정 · ▪ 6.10 제2차 화폐개혁 실시. ▪ 7.31 차관에 대한 지급보증에 관한 법률 제정. ▪ 9.28 1차계획의 보완계획 작성 시작.
1963	▪ 2.27 박정희 민정불참 선언.	▪ 1.29 재정안정계획 수립.

	정치·사회	경제
1963	· 3.6 중앙정보부, 4대 의혹사건 (증권·새나라자동차·워커힐· 빠징고) 수사경위 발표. · 10.15 제5대 대통령선거. · 11.26 제6대 총선거(투표율 69.8%, 공화 110, 민정 41, 민주 13, 자민 9, 국민의당 2석). · 12.17 박정희 제5대 대통령 취임(제3공화국 출범).	· 4.17 노동조합법 개정.
1964	· 3.9 야당 및 각계대표 200여명, 대일굴욕외교 반대 범국민투쟁 위원회 결성. · 6.3 대학생 한일회담 반대시위 (6·3사태). · 8.14 중앙정보부, 인민혁명당 사건 수사결과 발표.	· 단일변동환율제 채택(공정환율 달러당 130원→255원). · 5.7 울산정유공장 준공. · 6.24 수출진흥종합시책 발표. · 10.31 한·베트남, 한국군 파병에 관한 협정 체결. · 12.18 한일협정 비준서 교환.
1965	· 1.26 국회, 월남파병 동의안 의결. · 4.13 서울시내 대학생 4000여명, 굴욕외교 반대시위. · 6.22 한일협정 조인. · 8.13 야당 불참 속에 한일협정 비준안과 전투사단 베트남 파병 국회통과.	· 1.5 제2차 경제개발 5개년계획안 수립. · 3.22 단일변동환율제 실시. · 8.14 국회, 한일협정 비준.
1966	· 3.7 한미간 '브라운각서' 합의 · 7.9 한미행정협정(SOFA) 조인 (67.2.9 발효: 미국에 대한 재판권 포기).	· 8.3 외자도입법 제정 · 9.15 삼성 '한국비료'의 사카린 원료 밀수사건. · 12.12 대한국제경제협의기구 (IECOK), 제1차 총회 개최(빠리).
1967	· 5.3 제6대 대통령선거.	· 3.3 섬유공업시설에 관한 임시

	정치·사회	경제
1967	· 6.8 제7대 총선거(투표율70%, 공화당 130, 신민당 44, 대중당 1석). · 7.8 '동베를린 거점 북한 대남 적화공작단 사건'(동백림사건) 발표.	조치법 제정. · 3.30 기계공업진흥법 및 조선 공업진흥법 제정. · 4.1 구로동 수출산업공업단지 준공. · 4.15 한국 GATT 가입. · 7.25 수입 네거티브제 도입.
1968	· 1.21 청와대를 목표로 무장게 릴라 서울 침입(1·21사태). · 8.24 통일혁명당 사건 발표. · 10.10 주민등록증제도 도입.	· 2.1 경부고속도로 기공. · 11.22 자본시장 육성에 관한 법 률 제정.
1969	· 5.5 신민당과 재야인사, YMCA강 당에서 3선개헌 반대 범국민투 쟁준비위원회 조직. · 6.19 3선개헌 반대 학생시위 시 작(~12월). · 10.17 3선개헌안 국민투표로 가결(투표율 77.1%, 찬성 755만 655표, 반대 363만6369표).	· 1.28 전자공업진흥법 제정. · 5.22 상공부, PVC공업 육성책 발표. · 5.25 부실차관기업 및 은행대 출 연체업체에 대한 정비조치 발표. · 6.3 호남정유 준공. · 6.4 부실기업 정리. · 9.16 마산수출자유지역 설치.
1970	· 4.8 서울 와우아파트 붕괴. · 7.6 닉슨행정부, 주한미군 1개 사단 철수방침 통고. · 8.15 남북통일에 관한 '8·15선 언' 발표(북한의 존재 인정, 선 의의 경쟁 제안) · 11.13 평화시장 노동자 전태일 분신자살.	· 1.1 외국인투자기업의 노동조 합 및 노동쟁의 조정에 관한 임 시특례법 공포, 수출자유지역 설치법, 석유화학공업 육성법 및 철강공업 육성법 제정. · 5.26 한미, 미국의 마지막 한국 지원 원조협정 조인. · 7.7 경부고속도로 개통. · 7월 중순 '4대 핵공장' 건설 계 획 수립.

	정치·사회	경제
1970		• 11.4 중공업건설계획 확정. • 11.24 전자공업 육성방안 발표.
1971	• 3.27 미 제7사단 철수 • 4.27 제7대 대통령선거, 박정희 3선(투표율79.9%, 김대중 후보와 95만표 차이). • 5.25 제8대 총선거(공화 113, 신민 89, 기타 2석으로 야당 강세). • 7.16 닉슨, 중공 방문 발표. • 8.10 경기도 광주대단지 사건. • 8.20 남북적십자 관계자 판문점 회담. • 12.6 국가비상사태 선언. • 12.27 국가보위에 관한 특별조치법 제정.	• 2.9 제3차 경제개발 5개년계획 발표. • 3.11 한국개발연구원(KDI) 설립. • 8.15 닉슨 금태환정지선언 • 10.16 한미 섬유류 수출 자율규제협정 체결. • 10.18 상공부, 수출담보금 적립률 인상. • 10.27 제1차 국토종합개발계획 수립. • 11.10 방위산업 추진전략 결정('청와대 3자회동'). • 11.20 경제기획원, 부실차관기업 26개 업체 발표.
1972	• 7.4 7·4 남북공동성명 발표 • 10.17 전국 비상계엄령 선포(10월유신). • 10.18 조선일보 '10월유신'지지 • 11.21 유신헌법 국민투표 실시(투표율 91.9%, 찬성 91.5%). • 12.23 통일주체국민회의, 박정희를 대통령으로 선출(91.99% 지지)	• 1.4 한미섬유협정 조인. • 8.3 '경제안정과 성장에 관한 긴급명령' 발동(8·3조치). • 10.21 산업합리화심의회, 철강·섬유 등 15개 업종을 산업합리화 업종으로 지정. • 10.25 새마을사업 본격 추진. • 12.30 기업공개촉진법 제정, 자본시장육성에 관한 법률 개정.
1973	• 2.27 제9대 총선거(공화 73, 신민 52, 민주통일 2, 무소속 19명 당선) • 6.23 박정희, '평화통일외교정책에 대한 특별선언' 발표.	• 1.6 장기개발계획(73~81년) 발표. • 1.12 박정희, 연두기자회견서 중화학공업화시대 선언. • 3.13 노동쟁의권 제한 등 노동3법 개정.

	정치·사회	경제
1973	▪ 8.8 중앙정보부, 전 신민당 대통령후보 김대중 납치. ▪ 12.24 각계지식인, '개헌개정청원운동본부' 발족, '개헌청원 100만인 서명운동' 전개.	▪ 6.29 중화학공업 육성계획 수립. ▪ 7.3 포항종합제철소 준공. ▪ 10월 제1차 석유파동. ▪ 12.14 국민투자기금법 제정. ▪ 12.24 산업기지 개발촉진법 제정.
1974	▪ 1.8 대통령 긴급조치 제1호, 2호 선포. ▪ 4.3 긴급조치 제4호 선포 ▪ 4.25 중앙정보부, '민청학련' 사건 수사결과 발표. ▪ 5.27 제2차 인혁당 사건 ▪ 10.24 동아일보 기자, '자유언론실천선언' 발표. ▪ 11.27 민주회복국민회의 선언대회 개최.	▪ 1.14 국민생활 안정을 위한 대통령 긴급조치(긴급조치 3호). ▪ 5.29 정부, 기업의 체질개선과 내자동원을 위한 조치(5·29조치) 실시. ▪ 5.30 금융여신과 기업소유집중에 대한 대책. ▪ 5.31. 대한금융단, 계열기업군 여신관리협정 체결. ▪ 6.26 한미원자력협정 발표. ▪ 7.13 재무부, 우리사주조합제도 도입. ▪ 12월 외환집중관리제도. ▪ 12.7 정부, 환율인상(달러당 398원 484원). ▪ 12.14 국민투자기금법 제정.
1975	▪ 2.12 유신헌법 찬반 국민투표실시(투표율 79%, 찬성 73%). ▪ 3월 조선일보·동아일보 기자 자유언론 투쟁과 해직사건. ▪ 4.9 인혁당 사건 관련자 8명 사형집행. ▪ 남베트남 패망. ▪ 5.13 긴급조치 제9호 선포(유신헌법에 대한 일체의 반대행위 금지).	▪ 4.29 종합무역상사 제도 도입. ▪ 7.16 방위세법. ▪ 8.8 정부, 기업공개 촉진조치(74.5.29) 보완대책 발표. ▪ 10.24 기계류 국산화를 위한 종합대책 발표. ▪ 12.5 중동진출 촉진방안 발표.

	정치·사회	경제
1976	▪ 3.1 윤보선·김대중·함석헌·함세웅 등 '민주구국선언' 발표 (3·1민족구국선언). ▪ 8.18 판문점 도끼살해사건 발생.	▪ 3.31 저축증대와 근로자 재산 형성 지원에 관한 법률 제정. ▪ 6.18 제4차 경제개발 5개년계획 발표(76~81).
1977	▪ 3.9 카터 미대통령, 주한 미지상군 4~5년에 걸쳐 철수할 것이라고 발표.	▪ 7.1 부가가치세·직장의료보험제 시행. ▪ 7.23 임시행정수도 건설을 위한 특별조치법 제정.
1978	▪ 2.21 동일방직 여성노동자 오물세례사건. ▪ 12.12 제10대 총선거(신민당의 득표율이 공화당을 1.1% 앞지름). ▪ 12.27 박정희, 9대 대통령 취임.	▪ 5.26 여천 석유화학공단 준공. ▪ 7월 제2차 석유파동. ▪ 7.20 고리 원자력발전1호기 준공. ▪ 8.8 부동산 투기억제 및 지가안정을 위한 종합대책 발표.
1979	▪ 4.16 중앙정보부, 크리스천 아카데미 사건 발표. ▪ 8.11 경찰, YH무역 농성 여성노동자 강제해산(YH사건). ▪ 10.4 야당총재 김영삼 국회의원 제명. ▪ 10.9 내무부, 남조선민족해방전선 준비위원회(남민전)사건 발표. ▪ 10.16 부산시민 시위, '부마항쟁' 시작. ▪ 10.18 부산일대 비상계엄 선포. ▪ 10.20 마산·창원에 위수령 발동(부마항쟁). ▪ 10.26 박정희 대통령, 김재규 정보부장의 총격으로 사망(10·26사건).	▪ 2.14 최저임금제 폐지. ▪ 4.17 경제안정화종합대책 발표. ▪ 5.25 중화학 임시투자조정계획 확정.

	정치·사회	경제
1979	▪ 12.12 전두환 보안사령관, 정승화 계엄사령관을 체포(12·12사태).	

자료: 강만길 외 『한국사』 26, 한길사 1994; 청사편집부, 『칠십년대 한국일지』, 청사 1984; 한국개발연구원 『한국경제 반세기 정책자료집』, 1995; 한국은행 『한국의 금융·경제연표 1945~2000』, 2000.

김삼수(金三洙)

1955년 출생. 서울산업대 교수. 한국개발연구원 연구위원 및 산업
연구원 연구원. 주요 저서로 『韓國資本主義國家の成立過程 1945~53
年』(東京大學出版會) 『동아시아 경제협력의 현상과 가능성』(공저) 『한국
의 노동경제』(공저) 등이 있다.

서익진(徐翼鎭)

1956년 출생. 경남대 경남지역문제연구원 조교수 및 지역경제실장.
저서로 *La Corée du Sud: Une analyse historique du processus de
développement* (Paris: L'Harmattan 2000) 등, 역서로 『자본의 세계화』 『금
융의 세계화』 등이 있다.

유철규(劉哲奎)

1961년 출생. 성공회대 사회과학부 교수, 경제학. 한국경제학회 편
집위원. 영국 옥스포드대 및 런던대 객원연구원 역임. 주요 저서로
『한국자본주의 발전모델의 형성과 해체』(공저) 『한국경제, 재생의 길은
있는가』(공저) 등이 있다.

이병천(李炳天)

1952년 출생. 강원대 교수, 경제학. 한국사회경제학회 부회장 및
『시민과 세계』 공동편집인. 주요 저서로 『위기 그리고 대전환』(공저),

『20세기 한국의 야만』(공저) 등, 주요 논문으로 「다시 민족경제론을 생각한다」 「민주주의 이행과 시장의 시대」 등이 있다.

이상철(李相哲)

1964년 출생. 서울대 경제학 박사. 동북아경제중심추진위원회 수석 전문위원. 서울사회경제연구소 연구위원 및 인천발전연구원 연구위원 역임. 주요 논문으로 「한국의 후발산업화와 산업정책」 「수입대체 공업화정책의 전개」 등이 있다.

이정우(李廷雨)

1950년 출생. 대통령비서실 정책실장. 경북대 경제통상학부 교수 역임. 주요 저서로 『한국의 사회문제』 『소득분배론』 등, 주요 논문으로 「한국의 토지문제: 진단과 처방」 등이 있다.

이종석(李鍾奭)

1958년 출생. 정치외교학 박사, 세종연구소 수석 연구위원 및 북한 연구센터 센터장 역임. 주요 저서로 『새로 쓴 현대북한의 이해』 『분단 시대의 통일학』 『북한-중국관계 1945~2000』 등이 있다.

조영철(趙英哲)

1960년 출생. 고려대 경제학 박사. 국회사무처 예산분석관. 주요 저서로 『미국식 자본주의와 사회민주적 대안』(공저) 『유럽 자본주의 해부』(공저) 등, 주요 논문으로 「미국과 독일은 왜 달라졌나: 소유·지배구조의 차이를 중심으로」 등이 있다.

진중권(陳重權)

1963년 출생. 미학이론가, 문화비평가, 격월간 『아웃사이더』 편집위원. 서울대 미학과와 동대학원을 졸업하고, 독일 베를린 자유대학 철학과에서 미학과 해석학, 언어철학을 전공했다. 저서로 『미학 오디세이』『네 무덤에 침을 뱉으마』『진중권의 현대미학 강의』등이 있다.

한홍구(韓洪九)

1959년 출생. 성공회대 교수, 국사학. 평화박물관 건립추진위원회 공동사무처장. 양심에 따른 병역거부권 실현과 대체복무제도 개선을 위한 연대회의 공동집행위원장. 주요 저서로 『대한민국사』『불가사리』(공저) 등, 주요 논문으로 「상처받은 민족주의」 등이 있다.

홍성태(洪性泰)

1965년 출생. 상지대 교양과 교수, 사회학. 참여연대 정책위원장 및 정보공유연대 대표. 주요 저서로 『생각하는 한국인을 위한 반미교과서』『현실 정보사회의 이해』『위험사회를 넘어서』『사이버사회의 문화와 정치』『생태사회를 위하여』등, 역서로 『위험사회』등이 있다.

홍윤기(洪潤基)

1957년 출생. 동국대 교수, 철학. 서울대 철학과와 동대학원 석사과정을 마친 뒤, 독일 베를린 자유대학에서 철학박사 학위를 받았다. 저서로 『변증법 비판과 변증법 구도』『하버마스의 사상』(공저) 등이 있고, 역서로 『마르크스주의의 철학적 기초』등이 있다.

개발독재와 박정희시대
우리 시대의 정치경제적 기원

초판 1쇄 발행 • 2003년 11월 1일
초판 6쇄 발행 • 2020년 4월 20일

엮은이 • 이병천
펴낸이 • 강일우
편집 • 염종선 김태희 김경태 인혜경
펴낸곳 • (주)창비
등록 • 1986년 8월 5일 제85호
주소 • 10881 경기도 파주시 회동길 184
전화 • 031-955-3333
팩시밀리 • 영업 031-955-3399 편집 031-955-3400
홈페이지 • www.changbi.com
전자우편 • human@changbi.com